최이진의
Dorico Pro 6

초판 발행 2025년 7월 30일

지은이 최이진

펴낸곳 도서출판 노하우
기획 현음뮤직
진행 노하우
편집 덕디자인

주소 서울시 관악구 행운동 100-339
전화 02)888-0991
팩스 02)871-0995

등록번호 제320-2008-6호
홈페이지 hyuneum.com

ISBN 978-89-94404-62-2
값 33,000원

ⓒ 최이진 2025

잘못 인쇄된 책은 구입하신 서점에서 교환해드립니다.
이 책에 실린 내용과 사진은 허락 없이 전재 또는 복제할 수 없습니다.

Thanks to readers
Lead sheet

인생을 바꾸는 한 권의 책

멀티 출판 부문 1위!
독자 여러분! 고맙습니다.

세상을 살다 보면
차라리 죽고만 싶을 만큼
힘들고, 괴로울 때가 있습니다.

하지만, 누가 봐도
힘들고, 괴로워 보이는 사람들은
오히려 그 속에서 피와 땀을 흘려가며
가슴속 깊이 전해지는 감동을 만들어냅니다.

도서출판 노하우는
힘들게 공부하는 사람들과
함께하는 작은 디딤돌이 되겠습니다.

힘들고, 괴로울 때
내가 세상의 빛이 될 수 있다는
꿈과 희망을 품고 열심히 공부하세요
멈추지 않는다면, 꿈은 반드시 이루어집니다.

그 곁에 도서출판 노하우가 함께 하겠습니다

고맙습니다.

Preview

1 섹션별 구성으로 체계적인 학습 제공 : 기초 개념부터 실무에 바로 적용 가능한 고급 기능까지, 각 섹션을 통해 단계별로 명확하게 익힐 수 있습니다.

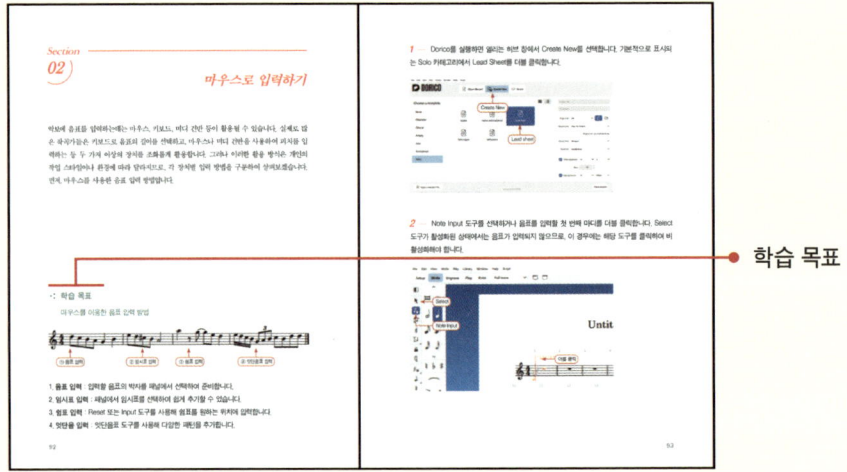

2 핵심 기능 완전 정복 : Dorico의 핵심 기능을 빠짐없이 설명하여, 다양한 작업 방식에 맞춘 최적의 활용법을 제시합니다.

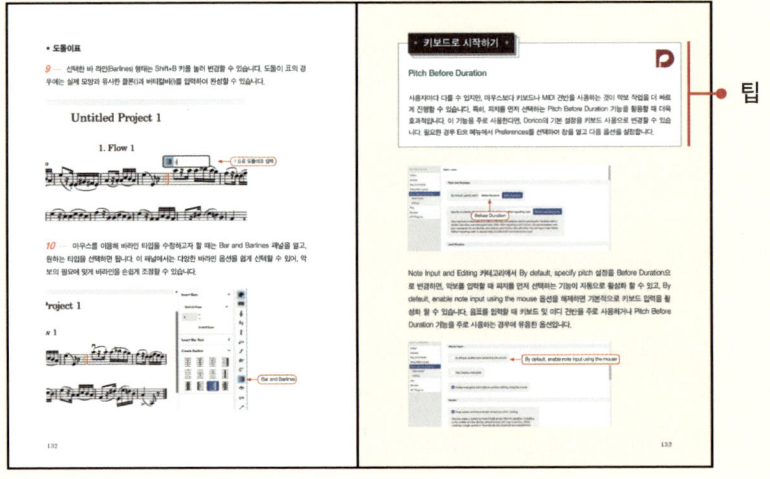

3 실전 중심의 상업용 악보 제작 실습 : 개인 작곡가부터 출판 편집자까지, 실무 현장을 반영한 실습을 통해 상업용 악보 제작 전 과정을 완벽하게 마스터할 수 있습니다.

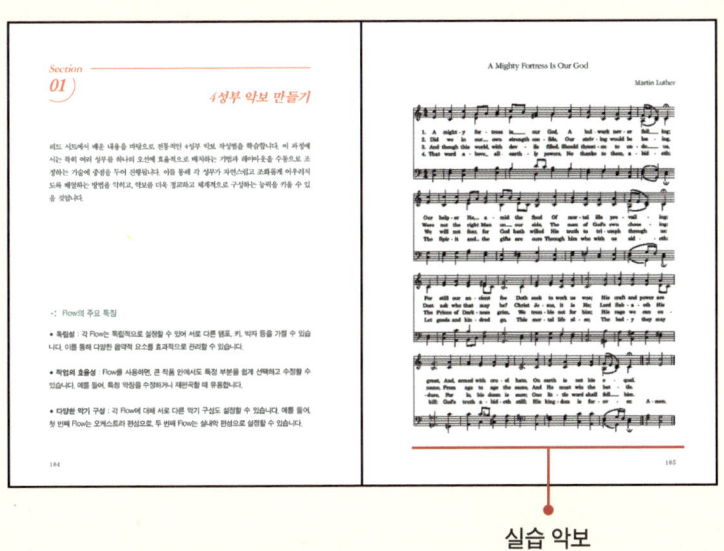

실습 악보

영상 강좌

서적으로 공부할 때의 어려움.
영상으로 시청할 때의 오해.
두 가지를 함께하면 이러한 문제를 해결할 수 있으며,
개인 교습을 받는 것과 같은 효과를 얻을 수 있습니다.

오른쪽 QR 코드를 촬영하면 본서의 학습을
영상으로 시청할 수 있는 유튜브 채널에 연결됩니다.
유튜브에서 최이진을 검색해도 됩니다.

Key Commands

		Global	
Alt + F4	프로그램 종료	Ctrl + Shift + W	프로젝트 닫기
Ctrl + W	탭 닫기	Ctrl + C	복사
W	대응 레이아웃 보기	N	위쪽 보표로 이동
M	아래쪽 보표로 이동	Alt + Z	사용자 지정 확대/축소
Ctrl + X	잘라내기	Alt + U	음소거 해제
Alt + Shift + S	솔로 해제	← / Delete	삭제
Ctrl + Shift + E	인쇄 옵션	F9 / Num + +	빨리 감기
F11	전체 화면	Ctrl + G	특정 마디로 이동
Ctrl + 0	모든 패널 숨기기	\	숨긴 요소 표시/숨김
Ctrl + H	허브 열기	Ctrl + K	키 명령어 설정
H	가로 확대	Ctrl + Shift + H	세로 확대
G	가로 축소	Ctrl + Shift + G	세로 축소
Ctrl + Shift + L	레이아웃 옵션	F3	믹서 열기
Alt + P	선택 위치로 이동	Num + .	시작으로 이동
Page Down	화면 아래로 이동	Home	화면 왼쪽으로 이동
End	화면 오른쪽으로 이동	Page Up	화면 위로 이동
Ctrl + End	마지막으로 이동	Ctrl + Home	처음으로 이동

Alt + N	윗 보표로 이동	Alt + M	아랫 보표로 이동
Ctrl + N	새 프로젝트 만들기	Ctrl + T	새 탭 열기
Ctrl + Shift + T	새 창 열기	Alt + Shift +]	다음 레이아웃 보기
Ctrl + Tab	다음 탭으로 이동	Ctrl + F9 / Num + +	다음 프레임으로 이동
Ctrl + Shift + N	기보 설정 열기	Ctrl + Shift + I	입력 설정 열기
Ctrl + O	열기	Ctrl + Shift + O	파일 가져오기
Ctrl + V	붙여넣기	Ctrl + Shift + P	재생 설정 열기
Ctrl + ,	환경설정 열기	Alt + Shift + [	이전 레이아웃 보기
Ctrl + Shift + Tab	이전 탭으로 이동	Ctrl + F7 / Num + -	이전 프레임으로 이동
Ctrl+I	프로젝트 정보	Ctrl + Y / Shift + Z	되돌리기 / 취소
Alt + Delete	쉼표 제거	F7 / Num + -	되감기
Alt + Ctrl + Shift + R	마지막 스크립트 실행	Ctrl + S	저장
Ctrl + Shift + S	다른 이름으로 저장	Ctrl + A	모두 선택
Ctrl + Shift + A	선택 확장	Ctrl + D	선택 해제
Alt + Enter / Alt + 8	하단 패널에 포커스	Alt + 9	오른쪽 패널에 포커스
Alt + 7	왼쪽 패널에 포커스	Alt + 0	악보 뷰에 포커스
J	점프 바 열기	Ctrl + 7	왼쪽 영역 보기
Ctrl + 8	하단 영역 보기	Ctrl + 9	오른쪽 영역 보기
Ctrl + 6	도구모음 보기	Alt + S	선택 악기 솔로
F8 / Enter / P / Space	재생/정지	Shift + Space	다시 재생
Alt + Shift + Space	악장 시작부터 재생	Num + 0	재생 정지
Ctrl + 5	Print 모드로 전환	Ctrl + 4	Play 모드로 전환
Ctrl + 1	Setup 모드로 전환	Ctrl + 3	Engrave 모드로 전환
Ctrl + 2	Write 모드로 전환	Ctrl + P	Print 모드로 전환
Alt + T	시스템 트랙 보기	Alt + H	손 도구/선택 도구 전환
F2	트랜스포트 열기	Ctrl + Z	실행 취소
F4	비디오 창 열기	Ctrl + Shift + V	보기 옵션 열기
Alt + Ctrl + 1	페이지 보기	Alt + Ctrl + 3	세로 스크롤 보기

Key Commands

Alt + Ctrl + 2	갤러리 보기	Alt + Ctrl + 0	전체 페이지 보기
Ctrl + Num = / Z	확대	Ctrl + - / X	축소

SETUP

Shift + E	앙상블 추가	Shift + I	악기 추가
← / Delete	개체 삭제	Insert	개체 삽입
Alt + ← / Alt + Num + ←	악장 왼쪽으로 이동	Alt + → / Alt + Num + →	악장 오른쪽으로 이동
Alt + Ctrl + →	악장 끝으로 이동	Alt + Ctrl + Num + →	악장 끝으로 이동
Alt + Ctrl + ←	악장 맨 앞으로 이동	Alt + Ctrl + Num + ←	악장 맨 앞으로 이동
Alt + ↓ / Alt + Num + ↓	연주자를 아래로 이동	Alt + ↑ / Alt + Num + ↑	연주자를 위로 이동
Alt + Ctrl + ↓	연주자를 맨 아래로 이동	Alt + Ctrl + Num + ↓	연주자를 맨 아래로 이동
Alt + Ctrl + ↑	연주자를 맨 위로 이동	Alt + Ctrl + Num + ↑	연주자를 맨 위로 이동
Shift + F	새 악장 만들기	Shift + L	사용자 레이아웃 만들기
Alt + Shift + P	새 섹션 연주자 추가	Shift + P	새 단일 연주자 추가

Write

Shift+ I	음정 추가	Q	코드 입력
Shift+ B	마디 또는 마디선 추가	Shift+ Q	코드 기호 입력
Shift+ C	조표 입력	Shift+ U	큐 노트 입력
Shift+ D	셈여림 기호 입력	Shift+ G	숫자 저음 기호 입력
Shift+ F	운지 번호 입력	/	꾸밈음 입력
Shift+ H	숨표 또는 페르마타 입력	Shift+ K	조성 입력
Shift+ L	가사 입력	)	MIDI 트리거 구간 만들기
Shift+ O	장식음 입력	Shift+ P	연주 기법 입력
Shift+ A	리허설 마크 입력	Shift+ R	반복 기호 입력
Alt + Shift+ V	슬래시 음표 입력	Alt + Shift+ X	시스템 텍스트 입력
Shift+ T	템포 입력	Shift + X	일반 텍스트 입력
Shift+ M	박자 입력	;	연잇음 묶음 입력
Shift+ V	보이스 생성	Alt + I	삽입 범위 전환

Alt + .	점음표 개수 전환	.	점음표
Enter	항목 편집/노트 입력 시작	O	고정된 길이로 음 입력
Tab	다음 항목으로 이동	Shift+ Tab	이전 항목으로 이동
V	다음 보이스로 전환	,	쉼표 입력
U	음표 자르기	Num =	올림표 입력
@	악센트 없이 약하게 연주	#	음을 길게, 눌러서 연주
{ 또는 [	짧게 끊어서 연주	'	강하게 강조하여 연주
~	짧게 유지하며 연주	Alt + Shift + I	정지 지점 설정
8	온음표 입력	5	8분음표 입력
4	16분음표입력	9	겹온음표 입력
1	128분음표 입력	7	2분음표 입력
6	4분음표 입력	3	32분음표 입력
2	64분음표 입력	Alt + U	리듬 단위로 구간 분리
Alt + Shift + , 또는 〈	크레센도 시작	Alt + Shift + . 또는 〉	디미누엔도 시작
Shift + N	음 입력 시작	S	슬러 시작
*	페달 라인 종료	T	타이 생성
Alt + /	꾸밈음 슬래시 전환	I	삽입 모드 전환
Insert	삽입 모드 전환	K	음 높이, 길이 입력 전환

Step input

Space	다음 위치로 커서 이동	←	왼쪽 음표 삭제
Delete	오른쪽 음표 삭제	;	연잇음 입력 끝냄
Shift+ ↓	선택 영역 아래로 확장	Num + Shift+ ↓	선택 영역 아래로 확장
Shift+ ↑	선택 영역 위로 확장	Num + Shift+ ↑	선택 영역 위로 확장
A	A 음 입력	Alt + Shift+ A	위 옥타브의 A 음 입력
Alt + Ctrl+ A	아래 옥타브의 A 음 입력	B	B 음 입력
Alt + Shift + B	위 옥타브의 B 음 입력	Alt + CTRL + B	아래 옥타브의 B 음 입력
C	C 음 입력	Alt + Shift + C	위 옥타브의 C 음 입력
Alt + CTRL + C	아래 옥타브의 C 음 입력	D	D 음 입력

Key Commands

Alt + Shift + D	위 옥타브의 D 음 입력	Alt + CTRL + D	아래 옥타브의 D 음 입력
E	E 음 입력	Alt + Shift + E	위 옥타브의 E 음 입력
Alt + CTRL + E	아래 옥타브의 E 음 입력	F	F 음 입력
Alt + Shift + F	위 옥타브의 F 음 입력	Alt + CTRL + F	아래 옥타브의 F 음 입력
G	G 음 입력	Alt + Shift + G	위 옥타브의 G 음 입력
Alt + CTRL + G	아래 옥타브의 G 음 입력	Y	사용자 정의 음
L	길이 고정 후 음만 바꾸기	CTRL + ←	커서 한 마디 왼쪽으로
CTRL + Num + ←	커서 한 마디 왼쪽으로	CTRL + →	커서 한 마디 오른쪽으로
CTRL + Num + →	커서 한 마디 오른쪽으로	↓	한 스태프 아래로 이동
Num + ↓	한 스태프 아래로 이동	CTRL + ↓	시스템의 맨 아래로
CTRL + Num + ↓	시스템의 맨 아래로	← / Num + ←	왼쪽으로 한 음 이동
→ / Num + →	오른쪽으로 한 음 이동	↑	한 스태프 위로 이동
Num + ↑	한 스태프 위로 이동	CTRL + ↑	시스템의 맨 위로 이동
CTRL + Num + ↑	시스템의 맨 위로 이동	Shift + S	슬러 종료

Step input on tab

8	기타 탭 8프렛 지정	Num + 8	숫자패드로 8프렛 입력
5	5프렛 입력	Num + 5	숫자패드로 5프렛 입력
4	4프렛 입력	Num + 4	숫자패드로 4프렛 입력
9	9프렛 입력	Num + 9	숫자패드로 9프렛 입력
1	1프렛 입력	Num + 1	숫자패드로 1프렛 입력
7	7프렛 입력	Num + 7	숫자패드로 7프렛 입력
6	6프렛 입력	Num + 6	숫자패드로 6프렛 입력
3	3프렛 입력	Num + 3	숫자패드로 3프렛 입력
2	2프렛 입력	Num + 2	숫자패드로 2프렛 입력
0	개방현(0프렛) 입력	Num + 0	숫자패드로 개방현 입력
Num =	음표 길이를 더 길게	-	음표 길이를 더 짧게

	Text editor		
Alt + X	특수 문자로 전환/해제	Ctrl+ Shift+ ,	글꼴 크기 줄이기
Ctrl + Shift + .	글꼴 크기 키우기	Ctrl + B	굵게 설정/해제
Ctrl + I	기울임꼴 설정/해제	Ctrl+ U	밑줄 설정/해제

	Engrave		
Enter	항목 편집 시작	Shift + F	프레임 강제 줄바꿈
.	다음 줄로 마디 이동	,	이전 줄로 마디 이동
Alt + Ctrl + Shift + ↓	아주 조금 아래로 이동	Alt+Ctrl+Num+Shift +↓	아주 조금 아래로 이동
Alt + ↓	조금 아래로 이동	Alt + Num + ↓	조금 아래로 이동
Alt + Shift + ↓	중간 정도 아래로 이동	Alt + Num + Shift + ↓	중간 정도 아래로 이동
Alt + Ctrl + ↓	많이 아래로 이동	Alt + Ctrl + Num + ↓	많이 아래로 이동
Alt + H	조금 왼쪽으로 이동	Alt + Ctrl + H	많이 왼쪽으로 이동
Alt + J	조금 아래로 이동	Alt + Ctrl + J	많이 아래로 이동
Alt + K	조금 위로 이동	Alt + Ctrl + K	많이 위로 이동
Alt + Ctrl + K	많이 위로 이동	Alt + L	조금 오른쪽으로 이동
Alt + Ctrl + L	많이 오른쪽으로 이동	Alt + Ctrl + Shift + ←	아주 조금 왼쪽으로 이동
Alt+Ctrl+Num+Shift+←	아주 조금 왼쪽으로 이동	Alt + ←	조금 왼쪽으로 이동
Alt + Num + ←	조금 왼쪽으로 이동	Alt + Num + Shift + ←	중간 정도 왼쪽으로 이동
Alt + Num + Shift + ←	중간 정도 왼쪽으로 이동	Alt + Ctrl + ←	많이 왼쪽으로 이동
Alt + Ctrl + Num + ←	많이 왼쪽으로 이동	Alt + Ctrl + Shift + →	조금 오른쪽으로 이동
Alt+Ctrl+Num+Shift + →	조금 오른쪽으로 이동	Alt + →	조금 오른쪽으로 이동
Alt + Num + →	조금 오른쪽으로 이동	Alt + Shift + →	오른쪽으로 이동
Alt + Num + Shift + →	오른쪽으로 이동	Alt + Ctrl + →	많이 오른쪽으로 이동
Alt + Ctrl + Num + →	많이 오른쪽으로 이동	Alt + Ctrl + Shift + ↑	아주 조금 위로 이동
Alt+ Ctrl+Num+Shift+ ↑	아주 조금 위로 이동	Alt + ↑	조금 위로 이동
Alt + Num + ↑	조금 위로 이동	Alt + Shift + ↑	중간 정도 위로 이동

Key Commands

Alt + Num + Shift + ↑	중간 정도 위로 이동	Alt + Ctrl + ↑	많이 위로 이동
Alt + Ctrl + Num + ↑	많이 위로 이동	Tab	다음 프래그먼트로 이동
Shift + Tab	이전 프래그먼트로 이동	Shift + S	시스템 강제 줄바꿈

Play

Shift + G / H	래인 크기 축소/확대	Ctrl + [	이전 작업 화면으로 이동
Ctrl +]	다음 작업 화면으로 이동	F5	새로 고침

Print

Home	인쇄 첫 페이지로 이동	End	인쇄 마지막 페이지로 이동
Page Down / Up	다음/이전 페이지로 이동	Ctrl + A	모든 레이아웃 선택

Music editing and navigation

Alt + C	주석 생성	Alt + Shift + M	마커 생성
Alt + Q	코드 다이어그램 순환	Alt + [	리듬 격자 해상도 감소
Shift + ↓	선택 영역 아래로 확장	Num + Shift + ↓	선택 영역 아래로 확장
Ctrl + Shift + ↓	시스템의 맨 아래까지 선택	Ctrl + Num + Shift + ↓	시스템의 맨 아래까지 선택
Shift + ←	선택 영역 왼쪽으로 확장	Num + Shift + ←	선택 영역 왼쪽으로 확장
Ctrl + Shift + ←	이전 마디까지 선택 확장	Ctrl + Num + Shift + ←	이전 마디까지 선택 확장
Shift + →	선택 영역 오른쪽으로 확장	Num + Shift + →	선택 영역 오른쪽으로 확장
Ctrl + Shift + →	다음 마디까지 선택 확장	Ctrl + Num + Shift + →	다음 마디까지 선택 확장
Shift + ↑	선택 영역 위로 확장	Num + Shift + ↑	선택 영역 위로 확장
Ctrl + Shift + ↑	시스템의 맨 위까지 확장	Ctrl + Num + Shift + ↑	시스템의 맨 위까지 확장
F	뒤집기	Alt +]	리듬 격자 해상도 증가
Alt + Shift + 1 ~ 6	키 에디터 도구 선택 1~6	Alt + Ctrl + Shift + →	길이 늘리기
Alt+Ctrl+Num+Shift+→	길이 늘리기	Alt + Shift + →	리듬 격자 기준 길이 늘리기
Alt + Num + Shift + →	리듬 격자 기준 길이 늘리기	Alt + Shift + ↓	반음 낮추기
Alt + Num + Shift + ↓	반음 낮추기	Alt + Ctrl + ↓	옥타브 낮추기
Alt + Ctrl + Num + ↓	옥타브 낮추기	Alt + ↓	음 한 단계 낮추기
Alt + Num + ↓	음 한 단계 낮추기	Alt + ←	왼쪽으로 이동

Alt + Num + ←	왼쪽으로 이동	Alt + Ctrl + ←	리듬 격자 기준 왼쪽 이동
Alt + Ctrl + Num + ←	리듬 격자 기준 왼쪽 이동	Alt + →	오른쪽으로 이동
Alt + Num + →	오른쪽으로 이동	Alt + Ctrl + →	격자 기준 오른쪽 이동
Alt + Ctrl + Num + →	격자 기준 오른쪽 이동	↓ / Num + ↓	아래로 탐색
Ctrl +↓ / Ctrl + Num +↓	다음 오선으로 이동	↑ / Num + ↑	위로 탐색
Ctrl +↑ / Ctr +Num + ↑	위 오선으로 이동	Ctrl + Shift + Space	반음 높이기
Alt + Num + Shift + ↑	반음 높이기	Alt + Ctrl + ↑	옥타브 높이기
Alt + Ctrl + Num + ↑	옥타브 높이기	Alt + ↑	음 한 단계 높이기
Alt + Num + ↑	음 한 단계 높이기	Ctrl + R	녹음 시작
R	항목 반복	Alt + R	댓글에 답장
Alt + Num =	위의 음이름으로 재철자	Alt + -	아래 음이름으로 재철자
Alt + Ctrl + R	레트로스펙티브 녹음	Ctrl + Space	스크럽 재생
← / Num + ←	왼쪽 선택	Ctrl + ←/Ctrl + Num + ←	마디 단위로 왼쪽 선택
→ / Num + →	오른쪽 선택	Ctrl + →	마디 단위로 오른쪽 선택
Ctrl + Num + →	마디 단위로 오른쪽 선택	Alt + Ctrl + Shift + ←	길이 줄이기
Alt+Ctrl+Num+Shift + ←	길이 줄이기	Alt + Shift + ←	리듬 격자 기준 길이 줄이기
Alt + Num + Shift + ←	리듬 격자 기준 길이 줄이기	Alt + Shift + Q	코드 다이어그램 변형 보기

Options dialogs

Esc	찾기 컨트롤 닫기	Ctrl + L	페이지 필터링
Ctrl + F	페이지 내 찾기	Ctrl + G /Ctrl + Shift + G	다음 /이전 결과로 이동

Scrub Playback

←	스크럽 재생 뒤로 이동	Num + ←	스크럽 재생 뒤로 이동
→	스크럽 재생 앞으로 이동	Num + →	스크럽 재생 앞으로 이동

CONTENTS

Thanks to readers ... 03
Preview ... 04
Key Commands ... 06

Part 1 시작하기 전에

01 악보 제작의 혁신 ... 22
02 나에게 맞는 버전 ... 28
03 구매 및 설치 ... 38
04 도리코 시작하기 ... 43
- 피날레 파일 가져오기 ... 47

05 화면 구성 ... 48
  1. 프로젝트 윈도우 ... 48
  2. 상황별 도움말 ... 50
  3. 모드 ... 51
  4. 툴바 ... 55

06 단축키 활용하기 ... 66
07 보표 구성하기 ... 70
  1. 플레이어 추가 및 편집 ... 72
  2. 레이아웃 구성 ... 78
  3. 플로우의 이해 ... 84

Part 2
악보 제작의 기초

01	새 프로젝트 만들기	88
	● 허브 창 사용하기	97
02	마우스로 입력하기	98
03	키보드로 입력하기	103
04	미디 건반으로 입력하기	108
	1. 스텝 입력	109
	● 미디 장치로 음표 길이 선택하기	110
	2. 레코딩	111
	● 메트로놈 설정	121
05	피치 먼저 입력하기	122
	1. Pitch Before Duration	123
	2. Lock Duration	126
06	악상 기호 입력하기	128
	1. 다이내믹 마커	128
	2. 아티큘레이션	130
	● 키보드로 시작하기	135
	3. 빠르기 말	136
07	레이아웃 편집과 출력	138
	1. 마스터 페이지	139
	2. 위치 조정	145
	3. 간격 조정	148
	4. PDF 출력	153

CONTENTS

Part 3
실용 악보 만들기

01 플로우 만들기 — 160
  1. 플로우 추가하기 — 161
  2. 꾸밈음 입력하기 — 164
  3. 잇단음 입력하기 — 167
  4. 한 페이지로 정리하기 — 172
  ● Flow Heading — 179

02 리드 시트 만들기 — 180
  1. 못 갖춘 마디 만들기 — 182
  2. 음표 길이 조정하기 — 184
  3. 가사 입력하기 — 187
  ● 가사 속성 — 189

  4. 코드 네임 입력하기 — 190
  5. 사용자 코드 스타일 — 195
  ● 코드 커닝 편집 — 199

  6. 마디 정렬하기 — 200

03 다성부 악보 만들기 — 204
  1. 프로젝트 준비하기 — 206
  2. 성부 입력하기 — 211
  3. 절 번호 표시 — 214
  4. 마디 분리하기 — 216
  5. 슬러 기호 편집하기 — 220
  ● Jump Bar — 221

04 비표준 악보 만들기 — 222
1. 환경 설정 — 223
2. 무박자 음표 입력하기 — 225
3. 음표 간격 조정하기 — 230
4. 붙임줄 및 슬러 조절하기 — 232
5. 페달 기호 — 234
6. 레이아웃 조정하기 — 236

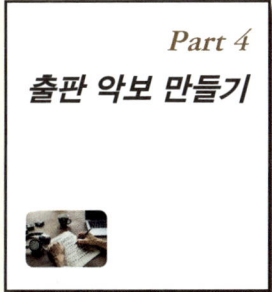

Part 4 출판 악보 만들기

01 마스터 페이지 만들기 — 244
1. 인스핏 만들기 — 246
2. 사용자 정의 페이지 만들기 — 254
3. 프레임 사용하기 — 259
- Cutway — 267

02 오케스트라 악보 만들기 — 268
1. 템플릿 사용하기 — 270
2. 합보 만들기 — 273
3. 플레잉 테크닉 — 276
4. 큐 추가하기 — 282

03 타악기 악보 만들기 — 286
1. 콤비네이션 킷 — 288
2. 드럼 악보 만들기 — 292
- 음표 기중의 방향 바꾸기 — 295

CONTENTS

    3. 퍼커션 악보 만들기   296
    4. 퍼커션 그리드   302
    5. 레이아웃 정리하기   305

04 파트보 만들기   308
    1. 현악 4중주 보표   310
    2. 뮤트 주법 만들기   311
    3. 트레몰로 입력하기   314
    4. 지지선 입력하기   316
    5. 코드 모드   318
    6. 지시어 입력하기   320
    7. 리허설 마크   324
    8. 템포 변화 입력하기   325
    9. 페이지 정리하기   327
    10. 타이포 그래피   332
    11. 악보 정렬하기   335
    12. 파트 출력   337

Part 5
악보 재생과 편집

01 트랙   342
    1. 트랙 창의 구성   343
    2. 트랙의 종류   344
    3. 플레이헤드   346
    ● 교정 기능   347
    4. 인스펙터   348
    ● VST Instruments   353

02 믹서 — 354
1. 믹서의 주요 구성 — 355
2. 무대와 공간 템플릿 — 357
3. 채널 스트립 — 361

03 키 에디터 — 364
1. 키 에디터의 구성 — 365
2. 도구의 역할 — 368
- 스크롤 및 확대/축소 — 357

04 노트 입력과 편집 — 376
1. 노트 입력하기 — 377
2. 노트 편집하기 — 378

05 컨트롤 정보 편집 — 381
1. 에디터 레인의 구성 — 383
2. 벨로시티 — 385
3. 피치 벤드 — 388
4. 다이내믹 — 390
5. 템포 — 393
6. 오토메이션 — 395
7. 히스토그램 — 397
- Multiple Tracks — 399

Part 1

시작하기 전에

Dorico는 음악 작곡과 편곡에 혁신을 가져오는 강력한 도구로, 다음과 같은 핵심 개념을 중심으로 설계되었습니다.
- 플로우(Flows): 앨범의 곡이나 소나타의 악장 등, 독립적인 음악 구간을 의미하며 다양한 형식의 음악을 포함합니다.
- 그룹(Groups): 오케스트라나 합창단처럼 여러 플레이어로 구성된 음악가 집합으로, 그룹 내 플레이어를 조정해 다양한 음악적 요구를 충족시킵니다.
- 플레이어(Players): 악기를 연주하는 개별 음악가로, 한 명이 여러 악기를 연주할 수도 있으며 악보 내 역할이 명확히 구분됩니다.
- 레이아웃(Layouts): 지휘자 악보, 연습용 악보 등 악보의 표시 형식을 결정하며, 하나의 프로젝트 내에서 다양한 필요에 맞게 여러 레이아웃을 생성하고 관리할 수 있습니다.
- 타셋(Tacet): 연주가 없는 악기나 플레이어를 뜻하며, 자동으로 타셋 시트를 생성해 효율적으로 관리합니다.

악보 제작의 혁신

Dorico는 악보 제작을 혁신적으로 단순화한 최신 프로그램으로 작곡가, 편곡가, 출판사, 연주자, 교사, 학생 등 다양한 사용자들이 아름다운 악보를 손쉽게 만들 수 있도록 설계되었습니다. 이 프로그램은 인쇄와 디지털 공유에 적합하며, 사용이 간편하면서도 뛰어난 품질을 제공합니다. 기존 작업 방식과 호환되며 다양한 파일 형식을 가져오고 내보낼 수 있는 유연성을 지니고, 음악을 사람처럼 이해하는 기능을 통해 음악 입력, 편집, 악보 레이아웃, 리듬 조정 등에서 유연한 옵션을 제공합니다. 이러한 특징은 사용자들이 창의적인 아이디어를 자유롭게 표현할 수 있도록 돕고, 음악적 경험을 한층 더 풍부하게 만들어 줍니다.

1 — Dorico란?

Dorico는 음악 악보를 작성하고 편곡하는 음악 제작의 모든 단계를 효율적으로 지원하는 종합 도구입니다. 작곡가, 편곡가, 음악 교육자 및 학습자를 위해 설계된 이 소프트웨어는 악보 작성을 넘어 음악의 연주, 공유, 출판, 학습까지 다양한 기능을 제공합니다.

- **악보 작성** : 악보를 간편하게 입력할 수 있는 다양한 방법을 지원합니다. 마우스, 키보드, MIDI 악기를 사용하여 음표를 추가하고 편집할 수 있습니다.

- **자동 정리** : 입력한 악보는 자동으로 깔끔하게 정리됩니다. 악보가 복잡해져도 프로그램이 알아서 페이지를 나누거나 여백을 조정해 줍니다.

- **편곡** : 악기의 추가, 제거, 성부 분할 등 다양한 편곡 작업을 쉽게 할 수 있습니다. 조성이나 스케일을 변경하는 것도 간단합니다.

- **고품질 사운드** : 다양한 악기의 고해상도 샘플을 제공하며, 30개 이상의 음향 효과 처리기를 통해 소리를 풍부하게 만들 수 있습니다. 통합된 믹서를 사용해 각 악기의 소리 레벨과 이펙트를 조정할 수 있습니다.

- **파일 공유** : 여러 파일 형식(MIDI, MusicXML, 오디오 파일 등)으로 악보를 저장하거나 공유할 수 있으며, 자동 포맷팅 기능을 통해 출판 품질의 악보를 생성할 수 있습니다. 이로 인해 전문적인 악보 출판 작업도 쉽게 처리할 수 있습니다.

- **학습 지원** : 초보자도 쉽게 배울 수 있도록 다양한 튜토리얼과 문서가 제공됩니다. 교육 기관에서 사용하기에도 적합하며, 학생들이 음악 이론과 작곡을 학습하는데 유용한 자료가 풍부합니다.

2 — 주요 기능

작곡

Dorico는 작곡을 위해 처음부터 끝까지 설계된 악보 프로그램입니다. 작곡 과정에서 언제든지 변경하거나 수정할 수 있고, 자유롭게 작업할 수 있는 도구들을 제공합니다.

- **악보 입력 도구** : 마우스, 키보드, 미디 건반 또는 펜슬 등 악보를 만드는 여러 방법을 지원하여 자신에게 가장 편리한 방법을 선택하여 사용할 수 있습니다.

- **스마트 입력** : 악보에 음표를 입력할 때 자동으로 음표를 인식하고 정확하게 악보에 추가할 수 있는 스마트 입력 기능을 제공합니다. MIDI 건반으로 연주하면 Dorico가 연주된 음을 자동으로 악보에 적어줍니다.

- **자동 레이아웃 조정** : 음표가 많아지면 페이지를 자동으로 나누고, 여백을 조정하여 악보를 보기 좋게 정리합니다.

- **뮤지컬 구조 도구** : 악곡의 구조를 쉽게 설정할 수 있는 도구를 제공합니다. 악곡을 도입부, 주제, 변주부로 명확히 구분하고 정리할 수 있습니다. 곡의 시작 부분과 주요 주제를 구분하는데 유용합니다.

편곡

악보를 쉽게 여러 악기로 옮기거나 악기 수를 줄이거나 늘릴 수 있습니다. 다양한 변환 도구를 사용해서 조성 변경, 역전, 새로운 스케일에 맞추기 등도 할 수 있습니다. 코드 심볼에서 완성된 파트를 만들어내는 것도 가능합니다.

- **악기 배정 및 조정** : 악보에 새로운 악기를 추가하거나 필요 없는 악기를 제거할 수 있으며, 악기의 역할이나 파트를 변경하거나 복사하여 사용합니다.

- **음악 분할 및 병합** : 하나의 악기 파트를 여러 악기로 나누는 Explode 및 여러 악기 파트를 하나로 합치는 Reduce 기능을 제공합니다. 피아노 파트를 오케스트라의 여러 악기로 나누는 작업을 쉽게 할 수 있으며, 여러 악기의 파트를 하나의 악기로 통합할 수 있습니다.

- **조성 및 스케일 변경** : 음악의 조성을 쉽게 바꿀 수 있습니다. 선법 변경도 간단하게 수행할 수 있으며, 음악의 스케일을 새롭게 설정할 수 있는 기능을 제공합니다.

- **코드 심볼로부터 파트 생성** : 코드 심볼을 입력하면, 그 코드에 맞는 악보 파트를 자동으로 생성합니다. 이를 통해 복잡한 코드 진행을 쉽게 구성할 수 있습니다.

∴ 연주

고품질 악기와 30개 이상의 효과 처리기, 그리고 전체 오디오 믹서가 내장되어 있습니다. 악보의 연주를 조정하는 도구도 있어서 악보가 바로 연주할 수 있습니다.

- **고품질 샘플 사운드** : 실제 악기 소리를 고해상도로 제공하여 악보가 실제 연주처럼 들리게 합니다. 피아노, 바이올린, 트럼펫 등 다양한 악기의 소리를 지원합니다.

- **효과 처리기** : 리버브, 딜레이, 이퀄라이저 등 30개 이상의 효과를 추가하여 음악의 소리를 풍부하게 만듭니다.

- **통합 오디오 믹서** : 각 악기의 소리 레벨과 위치(패닝), 이펙트 등을 조절할 수 있는 믹서를 내장하고 있습니다. 이를 통해 전체 사운드를 균형 있게 조정할 수 있습니다.

- **키 편집기** : 악보의 각 부분이 어떻게 연주되는지 세밀하게 조정할 수 있는 도구입니다. 연주 속도나 표현 방식 등을 설정할 수 있습니다.

∴ 공유

MIDI와 MusicXML 파일을 가져오고 내보낼 수 있으며, 오디오와 그래픽 파일도 지원합니다. 혼자 작업하든 팀과 작업하든, 연주자나 협업자와 쉽게 음악을 공유할 수 있습니다.

- **파일 형식 지원** : MIDI, MusicXML, 오디오 파일(WAV, MP3 등), 그래픽 파일(PDF, 이미지 등)으로 악보를 내보내거나 가져올 수 있습니다. 이를 통해 다양한 플랫폼과 호환됩니다.

- **협업 기능** : 다른 사람과 함께 작업할 때, 프로젝트 파일을 쉽게 공유하고, 수정 사항을 실시간으로 반영할 수 있습니다.

- **데스크탑과 iPad 호환성** : 데스크탑 버전과 iPad 버전 간에 프로젝트를 호환할 수 있어 다양한 디바이스에서 작업을 계속할 수 있습니다.

∴ 출판

자동으로 악보를 아름답게 포맷합니다. Dorico Pro를 사용하면 출판 요구사항을 충족시킬 수 있는 많은 커스터마이즈 옵션이 있지만, 기본적으로 모두 잘 보이게 설정되어 있어 거의 필요하지 않을 수 있습니다.

- **자동 포맷팅** : 악보를 자동으로 깔끔하게 포맷하여 일관성 있게 정리합니다. 출판 품질을 보장합니다.

- **커스터마이징** : Dorico Pro 버전에서는 다양한 출판 요구에 맞게 악보를 세밀하게 조정할 수 있는 도구를 제공하여 출판사의 요구에 맞는 형식을 만들 수 있습니다.

∴ 학습

학교에서 널리 사용되는 Dorico는 학습 자료 제작이나 음악 이론을 배우기에 적합합니다. 수십 개의 유용한 튜토리얼과 잘 정리된 문서 덕분에 학생들이 배우기에도 쉽습니다.

- **튜토리얼과 문서** : 초보자를 위한 다양한 튜토리얼과 매뉴얼이 제공되어 쉽게 배울 수 있습니다.

- **교육 기관에서의 사용** : 학교와 학원에서 음악 이론을 가르치고, 작곡 및 편곡 작업을 연습하는데 적합한 도구입니다.

3 — 주요 특징

Dorico는 모든 레벨과 목적에 맞게 설계된 음악 소프트웨어로 초보자부터 전문가까지 다양한 사용자에게 적합하며, 아름다운 디자인과 효율적인 기능을 제공합니다.

- **스마트 기능** : 악보를 작성할 때 시간을 절약할 수 있도록 돕는 다양한 스마트 기능을 제공합니다. 복잡한 작업을 자동으로 처리하여 음악 제작에 더 집중할 수 있습니다.

- 빠르고 쉬운 학습 : 사용법을 빠르고 쉽게 배울 수 있도록 설계되어 있습니다. 초보자부터 전문가까지 모두 쉽게 접근할 수 있습니다.

- 모든 레벨과 음악 유형에 적합 : 다양한 음악 장르와 수준에 맞게 설계되어 있어 간단한 곡 작성부터 복잡한 편곡까지 모두 지원합니다.

- 학습과 교육에 이상적 : 학교나 학원에서 음악 이론과 작곡을 가르치는데 적합한 도구입니다. 학생들이 음악을 배우고 연습하는데 유용합니다.

- 아름답고 현대적인 디자인 : 현대적이고 깔끔한 디자인으로 사용자가 쉽게 악보를 작성하고 편집할 수 있도록 돕습니다.

4 — 장점

Dorico는 작곡과 악보 작성에 적합한 음악 소프트웨어로 iPad, macOS, Windows에서 사용 가능합니다. 처음 곡을 작곡하는 사람부터 최신 블록버스터 음악의 스코어링을 맡은 전문가까지 모두에게 적합합니다. 각 버전은 현재 사용자 필요에 맞출 수 있으며, 미래에도 계속 발전할 수 있는 유연성을 제공합니다.

- 통합된 솔루션 : 작곡, 편곡, 연주, 공유, 출판 등 모든 음악 작업을 지원하는 종합적인 도구입니다.

- 유연한 작업환경 : 다양한 도구와 기능을 통해 사용자의 요구에 맞게 작업할 수 있습니다.

- 전문적인 출력 품질 : 자동 포맷팅과 고품질 사운드 제공으로 전문적인 출판과 연주가 가능합니다.

- 학습 지원 : 초보자부터 전문가까지 쉽게 배울 수 있는 다양한 학습 자료를 제공합니다.

Section 02
나에게 맞는 버전

Dorico는 iPad, macOS, Windows에서 사용 가능한 강력한 악보 제작 프로그램으로 세 가지 데스크톱 버전인 Dorico SE, Dorico Elements, Dorico Pro와 iPad 전용 버전을 제공합니다. 각 버전과 플랫폼은 사용자의 필요와 예산에 따라 선택할 수 있으며, 작곡과 편곡 작업을 지원하는 다양한 도구를 갖추고 있습니다. 본서는 상업용 악보 출판이 가능한 Dorico Pro 버전을 기준으로 하여 이 프로그램의 풍부한 기능과 가능성을 탐구합니다.

1 — Dorico SE

Dorico SE는 Steinberg에서 제공하는 무료 음악 표기 소프트웨어로 쉽게 악보를 작곡하고, 연주하며, 인쇄할 수 있습니다. 전문 작곡가들이 사용하는 강력한 도구들 중 많은 부분을 포함하고 있어 최대 8명의 연주자를 위한 아름다운 악보를 만드는데 적합합니다.

- 빠르고 배우기 쉬움 : 직관적인 인터페이스로 빠르게 배울 수 있습니다.
- 무료로 제공 : 무료로 사용 가능합니다.
- 파일 공유 : 악보를 PDF와 MP3 파일로 공유할 수 있습니다.
- 현대적인 디자인 : 깔끔하고 현대적인 사용자 인터페이스를 제공합니다.

2 — Dorico Elements

작곡과 편곡을 보다 폭넓게 지원합니다. 모든 규모의 앙상블을 위한 악보 작성을 지원하며, 사용하기 쉽고 강력한 도구들을 제공합니다.

- 빠르고 배우기 쉬움 : 직관적인 인터페이스로 쉽게 배울 수 있습니다.
- 합리적인 가격 : 고급 기능을 합리적인 가격에 제공합니다.
- 파일 공유 : 악보를 PDF와 다양한 오디오 형식으로 저장하고 공유할 수 있습니다.
- 아름다운 악보 디자인 : 현대적이고 깔끔한 디자인으로 높은 품질의 악보를 제공합니다.
- 다양한 기능 : 악기 추가 및 제거, 조성 변경 등 다양한 편곡 기능을 지원합니다.

3 — Dorico Pro

전문 작곡가, 편곡가, 출판사 및 교육자들을 위한 최첨단 도구를 제공합니다. 이 버전은 가장 포괄적이고 강력한 기능을 제공하며, 복잡한 악보와 대규모 앙상블을 다루는데 최적화되어 있습니다.

- 전문적인 작곡 도구 : 복잡한 작곡과 편곡 작업을 지원하며, 다양한 음악 형식과 스타일을 처리할 수 있습니다.
- 출판 : 출판 품질의 악보를 자동으로 포맷팅할 수 있어 상업적인 출판에 적합합니다.
- 고급 기능 : 악기의 세부 조정, 조성 변경, 음향 효과 적용 등 다양한 고급 편곡 기능을 제공합니다.
- 파일 호환성 : 다양한 파일 형식으로 악보를 저장하고 공유할 수 있으며, MIDI, MusicXML 등과 호환됩니다.
- 고품질 사운드 : 다양한 악기 샘플과 음향 효과를 제공하며, 믹서를 통해 정밀한 소리 조정이 가능합니다.
- 모바일 및 데스크탑 호환 : 데스크탑과 iPad 버전 간에 프로젝트를 원활하게 공유하고 작업할 수 있습니다.
- 상세한 학습 자료 : 초보자부터 전문가까지 활용할 수 있는 자세한 튜토리얼과 문서가 제공됩니다.

4 — Dorico for iPad

터치 기반의 iPad에서 손쉽게 사용할 수 있도록 설계되었습니다. 이 버전은 이동 중에도 음악 작업을 지원하며, 직관적이고 사용하기 쉬운 인터페이스를 제공합니다.

- 모바일 접근성 : iPad에서 직접 작곡하고 편곡할 수 있어 언제 어디서나 음악 작업이 가능합니다.
- 직관적인 인터페이스 : 터치스크린을 활용한 직관적인 조작으로 쉽고 빠르게 작업할 수 있습니다.
- 기본 기능 제공 : 기본적인 악보 작성, 편곡, 연주 기능을 포함하고 있으며, 선택적인 인앱 구매로 더 많은 기능을 추가할 수 있습니다.
- 파일 공유 : PDF와 오디오 파일 형식으로 악보를 저장하고 공유할 수 있습니다.
- 출판 품질 : 고품질의 악보 출판이 가능하며, 깔끔하고 현대적인 디자인을 제공합니다.
- 아이패드와의 호환성 : 데스크탑 버전과 iPad 버전 간의 프로젝트 호환이 가능하여 다양한 디바이스에서 작업을 이어갈 수 있습니다.
- 학습 지원 : 초보자도 쉽게 배울 수 있도록 튜토리얼과 문서가 제공됩니다.

5 — 요약

각 버전과 플랫폼은 사용자의 필요와 예산에 따라 선택할 수 있으며, Dorico는 작곡과 편곡 작업을 지원하는 다양한 도구를 제공합니다.

- Dorico SE : 무료, 8개의 악기 파트 지원, 기본 기능.
- Dorico Elements : 학생과 홈 사용자용, 더 많은 기능과 도구.
- Dorico Pro : 전문가용, 고급 도구와 맞춤 설정, 많은 사운드.
- Dorico for iPad : 무료, iPad 최적화, 기본 기능과 선택적 구독 기능.

사용자 정의				
버전	Pro	Elements	SE	iPad
페이지 크기와 오선 크기 조절 악보 페이지의 크기나 오선(줄) 굵기를 조절할 수 있습니다.	○	○	○	○
페이지 레이아웃 직접 편집 여백, 타이틀 위치, 텍스트 상자 등 레이아웃을 자유롭게 조정할 수 있습니다.	○			
음표 간격 조절 음표 사이 간격을 세밀하게 조정할 수 있습니다.	전체	전체	제한	제한
사용자 정의 조표 기존에 없는 조표를 만들 수 있습니다.	○			
사용자 정의 임시표 새로운 기호를 추가하거나 편집할 수 있습니다.	○			
사용자 정의 주법 피치카토, 트레몰로 등 연주 기법을 새로 만들 수 있습니다.	○			
사용자 정의 음표 머리 음표 모양을 바꾸거나 정의할 수 있습니다.	○			
사용자 정의 텍스트 폰트 악보의 글꼴을 자유롭게 바꿀 수 있습니다.	전체	전체	제한	제한
사용자 정의 음악 폰트 음표, 쉼표 등 음악 기호들의 스타일을 바꿀 수 있습니다.	○			
사용자 정의 코드 기호 코드 표기를 직접 바꾸거나 원하는 스타일로 설정할 수 있습니다.	○			
기보 설정 옵션 음표 모양, 줄임표, 연주 기호 등을 세세하게 조절할 수 있습니다.	정의	고정	고정	구독

	Pro	Elements	SE	iPad
인쇄 설정 옵션 정렬, 줄 바꿈 등 인쇄에 필요한 세부 설정을 바꿀 수 있습니다.	정의	고정	고정	고정
재생 설정 옵션 악기의 소리, 다이내믹, 템포 등을 조절할 수 있습니다.	정의	정의	고정	고정

인그레이브				
버전	Pro	Elements	SE	iPad
페이지 및 시스템 줄 바꿈 삽입 악보를 보기 좋게 나누기 위해 줄 바꿈이나 페이지 바꿈을 직접 넣을 수 있습니다.	○	○	○	○
수직 간격 편집 오선 간격을 직접 조절할 수 있습니다.	○	○		
리듬 간격 편집 음표 간의 수평 간격을 세밀하게 조정할 수 있습니다.	○	○		
개별 항목 위치 조정 악보 내 특정 기호나 텍스트를 마우스로 직접 위치 조정할 수 있습니다.	○	○		
인그레이브 설정 사용자화 악보를 어떻게 표시할지 세세한 설정을 바꿀 수 있습니다.	○			
빔, 보이스 등 기본 스타일 설정 묶음줄, 여러 성부 등을 표시하는 기본 규칙을 설정할 수 있습니다.	○			
다른 텍스트 글꼴 사용 제목, 작곡가 이름 등 텍스트 글꼴을 자유롭게 바꿀 수 있습니다.	정의	정의	고정	고정
다른 음악 글꼴 사용 음표, 쉼표 등 음악 기호들의 모양을 바꿀 수 있습니다.	○			

기능	Pro	Elements	SE	iPad
자동 겹침 방지 기능 기호나 텍스트가 겹치지 않도록 프로그램이 자동 정렬해줍니다.	○	○	○	○
다양한 오선 크기 사용 한 악보 내에서 여러 크기의 오선을 함께 사용할 수 있습니다.	○	○	○	○
음표 간격 설정 음표 사이 간격을 조정하는 세부 설정을 할 수 있습니다.	전체	제한	제한	제한
오선 및 시스템 간격 조절 악보 전체의 줄 간격과 시스템 간격을 손으로 조정할 수 있습니다.	정의	자동	자동	자동
전용 인그레이브 모드 인그레이브를 위한 전용 편집 화면이 제공됩니다.	○			구독

가져오기 및 내보내기

버전	Pro	Elements	SE	iPad
MusicXML 가져오기 다른 악보 프로그램(예: Finale, Sibelius)에서 만든 파일을 열 수 있습니다.	○	○	○	○
MusicXML 내보내기 Dorico에서 만든 악보를 다른 프로그램에서 열 수 있도록 파일로 저장합니다.	○	○	○	○
오디오 파일로 내보내기 (WAV, MP3) 악보를 재생한 소리를 오디오 파일로 저장할 수 있습니다.	○	○	○	○
그래픽 파일로 내보내기 악보를 이미지나 PDF로 저장하여 인쇄하거나 공유할 수 있습니다.	○	○	○	○
MIDI 파일 가져오기 연주 정보를 담은 MIDI 파일을 불러와서 악보로 바꿉니다.	○	○	○	○

	Pro	Elements	SE	iPad
MIDI 파일 내보내기 작성한 음악을 MIDI로 저장해 다른 DAW나 장비에서 사용할 수 있습니다.	○	○	○	○

입력 및 편집

버전	Pro	Elements	SE	iPad
인서트 모드 노트를 삽입하면 뒤의 음악이 밀리도록 조정됩니다. 기존 노트를 덮어쓰지 않고 추가할 때 사용합니다.	○	○	○	○
다중 붙여넣기 한 번에 여러 보이스나 파트에 같은 내용을 복사해 붙일 수 있습니다.	○	○	○	○
파트 분해 및 통합 한 파트를 여러 악기로 나누거나, 여러 파트를 하나로 통합할 수 있습니다.	○			
보이스에 붙여넣기 복사한 노트를 특정 보이스에 직접 붙여넣을 수 있습니다.	○			
필터 기능 특정 종류의 노트(슬러, 아티큘레이션 등)만 선택해서 편집할 수 있습니다.	전체	제한	제한	제한

악보 표기

버전	Pro	Elements	SE	iPad/구독
프로젝트에 추가 가능한 연주자 수	무제한	무제한	8	8/무제한
기본 템플릿 수	40	37	6	7/31
임시표	정의	일반	일반	일반
마디 번호	멀티	단일	단일	단일
마디 반복 기호	다양	한 가지	한 가지	한 가지
마디선 종류	포괄적	일반	일반	일반

음자리표 종류	26	7	7	7
사용자 정의 리듬 그룹화	○			
괄호 및 중괄호 설정	○			
코드 다이어그램	전체	제한	제한	제한
코드 심볼	정의	9개 설정	단일	단일
보표 압축	○			
큐(Cue) 표기	○			
현악기 파트 나누기 (Divisi)	○			
드럼 세트 표기	○	○	○	○
다이내믹	○	○	○	○
비음표 빔 및 줄기 장식	○			
숫자저음(Figured bass)	○	○	○	○
기타 타브 악보	전체	제한	제한	제한
하프 페달링 표기	전체	제한	제한	제한
조표	정의	7	7	7
쉼표 및 정지 기호	○	○	○	○
선(Line) 도구	정의	40	40	40
가사 입력	○	○	○	○
음표 머리(Notehead)	정의	30	30	30
옥타브 선	전체	제한	제한	제한
장식음/꾸밈음	○	○	○	○
오시아 보표(Ossia)	○			
보표 수 변경 기능	○			
페이지 번호	정의	자동	자동	자동
페달 표기	정의	제한	제한	제한

주법 기호	정의	220	220	220
리허설 마크	정의	제한	제한	제한
반복 엔딩	○	○	○	○
리듬 슬래시	○	○	○	○
트레몰로 (단일/다중 음)	○	○	○	○
템포 기호	○	○	○	○
비정음정 타악기 표기	정의	제한	제한	제한

재생

버전	Pro	Elements	SE	iPad/구독
기본 포함 사운드 수	2000+	1500	1500	130/164
이펙트 프로세서 수	32	32	32	5
General MIDI 사운드	○	○	○	○
HALion Sonic SE 사운드	○	○	○	
HALion Symphonic Orchestra	○			
Soundiron Olympus Choir Micro	○	○		
Keda 인도 타악기 사운드	○	○	○	
VST 익스프레션 맵 사용 가능	○	○	○	○
타사 VST 플러그인 사용	○	○	○	
기보에 따른 연주 해석	정의	정의	고정	고정
스윙 리듬 재생	정의	정의	고정	고정
반복 기호 재생	○	○	○	○
다이내믹 재생	○	○	○	○
템포 변화 재생	○	○	○	○
오토메이션 편집	○	○	○	○
Iconica Sketch 음원				구독

인쇄				
버전	Pro	Elements	SE	iPad
여러 부 복사 인쇄	○	○	○	○
소책자, 2장, 펼침	○	○	○	

시스템 요구 사항			
버전	Pro	Elements	SE
운영 체제(Windows)	윈도우 10 (64비트) 이상		
운영 체제(Mac)	MAC OS 10.15 이상		
CPU 최소 사양(Windows)	64비트 Intel 또는 AMD 멀티코어		
권장 CPU (Windows)	Intel i5 이상		
CPU 최소 사양(Mac)	Intel i5(2018년 이후) 또는 Apple 실리콘		
RAM 최소	8GB	4GB	
RAM 권장	16GB	8GB	
하드디스크 여유공간	12GB	6GB	
OS 호환 오디오 하드웨어	○	○	○
ASIO 호환 오디오 하드웨어	○	○	○
라이센스 관리	Steinberg 라이센싱(계정 기반)		
인터넷 연결	다운로드, 라이센스 활성화, 계정 가입 및 등록		

Section 03

구매 및 설치

Dorico는 세 가지 버전으로 제공됩니다. 무료로 사용할 수 있는 Dorico SE, 개인 사용자에게 적합한 Dorico Elements, 그리고 출판 및 전문가들이 선호하는 Dorico Pro입니다. 본서는 Dorico Pro 버전을 기준으로 설명하겠지만, 사용자 필요에 맞는 버전을 선택하는 것이 바람직합니다. 또한, Dorico for iPad는 구독제라는 단점이 있지만, 터치와 펜슬을 활용해 언제 어디서든 악보 작업을 가능하게 하여 iPad 사용자에게 매우 유용한 버전입니다.

1 — 구매

1. 계정 만들기 : 웹사이트 steinberg.net로 이동하여 회원 가입을 진행합니다.
2. 버전 선택 및 구매 : 원하는 Dorico 버전을 선택한 후, Buy 버튼을 클릭하여 구매합니다.
3. 다운로드 : 구매가 완료되면 이메일로 다운로드 링크와 라이센스 키가 전송됩니다.

2 — 설치

1. 다운로드 : 이메일에서 제공된 링크를 클릭하여 Download Assistant를 설치합니다.
2. 설치 : Download Assistant에서 Dorico를 선택하여 설치합니다.
3. 라이센스 인증 : 이메일로 받은 라이센스 키를 입력하여 인증을 완료합니다.

1 — Dorico는 프로그램을 구입할 때부터 라이센스 및 업그레이드 등의 지속적인 관리가 필요하기 때문에 회원 가입이 필수입니다. Steinberg.net에 접속하여 오른쪽 상단 모서리에 보이는 사람 모양의 My Steinberg 아이콘을 클릭합니다.

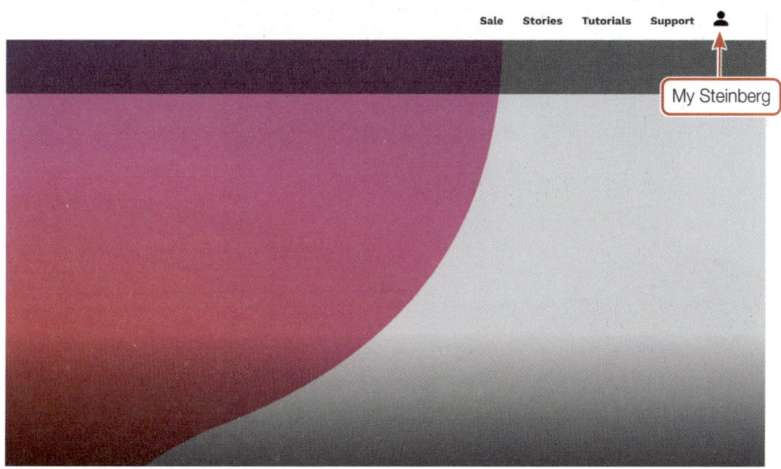

2 — 로그인 창이 열리면, 회원 가입이 되어 있는 경우 이메일과 비밀번호를 입력하여 로그인할 수 있습니다. 첫 방문자는 Create an account를 클릭하여 회원 가입을 진행합니다.

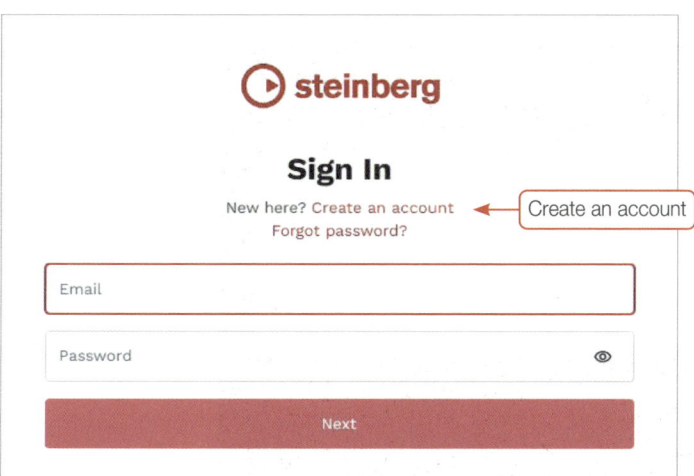

3 — 회원 가입이 완료되면 메인 화면에서 Dorico를 선택하고 Buy Dorico 버튼을 클릭합니다. 홈페이지가 리뉴얼될 경우 화면 구성은 이미지와 다를 수 있습니다.

4 — 어떤 버전을 구매할 것인지 선택할 수 있는 창이 열립니다. Dorico는 모든 기능을 제공하는 Pro 버전과 고급 기능이 제외된 Elements 버전, 두 가지를 판매하고 있습니다. 개인 사용자라면 Elements로 충분하지만, 악보 출판이 필요한 경우에는 Pro 버전을 권장합니다.

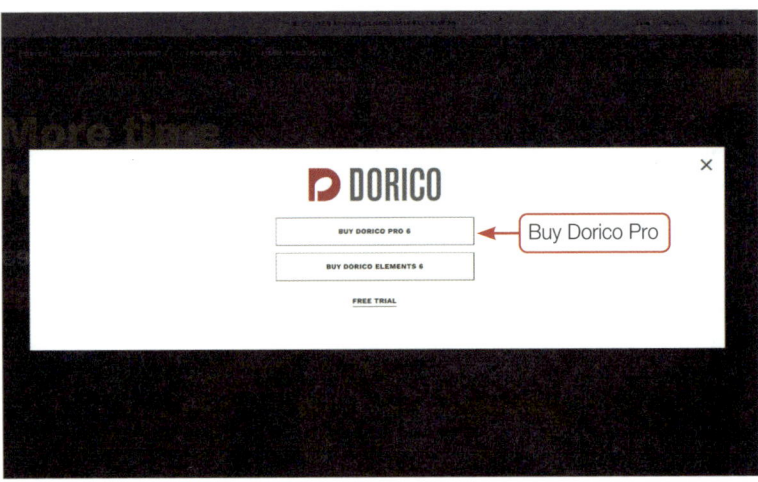

5 — 결제가 완료되면 프로그램을 바로 다운로드할 수 있습니다. Dorico는 Windows와 macOS에서 모두 구동되므로 사용 중인 OS에 맞는 버전을 다운로드한 후, 파일을 열어 실행합니다.

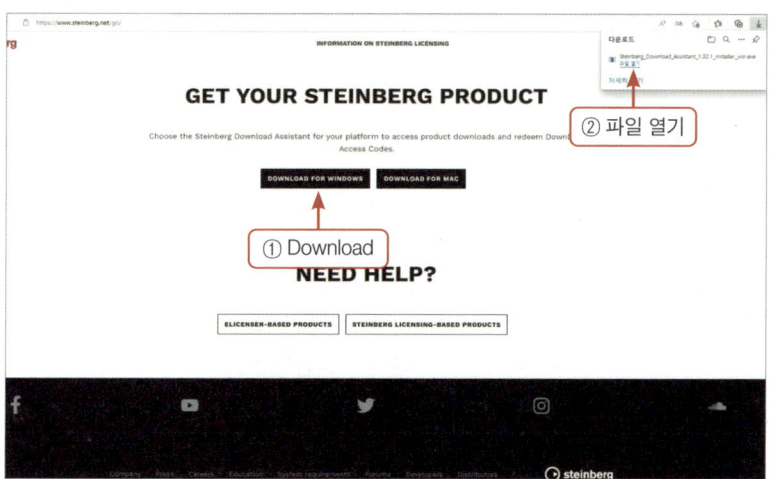

6 — 실제 프로그램을 다운로드할 수 있는 Steinberg Download Assistant 설치가 시작됩니다. Next 버튼을 클릭하여 설치를 진행합니다.

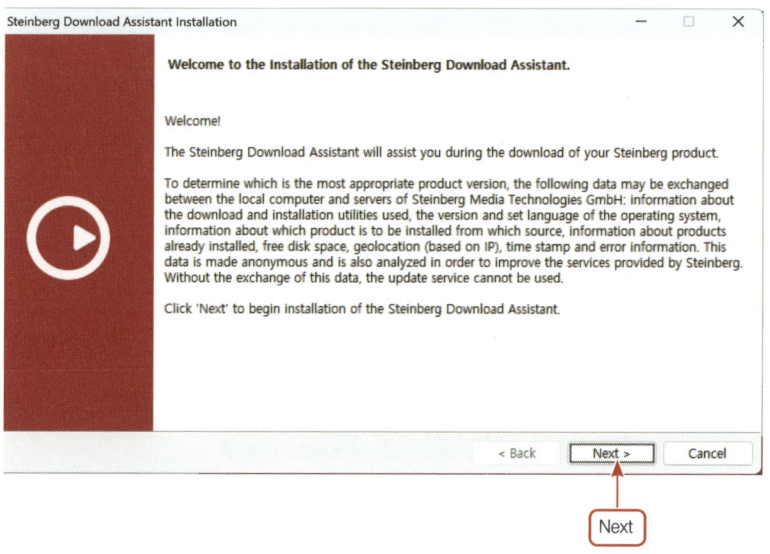

7 — Steinberg Download Assistant가 실행되면 왼쪽 목록에서 Dorico Pro 또는 Dorico Elements를 선택하고, Install All 버튼을 클릭하여 모든 항목을 설치합니다.

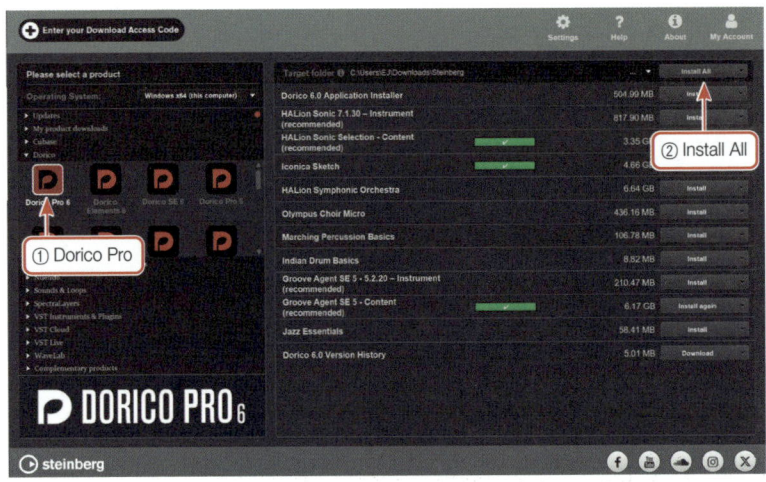

8 — 모든 설치가 완료되면 왼쪽 상단의 Enter your Download Access Code 버튼을 클릭하고, 이메일로 받은 활성화 코드를 입력하여 완료합니다. Dorico를 처음 실행할 때 열리는 License Activation 창에서도 활성화할 수 있습니다.

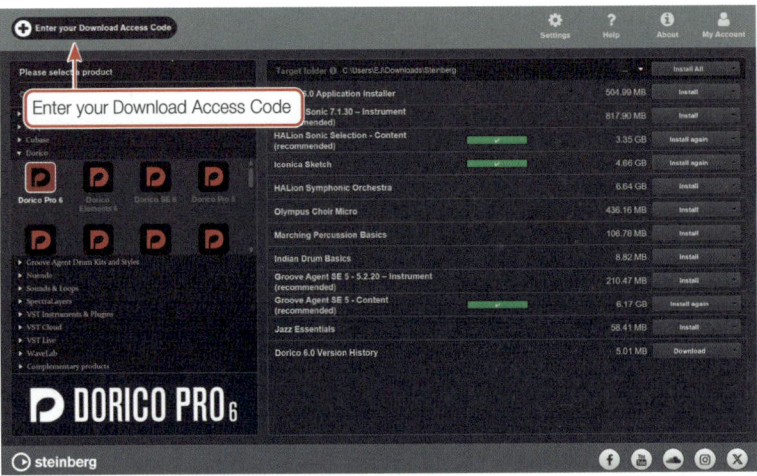

Section 04 — 도리코 시작하기

Dorico를 실행하면 허브 창이 열리며, 이곳에서 최근 작업한 프로젝트를 열거나 새로운 프로젝트를 시작할 수 있습니다. 또한, 허브 창에는 프로그램 사용에 도움이 되는 튜토리얼, 비디오, 블로그 등의 최신 학습 자료도 제공됩니다. 이를 통해 필요한 작업을 신속하게 시작하고, 유용한 정보를 손쉽게 얻을 수 있습니다.

1 — Steinberg Hub

Dorico를 실행하면 다음과 같은 작업을 할 수 있는 허브 창이 열립니다.

1. 최근 프로젝트 보기(Open Recent) : 최근에 작업한 프로젝트를 빠르게 열 수 있습니다.
2. 새로운 프로젝트 시작(Create New) : 새 작업을 시작할 수 있는 새로운 프로젝트를 만들 수 있습니다.
3. 학습 자료(Learn) : 튜토리얼, 비디오, 블로그 등 최신 학습 자료를 확인할 수 있습니다.
4. 새 기능(What's New) : 최신 버전의 새로운 기능을 살펴볼 수 있습니다.
5. 기존 프로젝트 가져오기(Open or Import File) : 이전에 작업했던 프로젝트나 미디(*.mid) 및 피날레(*.xml) 파일 등을 가져올 수 있습니다.

2 — Open Recent

1 — Dorico를 실행하면 열리는 허브 창은 최근 작업 파일을 불러올 수 있는 Open Recent, 새로운 프로젝트를 만들 수 있는 Create New, 학습 자료 및 새로운 기능을 탐색할 수 있는 Lear과 What's New의 4가지 탭으로 구성되어 있습니다. 새로운 정보가 업데이트되면 Learn 탭에 알림 아이콘이 표시됩니다.

2 — Open Recent는 최근에 작업했던 프로젝트가 나열되며, 더블 클릭으로 빠르게 열 수 있습니다. 목록은 보기 버튼을 이용하여 그리드 또는 리스트 보기로 표시 할 수 있습니다. 현재는 기본적으로 제공되는 프로젝트만 나열되어 있지만, 프로젝트 수가 많아지면 리스트로 표시하는 것이 유리할 수 있습니다.

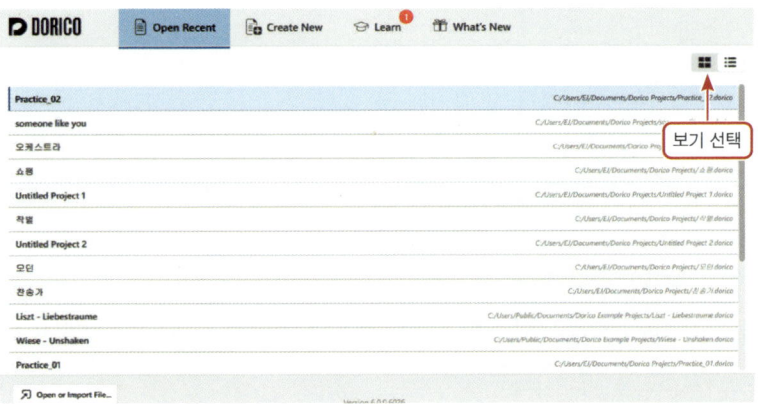

3 — Create New

1 — Create New는 새로운 프로젝트를 만들 수 있는 템플릿을 제공합니다. 왼쪽에서 Band, Chamber, Choral, Jazz, Orchestral, Solo 등의 카테고리를 선택하고, 가운데 나열되는 템플릿을 더블 클릭하여 새 프로젝트를 만들 수 있습니다.

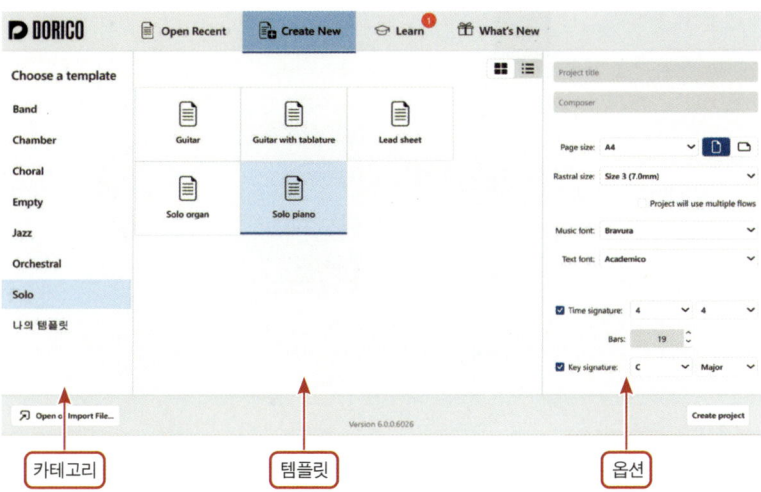

2 — Create New 오른쪽에는 곡 제목 및 작곡가 이름을 입력하거나 박자 및 조표 등을 설정할 수 있는 옵션 창을 제공합니다. 각 사항은 프로젝트를 만든 후에 변경 가능합니다.

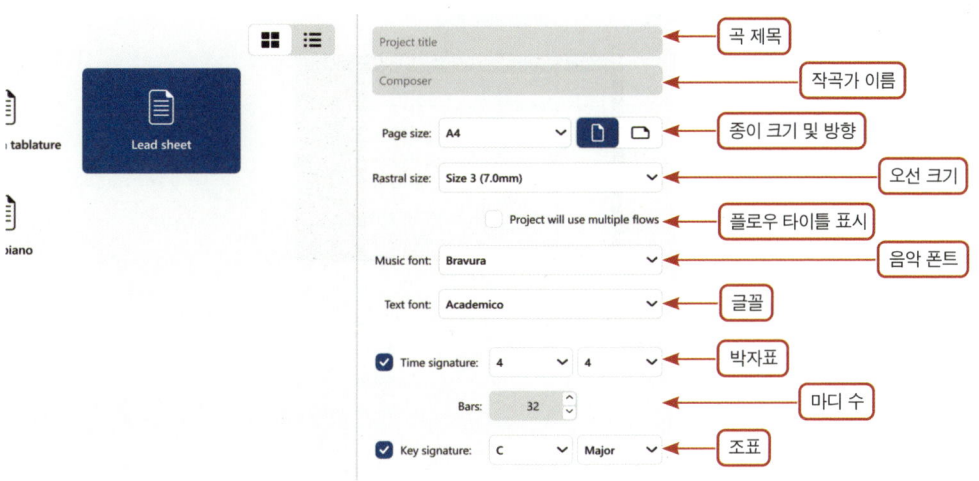

4 — Learn

Learn은 실습 튜토리얼, 비디오, 포럼, 매뉴얼, 블로그 등의 학습 자료에 액세스 할 수 있습니다.

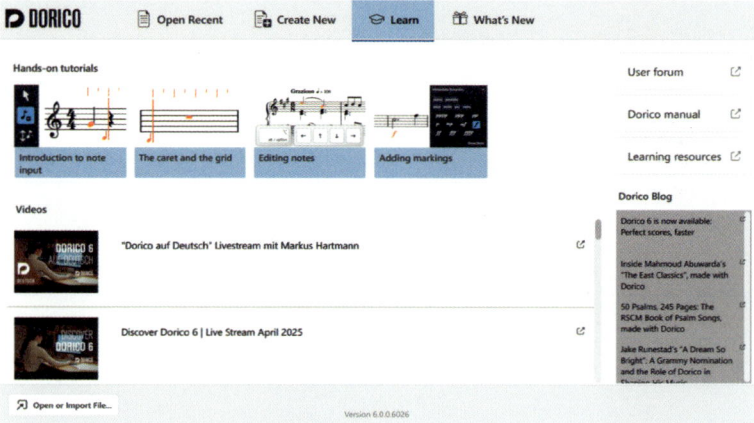

5 — Open or Import File

What's New 탭은 최신 버전의 새로운 기능을 소개하고, 허브 창 아래쪽에는 Dorico 프로젝트 파일과 미디 및 피날레 파일을 가져올 수 있는 Open or Import File 버튼이 있습니다.

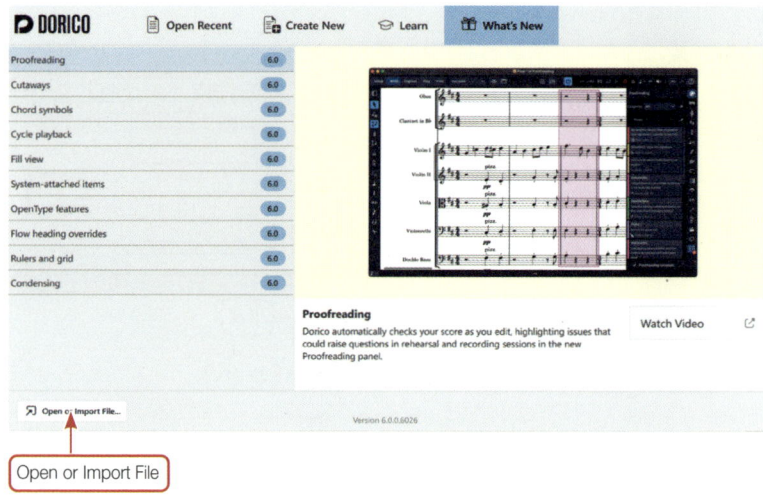

피날레 파일 가져오기

Finale → *.xml → Dorico

악보 제작 소프트웨어의 오랜 표준이었던 MakeMusic사의 Finale가 2024년 8월, 버전 27을 마지막으로 개발을 종료했습니다. 35년의 역사를 지닌 이 소프트웨어의 종료 소식은, 오랫동안 Finale를 사용해온 많은 음악가들에게 적지 않은 충격과 아쉬움을 안겨주고 있습니다.

MakeMusic사는 Cubase로 유명한 Steinberg사와 협력으로 소비자들이 피해를 입지 않도록 한정 기간 동안 Dorico를 할인된 가격에 제공하고 있으며, OpenType 글리프 위치 지정 및 글리프 대체 기능을 지원하여 기존 스타일을 유지한 채로 작업을 이어갈 수 있도록 하고 있습니다. 다만, 직접 열 수는 없고, Finale 파일을 MusicXML 형식으로 변환하는 과정이 필요합니다.

Finale 파일을 MusicXML 파일로 변환하는 작업은 간단합니다. 먼저, 작업했던 Finale 파일을 하나의 폴더에 정리합니다. 이후 Finale의 File 메뉴에서 Export를 선택한 후 Translate Folder to MusicXML을 실행하여 Finale 파일이 저장된 폴더를 지정하면 됩니다. Finale에서 파일을 직접 열 필요는 없으며, 파일을 여러 폴더로 관리하는 경우에는 이 과정을 각 폴더별로 반복하면 됩니다. 그러면 해당 폴더의 모든 파일이 *.xml 파일로 변환되며, Dorico 허브 창의 Open or Import File 또는 File 메뉴의 Open 명령을 이용해 가져올 수 있습니다.

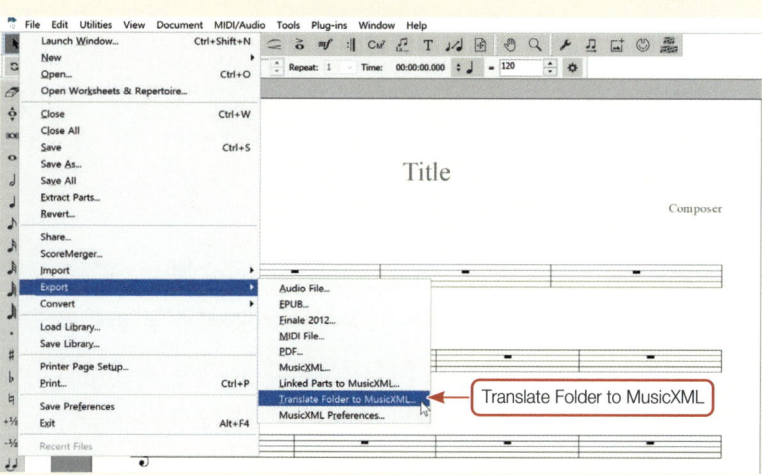

Section 05 화면 구성

Dorico의 화면 구성은 사용자 경험을 극대화하도록 설계되었습니다. 직관적인 인터페이스와 다양한 도구들이 조화롭게 배치되어 있어 악보 작업은 물론, 작곡과 편곡 작업을 효율적으로 수행할 수 있습니다. 화면의 각 요소는 명확한 역할을 가지고 있으며, 필요한 기능을 손쉽게 찾을 수 있습니다. Dorico의 주요 구성 요소를 자세히 살펴보고, 각 요소가 어떻게 작업 흐름을 지원하는지 알아보겠습니다.

1 프로젝트 윈도우

Dorico의 기본 프로젝트 창은 프로젝트 작업에 필요한 모든 옵션과 도구에 접근할 수 있는 중심 공간입니다. 사용자는 동일한 프로젝트 또는 다른 프로젝트를 위해 여러 개의 프로젝트 창을 열 수 있습니다.

● **툴 바** : Dorico의 다양한 기능에 접근할 수 있는 주요 도구로 구성되어 있습니다. 이를 통해 모드 전환(Setup, Write, Engrave, Play, Print), 작업 공간 옵션 조정, 믹서 창에서 음향 조정, 비디오 창에서 비디오 설정 관리, 트랜스포트를 이용한 재생 및 탐색 제어, 최근 작업의 실행 취소 또는 다시 실행, 그리고 상황에 맞는 도움말 기능 등에 손쉽게 접근할 수 있습니다.

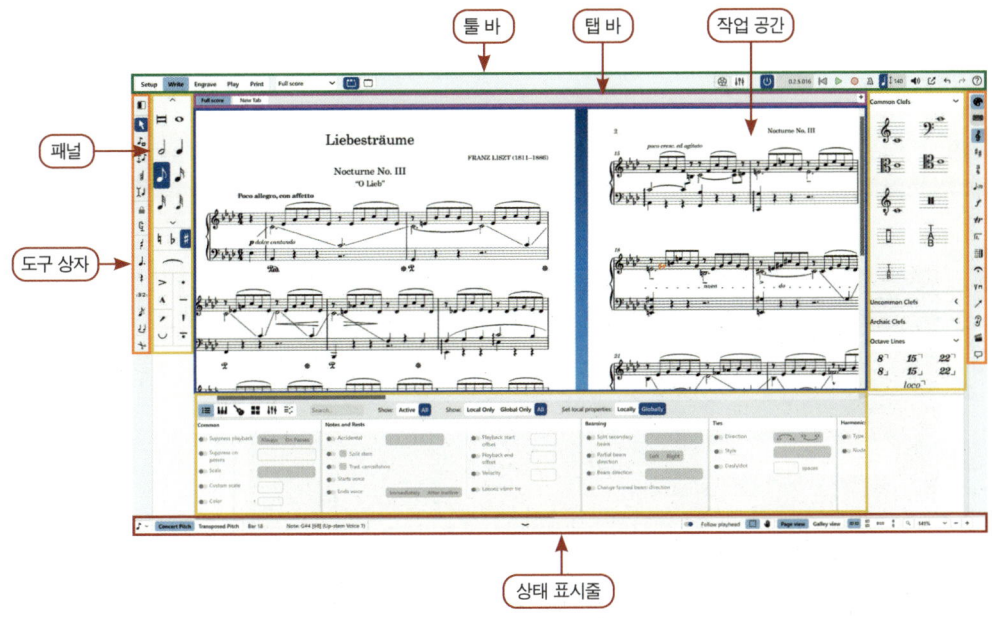

- **탭 바** : 열린 모든 탭을 표시하며, 음악 영역을 분할하여 여러 탭을 열 경우 탭 그룹이 나타납니다. 이 기능은 Setup, Write, Engrave 모드에서 사용 가능합니다.

- **작업 공간** : 새 프로젝트를 시작하면 프로젝트 시작 화면이 나타나 첫 연주자를 추가할 수 있습니다. 연주자나 앙상블을 추가하면 음악 영역으로 변환되어 현재 선택된 레이아웃의 악보를 표시합니다. Play 모드에서는 트랙 개요가 표시되며, 디지털 오디오 워크스테이션(DAW)처럼 음악을 시각화합니다. Print 모드에서는 인쇄 미리보기 영역이 나타나 프로젝트가 종이에 인쇄되거나 그래픽 파일로 내보낼 때의 모습을 미리 볼 수 있습니다.

- **도구 상자** : 악보를 입력하고 편집하는데 필요한 항목과 도구에 접근할 수 있게 해줍니다. 각 도구 상자는 모드에 따라 다양한 항목과 도구를 포함하고 있습니다.

- **패널** : 프로젝트 창의 왼쪽, 오른쪽, 하단 가장자리에는 패널이 배치되어 있습니다. 이 패널들은 악보 작성과 편집에 필요한 노트, 기보법, 기능들을 제공합니다. 각 영역에서는 모드에 따라 다른 패널들이 제공됩니다.

- **상태 표시줄** : 음악 영역의 다양한 보기 및 페이지 배열을 선택할 수 있게 해줍니다. 또한, 확대/축소 옵션과 음악 영역에서 현재 선택된 항목에 대한 요약 정보를 제공합니다.

2 상황별 도움말

상황별 도움말 오버레이가 표시되면 각 강조된 영역 중앙에 물음표 아이콘이 있는 도움말 버튼이 나타납니다. 도움말 버튼을 클릭하면 관련 문서가 웹 브라우저에서 열립니다.

표시 방법
- **단축키** : Windows에서는 F1 키를, macOS에서는 Cmd+/ 키를 누릅니다.
- **도움말 보기 버튼** : 툴 바에서 오른쪽 끝에 있는 '도움말 보기' 버튼을 클릭합니다.
- **메뉴** : Help 메뉴에서 Show Help를 선택합니다.

기능
- 강조된 각 영역의 중앙에 물음표 아이콘이 있는 도움말 버튼이 표시됩니다.
- 도움말 버튼을 클릭하면 관련 문서가 웹 브라우저에서 열립니다.
- 몇 초간의 비활동 후 또는 도움말 버튼을 클릭하면 자동으로 닫힙니다.
- 선택된 대화상자에서도 도움말 버튼을 사용할 수 있습니다.

탐색 방법
- **다음 도움말 버튼 선택** : Tab 키를 누릅니다.
- **선택된 도움말 버튼 열기** : Return 키를 누릅니다.
- **오버레이 닫기** : Esc 키를 누릅니다.

3 모드

Dorico는 음악 작곡과 편곡을 위해 설계된 소프트웨어로 여러 가지 모드를 통해 다양한 작업을 효율적으로 수행할 수 있도록 합니다. 프로젝트를 시작하면 악보를 만들고 편집할 수 있는 Write 모드가 열리며, 탭을 선택하거나 Ctrl+숫자(1~5) 키를 눌러 전환할 수 있습니다.

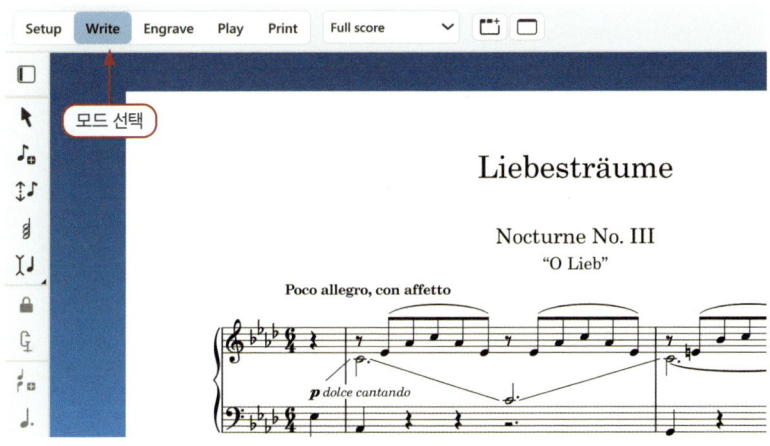

∴ Setup Mode

Setup 모드는 프로젝트의 기초를 다지는 곳입니다.

보표 추가 및 선택
- 원하는 보표를 선택하고 추가합니다. 피아노, 바이올린, 드럼 등 여러 보표를 선택할 수 있습니다.
- 각 보표의 속성을 조정할 수 있습니다. 오케스트라에서의 역할이나 음역대를 설정할 수 있습니다.

플레이어 설정
- 보표의 악기를 연주할 플레이어를 설정합니다. 한 사람이 여러 악기를 연주할 수도 있고, 각 악기에 다른 플레이어를 지정할 수도 있습니다.
- 보표의 이름과 역할을 지정하여 팀의 구성이나 오케스트라의 구조를 정의할 수 있습니다.

플로우와 레이아웃 관리

- 음악의 구조를 정의합니다. 플로우는 곡의 특정 섹션을 나타내며, 여러 플로우을 만들어 하나의 프로젝트에서 다양한 곡을 작성할 수 있습니다.
- 레이아웃은 각 악기가 어떻게 배치될지를 설정합니다. 특정 악기를 그룹으로 묶거나 특정 페이지에 배치할 수 있습니다.

비디오 추가

- 필요에 따라 비디오 파일을 프로젝트에 추가할 수 있습니다. 이는 악보와 비디오를 동기화하거나 음악 작곡에 영감을 주는데 유용합니다.

·: Write Mode

Write 모드는 실제 악보를 만들고, 편집하는 공간입니다.

음표 입력

- 키보드나 마우스를 사용하여 악보에 음표를 입력합니다. 입력할 음표의 높이와 리듬을 선택하여 원하는 음악을 만들어냅니다.
- 악보에 필요한 모든 음표를 입력할 수 있으며, 단일 음표에서부터 복잡한 화음까지 모두 가능합니다.

리듬 조정

- 입력한 음표의 위치를 변경하여 리듬을 수정합니다. 음표를 오른쪽이나 왼쪽으로 이동하여 그리기나 노래의 리듬을 조정할 수 있습니다.

음표 삭제

- 필요 없는 음표나 음악의 일부를 삭제할 수 있습니다. 이 과정은 작업의 수정과 편집에 매우 유용합니다.

빠른 입력 가능
- 사용자가 입력한 음표를 빠르게 수정하거나 새로운 음표를 쉽게 추가할 수 있는 도구와 패널이 제공됩니다.
- 다양한 입력 모드(예: 한 음표씩 입력, 연속 입력 등)가 있어 원하는 방식으로 작업할 수 있습니다.

Engrave Mode

Engrave 모드는 악보의 시각적인 요소를 다듬는데 중점을 둡니다.

레이아웃 조정
- 이미 입력된 악보의 페이지 레이아웃을 조정합니다. 음표 간격, 줄 간격, 여백 등을 조정하여 더욱 아름답고 읽기 쉬운 악보를 만들어냅니다.

그래픽 수정
- 음표와 기호의 위치를 미세하게 조정할 수 있습니다. 특정 음표를 조금 더 위로 올리거나 아래로 내리는 등 세밀한 작업이 가능합니다.
- 악보의 텍스트(예: 곡 제목, 지시어 등)도 조정할 수 있습니다.

정렬 및 형식 설정
- 각 악기와 악보의 요소들이 잘 정렬되도록 설정할 수 있습니다. 이는 전문적인 악보를 만들기 위한 필수 단계입니다.

Play Mode

Play 모드는 입력한 악보를 실제로 들어보고 조정하는 기능에 중점을 둡니다.

소리 조정
- VST 악기를 추가하여 음악의 소리를 다양하게 조정할 수 있습니다. 피아노 소리를 클래식 피아노로 바꾸거나 다른 악기로 설정할 수 있습니다.

믹싱 및 오디오 효과
- 각 트랙의 볼륨과 팬을 조정하여 믹스를 만들 수 있습니다. 여러 트랙을 조정하여 더 풍부한 소리를 구현할 수 있습니다.

키 편집기 사용
- 재생 중에 음표의 발음 길이나 세기를 조정하는 등 다양한 자동화를 입력할 수 있습니다. 이는 악보의 실제 재생에만 영향을 주고, 악보 자체에는 영향을 미치지 않습니다.

오토메이션
- 악보에서의 재생과 관련된 여러 자동화 설정을 할 수 있습니다. 특정 구간에서 음량을 높이거나 낮추는 등의 설정을 할 수 있습니다.

Print Mode

Print 모드는 최종 결과물을 출력하거나 내보내는 기능을 제공합니다.

인쇄 옵션 설정
- 인쇄할 때 용지 크기(예: A4, A5)나 인쇄 방식(예: 양면, 소책자)을 선택합니다.
- 여백과 기타 인쇄 관련 설정도 조정할 수 있습니다.

그래픽 파일로 내보내기
- PDF, PNG와 같은 다양한 형식으로 파일을 내보낼 수 있습니다. 이를 통해 디지털 문서로 저장하거나 다른 사람과 공유할 수 있습니다.
- 내보낼 파일의 이름과 포함할 정보를 설정하여 관리할 수 있습니다.

4 툴바

툴 바에는 왼쪽에 모드 선택 버튼과 오른쪽 끝에 도움말 보기 버튼이 있으며, 그 사이에는 작업 공간 옵션 조정, 비디오 및 믹서 창 열기, 그리고 트랜스포트 버튼 등이 포함되어 있습니다.

∴ 작업 공간 옵션

작업 공간 옵션은 현재 작업 중인 환경을 설정하는데 도움이 되는 레이아웃 선택 메뉴, 뷰 버튼, 존 열기/닫기 버튼을 제공합니다.

- **레이아웃 선택** : 현재 탭에 표시할 레이아웃을 선택할 수 있습니다. 레이아웃은 플레이어 또는 사용자 설정으로 결정되며, 작업할 레이아웃을 선택해 작업 효율을 높일 수 있습니다.

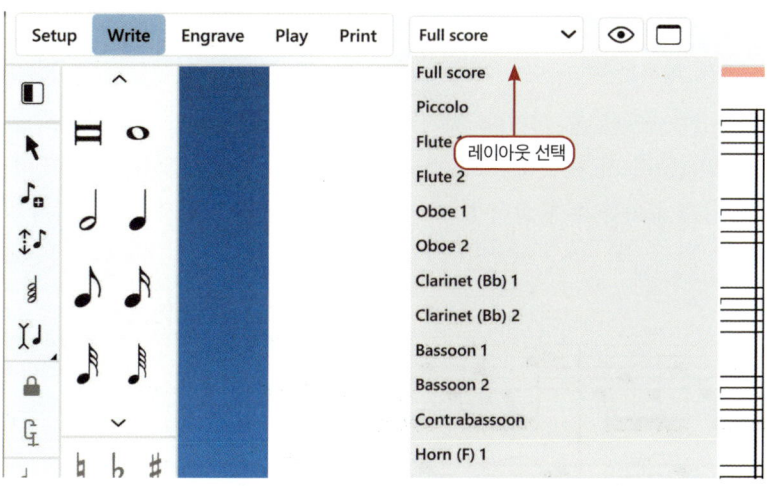

- **Show** : System Track, Cycle Locators, Signposts, Show Tabs 등의 요소를 표시하거나 숨길 수 있는 옵션을 제공합니다. 이들은 모두 작업에 유용한 시각적 도구들이지만, 악보 제작 과정에서는 오히려 방해가 될 수 있으므로, 필요할 때만 활성화하는 것이 좋습니다.

System Track

시스템 트랙(System Track)은 보표 위에 표시되는 반투명한 선으로, 이를 통해 마디와 박자를 쉽게 추가하거나 삭제할 수 있으며, 해당 시스템에 있는 모든 성부를 한 번에 선택할 수 있습니다. 또한 코드 심볼, 조표, 박자표처럼 시스템 전체에 영향을 주는 항목들도 함께 선택되기 때문에, 악보를 효율적으로 편집하는 데 매우 유용한 기능입니다.

Cycle Locators

사이클은 특정 구간을 반복 재생할 수 있도록 해주는 유용한 기능입니다. 사이클 로케이터는 반복 재생할 구간의 시작점과 종료점을 시각적으로 지정하며, 이를 화면에 표시할지 여부를 선택할 수 있습니다. 시작과 종료 지점은 마우스로 드래그하여 자유롭게 조정할 수 있어, 반복이 필요한 섹션을 정밀하게 제어할 수 있습니다.

Signposts

사인포스트(Signposts)는 악보에 직접 나타나지 않는 중요한 음악적 변경 사항의 위치를 시각적으로 표시해주는 안내판입니다. 변화된 박자표나 조표, 숨겨진 마디 번호, 리듬 느낌의 변화 등 연주에는 드러나지 않지만 작업 과정에서 반드시 인지해야 할 요소들을 나타내며, 선택하여 각 항목의 속성을 손쉽게 확인하고 수정할 수 있습니다.

Show Tabs

탭 기능은 여러 파트를 손쉽게 전환하며 작업 효율을 높여주는 유용한 도구입니다.

탭 추가 : 탭 바 오른쪽에 있는 + 기호를 클릭하면 새로운 탭을 추가할 수 있습니다.
탭 이동 : 각 탭은 드래그하여 순서를 바꿀 수 있으며, 밖으로 드래그하여 독립된 창으로 구성할 수 있습니다. 이를 통해 작업 공간을 더욱 유연하게 조정할 수 있어 원하는 대로 배치하며 작업할 수 있습니다.

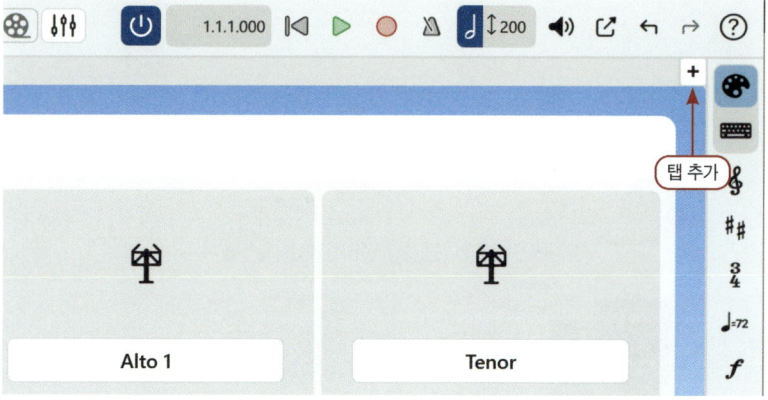

- **Hide/Restore Zones** : 왼쪽, 오른쪽 아래에 있는 모든 패널을 한 번에 열거나 닫을 수 있는 기능입니다. 왼쪽에는 패널을 열거나 닫을 수 있는 도구가 별도로 제공되며, 오른쪽 패널은 각 도구를 선택하여 개별적으로 열거나 닫을 수 있습니다. 아래 패널 역시 별도의 버튼을 클릭하거나 Ctrl+8 키를 눌러 열거나 닫을 수 있어 작업 스타일에 맞게 조정할 수 있습니다.

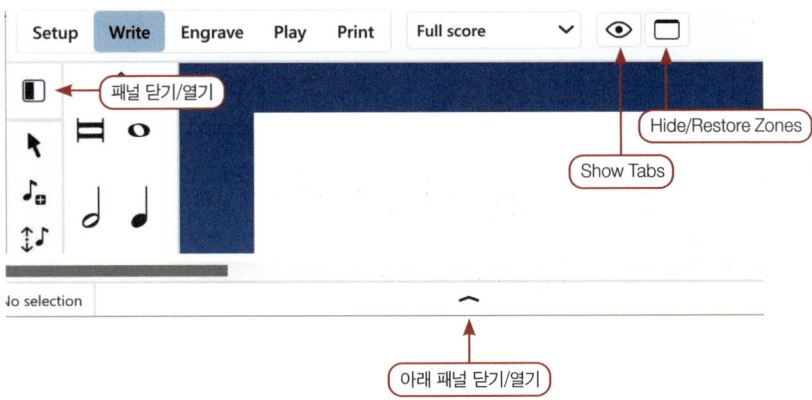

⋮ Show Video / Mixer

비디오 창을 여는 Show Video 버튼과 믹서 창을 여는 Show Mixer 버튼을 제공합니다.

Show Video : 악보에 영상을 추가함으로써 음악과 시각의 경계를 허물고, 영상 음악 제작의 새로운 가능성을 열어줍니다. 비디오 창은 버튼을 클릭하거나 F4 키를 눌러 열거나 닫을 수 있도록 하여 창의적인 흐름이 방해받지 않게 도와줍니다. 비디오는 Setup 모드의 Flow 패널에서 마우스 오른쪽 버튼을 클릭하여 단축 메뉴를 열고, Video의 Attach를 선택하여 첨부할 수 있습니다.

Show Mixer : 버튼을 클릭하거나 F3 키를 눌러 믹서 패널을 독립된 창으로 열거나 닫을 수 있습니다. 믹서를 사용하면 재생할 때 각 채널의 볼륨과 패닝을 조절할 수 있어 사운드를 더욱 세밀하게 다룰 수 있습니다. Write, Engrave, 및 Play 모드에서 믹서 패널은 창 하단에서 사용할 수 있지만, 많은 악기를 사용하는 경우 독립된 창에서 믹서를 활용하는 것이 더욱 편리합니다.

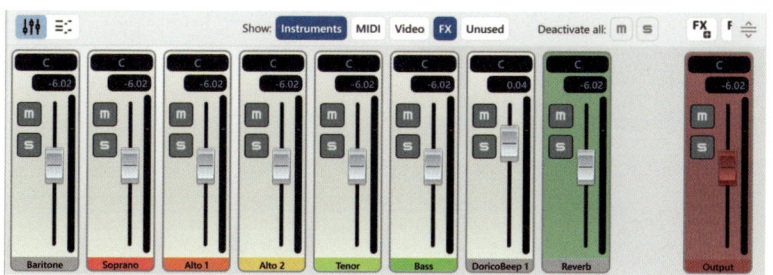

∴ 트랜스포트

트랜스포트는 악보를 재생, 일시 정지, 정지, 녹음 등과 같은 기본적인 조작을 도와주는 도구입니다. 스피커 모양의 Scrub Playback 버튼( ) 오른쪽에 보이는 점 3개(Transport Window) 도구를 클릭하거나 F2 키를 눌러 독립 창으로 열 수 있습니다.

Activate Project : 프로젝트에서 음악 재생을 활성화하거나 비활성화하는 역할을 합니다. Dorico는 두 개 이상의 프로젝트를 동시에 열어 멀티 작업을 가능하게 하지만, 음악을 들을 수 있는 것은 오직 이 버튼이 활성화된 프로젝트에 한정됩니다. 즉, 재생이 활성화된 프로젝트에서만 음악의 흐름이 만들어지고, 다른 프로젝트는 VST와 연결되지 않아 시스템 자원을 효율적으로 관리할 수 있습니다. 이를 통해 사용자는 여러 작업을 동시에 진행하면서도 원활한 작업 환경을 유지할 수 있습니다.

- **Time display** : 플레이헤드의 위치를 다음의 다양한 형식으로 표시합니다. 기본적으로 마디, 박자, 비트, 틱 단위로 표시되어 음악의 구조를 기반으로 한 위치를 나타내며, 클릭하여 시, 분, 초, 밀리초 단위 또는 시, 분, 초, 프레임의 타임코드 단위로 변경할 수 있습니다.

1.1.1.000

Rewind to Beginning of Flow : 플레이헤드를 시작 지점으로 이동시킵니다. 이를 통해 사용자는 음악의 첫 부분부터 다시 재생하거나 편집할 수 있어 전체적인 구조를 쉽게 확인할 수 있습니다. 간단하게 클릭만으로 원하는 위치로 빠르게 이동할 수 있는 유용한 도구입니다.

Cycle : 사이클 기능은 선택한 특정 구간을 반복 재생할 수 있도록 해주는 기능입니다. 반복할 범위는 Shift 키를 누른 상태에서 클릭하여 선택할 수 있으며, Play 메뉴의 Locators에서 Set Cycle Locators from Selection을 선택하면 해당 구간이 반복 재생 범위로 설정됩니다. Set Left Cycle Locator는 시작 위치, Set Right Cycle Locator는 끝 위치를 설정하며, Clear Cycle Locators는 해제합니다.

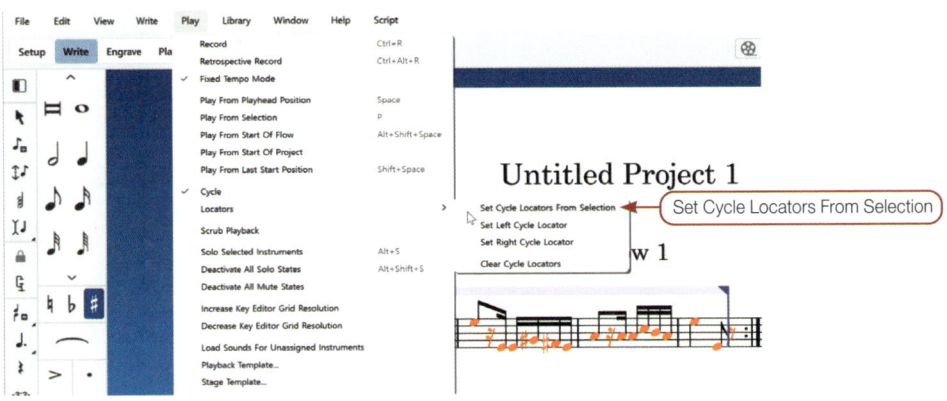

반복 범위는 위쪽에 삼각형 핸들이 달린 수직선으로 화면에 표시되며, 이 핸들을 드래그하여 수동으로 범위를 조정할 수 있고, 사이클 버튼이 활성화되면, 해당 범위가 반복 재생됩니다.

Play : 재생을 시작하거나 중지하는 역할을 합니다. 재생은 기본적으로 플레이헤드 위치에서 시작되며, 독립 창에서는 정지(■), 플레이헤드 위치에서 재생(▷), 선택한 위치에서 재생(▷) 버튼을 별도로 제공합니다. 이 설정은 Preferences의 Play 페이지에서 조정할 수 있습니다. 이를 통해 사용자는 자신의 작업 스타일에 맞춰 재생 위치를 유연하게 설정할 수 있으며, 원하는 위치에서 즉시 음악을 들어볼 수 있는 편리함을 제공합니다.

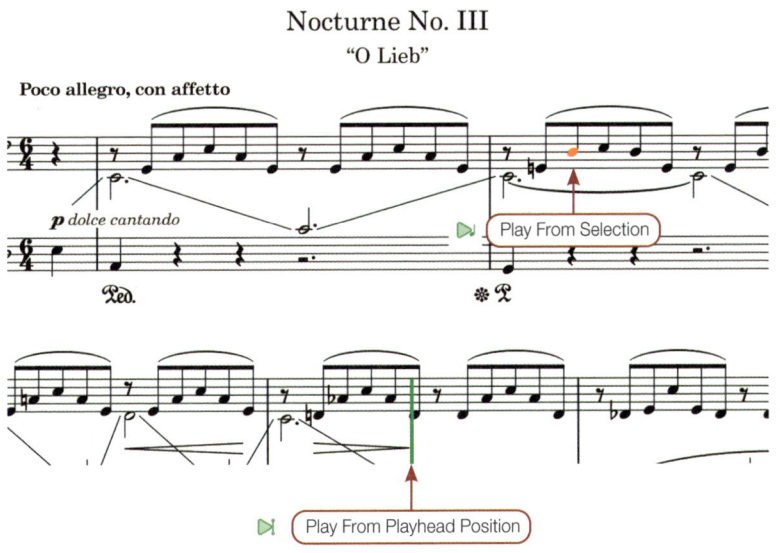

Record : MIDI 녹음을 시작하거나 중지하는 역할을 합니다. 이 버튼을 클릭하면 MIDI 녹음이 활성화되어 연결된 MIDI 기기로 입력한 내용이 기록됩니다.

Retrospective Record : 재생하는 동안 연주한 미디 노트를 회수하여 악보에 추가할 수 있게 해줍니다. 즉흥적으로 연주한 아이디어를 잊지 않고 기록할 수 있습니다. 이렇게 레트로스펙티브 녹음 기능은 창의적인 작업에 큰 도움이 되며, 즉석에서 떠오른 멜로디나 리프를 효과적으로 저장하는데 유용합니다.

Click : 재생 및 녹음 중 메트로놈 클릭 소리를 켜거나 끌 수 있는 역할을 합니다. 이 버튼을 클릭하면 메트로놈 클릭 소리가 활성화되어 음악의 리듬을 유지하며 연주할 수 있도록 도와줍니다. 다시 클릭하면 메트로놈 소리가 꺼지며, 음악만 재생됩니다.

Tempo : 재생 및 녹음에 사용되는 템포를 표시합니다. 템포 값은 플레이헤드 위치에 따라 변하며, 모드에 따라 시각적인 표현도 달라집니다.

- **모드 종류**

고정 템포 모드 (Fixed Tempo Mode)
 - 템포가 고정되어 있어 지정한 속도로만 재생 및 녹음이 진행됩니다.

따라가기 템포 모드 (Follow Tempo Mode)
 - 플레이헤드의 위치나 다른 요소에 따라 템포가 자동으로 조정됩니다.

- **템포 변경 방법**

- **비트 단위 클릭** : 템포 모드는 비트 단위를 클릭하여 변경할 수 있습니다.

- **고정 템포 모드에서 메트로놈 마크 값 조정** : 고정 템포 모드에서는 숫자를 클릭하면 슬라이더가 나타납니다. 슬라이더를 오른쪽이나 왼쪽으로 드래그하여 템포 값을 쉽게 조정할 수 있습니다.

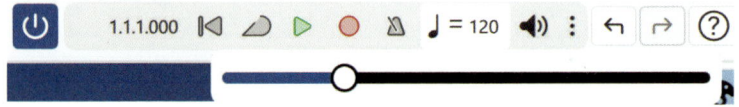

Scrub Palyback : 플레이헤드를 드래그하여 특정 구간을 빠르게 탐색하면서 그 구간의 음악을 들을 수 있는 스크럽 재생 기능을 활성화하거나 비활성화하는 역할을 합니다. 이 버튼을 끄면, 일반적인 재생 방식으로 돌아가며, 플레이헤드를 이동해도 스크럽 기능이 작동하지 않습니다. 이 기능을 활용하면 편집 시 세밀하게 음악을 다룰 수 있어 원하는 부분을 정확하게 조정하는데 도움을 줍니다.

⁝ 상태표시줄

프로젝트 창 하단의 상태 표시줄은 음악 영역의 다양한 보기와 페이지 배열을 선택할 수 있게 해줍니다. 단, 모든 옵션이 모든 모드에서 사용할 수 있는 것은 아닙니다.

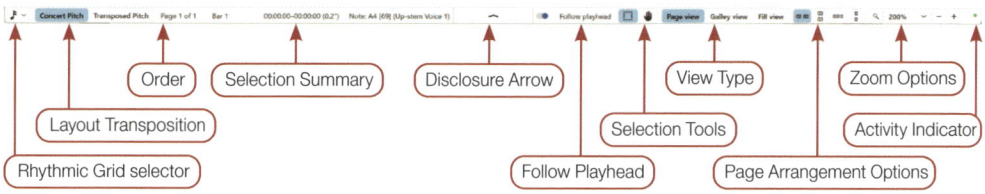

- **Rhythmic Grid Selector** : 리드믹 그리드 라인의 간격을 선택합니다. 리드믹 그리드 라인은 마디 위에 표시되며, 입력 및 편집 시 영향을 미칩니다.

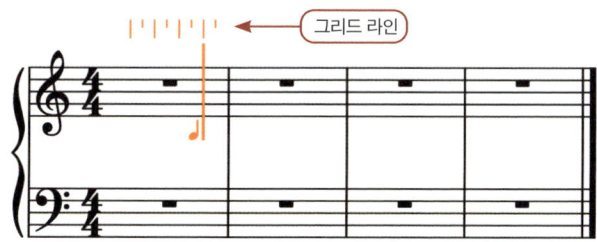

- **Layout Transposition** : 현재 작업 영역에서 열려 있는 레이아웃의 조성을 변경할 수 있습니다. 모든 노트가 실제로 들리는 대로 작성되는 피치로 표시하는 Sounding Pitch와 전조 악기가 연주하는 음을 표시하는 Transposed Pitch 중에서 선택할 수 있습니다.

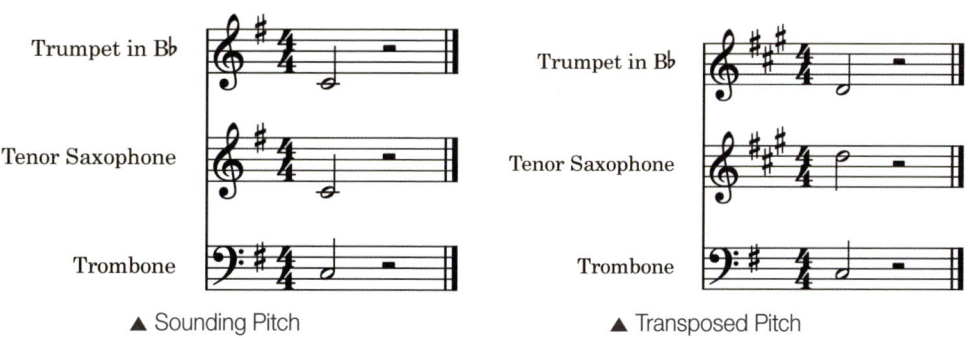

▲ Sounding Pitch   ▲ Transposed Pitch

● **Order** : 악기의 순서를 변경할 수 있게 해주며, Setup 모드에서만 사용할 수 있습니다. 악기의 배열을 조정함으로써 악보의 시각적인 구성을 최적화할 수 있습니다. 이를 통해 연주자들이 악보를 보다 쉽게 읽고 연주할 수 있도록 돕습니다. 특정 악기들이 가까이 배치되어 협연 시 협업이 용이하게 하거나 전체 악보의 흐름을 고려하여 최적의 배열로 변경할 수 있습니다. 편곡 작업 시 매우 유용하며, 악기 편성을 쉽게 조정하여 더 나은 음악적 표현을 가능하게 합니다.

● **Selection Summary**
선택된 항목에 대한 정보를 왼쪽에서 오른쪽으로 표시합니다:
- **선택된 바/범위** : 현재 선택된 바 또는 바 범위를 나타냅니다. 이 정보를 통해 사용자는 선택 영역이 어느 부분인지 쉽게 확인할 수 있습니다.
- **선택 요약** : 선택된 항목에 대한 세부 정보를 제공합니다. 단일 선택된 노트의 음높이와 성부 또는 여러 선택된 노트의 내포된 화음을 요약하여 보여줍니다.

● **Disclosure Arrow** : 하단 패널을 숨기거나 표시합니다. 화살표를 클릭하면 하단 패널이 접히거나 펼쳐져 작업 공간을 보다 효율적으로 관리할 수 있게 해주며, 정보나 도구를 필요할 때만 표시하거나 숨길 수 있어 화면 공간을 최적화하고 집중력을 높일 수 있습니다.

● **Follow Playhead** : 재생 중에 플레이헤드를 따라가는 보기를 활성화하거나 비활성화할 수 있게 해줍니다. 이 옵션을 활성화하면, 재생 중에 화면이 자동으로 플레이헤드를 중심으로 이동하여 현재 재생 위치를 쉽게 확인할 수 있습니다. 특히 긴 악보를 작업할 때 유용하며, 사용자가 현재 재생되고 있는 부분에 집중할 수 있도록 도와줍니다. 필요에 따라 이 기능을 켜거나 끌 수 있어 사용자 개인의 작업 스타일에 맞게 조정할 수 있습니다.

● **Selection Tools**
마퀴 도구(Marquee Tool)와 핸드 도구(Hand Tool) 간에 전환할 수 있게 해줍니다.
- **Marquee Tool** : 특정 영역을 선택하거나 여러 개의 노트를 동시에 선택할 수 있는 도구입니다. 주로 넓은 범위를 선택할 때 유용합니다.
- **Hand Tool** : 악보를 이동시켜 다양한 부분을 쉽게 탐색할 수 있게 해주는 도구입니다. 주로 화면을 스크롤할 때 사용됩니다.

● View Type : 현재 작업 중인 레이아웃의 보기 방식을 선택할 수 있습니다. 각 보기 유형은 작업 목적에 따라 다른 시각적 환경을 제공합니다.
- Page View : 전통적인 악보 형식으로 각 페이지가 독립적으로 표시됩니다. 전체 악보의 구조를 명확히 파악할 수 있어 인쇄물 제작이나 프레젠테이션에 적합합니다.
- Galley View : 모든 악기 파트와 시스템이 연속된 한 줄로 펼쳐집니다. 빠른 스크롤이 가능해, 편곡이나 수정 작업 시 효율적으로 사용할 수 있습니다.
- Fill View : 악보가 화면을 가득 채우도록 확대되어 표시됩니다. 별도의 확대/축소나 스크롤 조작 없이도 가독성이 높아, 작은 화면이나 노트북 환경에서 특히 유용합니다.

● Page Arrangement Options :
페이지 배열 옵션은 개별 페이지(Single Pages) 또는 쌍 페이지(Spreads)를 수평 또는 수직으로 배열할 수 있는 기능입니다. 사용자는 원하는 배열 방식을 선택하여 악보를 보다 효과적으로 표시할 수 있습니다.
- Single Pages : 각 페이지가 독립적으로 표시되어 개별적으로 세부 사항을 집중적으로 살펴볼 수 있습니다.
 - Spreads : 두 페이지가 나란히 배치되어 동시에 볼 수 있어 연주 시의 전체적인 흐름을 이해하는데 유리합니다.

● Zoom Options : 작업 공간 및 그 안의 음악 콘텐츠의 줌 배율을 변경할 수 있는 기능입니다. 미리 설정된 줌 수준을 선택하거나 필요에 따라 사용자 정의 줌 수준을 설정할 수 있습니다. 미리 설정된 줌 수준은 기본적으로 제공되는 다양한 줌 배율 중에서 선택할 수 있어 간편하게 원하는 크기로 악보를 조정할 수 있고, 사용자 정의 줌 수준은 특정한 필요에 맞춰 배율을 조정할 수 있어 더 세밀한 편집이나 검토가 가능합니다.

● Activity Indicator : 녹색 불빛이 잠깐 켜지면 Dorico가 연결된 장치로부터 MIDI 입력을 받고 있음을 나타냅니다. 만약 녹색 불빛이 지속적으로 켜져 있다면, 연결된 MIDI 장치가 많은 데이터를 전송하고 있어 문제가 발생할 수 있습니다. 빨간 불빛은 오디오 엔진에 MIDI 이벤트를 전송할 수 없음을 나타냅니다. 장치가 선택되지 않았거나 샘플 레이트가 잘못 설정된 경우입니다. 경고 아이콘을 클릭하면 장치 설정 대화상자가 열리며, 대부분의 경우 이곳에서 문제를 해결할 수 있습니다.

Section 06
단축키 활용하기

단축키를 사용하면 작업 시간을 크게 줄이고 전반적인 작업 능력을 향상시키는데 도움이 됩니다. 무엇보다 단축키를 활용하면 전문가처럼 보이는 것이 큰 매력입니다. 같은 작업을 마우스로 메뉴를 클릭하는 것보다 단축키로 빠르게 실행하는 것이 더 능숙하게 보이기 때문입니다. 특히 소프트웨어에 대한 이해도가 높아지며, 더 복잡한 작업도 쉽게 처리할 수 있게 됩니다. 따라서 단축키 활용은 효율성과 전문성을 동시에 높이는 효과적인 방법입니다.

1 — 단축키 확인

Dorico에서는 특정 도구 위에 마우스를 올리면 해당 도구의 역할과 단축키가 표시됩니다. 자주 사용하는 도구는 마우스보다 단축키를 활용하는 습관을 들이는 것이 좋습니다. 이렇게 하면 단축키를 빠르게 익히고 작업 효율을 높일 수 있습니다.

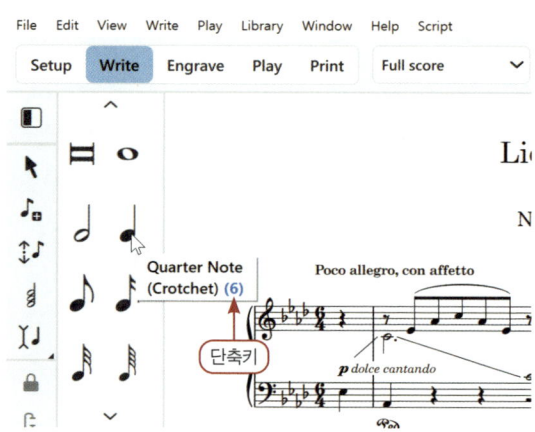

2 — 메뉴와 패널 활용

도구뿐만 아니라 메뉴에서도 동일한 기능을 찾을 수 있습니다. 자주 사용하는 메뉴는 확인하는 수고를 하더라도 단축키를 활용하면 불필요한 움직임을 줄이고 작업 효율을 높일 수 있습니다.

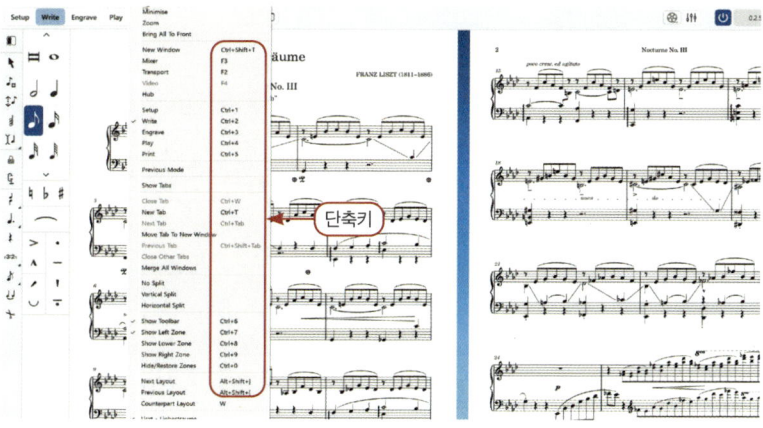

3 — 단축키 할당 및 변경

1 — Dorico의 모든 도구, 패널, 메뉴에 단축키가 할당되어 있는 것은 아닙니다. 자주 사용하는 기능에 단축키가 없거나 피날레 단축키에 익숙한 경우, 자신에게 편리한 단축키로 변경할 수 있습니다. 이를 위해 Edit 메뉴의 Preferences를 선택하거나 Ctrl+콤마(,) 키를 누릅니다.

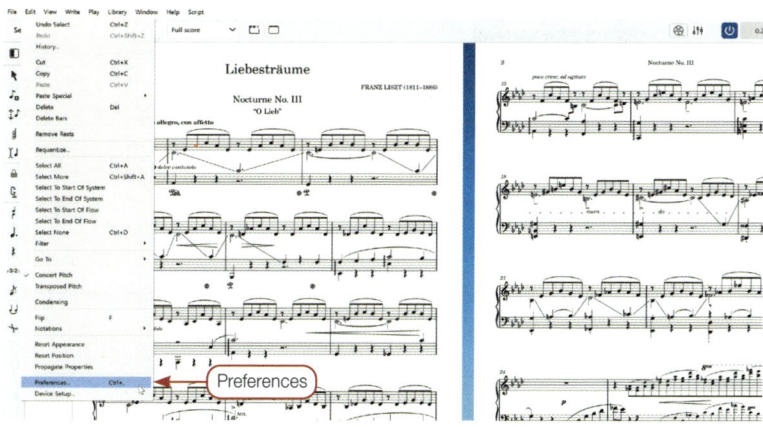

2 — 작업 환경을 설정할 수 있는 Preferences 창이 열립니다. 여기서 Key Commands를 선택하여 단축키를 설정할 수 있습니다. 자주 사용해야 하는데 단축키가 지정되어 있지 않은 Window 메뉴의 Hub를 선택하고, Press shortcut 항목을 클릭한 뒤 H 키를 눌러봅니다. 이때 H 키가 이미 다른 명령에 할당되어 있다는 경고 메시지가 표시됩니다.

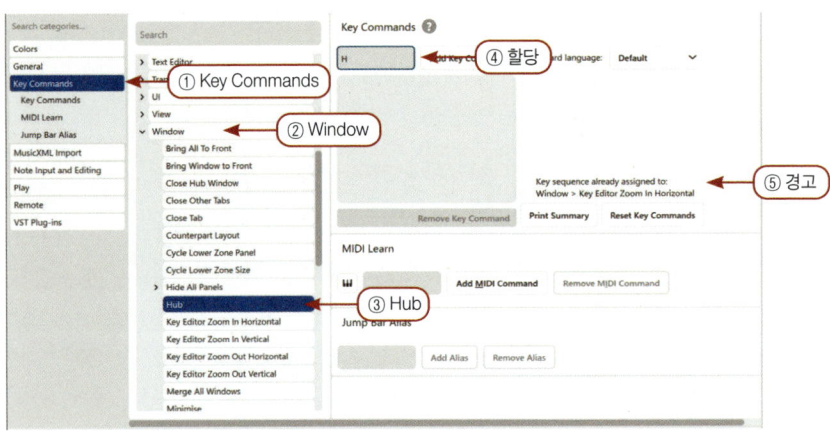

3 — 기존 명령을 무시하고 사용자가 설정한 단축키로 변경하려면 Add Key Command 버튼을 클릭합니다. 경고 메시지가 열리지 않는 다른 단축키를 설정하고 싶다면 원하는 키를 할당한 후, Apply 버튼을 클릭하여 적용합니다. 실습에서는 Ctrl+H 키로 할당하고 있습니다. 작업이 끝난 후에는 Close 버튼을 클릭하여 창을 닫습니다.

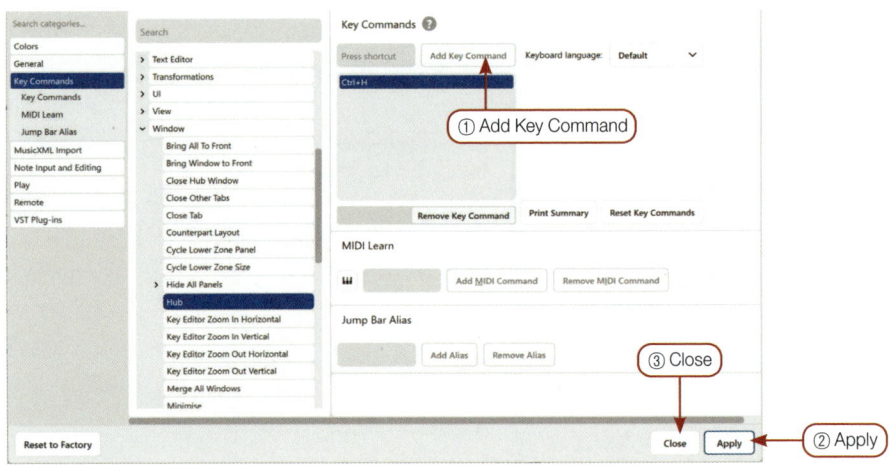

4 — Window 메뉴를 열고 Hub 명령을 확인하면 Preferences에서 설정한 키가 할당된 것을 볼 수 있습니다. 이제 Ctrl+H 키를 눌러 허브 창을 열 수 있습니다.

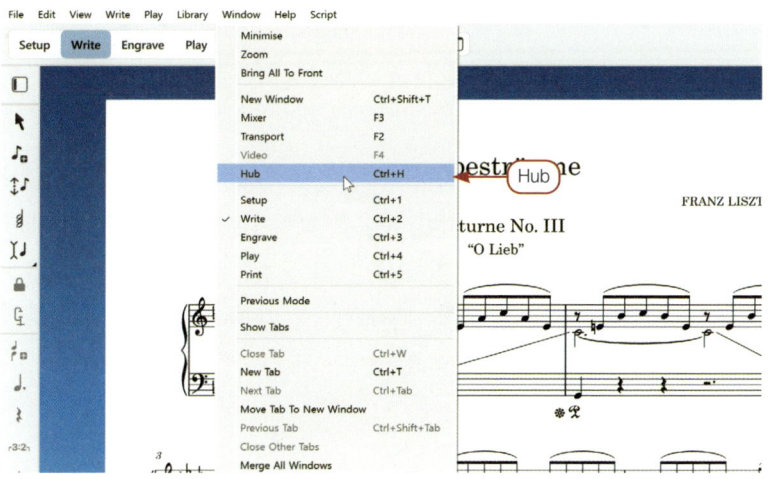

5 — Help 메뉴의 Key Commands를 선택하면 Dorico에 기본적으로 할당된 모든 단축키를 확인할 수 있습니다. Ctrl, Shift, Alt 키를 클릭하여 해당 키 조합 명령을 색상으로 구분하거나 Search 항목에서 원하는 명령의 단축키를 빠르게 찾아볼 수 있습니다. 그러나 모든 단축키를 한 번에 외우기보다는 자주 사용하는 도구와 메뉴를 사용할 때마다 확인하고 반복하는 것이 자연스럽게 단축키를 익히고 작업 효율성을 높이는데 도움이 됩니다.

Section 07 — 보표 구성하기

Setup 모드에서는 악보 제작에 필요한 보표를 추가하고, 새 프로젝트를 위한 기본적인 레이아웃을 설정할 수 있습니다. 이 모드에서는 플레이어, 플로우, 레이아웃, 비디오 등 프로젝트의 핵심 요소들을 체계적으로 설정하고 관리하며, 각 요소 간의 상호작용을 조정하여 프로젝트 구조를 유연하게 변경할 수 있습니다. 특히, 레이아웃에 할당된 플레이어를 변경하여 다양한 음악 구성에 맞춰 프로젝트를 최적화할 수 있습니다.

1 — Setup 모드의 패널

Setup 모드에서는 다음과 같은 세 가지 주요 패널을 사용할 수 있습니다.

- **Players** : 프로젝트의 플레이어, 악기, 그룹을 나열합니다. 기본적으로 모든 플레이어는 모든 플로우와 전체 악보 레이아웃, 각자의 파트 레이아웃에 할당됩니다.

- **Layouts** : 프로젝트의 레이아웃을 나열합니다. 각 플레이어에 대한 전체 스코어 레이아웃과 파트 레이아웃이 자동으로 생성되며, 필요에 따라 추가하거나 삭제할 수 있습니다. 기본적으로 레이아웃은 모든 플로우를 포함하고, 전체 스코어 레이아웃에는 모든 플레이어가 포함됩니다.

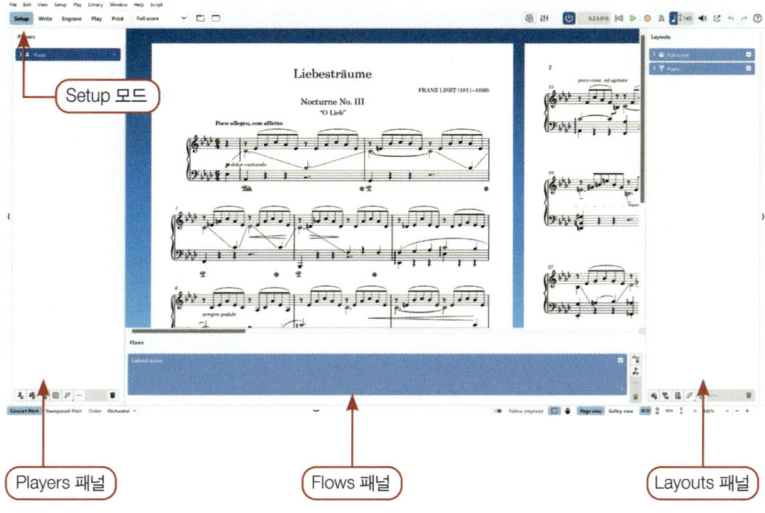

- **Flows** : 프로젝트의 플로우를 왼쪽에서 오른쪽으로 정렬하여 보여줍니다. 기본적으로 모든 플레이어가 포함되며, 모든 레이아웃에 할당됩니다.

이 세 개의 패널은 함께 작동하여 프로젝트의 플레이어, 레이아웃 및 플로우를 제어합니다. 패널에서 항목을 선택하면 해당 항목이 다른 색상으로 강조 표시되고, 다른 패널의 카드에 체크박스가 나타납니다. 이 체크박스를 통해 플레이어, 레이아웃 및 플로우 간 자료의 분배 방식을 쉽게 변경할 수 있습니다.

2 — Setup 모드의 전환 방법

주요 작업이 이루어지는 Write 모드에서 Setup 모드로 전환하는 방법은 다음과 같습니다

- **키보드 단축키** : Ctrl+1을 누릅니다.
- **도구 모음** : 도구 모음에서 Setup 탭을 클릭합니다.
- **메뉴 선택** : Window 메뉴에서 Setup을 선택합니다.

> **1** 플레이어 추가 및 편집

Dorico는 다양한 템플릿을 제공하여 필요한 보표(Players)를 손쉽게 만들 수 있으며, Empty 템플릿을 선택하여 자신만의 시스템을 구성할 수 있습니다.

1 — 사용자만의 보표를 만들어 시작하고 싶은 경우에는 Dorico를 실행하면 열리는 허브 창에서 Empty 템플릿을 더블 클릭합니다. 작업 중에는 File 메뉴의 New를 선택합니다.

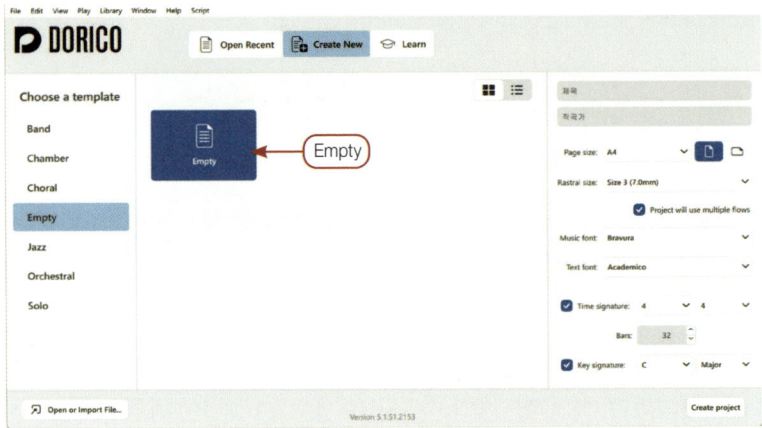

2 — 보표는 싱글, 섹션, 앙상블의 3가지 타입으로 만들 수 있으며, 이미 보표를 만든 상태에서 추가할 때는 왼쪽 하단의 아이콘을 이용합니다. Add Single Player를 클릭해봅니다.

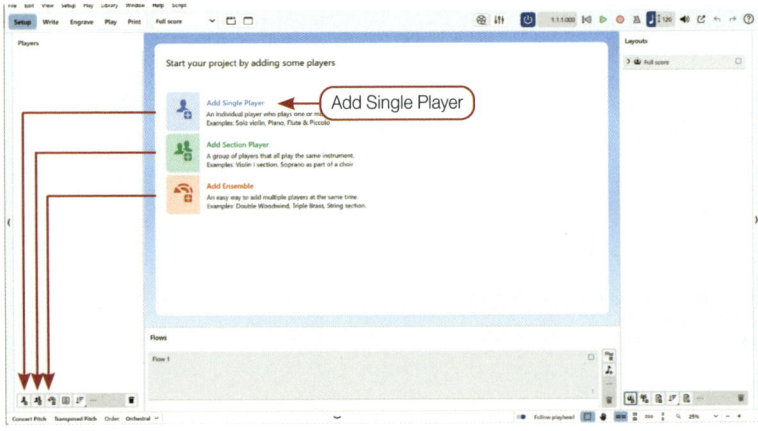

3 — 어떤 악기를 추가할 것인지를 선택할 수 있는 카테고리가 열립니다. 일일이 찾아도 좋지만, Search 항목에서 직접 입력하는 것이 빠릅니다. Flute을 입력하고 Enter 키를 누릅니다.

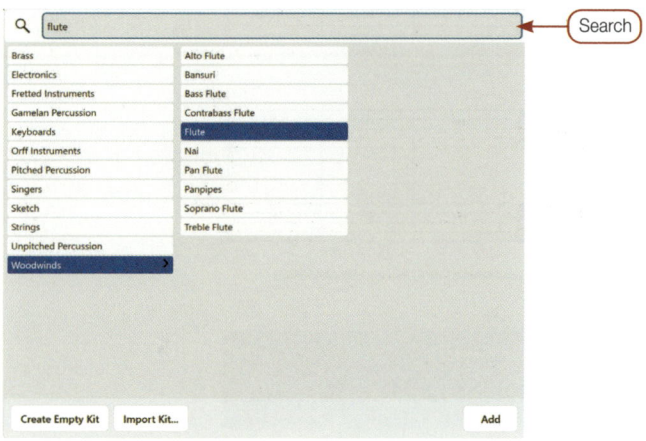

4 — Flute 보표가 생성됩니다. 여기에 Piano 보표를 추가하고 싶은 경우에는 Player 패널 하단의 Add Single Player 버튼을 클릭하거나 단축키 Shift+P 키를 누르고, 앞에서 같은 방법으로 Piano 보표를 추가할 수 있습니다.

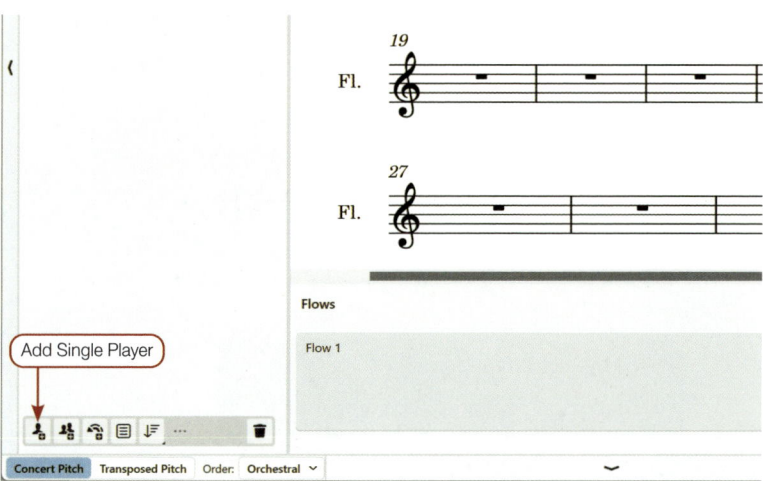

5 — 이번에는 Bass를 섹션으로 추가해 보겠습니다. Player 패널의 Add Section Player 버튼을 클릭하거나 단축키 Alt+Shift+P 키를 누릅니다. 추가 방법은 동일합니다.

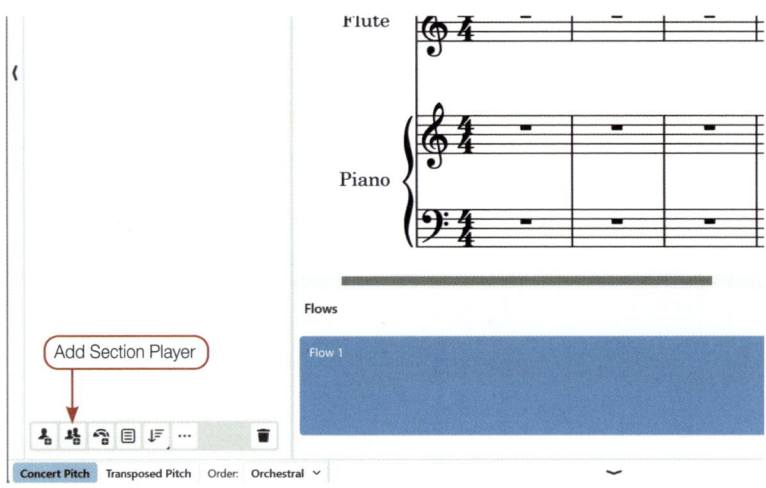

6 — 마지막으로 Strings 앙상블 보표를 추가해보겠습니다. Player 패널의 Add Ensemble Player 버튼을 클릭하거나 단축키 Shift+E 키를 누릅니다.

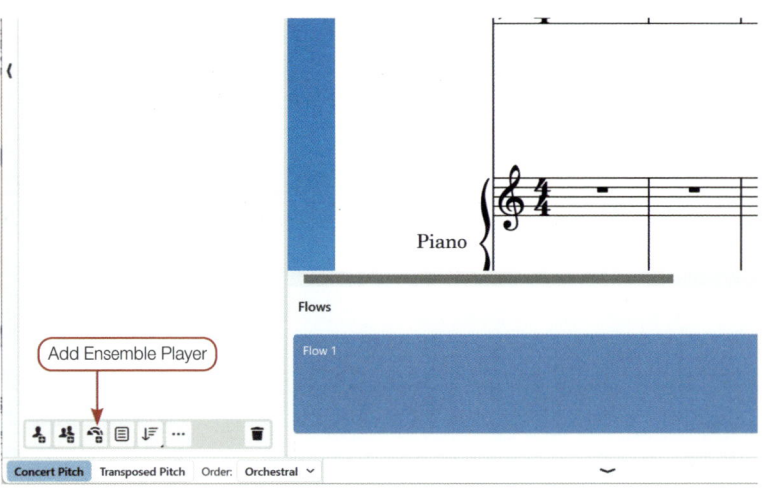

7 — 악기 이름을 입력하여 보표를 구성할 수 있습니다. 바이올린 2개, 클라리넷 3개, 바순 1개, 튜바 1개, 마림바 1개로 구성된 앙상블을 만들려면 2 vln, 3 cl, bsn, tuba, marim를 입력합니다. 사용자가 만든 앙상블은 save 버튼을 클릭하여 저장할 수 있습니다.

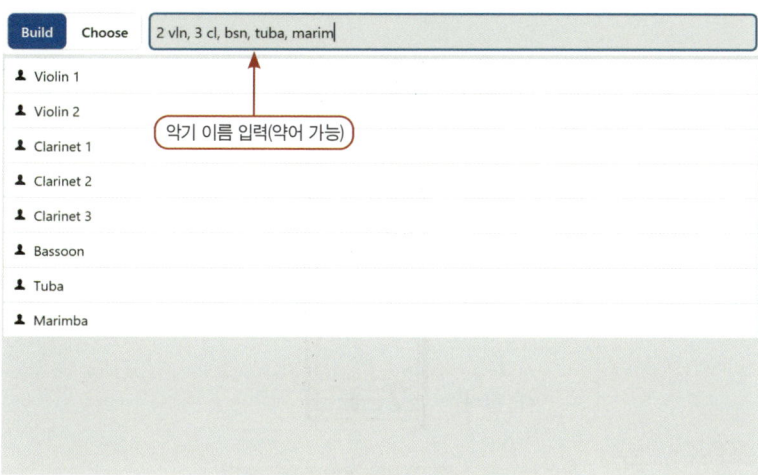

8 — Choose 탭에서는 앙상블에 포함시킬 악기를 직접 선택할 수 있습니다. String을 입력하여 카테고리로 검색하고, 앞에서 Bass를 추가했으므로 String Section(No Bass)를 더블 클릭하여 스트링 앙상블 보표를 추가해봅니다.

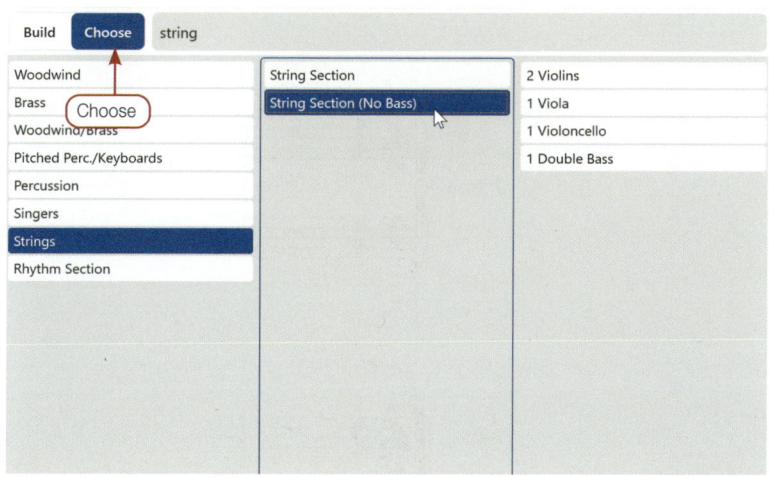

09 — Add Group 버튼을 클릭하면 선택한 플레이어들을 하나의 그룹으로 묶을 수 있습니다. 이를 통해 그룹에 속한 악기들에 대해 일괄적인 편집이나 레이아웃 변경을 적용할 수 있어 여러 악기를 함께 관리하는데 매우 유용합니다. 특히, 현악기나 목관악기와 같은 동일 섹션에 속하는 악기들을 그룹으로 묶으면, 전체 섹션의 조정이나 편집을 효율적으로 할 수 있습니다.

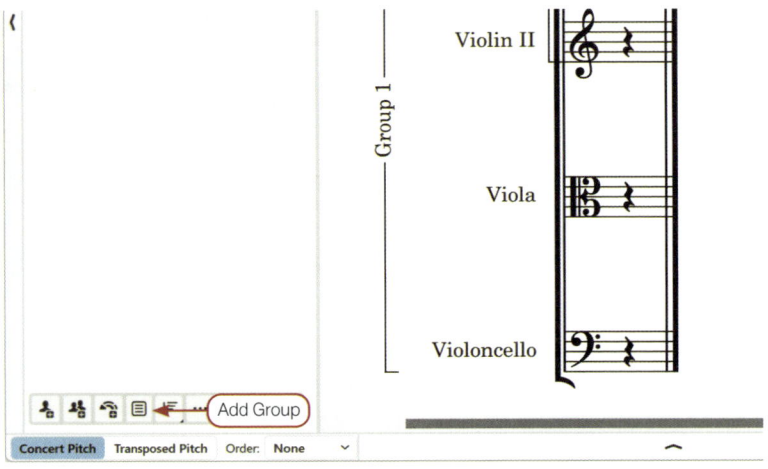

10 — 정렬 버튼을 마우스 오른쪽 버튼으로 클릭하면, Jazz, Orchestral, Band 장르에 맞춰 플레이어를 자동으로 배열할 수 있습니다. 각 플레이어를 직접 드래그하여 원하는 순서를 수동으로 조정할 수도 있습니다.

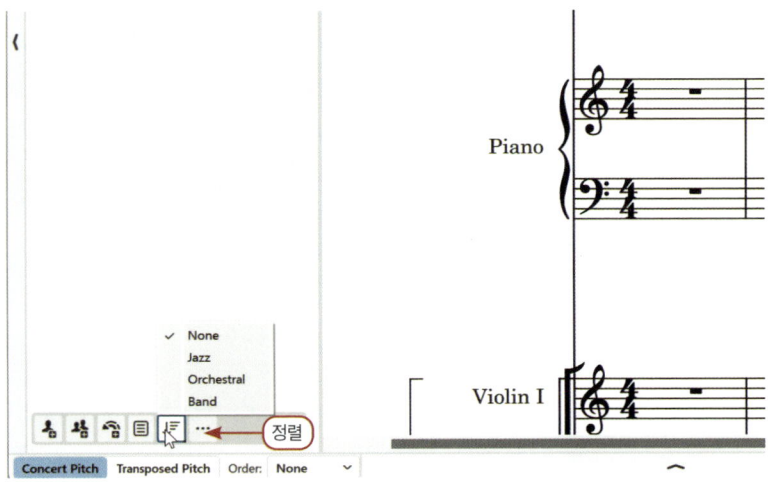

11 — 정렬 버튼 오른쪽의 설정 버튼을 클릭하거나 플레이어를 마우스 오른쪽 버튼으로 클릭하면 플레이어를 관리하고, 악보를 효과적으로 구성하는데 유용한 메뉴를 선택할 수 있습니다.

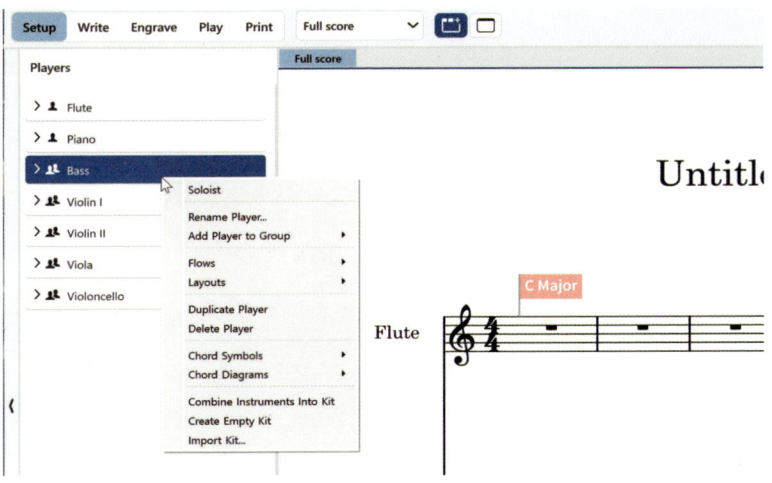

- Soloist : 선택한 플레이어를 독주자로 설정합니다.
- Rename Player : 플레이어의 이름을 변경할 수 있습니다.
- Add Player to Group : 플레이어를 그룹에 추가하여 관리할 수 있습니다.
- Flows : 플레이어가 등장하는 곡의 구간을 추가하거나 삭제할 수 있습니다.
- Layouts : 플레이어를 특정 레이아웃에 추가하거나 삭제할 수 있습니다.
- Duplicate Player : 플레이어를 복제하여 동일한 설정의 새로운 플레이어를 만듭니다.
- Delete Player : 플레이어를 삭제하여 더 이상 필요하지 않은 악기를 제거할 수 있습니다.
- Chord Symbols : 코드 기호를 추가하거나 수정하여 악보에 반영할 수 있습니다.
- Chord Diagrams : 기타 코드 다이어그램을 추가하거나 수정할 수 있습니다.
- Combine Instruments Into Kit : 하나의 키트로 합쳐 드럼 세트를 만들 수 있습니다.
- Create Empty Kit : 빈 키트를 생성하여 필요한 타악기나 드럼을 추가할 수 있습니다.
- Import Kit : 저장된 키트를 가져와 사용할 수 있습니다.

2 레이아웃 구성

레이아웃 패널에서는 프로젝트 내에서 악보의 구성과 표시 방식을 결정합니다. 이를 통해 전체 악보, 파트 악보, 사용자 맞춤형 악보 등, 다양한 형태의 악보를 설정하고 관리할 수 있습니다.

1 — 레이아웃 패널에는 모든 플레이어가 포함된 전체 악보(Full Score)와 각 플레이어마다 자동으로 생성되는 개별 파트 악보(Instrumental Part)가 기본적으로 함께 구성됩니다.

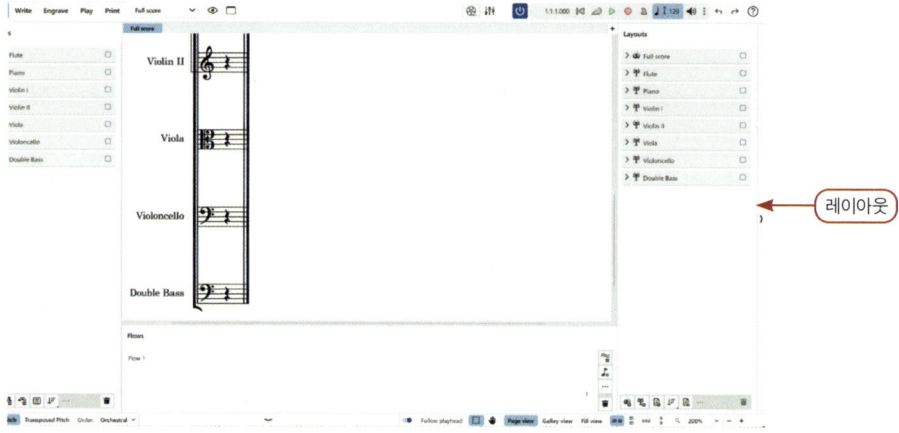

2 — 사용자는 Add 버튼을 통해 새로운 전체 악보(Full Score), 개별 파트 악보(Instrumental Part) 또는 선택한 파트를 조합한 맞춤 악보(Custom Score)를 추가할 수 있습니다.

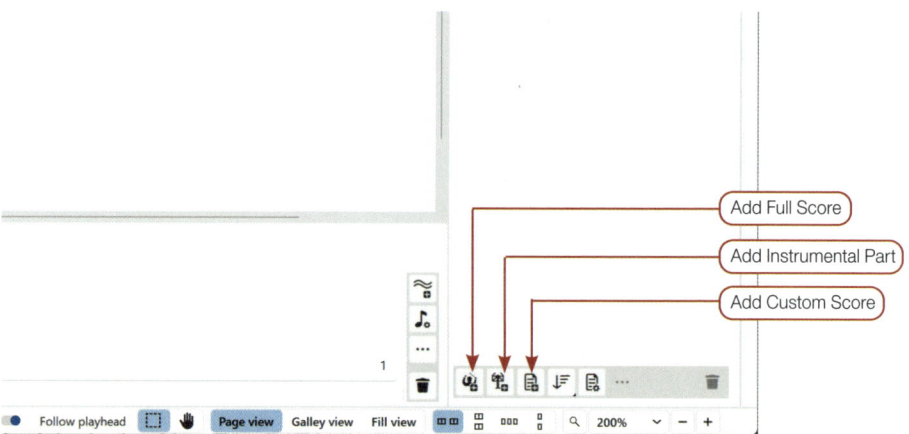

3 — Instrumental Part 버튼을 클릭하면 빈 카드가 추가됩니다. 이후, 플레이어를 체크하면, 해당 레이아웃에 자동으로 연결됩니다. 여러 개의 악보를 선택할 수도 있습니다.

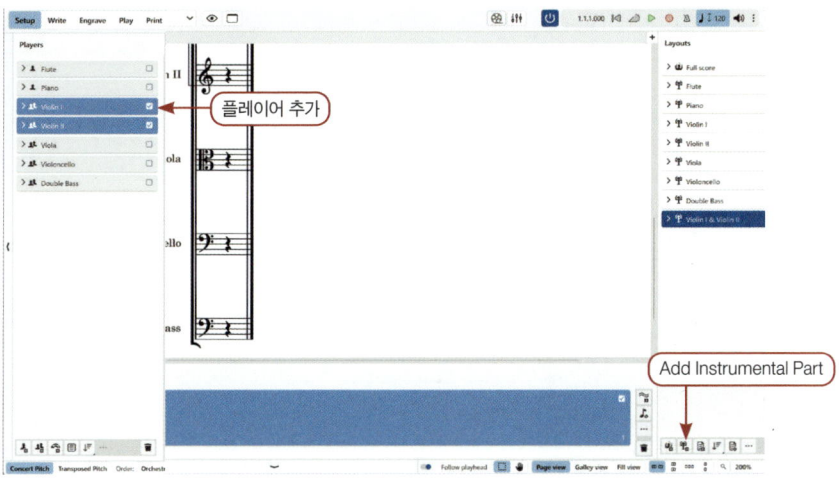

4 — 카드 이름은 더블 클릭하여 수정할 수 있으며, 이렇게 생성한 레이아웃은 작업 공간 목록에서 선택하여 표시할 수 있습니다.

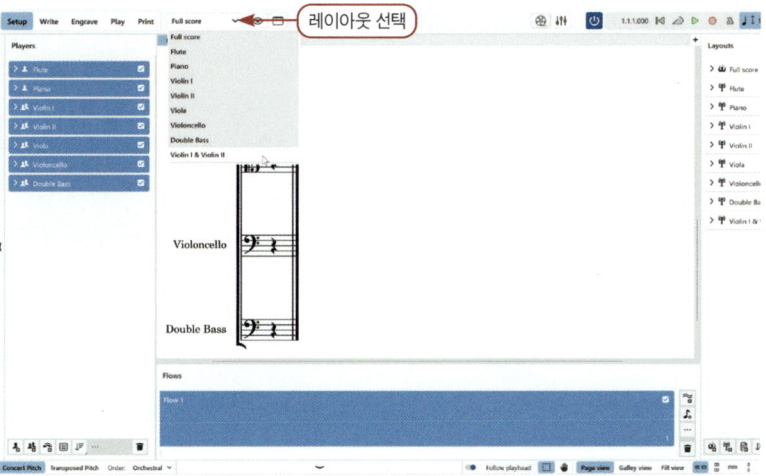

5 — Custom Score의 사용 방식은 Instrumental Part와 동일하지만, 자신만의 플로우를 구성할 수 있다는 점에서 차별화됩니다. 이 기능을 통해 풀 스코어나 파트 스코어와는 다른, 독창적인 형식의 악보를 자유롭게 구성할 수 있습니다.

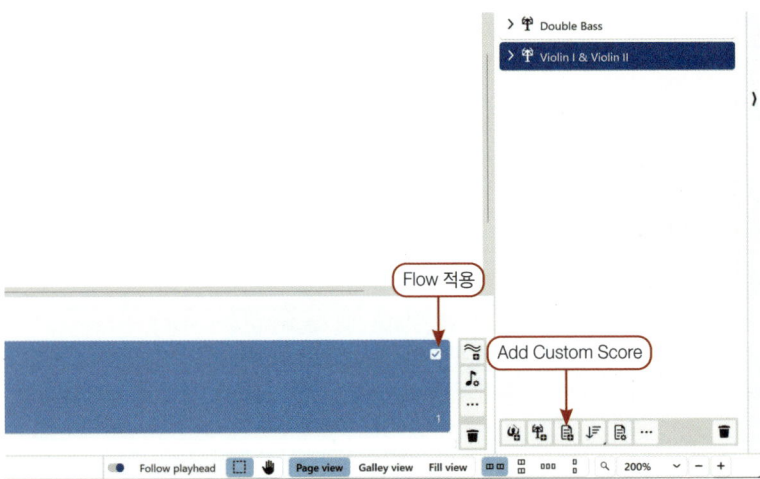

6 — 레이아웃 이름 왼쪽에 있는 펼침 버튼을 클릭하면 용지 크기, 오선 간격 등의 기본 정보를 확인할 수 있으며, 단축 메뉴 하단 도구의 Layout Options 버튼을 통해 세부 사용자 설정 창을 열 수 있습니다.

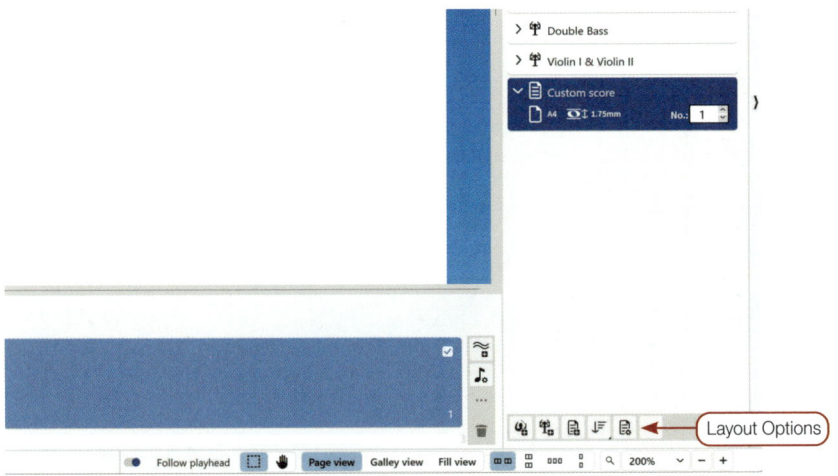

7 — Layout Options는 악보의 시각적 구성과 인쇄 방식을 세밀하게 조정할 수 있는 설정 창입니다. 이 창에서 변경한 설정은 현재 작업 중인 프로젝트에만 적용되며, Save as Default 버튼을 클릭하여 새 프로젝트에서도 동일한 설정을 기본값으로 사용할 수 있습니다.

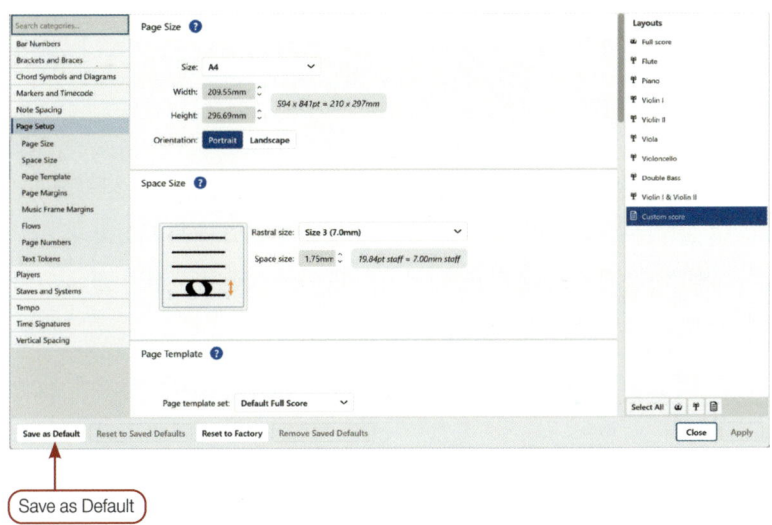

● Page Size
Page Size는 출력할 악보의 용지 크기를 설정하는 항목입니다. 일반적으로는 A4, Letter, Legal 등의 표준 크기를 사용할 수 있으며, 필요에 따라 맞춤형 크기도 설정할 수 있습니다. 이 설정은 인쇄할 때 악보가 몇 장에 걸쳐 나타날지를 결정하는 중요한 요소입니다.

● Space Size
Space Size는 악보의 요소들 사이의 간격을 결정하는 설정입니다. 주로 오선 사이의 간격이나, 노트 사이의 간격 등을 조정하는 데 사용됩니다. 간격을 적절히 조절하면 악보의 가독성이 높아지며, 너무 좁거나 너무 넓은 간격은 악보의 명확성을 해칠 수 있습니다.

● Page Template
Page Template은 악보의 페이지 디자인을 설정하는 기능입니다. 페이지 템플릿을 사용하면 악보의 기본적인 레이아웃과 구성을 미리 설정할 수 있습니다. 제목, 작곡가 이름, 연주자 정보 등을 페이지 상단에 배치하는 방식이나, 추가적인 주석을 어떻게 넣을지 등을 정의할 수 있습니다. 이를 통해 일관성 있는 페이지 구성을 쉽게 만들 수 있습니다.

- Page Margins

Page Margins는 악보 페이지의 여백을 설정하는 항목입니다. 이 여백은 악보의 각 페이지에 대해 상단, 하단, 좌측, 우측 여백을 조정할 수 있습니다. 여백을 조정하면 악보가 페이지 내에서 어떻게 배치될지를 결정하게 됩니다. 상단 여백을 크게 설정하면 제목이나 작곡자 이름을 더 크게 배치할 수 있고, 좌측 여백을 조정하여 악보의 위치를 변경할 수 있습니다.

- Music Frame Margins

Music Frame Margins는 악보의 실제 음악 내용이 담기는 영역의 여백을 설정하는 항목입니다. 페이지 여백과는 다르게, 이 설정은 음악이 실제로 그려지는 영역의 주변 여백을 제어합니다. 이를 통해 악보의 배치가 더 세밀하게 조정되며, 여백이 너무 좁으면 음악이 너무 화면 끝에 가깝게 배치되고, 너무 넓으면 악보가 너무 중앙에 치우칠 수 있습니다.

- Flows

Flows는 프로젝트에서 사용되는 각 악보의 흐름을 정의하는 항목입니다. 악보의 플로우는 하나의 연주곡 또는 악장, 또는 특정한 악보의 집합을 나타냅니다. 각 플로우는 독립적인 악보 형식과 구성을 가질 수 있으며, 이를 통해 여러 곡이나 악장을 한 프로젝트에서 관리할 수 있습니다. Flows 옵션을 사용하여 각 플로우의 표시 방식을 조정할 수 있습니다.

- Page Numbers

Page Numbers는 악보의 각 페이지에 페이지 번호를 추가하는 기능입니다. 페이지 번호는 보통 페이지 하단이나 상단에 자동으로 추가되며, Page Numbers 설정을 통해 페이지 번호의 위치나 스타일을 조정할 수 있습니다. 각 페이지에 번호를 표시할지 말지, 또는 페이지 번호를 중앙에 배치할지 좌측에 배치할지를 설정할 수 있습니다.

- Text Tokens

Text Tokens는 악보에서 자동으로 업데이트되는 텍스트를 설정하는 항목입니다. 작곡자의 이름, 곡 제목, 연주자 이름 등이 포함된 텍스트 필드를 설정할 때 사용됩니다. Text Tokens을 사용하면 각 페이지에 자동으로 특정 텍스트가 삽입되며, 해당 텍스트는 프로젝트의 세부 사항에 따라 동적으로 변경될 수 있습니다. Composer라는 텍스트 토큰은 해당 프로젝트에 설정된 작곡자의 이름으로 자동으로 변경될 수 있습니다.

8 — Layout Settings 버튼을 클릭하거나, 레이아웃 이름을 마우스 오른쪽 버튼으로 클릭하면 열리는 메뉴는 각 레이아웃의 설정을 세밀하게 제어할 수 있는 기능들을 제공합니다.

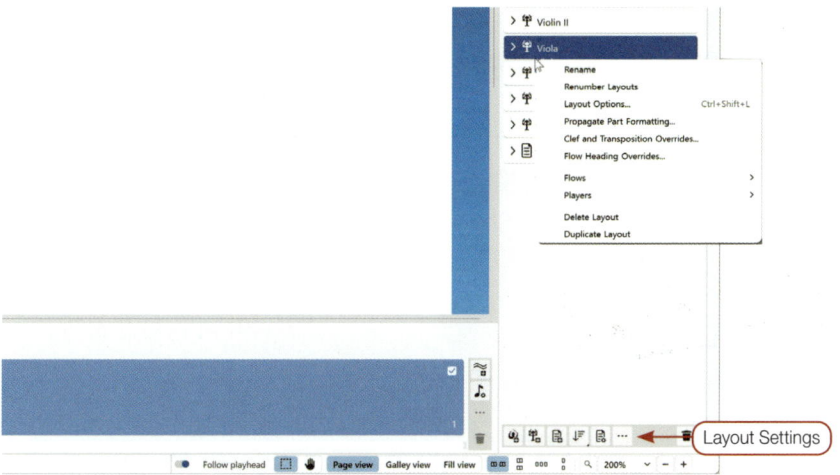

- Rename Layout : 이름을 변경합니다. 레이아웃 이름을 더블 클릭하여 변경할 수 있습니다.
- Renumber Layouts : 여러 파트의 레이아웃 번호를 자동으로 재정렬하거나, 번호를 일괄적으로 새로 지정할 수 있습니다.
- Layout Options : 레이아웃 설정 창을 엽니다.
- Propagate Part Formatting : 특정 파트 레이아웃에서 조정한 시스템 나눔, 프레임 분할 등 서식 요소를 다른 파트 레이아웃에도 동일하게 적용합니다.
- Clef and Transposition Overrides : 개별 파트에서 표기 음자리표나 조옮김 방식을 기본 설정과 다르게 지정할 수 있습니다.
- Flow Heading Overrides : 특정 레이아웃에서만 플로우 제목이나 머릿말의 표시 형식을 사용자 정의할 수 있습니다.
- Flows : 레이아웃에 포함할 플로우를 선택합니다. 원하는 순서로 재배열할 수도 있습니다.
- Players : 해당 레이아웃에 포함할 플레이어를 선택합니다.
- Delete Layout : 선택한 레이아웃을 삭제합니다. 이 작업은 레이아웃만 제거할 뿐, 연주자나 음악 데이터 자체는 유지됩니다. Settings 버튼 오른쪽의 휴지통 버튼을 클릭해도 됩니다.
- Duplicate Layout : 현재 레이아웃을 동일한 설정으로 복제하여 새 레이아웃을 생성합니다.

> **3** 플로우의 이해

플로우(Flows) 패널은 하나의 프로젝트 안에서 여러 곡이나 악장을 각각 독립된 단위로 구성하고 관리하는 공간으로, 곡을 추가할 때마다 새로운 플로우를 생성해 체계적인 작업이 가능합니다.

1 — 플로우는 Add Flow 버튼을 클릭하여 추가할 수 있으며, 기본적으로 Flow 1, Flow 2와 같이 순차적인 이름으로 생성되며, 더블 클릭하여 변경할 수 있습니다.

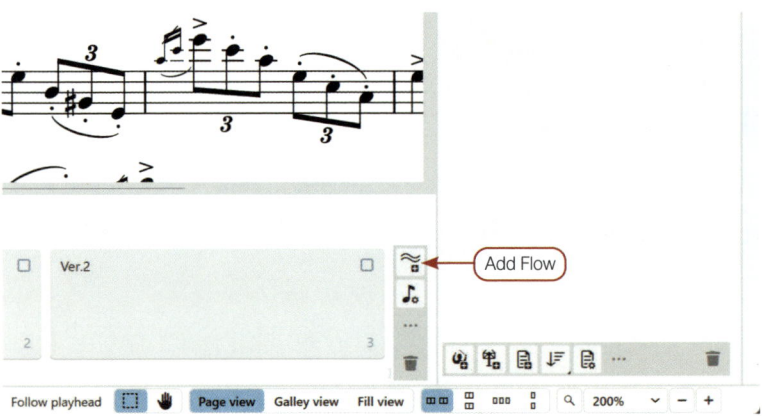

2 — Add Flow 버튼 아래에 있는 Notation Options을 클릭하면, 악보가 어떤 방식으로 표기될지 정할 수 있는 설정 창이 열립니다. 이 설정은 각 플로우(Flow)마다 따로 적용할 수 있어서, 하나의 프로젝트 안에서도 서로 다른 악보 스타일을 함께 사용할 수 있습니다.

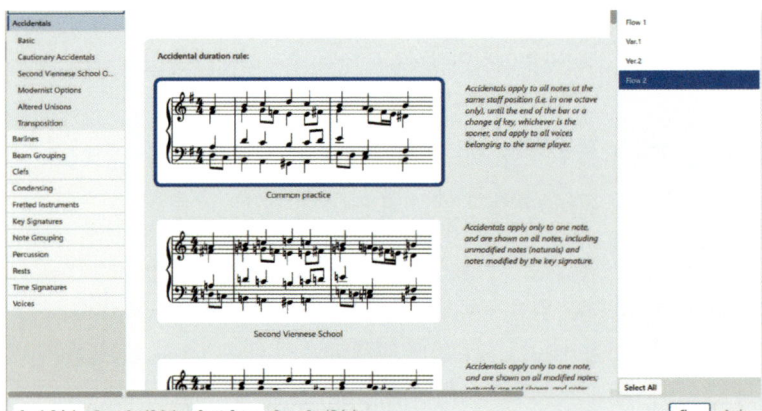

3 — 플로우를 마우스 오른쪽 버튼으로 클릭하거나 Settings 버튼을 클릭하면, 이름 변경, 삭제, 복제 등의 작업을 수행할 수 있는 메뉴가 열립니다.

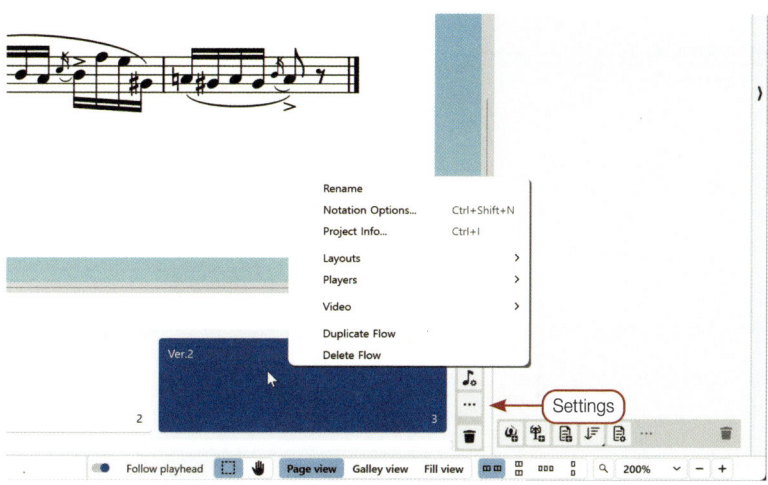

● Rename : 플로우의 이름을 변경합니다. 플로우 이름은 생성 시에 설정할 수 있으며, 더블 클릭으로 언제든지 변경할 수 있습니다.

● Notation Options : 해당 플로우의 악보 표기 방식을 설정할 수 있는 창을 엽니다. 상단의 Notation Options 버튼과 동일한 기능입니다.

● Project Info : 플로우의 제목, 작곡가, 작사자, 설명 등 메타데이터를 입력하거나 수정할 수 있습니다. 입력한 정보는 악보 머리말 등에 자동으로 반영됩니다.

● Layouts : 플로우를 어떤 레이아웃에 포함시킬지 선택합니다. 필요 없는 파트에서 해당 플로우를 숨길 수 있어 유용합니다.

● Players : 플로우에 표시할 연주자 보표를 선택합니다.

● Video : 플로우에 비디오 파일을 연동할 수 있습니다. 영화 음악이나 영상에 맞춘 작곡 작업에 유용합니다.

● Duplicate Flow : 현재 플로우를 복제하여 새로운 플로우를 만듭니다. 유사한 구조의 곡을 만들거나 편곡할 때 편리합니다.

● Delete Flow : 선택한 플로우를 삭제합니다. 이 작업은 휴지통 모양의 버튼을 클릭하여 수행할 수 있습니다.

Part 2

악보 제작의 기초

Write Mode는 악보 입력과 편집을 위한 핵심 작업 공간입니다. 이곳에서 다음과 같은 작업들을 수행할 수 있습니다.

● 악보 입력: 음표와 기호를 키보드, 마우스, MIDI 장비 등 다양한 방법으로 쉽게 입력하여 곡을 작곡할 수 있습니다.

● 리듬 위치 변경: 입력된 음표의 리듬 위치를 조정해 원하는 타이밍에 정확히 맞출 수 있습니다.

● 음높이 변경: 이미 입력된 음표의 음높이를 바꿔 다른 음으로 수정할 수 있습니다.

● 음표 삭제: 불필요한 음표나 기호를 삭제하여 악보를 깔끔하게 정리할 수 있습니다.

● 도구 상자와 패널 활용: 다양한 도구 상자와 패널을 통해 자주 사용하는 음표와 기호를 빠르고 편리하게 입력할 수 있습니다.

Section 01

새 프로젝트 만들기

Dorico를 실행하면 나타나는 허브 창에서는 새 프로젝트를 만들 때 마디 수, 박자, 조표 등을 설정할 수 있는 옵션 패널이 제공됩니다. 그러나 프로젝트가 이미 열려 있는 상태에서 File 메뉴의 New 또는 Ctrl+N 키를 사용하면 Setup 모드로 전환되어 보표를 추가하고, 마디 수, 박자, 조표 등을 새로 입력해야 합니다. 이러한 방식은 곡 중간에 박자나 조가 바뀔 때도 동일하게 적용됩니다.

1 — 프로젝트 작업 중 새로운 프로젝트를 만들 때는 File 메뉴의 New를 선택합니다.

2 — 악보 재생을 위한 VST 악기를 불러올지 묻는 창이 표시됩니다. Dorico는 두 개 이상의 프로젝트를 동시에 열어 작업을 할 수 있지만, 악기 소리는 활성화된 프로젝트에서만 재생됩니다. 이 창이 매번 열리는 것이 번거롭다면, Remember my choice 옵션을 체크하고, Activate 버튼을 클릭합니다.

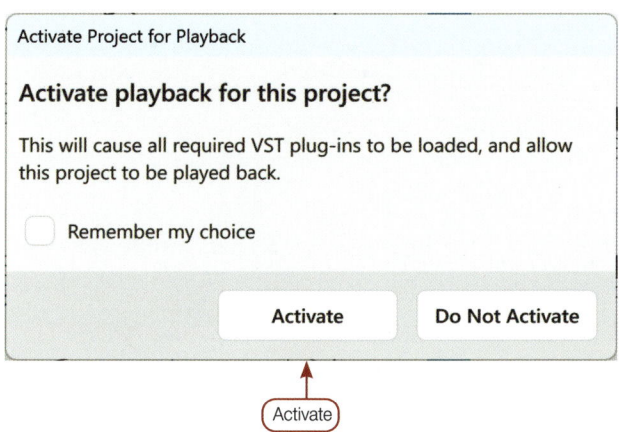

3 — 추가할 보표 타입을 선택할 수 있는 Setup 모드 창이 열립니다. 여기에서 Add Single Player를 클릭합니다.

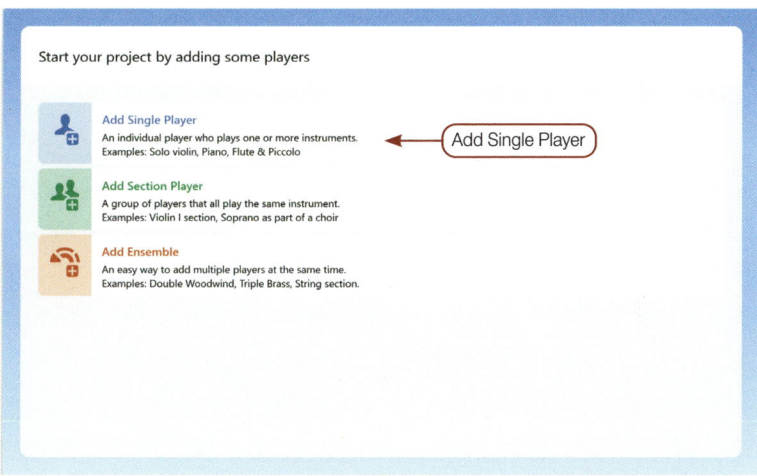

4 — 악기를 선택할 수 있는 창이 열리면, Search 항목에 악기 이름을 입력합니다. 여기서는 Violin을 입력하고 Enter 키를 눌러 Strings의 Viiolin 보표를 추가하겠습니다.

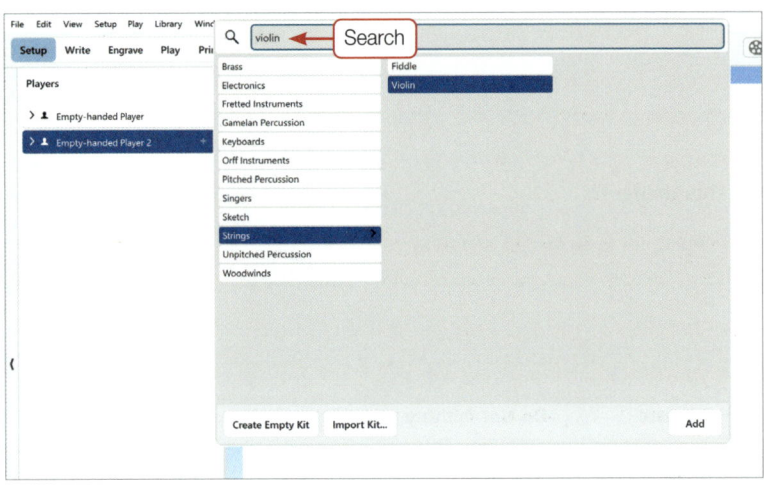

5 — Write 탭을 선택하거나 Ctrl+2 키를 눌러 모드를 전환합니다. 조표와 박자표가 없는 바이올린 보표가 생성됩니다.

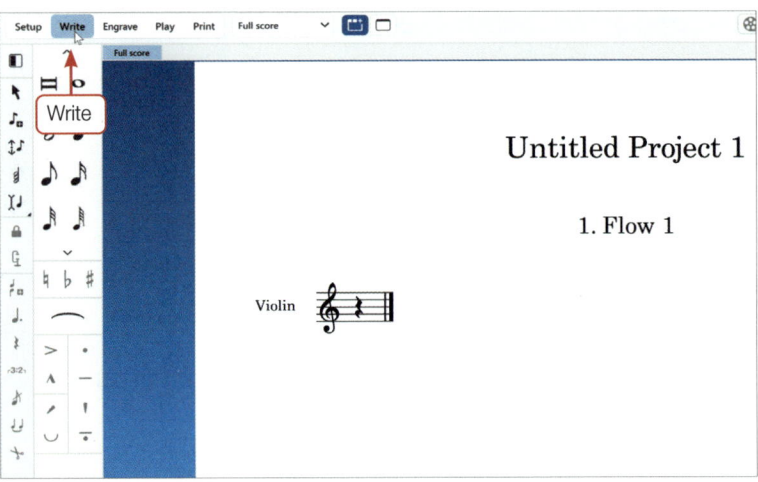

6 — 쉼표를 선택하고, Shift+M 키를 누릅니다. 그러면 박자를 입력할 수 있는 팝오버 창이 열립니다. 여기에 박자를 입력하고 Enter 키를 누릅니다.

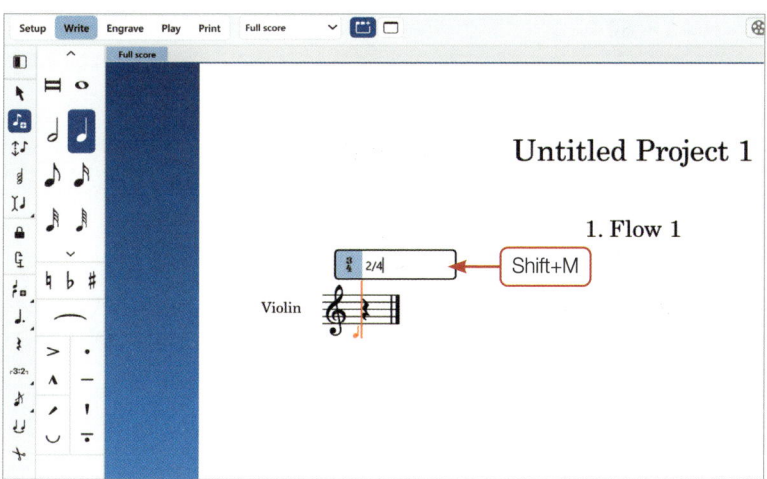

7 — 마우스를 이용해 입력할 때는 오른쪽 Meter 도구를 클릭하여 패널을 열고, 원하는 박자를 선택합니다. Shift+M 명령어를 사용하든 Meter 도구를 이용하든 선택한 마디에 박자를 추가할 수 있으며, 곡 중간에 변박을 입력할 때도 동일한 방법을 사용할 수 있습니다.

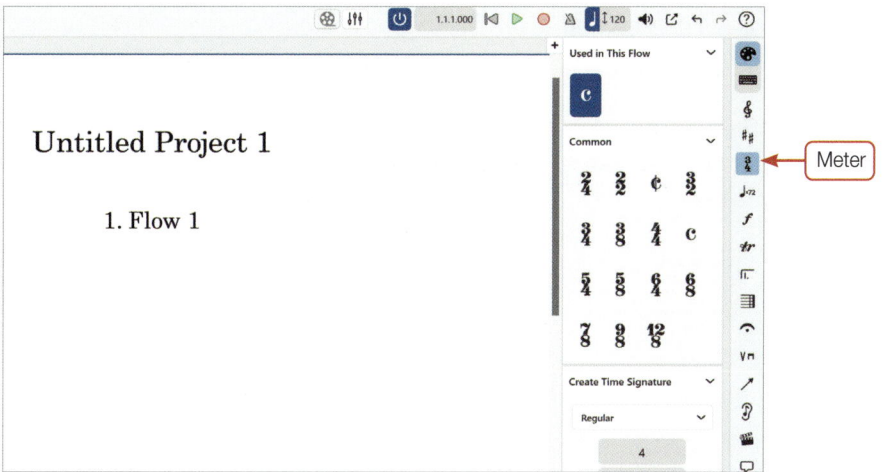

8 — Shift+K 키를 누르면 조표를 입력할 수 있는 팝오버 창이 열립니다. 메이저는 대문자로, 마이너는 소문자로 입력하여 조표를 설정합니다.

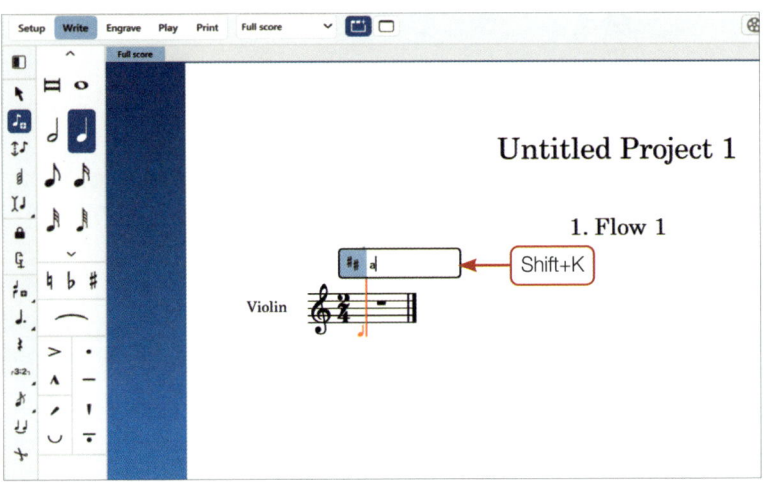

9 — C 메이저나 A 마이너를 입력한 경우에는 조성을 구분할 수 있는 빨간색 푯말이 표시되며, 더블 클릭하여 조표를 변경할 수 있습니다. 이를 화면에서 감추고 싶다면 View 메뉴의 Signposts에서 Hide Signposts를 선택합니다.

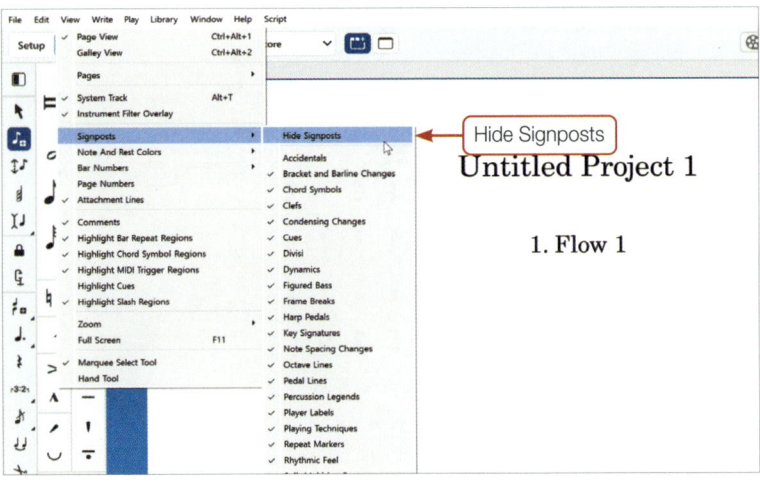

10 — 마우스를 이용해 입력할 때는 오른쪽 Key Signatures 도구를 클릭하여 패널을 열고, 원하는 조표를 선택합니다. Shift+K 명령어를 사용하든 Key Signatures 도구를 이용하든 선택한 마디에 추가할 수 있으며, 곡 중간에 변조를 입력할 때도 동일한 방법을 사용할 수 있습니다.

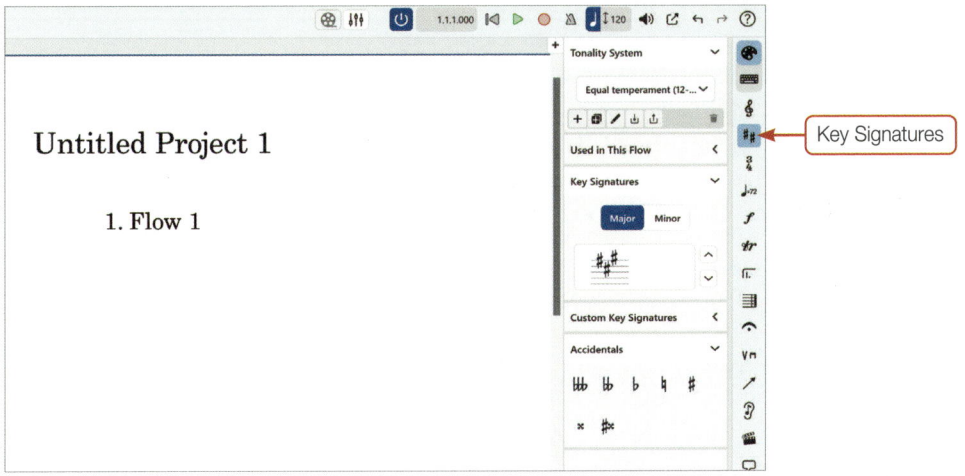

11 — Shift+B 키를 누르면 마디 수를 추가할 수 있는 팝오버 창이 열립니다. 원하는 마디 수를 입력한 후 Enter 키를 누릅니다

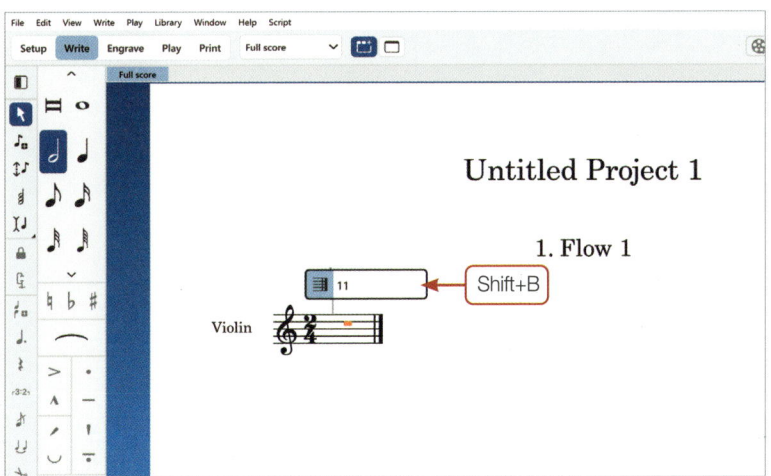

12 — 마우스를 이용해 입력할 때는 오른쪽 Bar and Barlines 도구를 클릭하여 패널을 열고, 원하는 마디 수를 입력한 다음에 Insert Bars 버튼을 클릭합니다. 상단 메뉴를 이용하여 마디를 처음에(Start of Flow), 선택한 마디 앞에(Start of Selection), 끝에(End of Flow) 추가할 수 있습니다. Shift+K는 선택한 마디 이후에 추가됩니다.

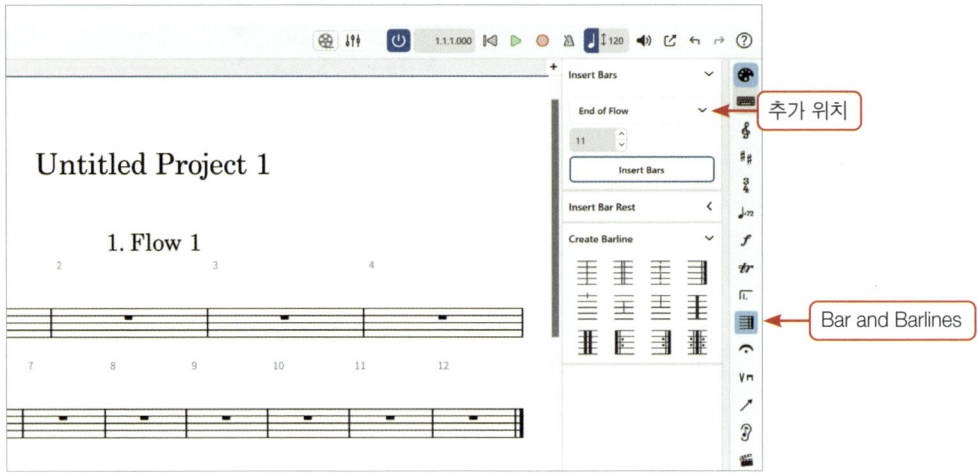

13 — 마디 위에 표시되는 시스템 트랙을 선택하고 Add(+) 기호를 클릭하면 마디를 추가할 수 있습니다. 그 외에도 Set Edit Stop Position, Delete, System Track Select 기호가 표시되어 있으며, 이를 통해 추가적인 편집 작업을 수행할 수 있습니다.

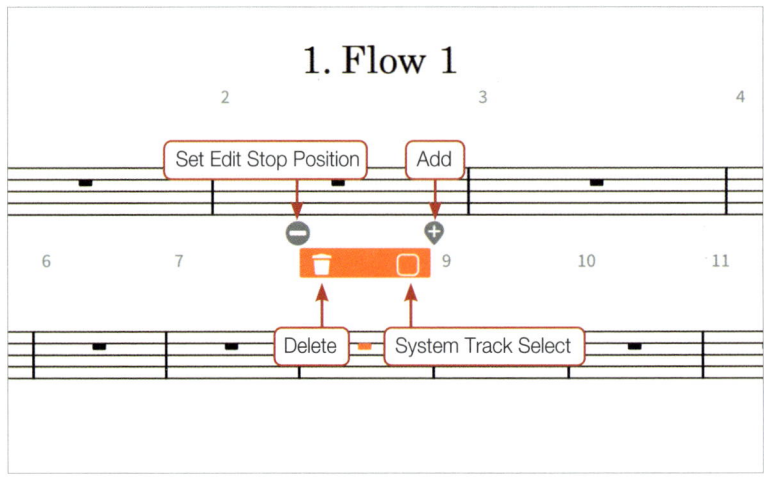

● Set Edit Stop Position : 음표나 마디를 중간에 삽입할 때, 삽입 위치까지만 영향을 주고 이후의 내용은 오른쪽으로 밀리지 않도록 설정합니다. 이를 통해 기존의 작업 흐름을 유지하면서 필요한 부분만 수정할 수 있어, 중간 편집 시 유용합니다.

● Delete : 선택한 영역을 삭제하는 기능입니다. 특정 마디나 노트를 선택한 후 이 옵션을 사용하면 그 부분이 삭제됩니다.

● System Track Select : 시스템 트랙에서 모든 악기줄의 객체를 선택할 수 있는 기능입니다. 이 기능을 사용하면 여러 악기를 동시에 선택하여 복사, 삭제, 편집 등의 작업을 효율적으로 수행할 수 있습니다.

● Add : 선택한 것과 동일한 길이의 마디나 박자를 추가하는 기능입니다. 선택한 영역 오른쪽에 새로운 마디가 삽입됩니다. 참고로, 시스템 트랙에서 선택한 영역은 다른 선택을 하거나 레이아웃을 변경하면 해제되지만, 페이지 뷰와 갤리 뷰를 전환할 때는 유지됩니다.

14 — 시스템 트랙을 화면에서 감추고 싶은 경우에는 View 메뉴의 System Track 옵션을 해제하거나 Alt+T 키를 누릅니다.

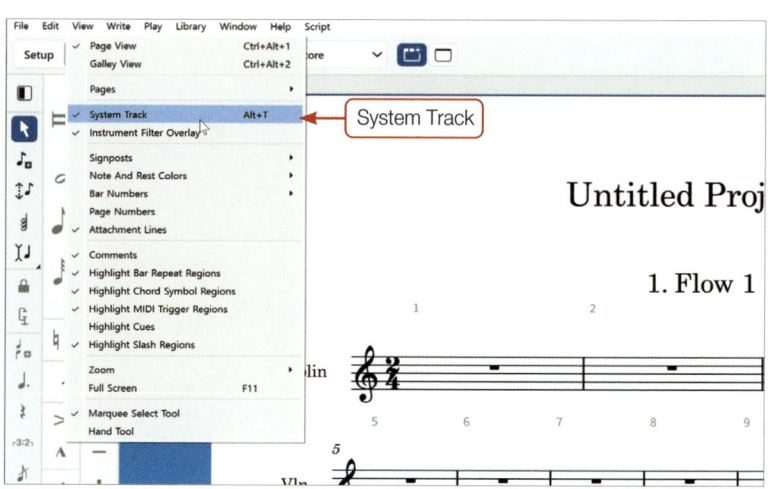

15 ― 사용자가 만든 보표는 File 메뉴의 Save As Project Template을 선택하여 템플릿으로 저장할 수 있습니다. 이렇게 저장된 템플릿은 허브 창에서 선택하여 새로운 프로젝트를 만들 때 활용할 수 있습니다. 이를 통해 반복적인 설정 과정을 줄이고 작업 효율성을 높일 수 있습니다.

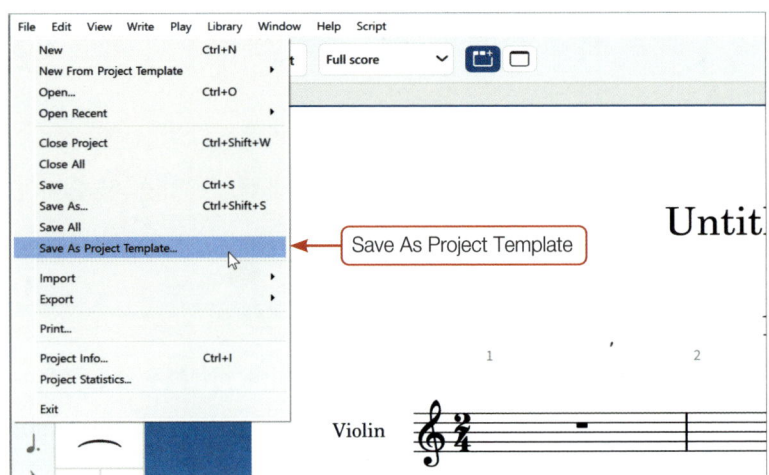

16 ― 카테고리 이름과 템플릿 이름을 입력하고 Save 버튼을 클릭하여 저장합니다.

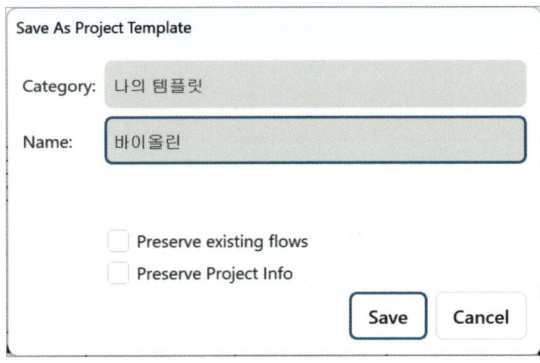

● Preserve existing flows : 프로젝트의 모든 Flow를 유지합니다. 새로운 프로젝트에서도 기존 Flow를 그대로 사용할 수 있어, 이전 작업을 바탕으로 시작할 수 있습니다.

● Preserve project info : 프로젝트의 메타데이터(제목, 작곡가 등)를 유지합니다. 새 프로젝트에서 이러한 정보를 쉽게 활용할 수 있어, 일관성을 유지하며 효율적으로 작업할 수 있습니다.

허브 창 사용하기

New → Hub

File 메뉴의 New로 새 프로젝트를 만들 때 마디 수, 박자, 조표 설정이 추가되는 것이 불편하다면, Window 메뉴의 Hub를 이용해 새 프로젝트를 만드는 방법으로 해결할 수 있습니다. 실제로 이 방법이 더 많이 사용되므로, 단축키를 설정해 두는 것을 추천합니다.

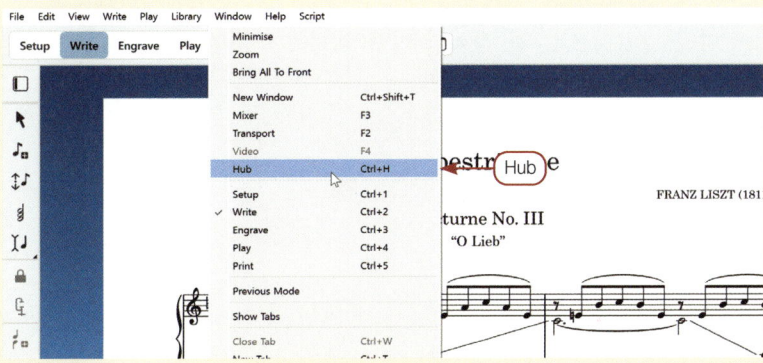

사용자가 저장한 템플릿은 오른쪽 상단의 Remove Project Template를 선택하여 삭제할 수 있습니다. 이를 통해 더 이상 필요 없는 템플릿을 간편하게 정리할 수 있습니다.

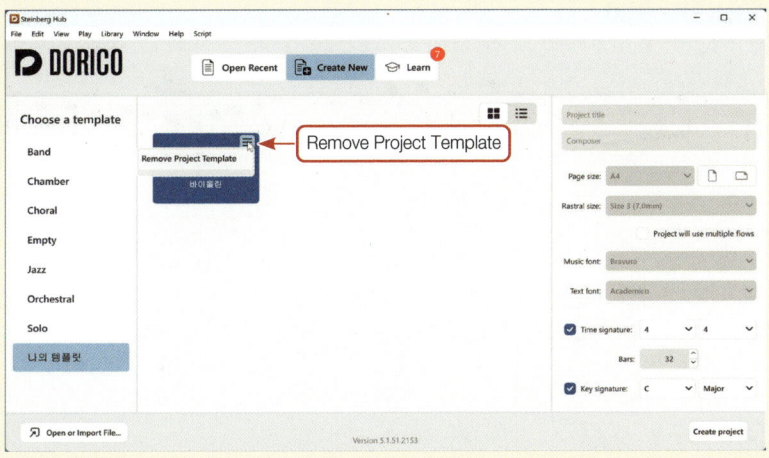

마우스로 입력하기

악보에 음표를 입력하는데는 마우스, 키보드, 미디 건반 등이 활용될 수 있습니다. 실제로 많은 작곡가들은 키보드로 음표의 길이를 선택하고, 마우스나 미디 건반을 사용하여 피치를 입력하는 등 두 가지 이상의 장치를 조화롭게 활용합니다. 그러나 이러한 활용 방식은 개인의 작업 스타일이나 환경에 따라 달라지므로, 각 장치별 입력 방법을 구분하여 살펴보겠습니다. 먼저, 마우스를 사용한 음표 입력 방법입니다.

∴ 학습 목표

마우스를 이용한 음표 입력 방법

1. **음표 입력** : 입력할 음표의 박자를 패널에서 선택하여 준비합니다.
2. **임시표 입력** : 패널에서 임시표를 선택하여 쉽게 추가할 수 있습니다.
3. **쉼표 입력** : Rests 도구를 사용한 수동 입력 또는 빈 공간 자동입력.
4. **잇단음 입력** : 잇단음표 도구를 사용해 다양한 패턴을 추가합니다.

1 — Dorico를 실행하면 열리는 허브 창에서 Create New를 선택합니다. 오른쪽 패널에서 박자(Time signature), 마디 수(Bars), 조표(Key signature)를 입력하고, 기본적으로 표시되는 Solo 카테고리에서 Lead Sheet를 더블 클릭합니다.

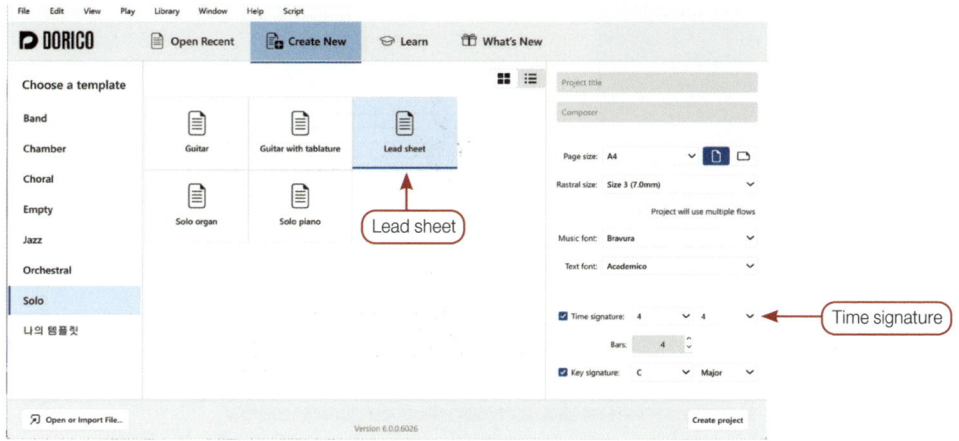

2 — 음표를 입력하려면 Note Input 도구를 선택하거나, 음표를 입력할 첫 번째 마디를 더블 클릭합니다. Enter 키를 눌러 입력 모드로 진입할 수도 있습니다. 이때 Select 도구가 활성화되어 있으면 음표가 입력되지 않으므로, 해당 도구를 비활성화해야 합니다.

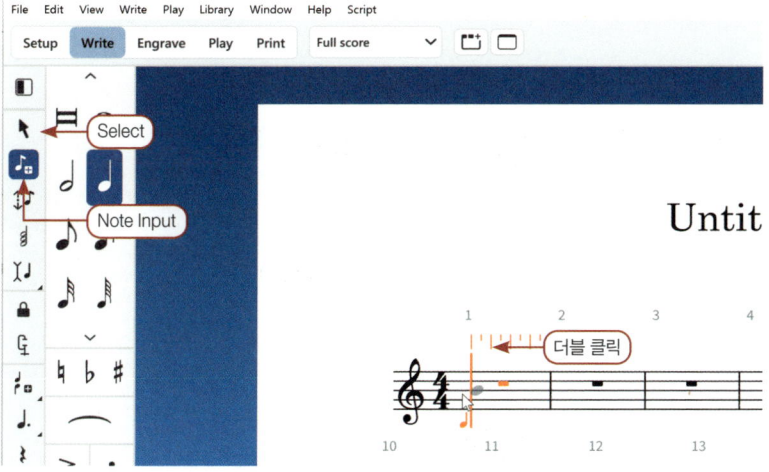

3 — 마디 상단에는 박자의 위치를 나타내는 8개의 그리드 라인이 표시됩니다. 이 라인은 입력할 음의 위치를 정확히 판단하는데 도움을 주어 실수를 줄이는데 기여합니다. 필요에 따라 왼쪽 하단의 그리드 노트에서 간격을 변경할 수 있습니다.

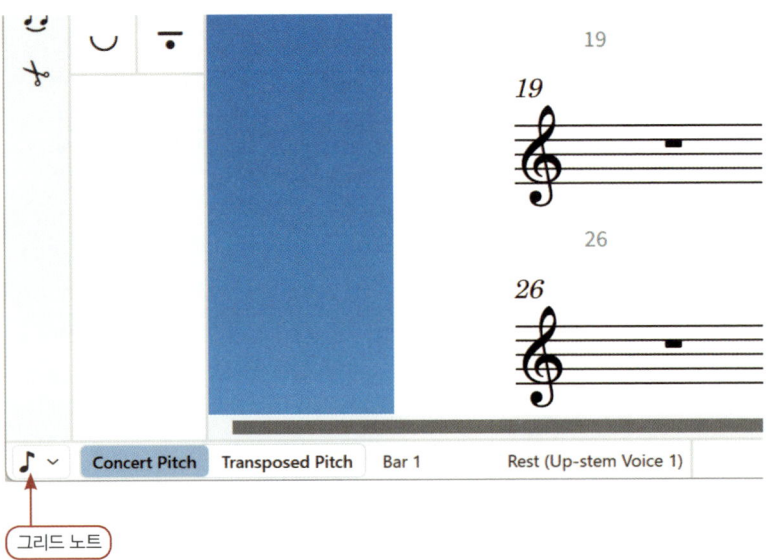

4 — 패널에서 원하는 음표 길이를 선택한 뒤, 마디 위로 마우스를 올리면 입력될 피치를 미리 확인할 수 있습니다. 클릭하면 해당 음을 입력할 수 있으며, 잘못 입력했을 경우에는 원하는 음정이나 길이를 다시 선택해 입력하거나, Ctrl+Z 키를 눌러 취소할 수 있습니다.

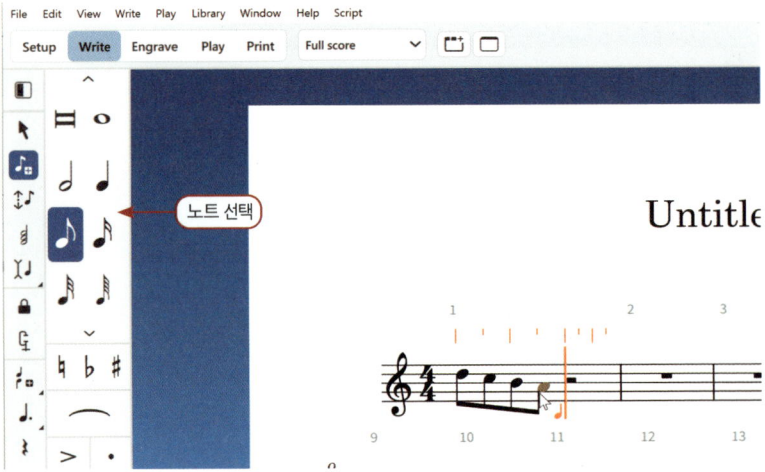

5 — 임시표는 패널 도구에서 선택하여 입력할 수 있습니다. 입력이 완료되면 자동으로 해제되므로 별도로 해제할 필요 없이 바로 다음 음표 입력을 진행할 수 있습니다.

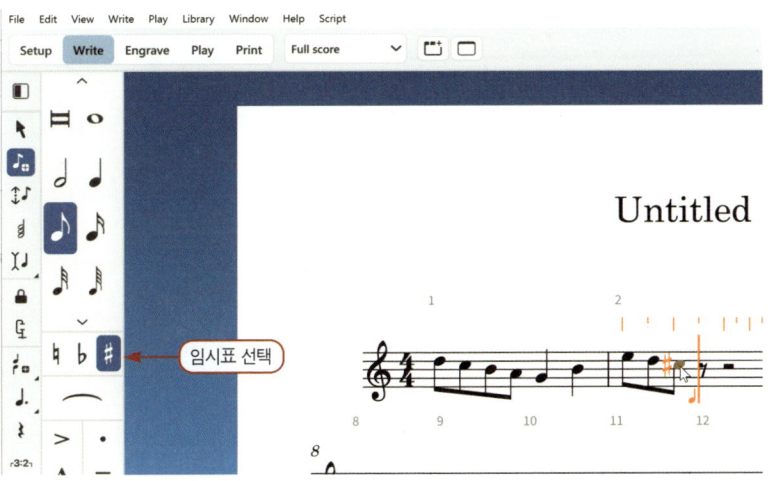

6 — 쉼표를 입력할 수 있는 Rests 도구가 제공되지만, 보통은 그리드 라인을 참조하여 쉼표가 입력될 위치를 건너뛰고 다음 위치에 음표를 입력하는 방법을 주로 사용합니다. 이렇게 하면 쉼표가 자동으로 생성됩니다. Rests 도구는 주로 음표를 쉼표로 변경할 때 사용됩니다.

101

7 — 잇단음은 Tuplets 도구를 사용하여 입력합니다. 기본적으로는 선택한 박자 값을 기준으로 3잇단음이 생성됩니다. 길이를 잘못 선택해 입력했을 경우에는 Ctrl+Z 키로 취소한 뒤, 다시 선택합니다.

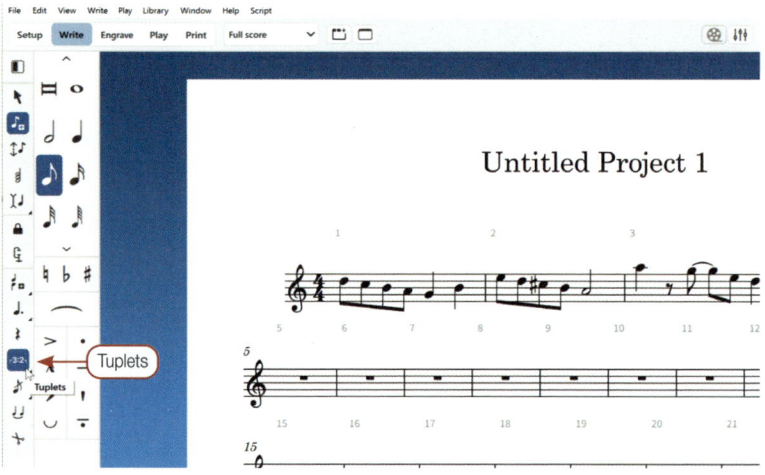

8 — 계속해서 실습 악보를 완성하고, 마우스를 이용한 음표 입력 방법을 이해했다면, 자신이 만들고자 하는 악보에 도전합니다.

Section 03

키보드로 입력하기

어떤 프로그램이든 단축키에 익숙해지는 것은 작업의 효율성을 극대화하는 가장 빠른 방법입니다. 그러나 수십 년간 피날레를 사용해 온 사용자라면 Dorico로의 전환이 혼란스러울 수 있습니다. 이럴 때는 자신에게 익숙한 단축키로 변경해 사용하는 것도 하나의 방법입니다. 하지만, 앞으로 Dorico를 지속적으로 사용할 계획이라면, 기본적으로 설정된 단축키를 익히는 것이 좋습니다. 이러한 단축키는 작업 흐름을 원활하게 하고, 창의적인 아이디어를 더욱 자유롭게 펼칠 수 있는 기회를 제공합니다.

∴ 학습 목표

키보드를 이용한 음표 입력 방법

노트 길이는 숫자 키(1-9)를 이용하여 선택합니다.			
♪	♩	♩	♩
4	5	6	7
피치는 음 이름(A-G)을 이용하여 입력합니다.							
도	레	미	파	솔	라	시	도
C	D	E	F	G	A	B	Ctrl+Alt

103

1 — 새 프로젝트를 만들고 Enter 키를 눌러 Note Input 도구를 활성화합니다. 참고로 Note Input에는 기본적으로 할당된 단축키가 Shift+N 입니다. 이 키를 사용해도 좋습니다.

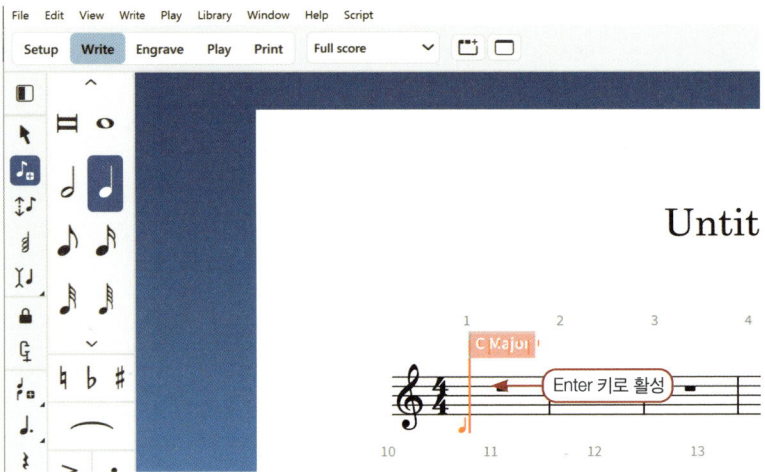

2 — 마우스 입력편에서 실습한 악보를 그대로 만들어 보겠습니다. 기본적으로 4분음표가 선택되어 있으므로, 5번 키를 눌러 8분음표를 선택한 후, D 키를 눌러 '레' 음을 입력합니다.

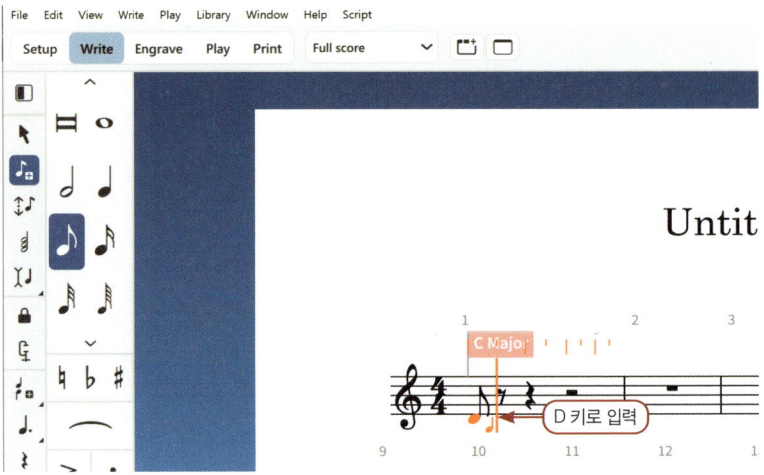

3 — 기본적으로 D3 음으로 입력됩니다. Ctrl+Alt 키를 누른 상태에서 위쪽 방향키를 눌러 D4 음으로 한 옥타브 올립니다. 이후 음표는 D4 음에 가까운 범위로 입력되므로, C, B, A 키를 눌러 입력할 수 있습니다. 4분 음표는 6번 키로 선택합니다.

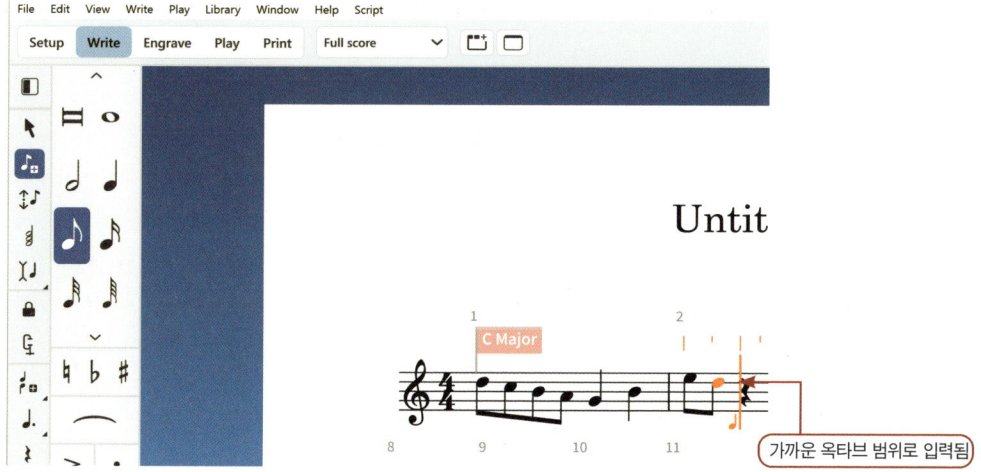

4 — 임시표 #은 = 키를 이용하여 입력합니다. 참고로 b는 - 키로 입력하며, 제자리표는 0 키로 입력합니다.

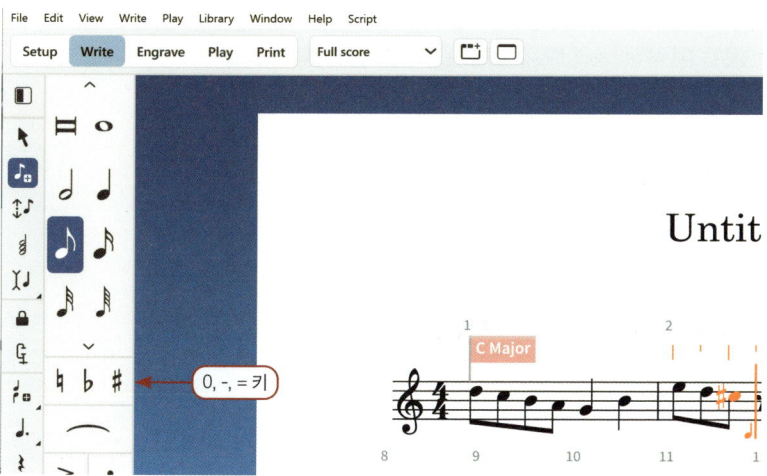

5 — 쉼표는 오른쪽 방향키를 눌러 다음 그리드 라인으로 이동한 후, G 음을 입력하면 자동으로 처리됩니다. 참고로, 스페이스 바 키를 누르면 선택한 노트 길이 간격으로 이동할 수 있으며, Ctrl+방향키를 이용하면 마디 단위로 이동할 수 있습니다.

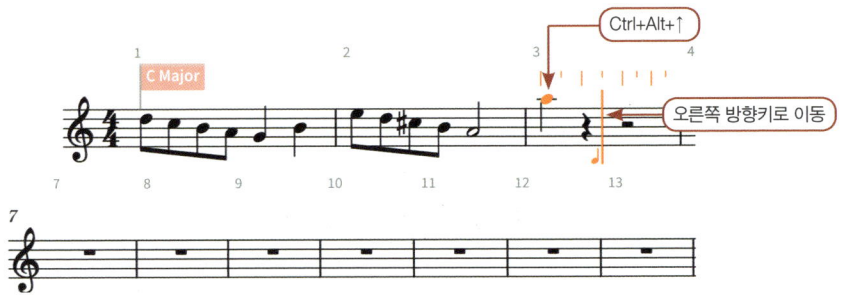

6 — 세미콜론 (;) 키를 누르면 잇단음 수를 입력할 수 있는 팝오버 창이 열립니다. 이 팝오버는 Dorico에서 가장 자주 사용되는 명령 입력 창입니다. 세부적인 사용법은 차차 익히기로 하고, 지금은 3잇단음을 입력하기 위해 숫자 3을 입력한 뒤 Enter 키를 누릅니다.

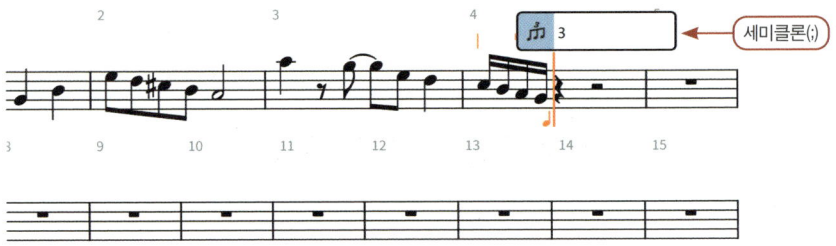

7 — 세미콜론 (;) 키를 눌러 잇단음 수를 결정할 때, 콜론 (:)을 입력한 후 오른쪽에 박자 길이를 입력할 수 있습니다. 6잇단음을 넣고자 한다면 왼쪽에 잇단음 수인 6을, 오른쪽에 해당 박자 길이인 4를 입력하여 6:4로 설정합니다.

8 — 계속해서 B, G, D 키를 눌러 악보를 완성합니다. 마지막 D는 앞의 G 음과 가까운 D3 음으로 입력됩니다. 노트를 입력한 후 Ctrl+Alt+방향키를 눌러 D4 음으로 옮길 수 있고, 처음부터 Shift+Alt 키를 누른 상태에서 D 키를 눌러 D4를 바로 입력할 수도 있습니다.

Section 04

미디 건반으로 입력하기

디지털 피아노, 신디사이저, 마스터 건반 등의 미디 장를 활용하면 악보 입력이 더욱 신속하고 간편해집니다. 미디 건반을 통한 노트 입력 방법은 두 가지로 나눌 수 있습니다. 첫 번째는 마우스나 키보드를 사용해 박자를 선택한 후, 미디 건반으로 피치를 입력하는 스텝 방식입니다. 두 번째는 사용자의 연주를 직접 녹음하는 레코딩 방식으로, 이는 연주 능력이 있다면 가장 효과적인 악보 작성 방법입니다. 하지만 이 방식에는 몇 가지 주의사항이 필요합니다.

·: 학습 목표

미디 건반을 이용한 음표 입력 및 레코딩

디지털 피아노, 신디사이저, 마스터 건반 등의 미디 장치는 USB 케이블로 컴퓨터에 연결하면 됩니다. Dorico는 이러한 장치를 자동으로 인식하므로, 추가적인 설정이나 조치 없이도 손쉽게 사용할 수 있습니다.

1 스텝 입력

스텝 입력은 마우스나 키보드를 사용하는 것처럼 미디 건반을 눌러 음표를 하나씩 입력하는 방식입니다. 이 방법은 연주 능력이 없어도 쉽게 사용할 수 있으며, 마우스나 키보드로 입력할 때 불편한 코드를 한 번에 입력할 수 있는 등의 여러 가지 장점을 제공합니다.

1 — 컴퓨터에 연결된 미디 건반을 눌러보면 오른쪽 하단 모서리에 녹색 LED가 깜빡이며 정상적으로 인식되고 있음을 확인할 수 있습니다. 신디사이저의 경우, 미디 아웃 활성 여부를 장치에서 설정해야 할 수도 있으므로, 자세한 내용은 해당 제품의 설명서를 참조하시기 바랍니다.

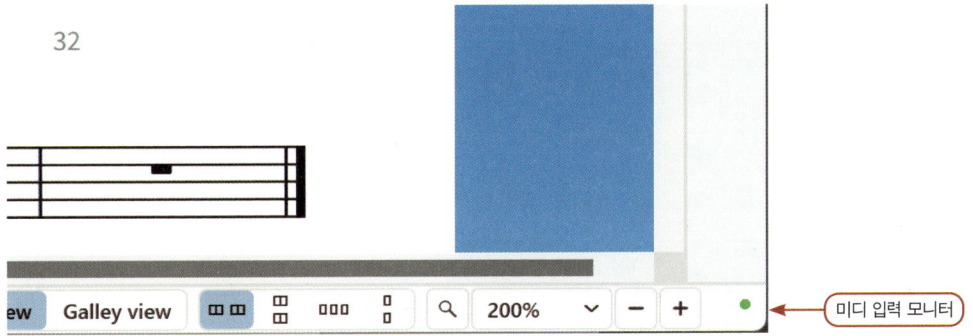

2 — 키보드의 숫자 키로 음표 길이를 선택한 후, 건반을 눌러 음표를 입력할 수 있습니다. 특히, 박자가 일정한 아르페지오 패턴이나 코드를 입력할 때 매우 편리하다는 장점이 있습니다.

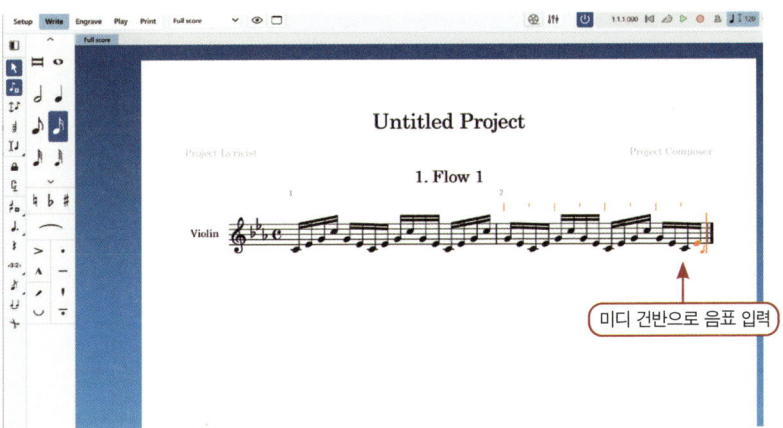

미디 장치로 음표 길이 선택하기

Set Note Duration

음표 길이를 미디 건반으로 선택하고 싶다면, Key Command 설정을 MIDI 입력으로 전환하면 됩니다. 88 건반의 낮은 음역대를 활용하거나, 마스터 건반에서 잘 쓰이지 않는 패드에 할당하면 좋습니다.

Edit 메뉴에서 Preferences를 선택하여 창을 열고, Key Commands 섹션에서 Set Note Duration 항목을 찾습니다. 검색 창에 Set Note를 입력하면 쉽게 찾을 수 있습니다.

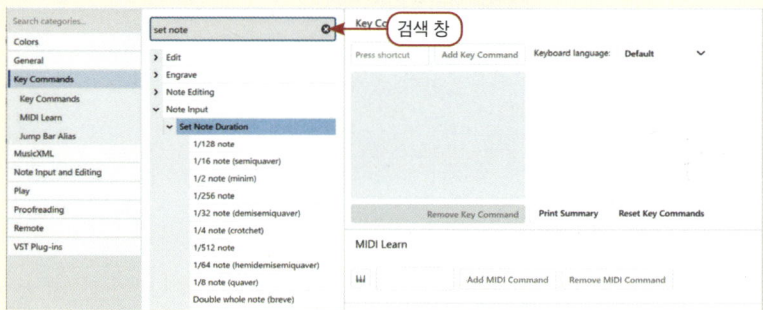

노트 길이를 선택하고, MIDI Learn 기능을 활성화합니다. 그리고 미디 건반 또는 마스터 건반의 패드를 눌러 연결한 다음, Add MIDI Command 버튼을 클릭하여 추가합니다. 이 과정을 음표 길이마다 반복하여 설정하면 미디 건반이나 패드로 음표 길이를 선택할 수 있습니다.

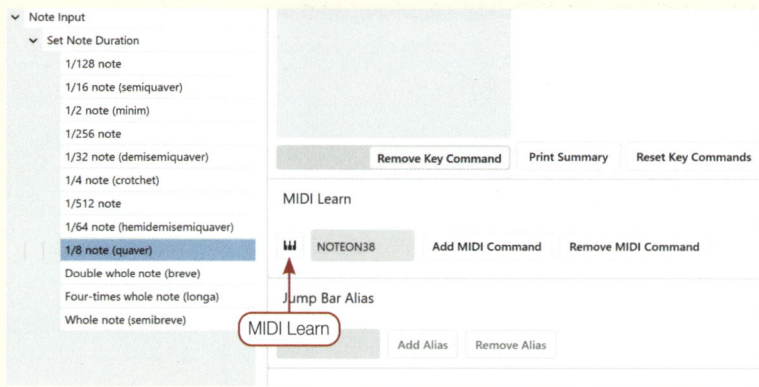

2 레코딩

레코딩은 의미대로 사용자의 연주를 실시간으로 기록하는 방식입니다. 물론 연주가 가능해야 한다는 조건이 있지만, 감정을 담아내려 할 경우 오히려 방해가 될 수 있습니다. 정확한 악보 작성을 위해서는 메트로놈에 맞춰 기계적으로 연주해야 한다는 점을 유념해야 합니다.

1 — 리얼타임으로 악보를 생성하려면 사용자의 연주 스타일이나 완성하고자 하는 악보의 유형에 따라 기본 옵션을 설정하는 것이 중요합니다. 이러한 설정은 Edit 메뉴의 Preferences를 선택하여 열 수 있는 설정 창에서 조정할 수 있습니다.

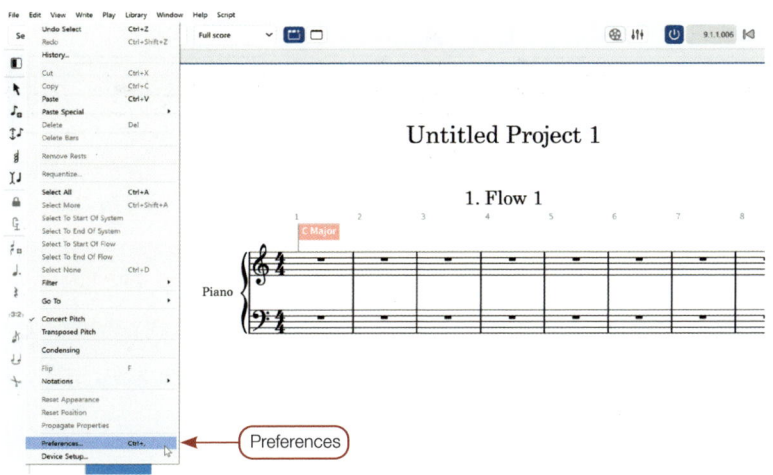

2 — Preferences 창의 Play 카테고리에서 Quantization 및 Recording 옵션 항목을 찾을 수 있습니다. 이 두 항목은 리얼타임 연주 시 악보의 정확성을 조절하는데 중요한 역할을 합니다.

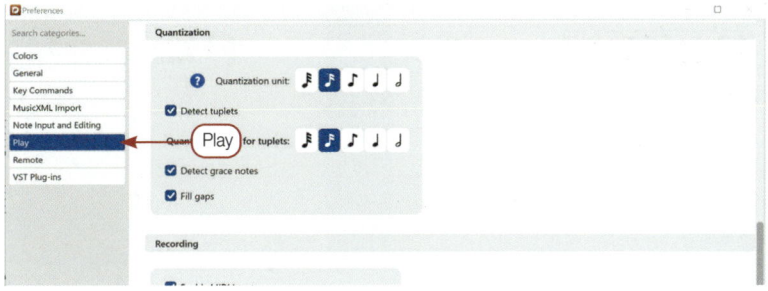

● Quantization 옵션

입력되는 노트의 처리 방법을 설정할 수 있는 옵션으로 구성되어 있습니다.

Quantization unit 옵션은 MIDI 파일을 가져오거나 연주할 때 음표의 위치를 정렬하는 기준을 설정합니다. 8분음표를 선택하면, 8분음표 간격으로 가상의 퀀타이즈 라인이 생성됩니다. 이렇게 생성된 라인에 따라 입력되는 음표(a)가 만약 라인에서 벗어난 경우, 가장 가까운 라인(b)으로 자동으로 맞춰지게 됩니다. 따라서 연주하고자 하는 주요 리듬의 최소 단위를 적절히 설정하면, 보다 깔끔하고 정확한 악보를 만들 수 있습니다.

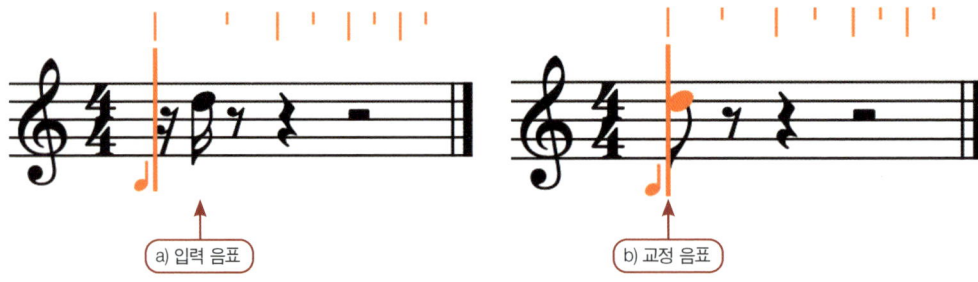

주요 리듬이 8비트이고 드물게 16비트가 포함된 악보를 만들고자 한다면, Quantization unit을 8분음표로 설정하는 것이 좋습니다. 이후, 16비트 음표(a)는 Edit 메뉴의 Requantize 기능을 사용해 수정(b)하는 것이 효과적인 악보 제작 방법이 될 수 있습니다.

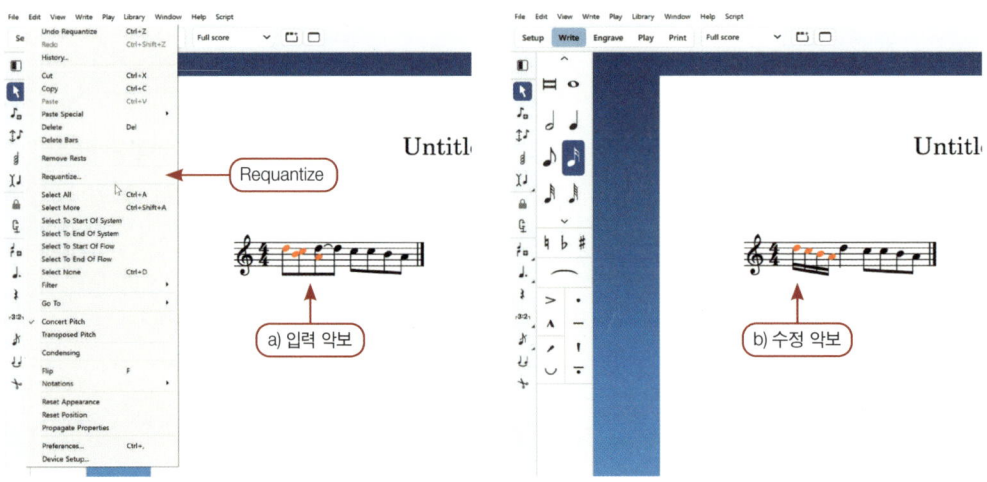

Detect tuplets 옵션은 잇단음 연주를 감지할지 여부를 결정하며, 잇단음의 길이는 Quantization unit for tuplets에서 설정할 수 있습니다. 이 기능을 효과적으로 사용하려면 어느 정도의 연주 실력이 필요합니다. 만약 실력이 부족하다면, 이 옵션을 해제하고 녹음한 후 Edit 메뉴의 Requantize 기능으로 교정하는 것이 더 좋은 결과를 얻을 수 있습니다.

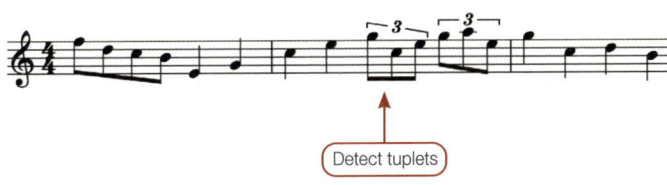

Detect grace notes 옵션은 꾸밈음을 감지할지를 결정합니다. 이 옵션이 활성화되어 있으면, 짧게 연주되는 음을 꾸밈음으로 처리합니다. 반대로, 꾸밈음을 특별하게 다루고 싶지 않다면 이 옵션을 해제합니다.

Fill gaps 옵션은 짧은 음표 사이의 빈 공간을 채울지를 결정합니다. 음악을 연주할 때, 짧은 음표와 음표 사이에 약간의 공백이(a) 생기면, 자동으로 채워(b) 줍니다. 그러나 연주한 길이를 정확하게 기록하고 싶다면, 이 옵션을 꺼두는 것이 좋습니다. 이렇게 하면 원래의 연주 길이가 그대로 반영됩니다.

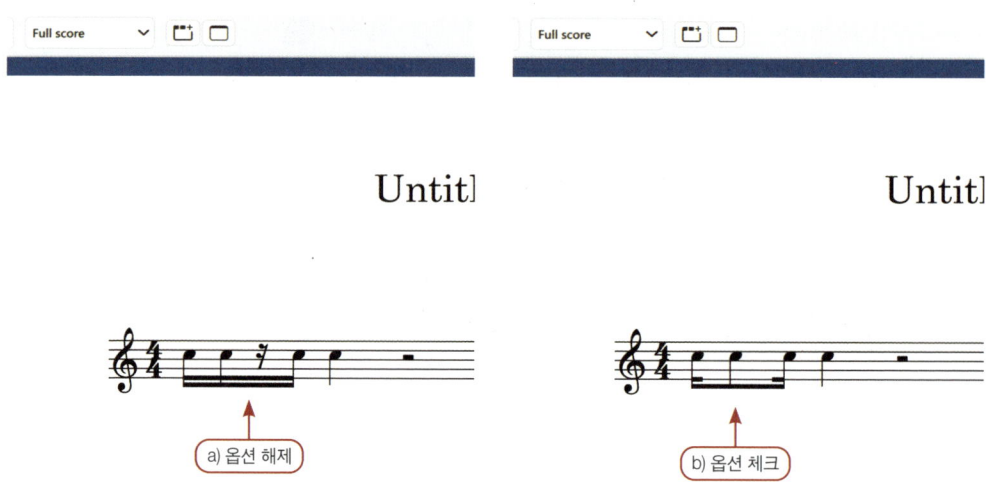

● Recording 옵션

어떤 미디 정보가 입력되게 할 것인지를 결정합니다.

Enable MIDI Input 옵션은 MIDI 입력을 활성화합니다. 기본적으로 Dorico는 컴퓨터에 연결된 모든 MIDI 장치에서 MIDI 입력을 받아들입니다. 사용 중인 장치는 MIDI Input Devices 항목에 표시되며, 체크 여부로 Dorico에서 사용할 장치를 선택할 수 있습니다.

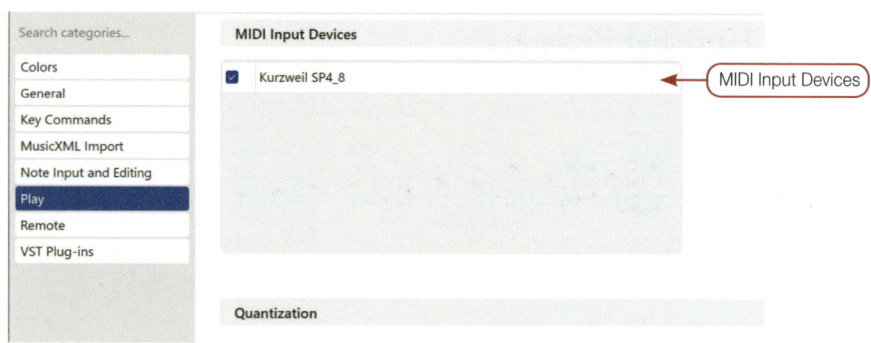

Enable MIDI thru 옵션은 입력되는 MIDI 신호를 그대로 출력하여 Halion Sonic의 음색을 연주하게 합니다. 레코딩할 때 악기 소리가 나지 않도록 하려면 이 옵션을 해제하면 됩니다. 단, 디지털 피아노나 신디사이저와 같은 악기를 사용할 경우, 해당 장치의 소리를 없애려면 볼륨을 줄이거나 Local Off 기능을 활성화해야 합니다. 이 설정은 장치마다 다를 수 있으므로, 구체적인 방법은 제품 설명서를 참조하기 바랍니다.

Enable MIDI thru 옵션은 MIDI 컨트롤러 신호를 무시하도록 설정하는 기능입니다. Dorico는 악보 제작 프로그램이지만, 로직이나 큐베이스와 같은 MIDI 작업도 가능합니다. 그러나 악보 작성이 우선이라면 이 옵션을 활성화하여 악보 작업과 관련 없는 MIDI 정보를 차단하면, 더 깔끔한 악보를 만들 수 있습니다. 이렇게 함으로써, 음표 입력에 집중할 수 있고 불필요한 데이터가 입력되는 것을 방지할 수 있습니다.

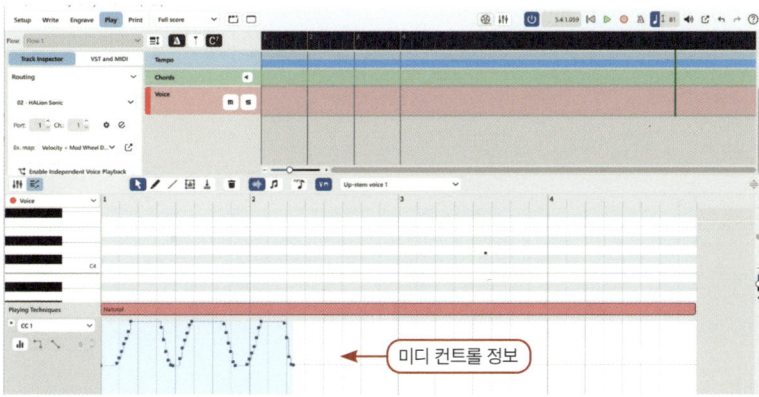

Preserve note velocities 옵션은 MIDI 입력 시 사용자가 건반을 누르는 세기(velocity)에 관계없이 모든 음표가 일정한 값(64)으로 기록되도록 설정합니다. MIDI는 연주 세기를 0에서 127까지 총 128단계로 기록할 수 있으며, 이는 음악의 다이내믹스를 표현하는데 매우 중요한 정보입니다. 만약 사용자가 연주한 세기를 그대로 기록하고 싶다면 이 옵션을 해제하면 됩니다. 이렇게 하면 각 음표의 세기 정보가 유지되어, 연주자의 감정과 표현이 악보에 잘 반영됩니다.

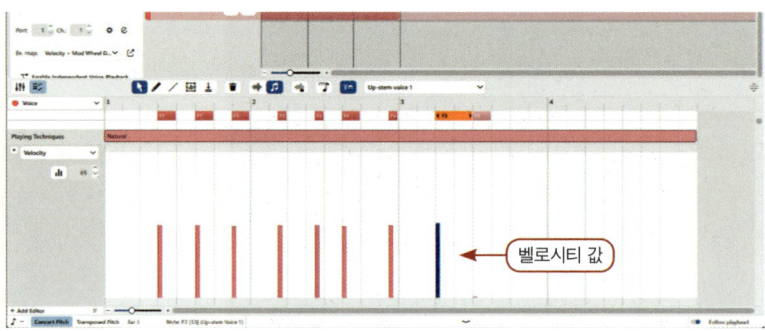

Preserve note positions 옵션은 MIDI 입력 시 음표의 위치를 유지하는 기능입니다. 옵션을 활성화하면 입력된 음표의 정확한 위치가 기록되어 원래의 연주 스타일이나 리듬이 보존됩니다.

주요 기능 및 이점
1. **정확한 리듬 유지** : 옵션을 활성화하면, 사용자가 입력한 음표가 원래의 위치에 정확하게 기록됩니다. 이는 자유로운 리듬에서 벗어난 연주 스타일을 강조하고자 할 때 유용합니다.
2. **개인적 연주 스타일 반영** : 사용자가 특정한 방식으로 연주한 음표들이 그대로 반영되어 음악의 개성과 감정을 표현할 수 있습니다. 특히 재즈나 클래식 장르에서 중요한 요소입니다.
3. **자유로운 수정 가능** : 원래의 연주 위치를 유지함으로써 후속 작업에서 수정하거나 편집할 때 유용합니다. 잘못된 음표를 쉽게 찾아내고 수정할 수 있습니다.

사용 예시
연주자가 음표를 의도적으로 약간 늦게 치거나 빠르게 치는 경우, 이 옵션을 활성화하면 그 위치가 그대로 기록되어 연주자의 독특한 스타일을 유지할 수 있습니다. 특히 자유로운 연주와 다이나믹한 표현이 중요한 경우에 유용하며, 사용자가 의도한 리듬을 정확하게 반영하는데 큰 도움이 됩니다.

Import CC64 as pedal lines 옵션은 서스테인 페달 정보를 기록할 수 있게 합니다. Snap pedal lines to previous beat 옵션을 활성화하면 페달 라인의 시작이 자동으로 이전 비트의 시작으로 이동합니다. 이렇게 하면 페달의 위치가 비트에 맞춰 정렬되어, 음악의 리듬과 표현이 더욱 정확하게 반영됩니다.

Detect slurs 옵션은 MIDI 입력 시 레가토로 연주되는 음표를 슬러 기호를 추가하는 기능입니다. 슬러는 두 개 이상의 음을 부드럽게 연결하여 연주할 때 사용하는 표기법으로, 음악의 표현력을 높이는데 중요한 역할을 합니다.

Detect tremolos 옵션은 MIDI 입력 시 트레몰로를 자동으로 감지하여 악보에 추가하는 기능을 제공합니다. 트레몰로란 동일한 음을 빠르게 반복하는 연주 기법으로, 같은 음을 두 번 이상 빠르게 눌렀을 때, Dorico는 이를 트레몰로로 해석합니다. 이러한 기능은 음악적 표현을 한층 더 풍부하게 만들어 주며, 작곡가와 연주자의 의도를 정확히 전달하는데 기여합니다.

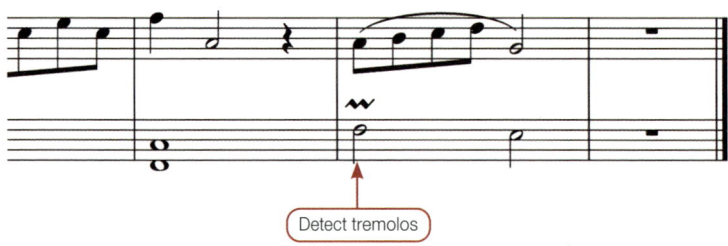

Detect trills 옵션은 MIDI 입력 시 트릴을 자동으로 감지하여 악보에 추가하는 기능입니다. 트릴은 두 개의 인접한 음을 빠르게 번갈아 연주하는 기법으로, 사용자가 MIDI 장치를 통해 두 음을 반복적으로 입력하면, Dorico가 이를 자동으로 트릴로 해석하여 악보에 반영합니다.

MIDI input latency compensation 옵션은 MIDI 장치로 입력할 때 발생할 수 있는 레이턴시를 보정하는 기능입니다. 여기서 레이턴시(latency)란 사용자가 MIDI 키보드를 눌렀을 때 그 신호가 컴퓨터에 도달하기까지 걸리는 시간을 의미합니다. 만약 사용자가 MIDI 키보드를 눌렀을 때 실제로 소리가 나거나 악보에 기록되는데 시간이 걸린다면, 연주한 시점과 악보에 나타나는 시점이 다르게 됩니다. 이럴 경우, 오차 값을 설정하여 악보에 기록되는 타이밍이 실제 연주와 일치하도록 조정할 수 있습니다.

3 — 레코딩 옵션을 사용자 유형에 맞추고, 트랜스포트 템포 항목의 버튼을 클릭하여 Fixed 모드로 설정합니다. 그리고 레코딩할 템포를 설정합니다. 연주 목적이 아니므로 여유롭게 연주 가능한 느린 템포로 설정하는 것이 좋습니다.

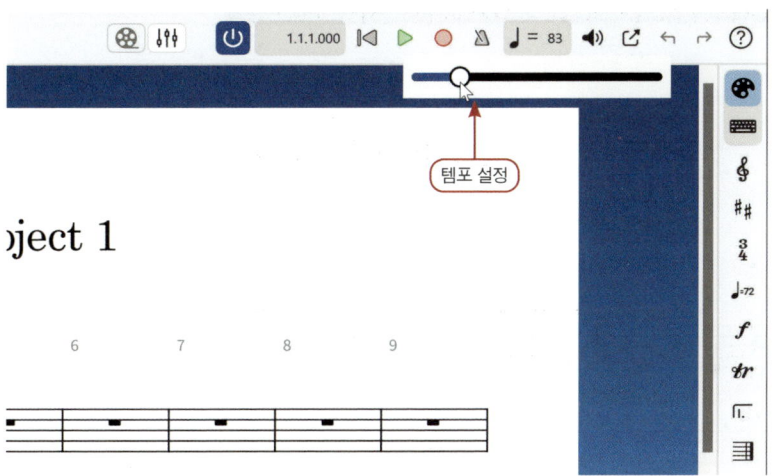

4 — 레코딩 버튼을 클릭하거나 Ctrl+R 키를 눌러 시작합니다. 실제 레코딩은 한 마디 길이의 카운트 소리가 울린 후에 시작됩니다. 레코딩이 완료되면 스페이스 바를 눌러 종료합니다.

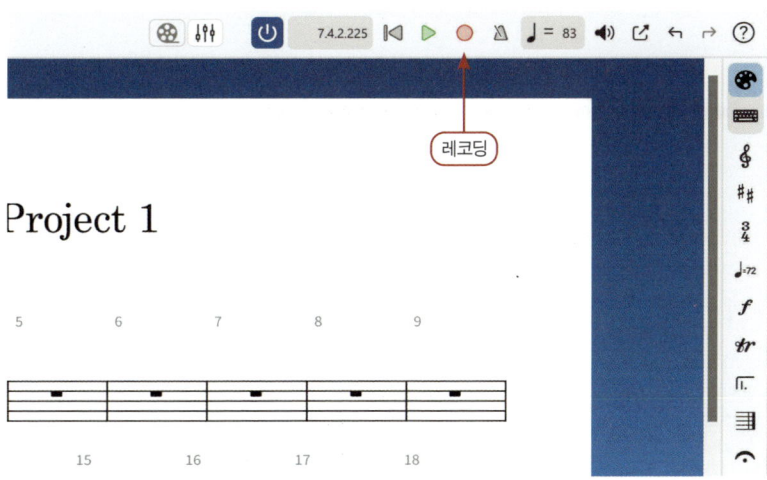

5 — 피아노 보표를 사용할 경우, Dorico는 기본적으로 가운데 도를 기준으로 음표를 나누어 표시합니다. 따라서 녹음이 완료된 후에는 보표를 이동해야 할 수도 있습니다. 아래쪽으로 이동해야 할 음표는 M 키, 위쪽으로 이동해야 할 음표는 N 키를 눌러 조정할 수 있습니다.

6 — 위와 아래 보표의 이동음이 불규칙한 경우, 먼저 위 보표를 선택한 후 Enter 키를 눌러 입력 모드를 활성화합니다. 그 다음 오른손의 연주를 녹음한 후, 아래 보표에서도 같은 방식으로 연주를 녹음합니다. 이렇게 두 번에 나누어 녹음하는 방식은 한 번에 입력하고 수정하는 것보다 더 효과적일 수 있습니다.

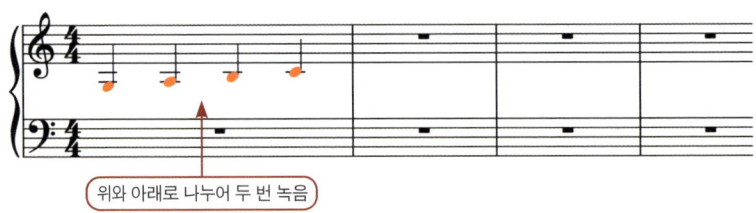

메트로놈 설정

Playback Options

Library 메뉴의 Playback Options을 선택하거나 Ctrl+Shift+P 키를 눌러 창을 열고, 메트로놈 소리 (Metronome Click)와 카운트의 길이(Count-in)를 개인의 취향에 맞게 수정할 수 있습니다.

● Beat subdivisions
비트를 세분화하여 다양한 리듬 패턴을 생성할 수 있게 해줍니다.
- Subdivide Beats in Simple Time Signatures : 단순 박자(예: 2/4, 3/4, 4/4)의 각 비트를 두 개로 나누어 두 번의 클릭 소리를 생성합니다.
- Subdivide Beats in Compound Time Signatures : 복합 박자(예: 6/8, 9/8, 12/8)에서는 기본 비트를 더욱 세분화하여 여러 개의 클릭 소리를 제공합니다.

● Click sound
메트로놈 소리를 자신의 스타일에 맞게 설정할 수 있습니다.
- Click : 기본적인 클릭 사운드로 일반적인 메트로놈 소리입니다.
- Beep : 전자적인 느낌의 비프 사운드로 보다 현대적인 스타일의 메트로놈 소리입니다.
- Wood Block : 목재 블록 소리로 따뜻하고 자연스러운 느낌을 줍니다.

● Pitch and Velocity
메트로놈 사운드의 음 높이(MIDI pitch)와 강도(Velocity)를 조정합니다.
- First Beat : 첫 번째 비트에 대한 음높이와 강도를 조정할 수 있는 옵션입니다.
- Subsequent Beats : 두 번째 이후 비트에 대한 음높이와 강도를 조정할 수 있습니다.
- Beat Subdivisions : 비트의 세분화에 대한 음높이와 강도를 설정할 수 있는 옵션으로 Subdivide Beats in Simple Time Signatures 또는 Subdivide Beats in Compound Time Signatures가 체크된 경우에 적용됩니다.

● Count-in
카운트의 길이를 Number of Bars Count-in 옵션을 통해 마디 단위로 설정할 수 있습니다. 연주 시작 전에 리듬을 인지할 수 있도록 도와주며, 합주나 녹음 시 타이밍을 맞추는데 유용합니다.

Section 05

피치 먼저 입력하기

노트를 입력하는 도중 실수를 했다면, Ctrl+Z 키를 눌러 취소하는 것이 가장 쉽고 빠른 방법입니다. 하지만 입력이 완료된 후에는 이 방법이 효과가 없고, Shift+N이나 ESC 키로 Note Input을 종료하지 않으면 이전 음표를 덮어쓰는 실수가 발생할 수 있습니다. 이런 실수를 방지하기 위해 Pitch before Duration 도구를 사용할 수 있습니다. 이 도구는 먼저 원하는 음을 선택한 다음, 박자를 설정할 수 있어 잘못된 음을 입력하는 일을 방지할 수 있습니다. 특히, 키보드나 MIDI 건반을 사용할 때 매우 유용합니다.

∴ **학습 목표**

1. Pitch Before Duration 도구를 이용한 음표 입력 방법
2. 음표 편집을 위한 Lock Duration 도구의 역할

1 Pitch Before Duration

이 도구는 음높이를 먼저 지정한 후, 박자를 설정할 수 있는 기능을 제공합니다. 음의 선택과 지속 시간 설정을 명확히 분리하여 불필요한 실수를 방지하는데 큰 도움을 줍니다.

1 — Dorico에서 음표를 입력할 때는 기본적으로 음의 길이를 먼저 선택한 후 음 높이를 결정합니다. 그러나 이렇게 하면 기존 음표를 덮어쓰게 되어, 중간에 삽입하거나 수정할 때 리듬이 바뀌는 실수가 발생할 수 있습니다.

2 — Pitch Before Duration 도구를 선택하거나 K 키를 누르면 먼저 음을 선택한 후에 길이를 설정할 수 있어 음의 선택과 박자 설정을 명확히 분리할 수 있습니다.

3 — Pitch Before Duration 도구를 활성화하면 먼저 음높이를 결정하고, 박자에 해당하는 숫자 키를 눌러 음표를 입력합니다. 이렇게 하면 원하는 음을 빠르고 정확하게 선택한 후, 그 음의 지속 시간을 쉽게 설정할 수 있어 입력 작업이 한층 더 효율적입니다.

4 — 쉼표는 스페이스 바 또는 오른쪽 방향키를 눌러 입력 위치를 이동시키면 자동으로 처리됩니다. 이때 주의할 점은 입력 위치가 그리드 라인 단위로 움직인다는 것입니다. 따라서 원하는 단위를 미리 선택해야 합니다.

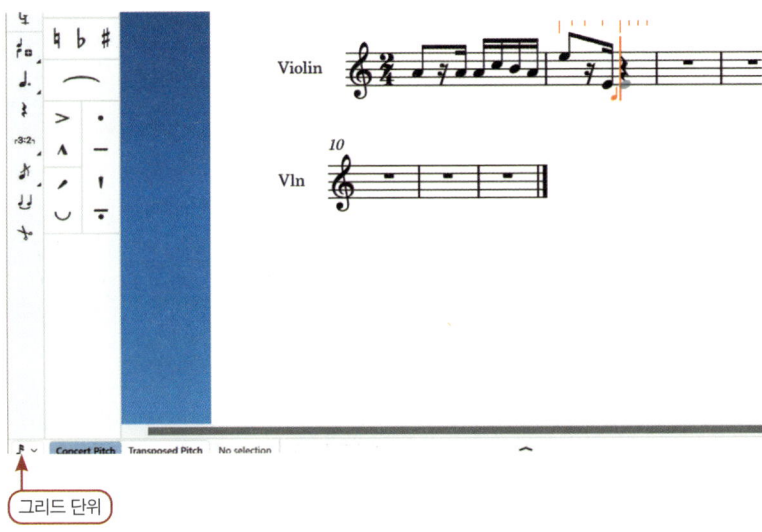

5 — 계속해서 예제 악보를 입력해봅니다. #은 = 키를 사용하여 입력하고, 플랫은 - 키, 제자리는 0 키입니다. 피치를 먼저 선택함으로써 사용자의 실수가 크게 줄어들고, 입력의 정확성을 높일 수 있습니다.

Untitled Project 1

1. Flow 1

6 — 키보드로 음을 한 옥타브 단위로 이동할 때는 Ctrl+Alt 키를 누른 상태에서 위쪽 또는 아래쪽 방향키를 사용하면 됩니다. 하지만 이 방법보다는 MIDI 건반을 사용하면 손쉽게 옥타브를 조정할 수 있고, 원하는 음을 직관적으로 입력할 수 있어 작업의 효율성이 높아집니다.

Untitled Project 1

1. Flow 1

② Lock Duration

이 도구는 음표의 지속 시간을 고정하여 사용자가 음높이만 변경할 수 있게 해주는 기능입니다. 이를 통해 편집 시 음의 변화를 손쉽게 적용할 수 있습니다.

1 — 음표를 수정할 때는 음표 머리를 드래그하거나 Alt 키를 누른 상태에서 방향키를 사용하여 이동할 수 있습니다. 이때 주의할 점은 기존 음표로 이동하면 기존 음표를 덮어쓰게 된다는 것입니다. 따라서 Pitch Before Duration 도구를 사용해 음을 먼저 선택한 후 위치를 조정하는 것이 좋습니다. 이렇게 하면 더 정확하고 안전하게 음표를 수정할 수 있습니다.

2 — 마디를 클릭하면 해당 마디의 모든 음표를 쉽게 선택할 수 있습니다. 또한, Shift 키를 누른 상태에서 마디를 추가하거나 드래그하면 두 마디 이상의 노트를 한 번에 선택할 수 있습니다. 이 기능은 다수의 음표를 동시에 수정하거나 삭제할 때 매우 유용합니다.

3 — 선택한 음표는 Ctrl+C 키를 눌러 복사하거나 Ctrl+X로 잘라내고, Ctrl+V 키로 붙여넣을 수 있습니다. 이는 윈도우 프로그램에서 공통으로 사용되는 단축키입니다. 또한, Dorico는 Alt 키를 누른 상태에서 클릭하여 선택한 음표를 복사하거나 R 키를 눌러 반복시킬 수 있습니다.

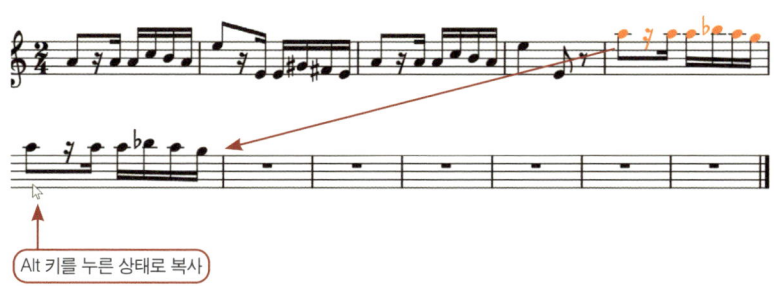

4 — 복사한 음표는 L 키를 누르거나 Lock Duration 도구를 클릭하여 리듬을 고정할 수 있습니다. 이렇게 하면 음표의 지속 시간은 그대로 유지되면서 키보드나 MIDI 건반을 사용하여 음 높이만 빠르게 수정할 수 있습니다. 이 과정을 통해 예제 악보를 완성합니다. 리듬을 유지하면서 원하는 음을 쉽게 조정할 수 있어 더 효과적으로 작업할 수 있습니다.

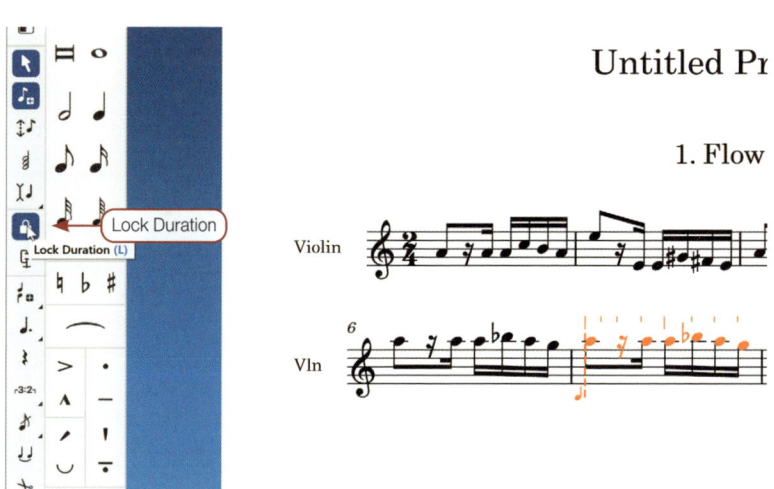

Section 06 악상 기호 입력하기

Dorico는 매우 직관적인 인터페이스를 제공하여 다이내믹, 아티큘레이션 등의 음악 기호를 간편하게 입력할 수 있습니다. 하지만 Shift 키를 이용한 팝오버 창을 활용하면 작업 속도를 더욱 높일 수 있습니다. 팝오버 창은 주로 다이내믹(Dynamic)의 약자인 D, 템포(Tempo)의 약자인 T 등으로 열 수 있으며, Write 메뉴에서 확인할 수 있습니다.

∴ 다이내믹 마커

표기	용어	역할
pp	피아니시모	매우 약하게, 매우 낮은 소리로 연주.
p	피아노	약하게, 부드러운 소리로 연주.
mp	메조피아노	중간 약하게, 약간 부드러운 소리로 연주.
mf	메조포르테	중간 세게, 약간 강한 소리로 연주.
f	포르테	세게, 강한 소리로 연주.
ff	포르티시모	매우 세게, 최대 볼륨으로 연주.

이 외에도 다이내믹의 변화나 지속을 나타내는 기호들이 있으며, 음악의 표현력을 높이는 중요한 요소입니다. crescendo(점점 세게)와 decrescendo(점점 약하게) 같은 기호도 있습니다.

• **셈여림표**

1 — 다이내믹(Dynamic) 기호를 악보에 추가하려면, 먼저 기호를 삽입할 음표를 선택합니다. 그리고 Shift+D 키를 눌러 팝오버 창을 열고 원하는 다이내믹 표기를 직접 입력하면 됩니다. 이렇게 입력된 다이내믹 기호는 악보를 연주할 때 실제로 적용됩니다.

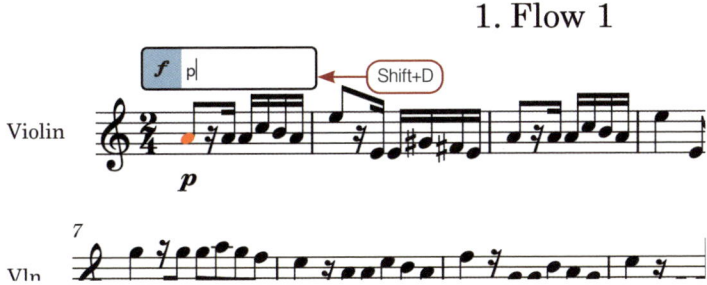

2 — 마우스를 이용해 다이내믹(Dynamics) 기호를 입력하려면, 다이내믹 패널을 열고 원하는 기호를 선택합니다. 그러면 선택한 음표에 기호가 삽입됩니다. 기호는 드래그하여 위치를 조정할 수 있어, 악보에서의 배치를 쉽게 수정할 수 있습니다.

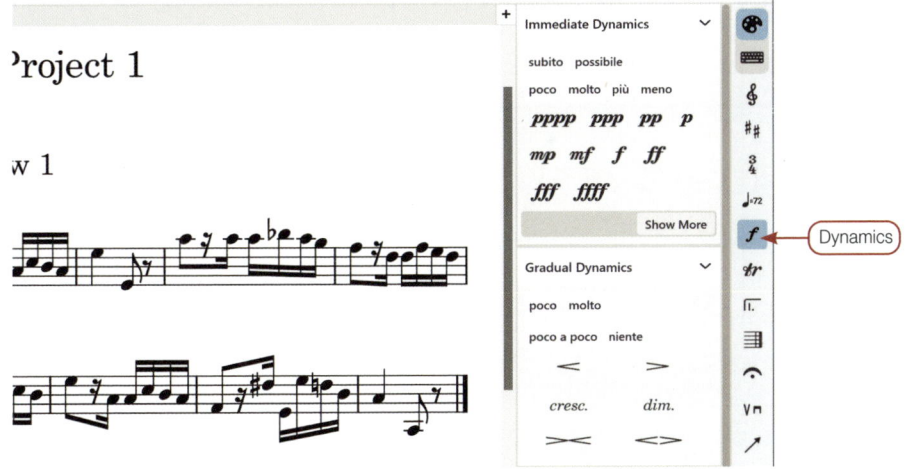

∴ 아티큘레이션

아티큘레이션(Articulation)은 음악의 표현력을 높이는 중요한 요소로, 각 기호마다 특별한 표기법과 역할이 있습니다. 주요 아티큘레이션 기호와 역할은 다음과 같습니다.

표기	용어	역할
	스타카토 (Staccato)	음표 위 또는 아래에 작은 점을 붙여 표기하며, 음을 짧고 끊어지게 연주하는 방식입니다. 일반적으로 원음의 반 길이로 연주되며, 경쾌하고 명확한 느낌을 줍니다.
	레가토 (Legato)	음표들을 슬러 곡선으로 연결하여 표기하며, 음과 음을 부드럽게 이어주는 연주 방식입니다. 각 음을 끊지 않고 자연스럽게 흐르게 하여 유려함과 감정을 더합니다.
	스타카티시모 (Staccatissimo)	스타카토보다 더 짧고 뚜렷하게 음을 끊어 연주하도록 지시합니다. 이 기법은 각 음의 간결함을 강조하여 강렬하고 빠른 느낌을 전달하는데 유용합니다.
	스타카토 테누토 (Staccato Tenuto)	음을 짧게 끊어주지만, 스타카토보다는 약간 길게 연주합니다. 같은 의미로 포르타토 (Portato), 메조 스타카토 (Mezzo Staccato)가 있습니다.
	테누토 (Tenuto)	음표 위에 수평선을 붙여 표시하며, 주어진 길이만큼 정확하게 연주하도록 지시합니다. 음을 끊지 않고 부드럽게 연결하여 지속성을 강조하고, 각 음의 명확성을 높이는데 도움을 줍니다.
	악센트 (Accent)	음표를 강조하여 강하게 연주하도록 지시하는 기법입니다. 좀 더 강조하여 뚜렷하게 연주하라는 의미의 마르카토 (Marcato)도 있습니다.
	페르마타 (Fermata)	해당 음을 연주자가 원하는 만큼 길게 늘려서 연주하라는 표기이며, 겹세로줄 위에 마침표로 사용되기도 합니다.

• 레가토

3 — 슬러는 S 키를 눌러 쉽게 삽입할 수 있습니다. 먼저 음표를 선택하면 해당 음표에서 다음 음표까지 슬러가 자동으로 연결됩니다. 여러 음표를 연결하고 싶다면, 드래그하거나 Shift 키를 눌러 여러 음표를 선택하면, 선택된 모든 음표가 슬러로 연결됩니다.

4 — 마우스로 슬러를 입력할 때는 슬러(Slur) 도구를 클릭하여 사용합니다. 슬러를 입력한 후, 시작과 끝 포인트를 드래그하여 길이를 조절할 수 있으며, 슬러의 중간 부분을 드래그하면 위치를 이동시킬 수 있습니다.

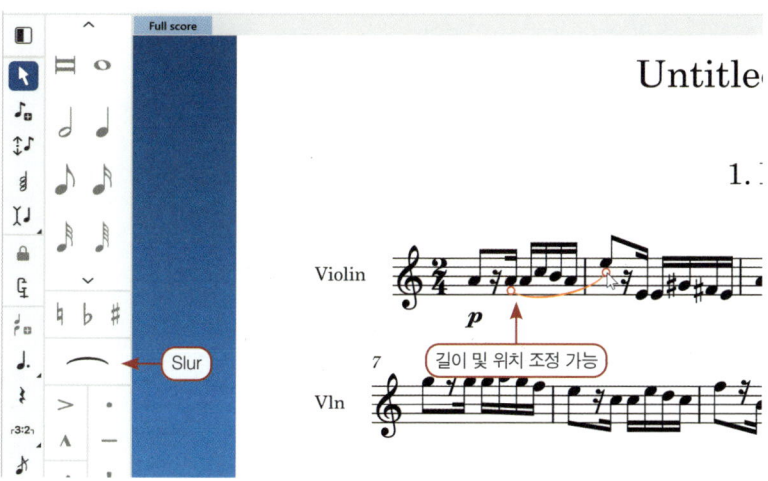

- **스타카토**

5 — 스타카토는 음표를 선택한 후 라이트 대괄호 (]) 키를 눌러 삽입할 수 있습니다. 마우스를 사용할 경우, Staccato 기호를 클릭하여 쉽게 추가할 수 있습니다.

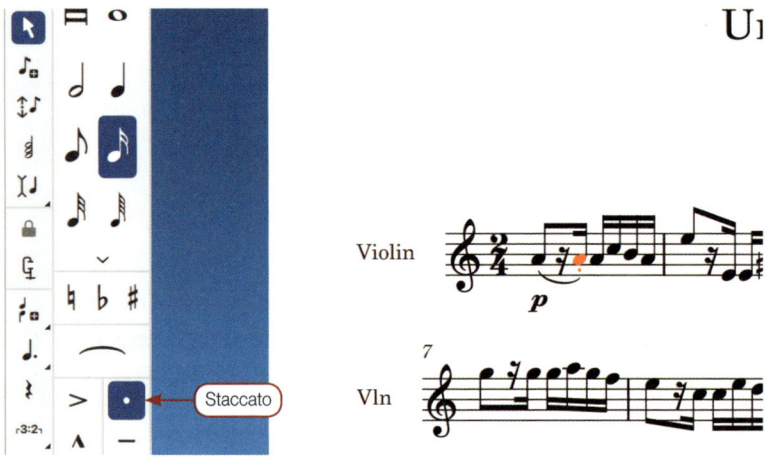

- **액센트**

6 — 액센트는 음표를 선택한 후 레프트 대괄호([) 키를 눌러 입력할 수 있습니다. 이 기호는 스타카토의 라이트 대괄호(])과 함께 자주 사용되므로, 단축키를 외워 두는 것이 좋습니다. 마우스를 이용할 경우에는 패널에서 Accent 도구를 선택하여 쉽게 삽입할 수 있습니다.

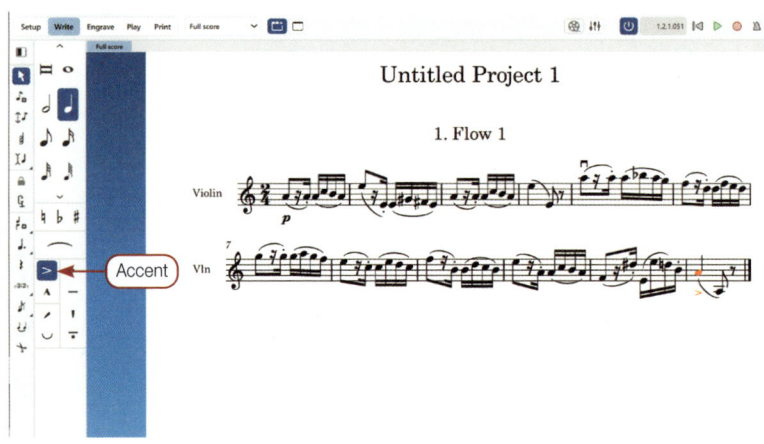

- **주법**

7 — 악기 고유의 주법(Playing Techniques)은 Shift+P 키를 눌러 팝오버 창을 열고, 원하는 주법의 이름을 입력하여 표기할 수 있습니다. 바이올린의 다운 보우와 업 보우 주법을 표기하려면 Down과 Up을 입력하여 각각 Downbow와 Upbow를 검색하면 됩니다.

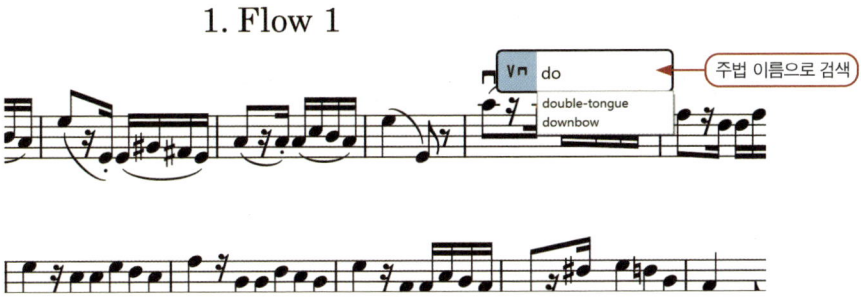

8 — 마우스를 이용해 주법을 입력할 때는 Playing Techniques 패널을 열고 원하는 주법을 선택하면 됩니다. 이 패널에는 관악기, 금관악기, 현악기, 기타 등 다양한 악기별 주법이 모두 제공되어 있어, 필요한 주법을 손쉽게 찾아 입력할 수 있습니다.

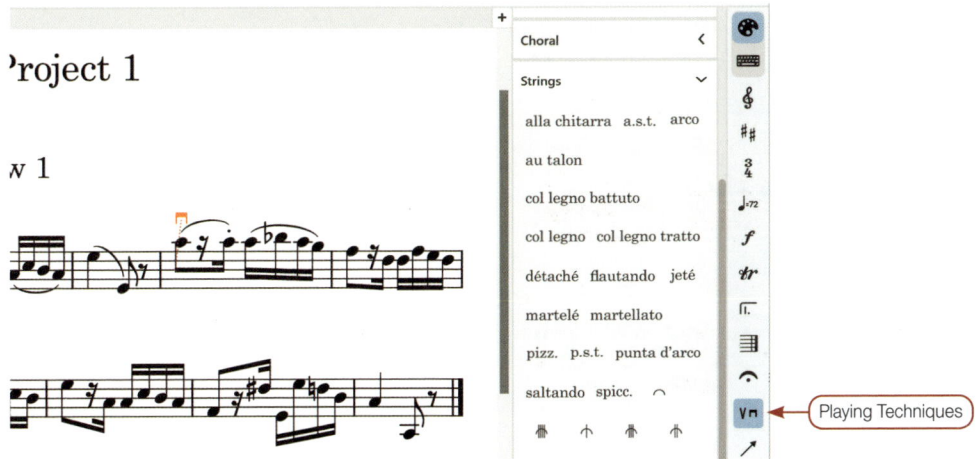

- **도돌이표**

9 — 선택한 바 라인(Barlines) 형태는 Shift+B 키를 눌러 변경할 수 있습니다. 도돌이 표의 경우에는 실제 모양과 유사한 클론(:)과 버티컬바(|)를 입력하여 완성할 수 있습니다.

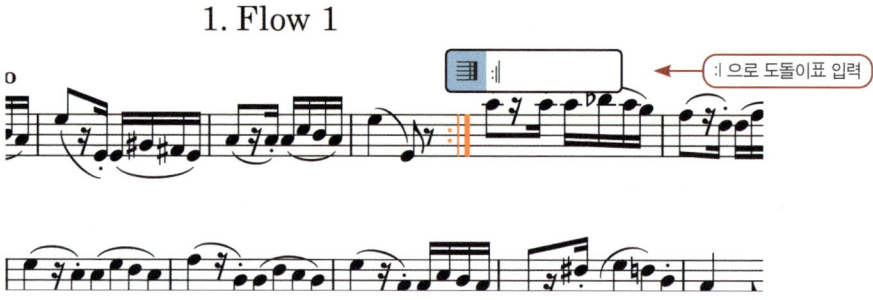

10 — 마우스를 이용해 바라인 타입을 수정하고자 할 때는 Bar and Barlines 패널을 열고, 원하는 타입을 선택하면 됩니다. 이 패널에서는 다양한 바라인 옵션을 쉽게 선택할 수 있어, 악보의 필요에 맞게 바라인을 손쉽게 조정할 수 있습니다.

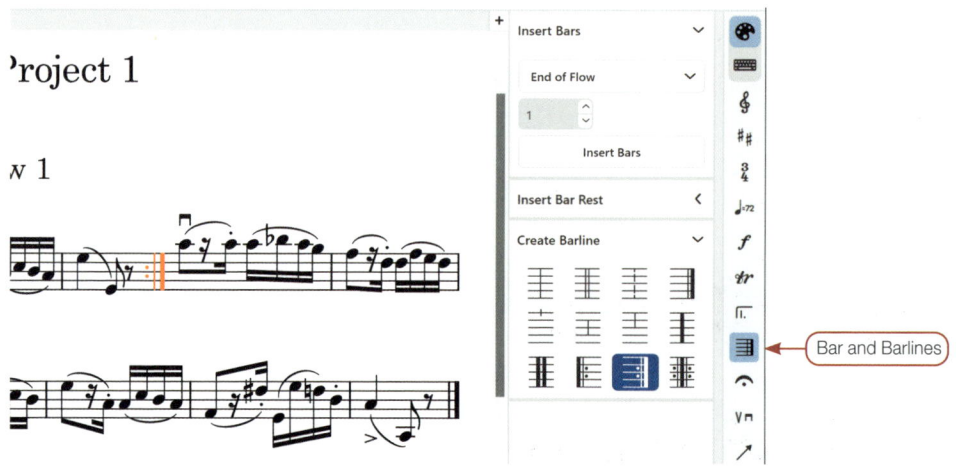

키보드로 시작하기

Pitch Before Duration

사용자마다 다를 수 있지만, 마우스보다 키보드나 MIDI 건반을 사용하는 것이 악보 작업을 더 빠르게 진행할 수 있습니다. 특히, 피치를 먼저 선택하는 Pitch Before Duration 기능을 활용할 때 더욱 효과적입니다. 이 기능을 주로 사용한다면, Dorico의 기본 설정을 키보드 사용으로 변경할 수 있습니다. 필요한 경우 Edit 메뉴에서 Preferences를 선택하여 창을 열고 다음 옵션을 설정합니다.

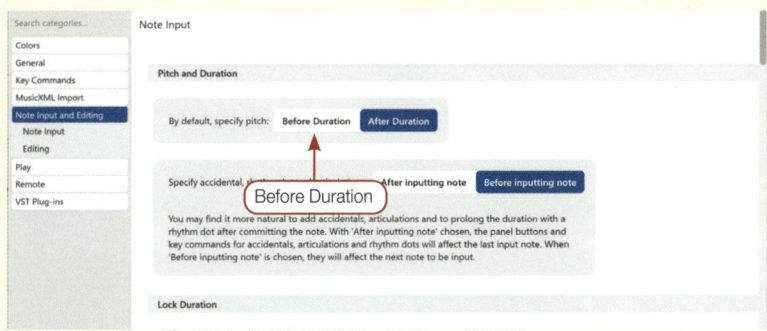

Note Input and Editing 카테고리에서 By default, specify pitch 설정을 Before Duration으로 변경하면, 악보를 입력할 때 피치를 먼저 선택하는 기능이 자동으로 활성화 할 수 있고, By default, enable note input using the mouse 옵션을 해제하면 기본적으로 키보드 입력을 활성화 할 수 있습니다. 음표를 입력할 때 키보드 및 미디 건반을 주로 사용하거나 Pitch Before Duration 기능을 주로 사용하는 경우에 유용한 옵션입니다.

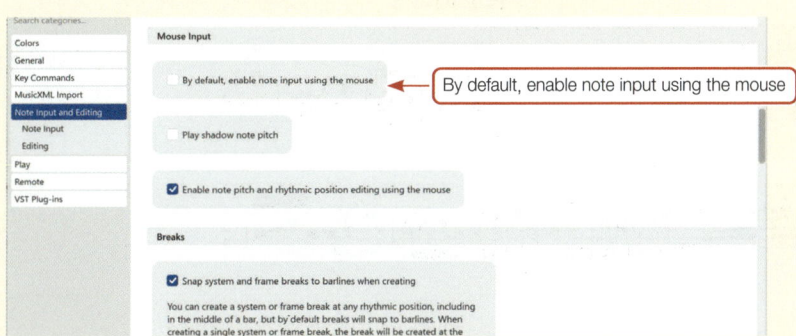

135

⁂ 빠르기 말

음악의 빠르기를 나타내는 말, 즉 템포(Tempo)는 곡의 전체적인 속도를 결정하며, 연주자의 해석과 곡의 감정 표현에 큰 영향을 미칩니다. 팝 음악에서는 곡의 장르를 정의하는데 중요한 역할을 하며, 일반적으로 BPM으로 템포 값을 명시하기도 합니다.

표기	용어	역할
Largo	레가토	매우 느리게 (40-60 BPM)
Adagio	알레그로	느리게 (66-76 BPM)
Andante	안단테	걷는 속도 (76-108 BPM)
Moderato	모데라토	보통 속도 (108-120 BPM)
Allegro	아다지오	빠르게 (120-168 BPM)
Presto	프레스토	매우 빠르게 (168 BPM 이상)

이 외에도 템포 기호에는 poco(조금), molto (매우) 등의 수식어가 추가되어 더 세밀한 조정이 가능합니다. 이러한 빠르기 말들은 연주자가 곡의 분위기와 감정을 전달하는데 중요한 역할을 합니다.

11 — 템포(Tempo)는 곡의 첫 음표를 선택한 후 Shift+T 키를 눌러 빠르기 말을 입력하여 설정할 수 있습니다. 템포 값을 입력할 때는 박자=템포 값 형식으로 입력하면 됩니다. q=120이라고 입력하면 한 박자=120 BPM의 템포가 설정됩니다.

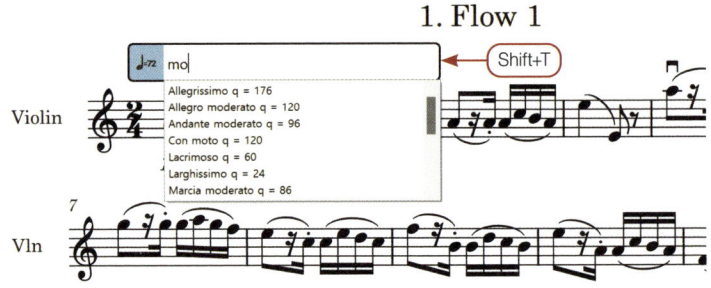

12 — 마우스를 이용해 템포를 입력하고자 할 때는 Tempo 패널을 열고, 원하는 값이나 빠르기 말을 선택하면 됩니다. 이렇게 하면 템포를 쉽게 설정할 수 있으며, 곡의 전체적인 속도를 직관적으로 조절할 수 있습니다.

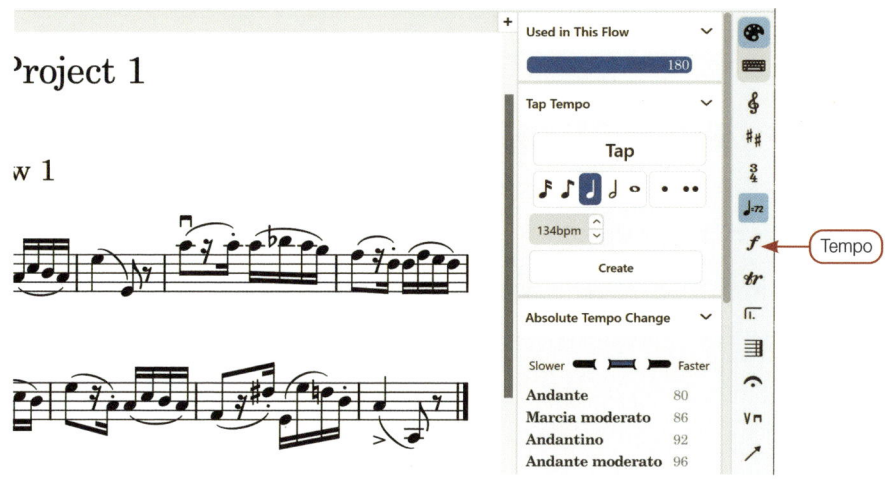

13 — 템포 값을 입력한 경우 또는 템포 값을 포함하는 빠르기 말을 입력하면, 트랜스포트의 템포 값에 적용되며, 악보를 재생할 때 그대로 반영됩니다. 이를 Fixed Tempo Mode라고 합니다. 만약 더 느린 템포로 레코딩할 필요가 있을 때는 템포 버튼을 클릭하여 해제하고, 악보의 템포 값과는 다른 값으로 진행할 수 있습니다.

Section 07 — 레이아웃 편집과 출력

Engrave 모드는 악보의 외형을 정돈하고 완성도를 높이기 위한 편집 도구입니다. 다이내믹 기호의 위치를 정밀하게 조정하거나, 텍스트 요소를 더욱 명확하게 배치하는 등 시각적 구성 요소를 정교하게 다룰 수 있고, 인쇄 또는 PDF로 출력될 때 악보가 어떤 형태로 제시될지를 설계할 수 있습니다. 또한 페이지 여백, 시스템 간 거리, 다양한 프레임의 배치까지 자유롭게 조정함으로써, 미적 완성도를 갖춘 악보를 만들어낼 수 있습니다.

∴ 보기 좋게 편집하고 PDF로 출력하기

오늘날 악보는 더 이상 종이에만 머무르지 않습니다. 대부분의 연주자들은 태블릿을 통해 PDF 형식의 악보를 디지털로 읽으며, 공연 현장이나 연습실에서 음악과 자유롭게 상호작용합니다. 악보는 점차 디지털로 진화하고 있지만, 통일된 규격이 없어 리더 앱마다 기능과 시각적 표현에 차이가 존재합니다. 따라서 악보 제작자도 주요 앱의 특성과 제약을 충분히 이해하고 있어야 디지털 환경에서 의도한 대로 악보가 정확히 구현되고 연주자에게 혼란 없이 전달될 수 있습니다.

1 마스터 페이지

1 — 마스터 페이지 템플릿은 Engrave 모드 오른쪽 패널의 Page Templates 섹션에서 관리되며, Current set 목록에서 Default Part(파트보)와 Default Full Score(풀 스코어) 세트를 선택할 수 있습니다.

2 — 템플릿을 더블 클릭하면 해당 마스터 페이지의 레이아웃 구성을 확인하거나 편집할 수 있는 창이 열립니다. 기본적으로 Part 세트와 Full Score 세트는 왼쪽 상단에 레이아웃 이름이 표시되는지 여부에 따라 구분되며, 레이아웃 이름은 Part에만 나타납니다.

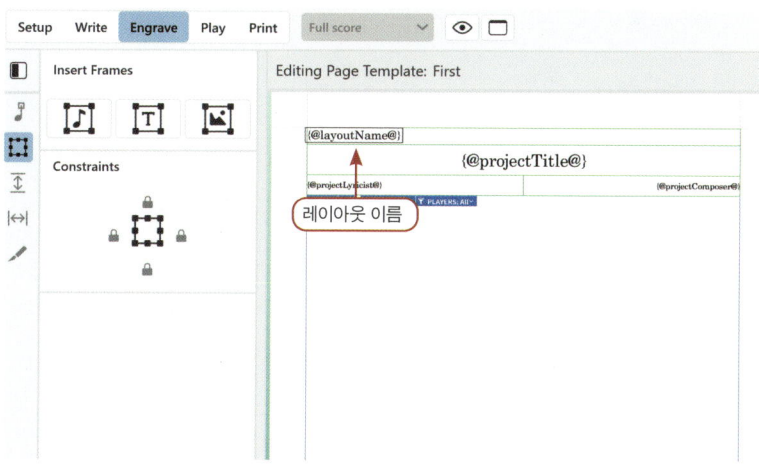

3 — 기본적으로 제공되는 Part와 Full Score 세트 외에도, Page Template Sets 섹션을 통해 자신만의 마스터 페이지 세트를 새로 만들 수 있으며, 이를 내보내거나 다른 프로젝트에서 가져와 사용할 수 있습니다.

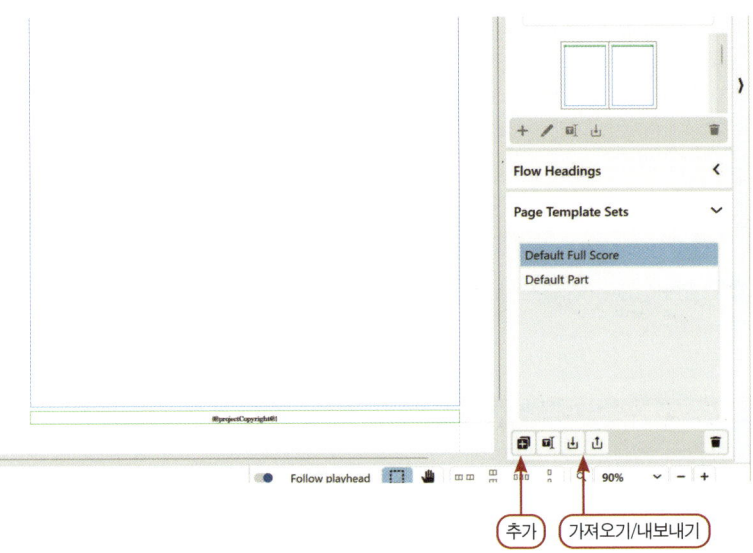

4 — 마스터 페이지에는 기본적으로 악보가 표시되는 음악 프레임(파란색)을 중심으로, 상단에는 제목(Title), 작사자(Lyricist), 작곡가(Composer) 정보, 하단에는 저작권(Copyright) 정보가 표시되는 텍스트 프레임(녹색)이 배치되어 있습니다.

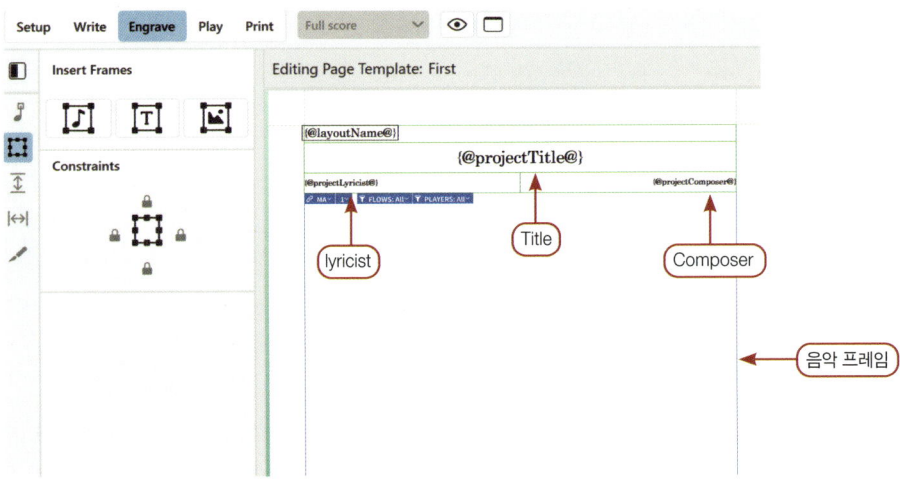

5 — 프레임은 Insert Frames 패널에서 원하는 아이콘을 선택하여 추가할 수 있습니다. 음악과 텍스트 프레임 외에도 이미지를 삽입할 수 있는 그래픽 프레임(핑크색)이 제공됩니다.

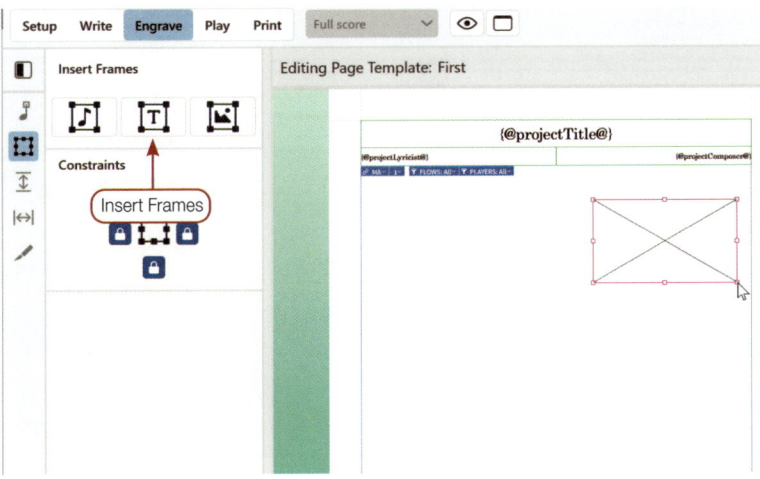

6 — 프레임은 레이아웃 옵션에 따라 자동으로 정렬되며, Ctrl+Shift+L 키를 눌러 레이아웃 옵션 창을 열면 오선 간격, 페이지 크기 등 다양한 항목을 자유롭게 조정할 수 있습니다. 필요에 따라 좌/우 다른 마스터 페이지를 설정하거나 대칭으로 설정할 수도 있습니다.

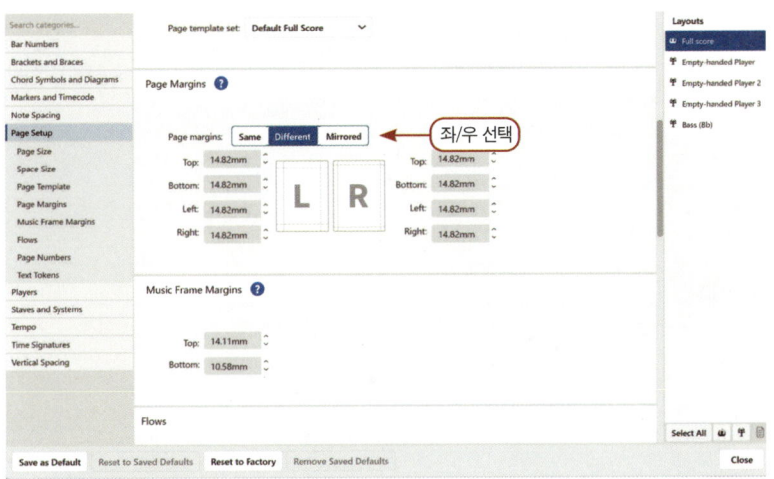

7 — 마스터 페이지는 첫 페이지에 적용되는 First와 그 이후 모든 페이지에 적용되는 Default 로 구성되어 있으며, 상단에 위치한 복사 버튼을 사용하면 왼쪽 페이지(L)에서 오른쪽 페이지(R) 로, 또는 그 반대로 레이아웃을 간편하게 복사할 수 있습니다.

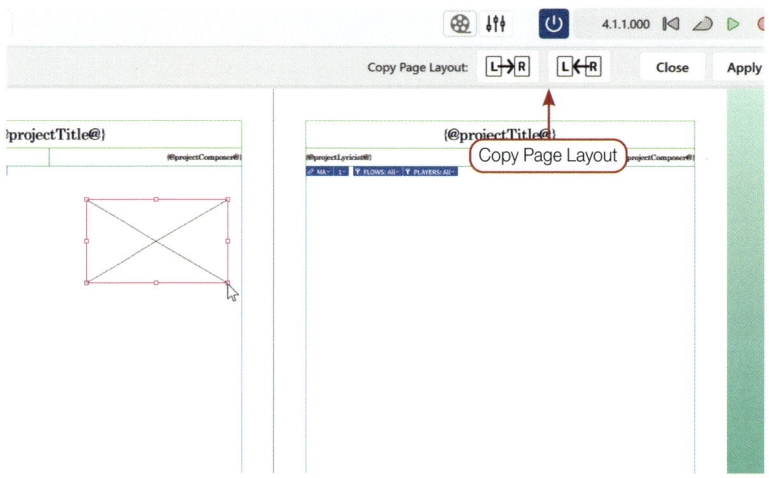

8 — 프텍스트 프레임은 Ctrl+8 키를 눌러 로우 패널을 열고, Virtical alignment 옵션을 통해 수직 정렬 위치를 조절할 수 있습니다.

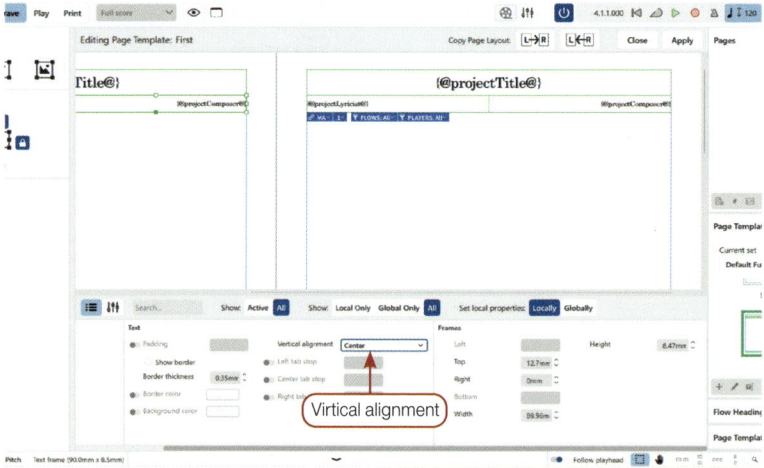

9 — 기본적으로 왼쪽/오른쪽 페이지는 연결되어 있어서, 하나만 수정하고 싶은 경우에는 Delete 키를 이용하여 프레임을 삭제하고 새로 만들어야 하며, 추가할 정보는 마우스 오른쪽 버튼을 클릭하여 선택할 수 있습니다.

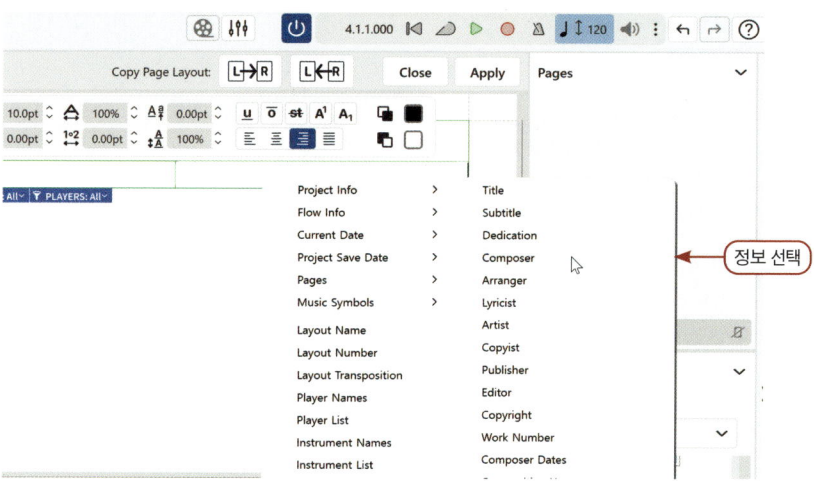

10 — 프레임의 크기는 핸들을 드래그하거나 Alt+방향키를 눌러 조절할 수 있으며, 속성 패널에서 정확한 값을 설정할 수도 있습니다.

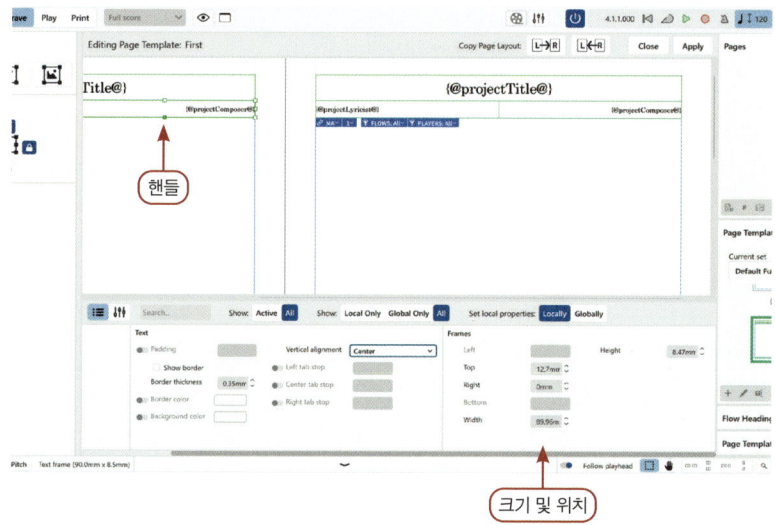

11 — 프레임은 용지 크기에 따라 여백에 맞게 자동 조절되며, 수동으로 조정하려면 Constraints 항목의 Lock 버튼을 해제해야 합니다.

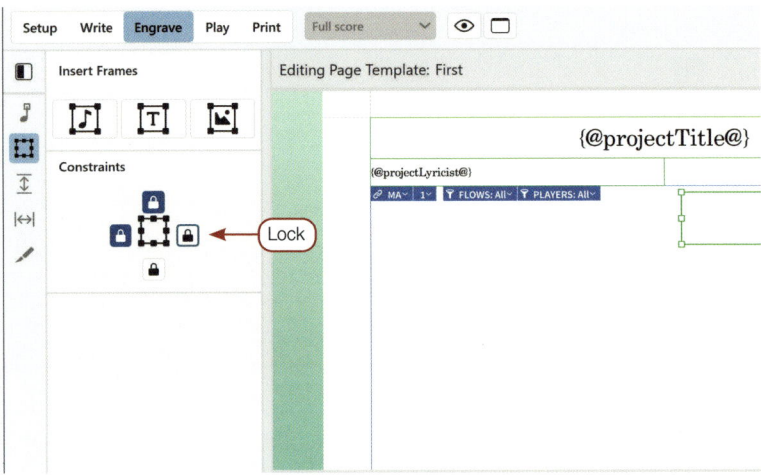

12 — 음악 프레임을 새로 만드는 경우에는 기존 프레임과 같은 프레임 체인을 지정하여 악보가 이전 페이지에서부터 자연스럽게 이어지도록 설정합니다.

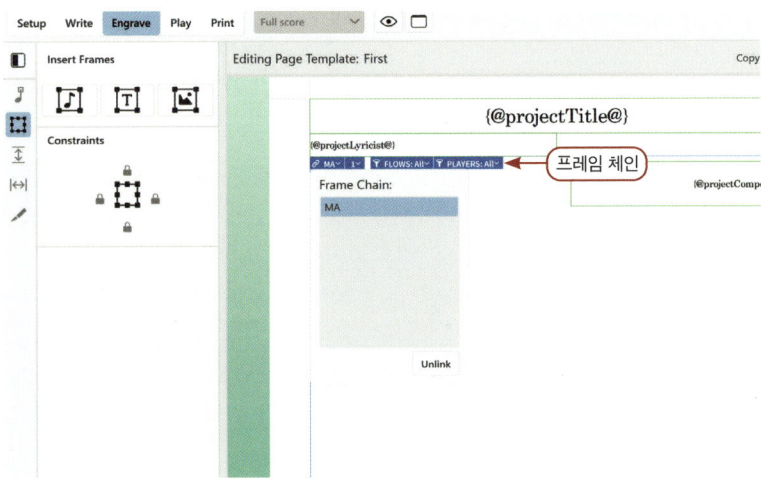

2 위치 조정

1 —— Engrave 모드에서는 다이내믹, 텍스트, 슬러, 지시어 등 다양한 음악 기호의 위치를 직접 조정할 수 있습니다. Alt 키를 누른 채 방향키를 사용하면 미세 조정이 가능하며, 속성 패널의 Start offset에 조정값이 변경됩니다.

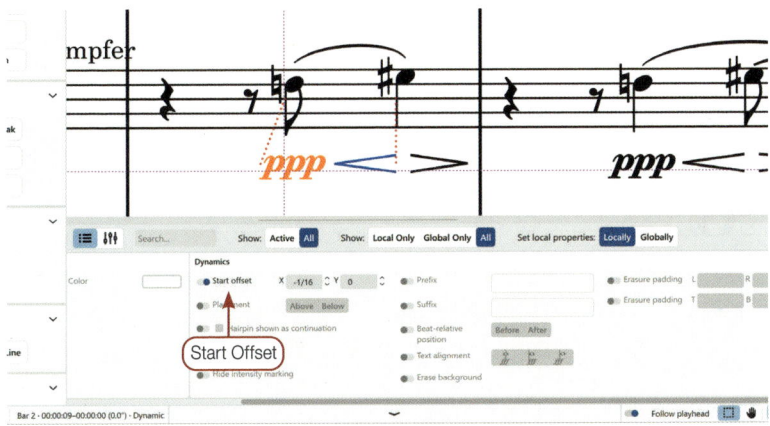

2 —— 슬러나 헤어핀과 같은 객체들은 여러 개의 핸들을 지니고 있어, 길이, 곡선의 각도, 방향 등 세부적인 요소까지 정밀하게 조정할 수 있습니다.

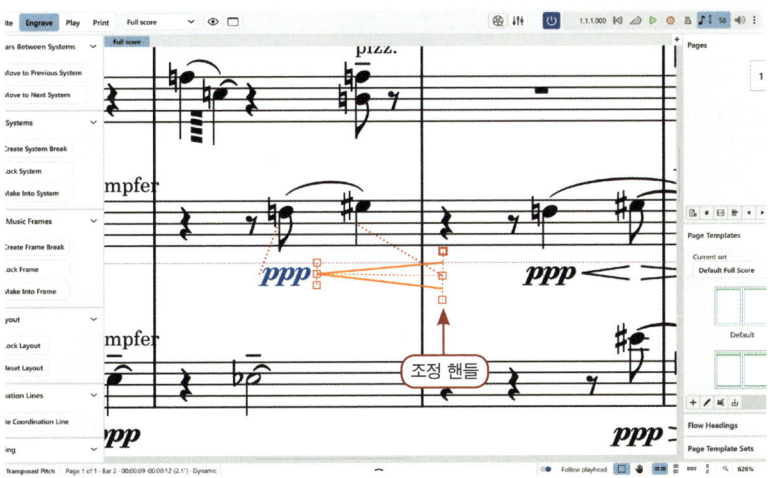

3 — 위치 조정 값은 space의 분수로 표시되며, 이 Space는 오선의 사이의 거리를 의미합니다. Ctrl+Shift+L 키를 눌러 옵션 창을 열면 Space Size를 설정할 수 있습니다.

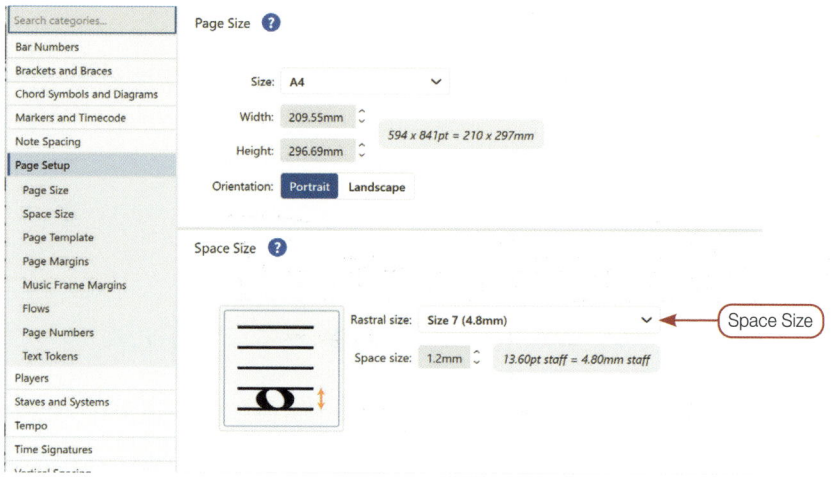

4 — 다이내믹 기호는 Write 모드에서 마우스 오른쪽 클릭 후 Dynamics 메뉴에서 Group 또는 Link로 연결하거나 해제할 수 있습니다. Engrave 모드에서는 Group으로 묶인 기호를 함께 조정할 수 있도록 하며, Link는 상대적 위치를 유지하여 함께 움직이도록 합니다.

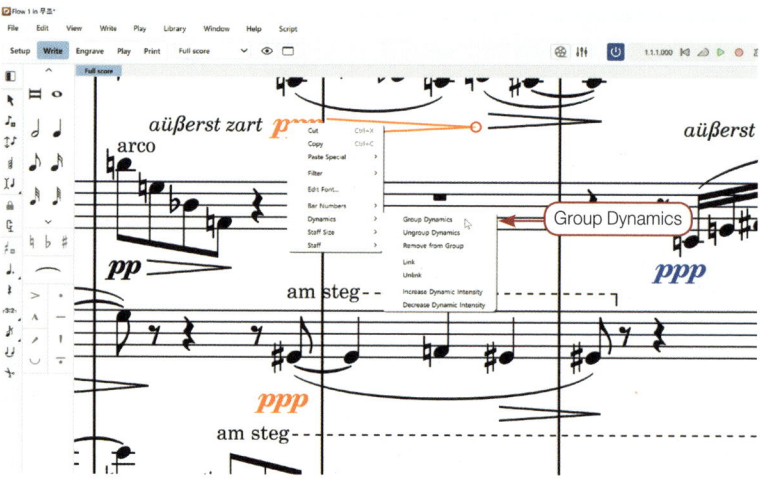

5 — 여러 개의 다이내믹 기호를 정렬하려면, Ctrl 키를 누른 채 정렬할 기호들을 선택하고, 마우스 오른쪽 버튼을 클릭하여 Dynamics 메뉴의 Align Dynamics를 선택하면 됩니다.

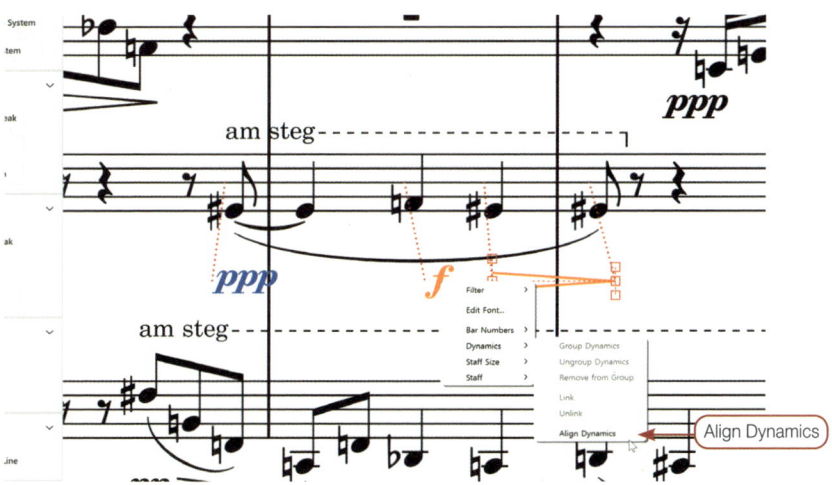

6 — Engrave 모드에서는 다이내믹 기호를 다른 스태프로 옮겨도, 실제로는 원래 음표와 연결된 상태를 유지합니다. 만약 기호를 완전히 다른 스태프로 이동시키고 싶다면, Write 모드에서 마우스 오른쪽 클릭 후, Paste Special의 Move to Staff Above/Below를 사용합니다.

3 간격 조정

● *악기 이름 감추기*

음표가 너무 빽빽해 보일 때는 불필요한 요소를 제거하는 것이 가장 먼저 고려할 해결책입니다. Ctrl+Shift+L을 눌러 창을 열고, Staves and Systems 항목에서 Abbreviated instrument names 옵션을 None으로 설정하면, 두 번째 시스템부터 악기 이름이 생략되어 공간을 확보할 수 있습니다.

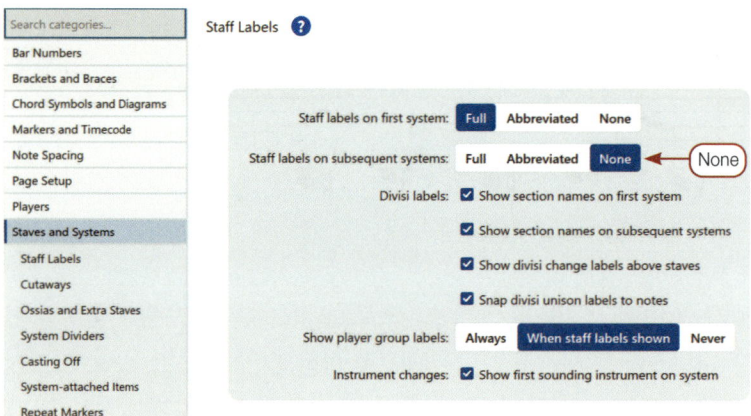

● *브래킷 감추기*

Brackets and Braces 섹션에서 Ensemble Type을 Small Ensemble로 설정하면, 현악기 그룹을 묶는 큰 중괄호가 제거되어 첫 시스템의 공간을 보다 넓게 확보할 수 있습니다.

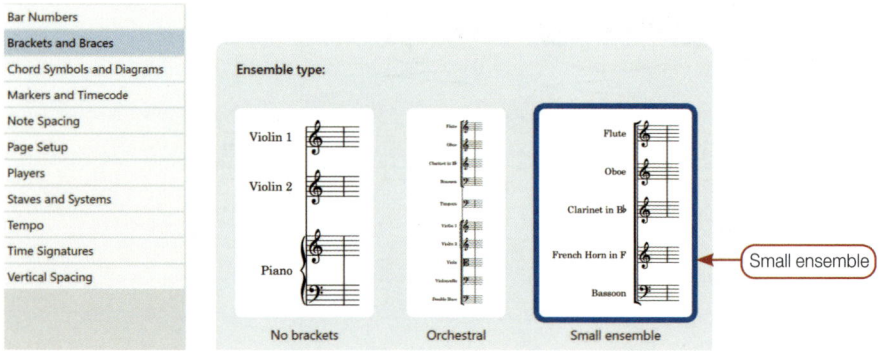

● 줄 간격 줄이기

악보가 전체적으로 답답하게 느껴진다면, Space Size를 줄이는 것이 가장 직접적이고 효과적인 해결책입니다. 이는 오선 간격을 줄여 전체 페이지에 더 많은 내용을 자연스럽게 배치할 수 있도록 도와줍니다.

● 마지막 시스템 조정

Dorico는 기본적으로 마지막 시스템이 짧아도 공간을 늘려 채우지 않습니다. 이를 조정하려면 Note Spacing에서 Only justify final system in flow when more than 옵션을 해제하거나 값을 낮추면, 마지막 시스템도 전체 너비에 맞춰 정렬할 수 있습니다.

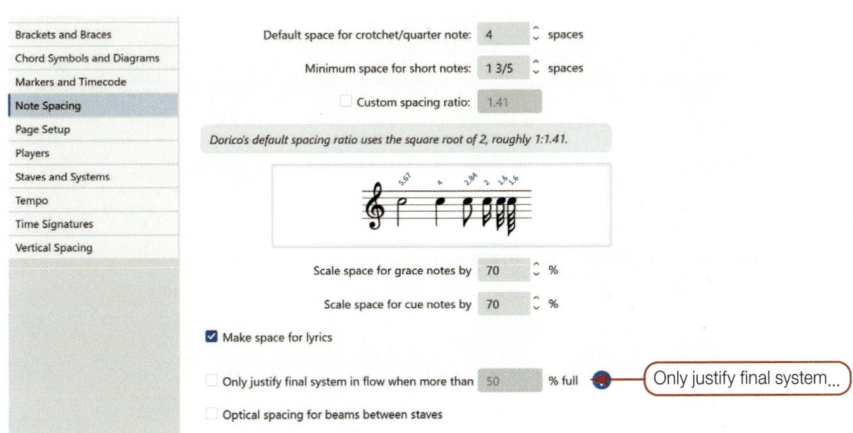

● 음표 간격 줄이기

한 페이지에 더 많은 마디를 배치하고 싶다면, Note Spacing 섹션의 Default space for crotchet/quarter note 값을 줄이는 것이 효과적입니다. 이 설정은 음표 간의 기본 간격을 조정하여, 전체 악보를 보다 밀도 있게 구성할 수 있도록 해줍니다.

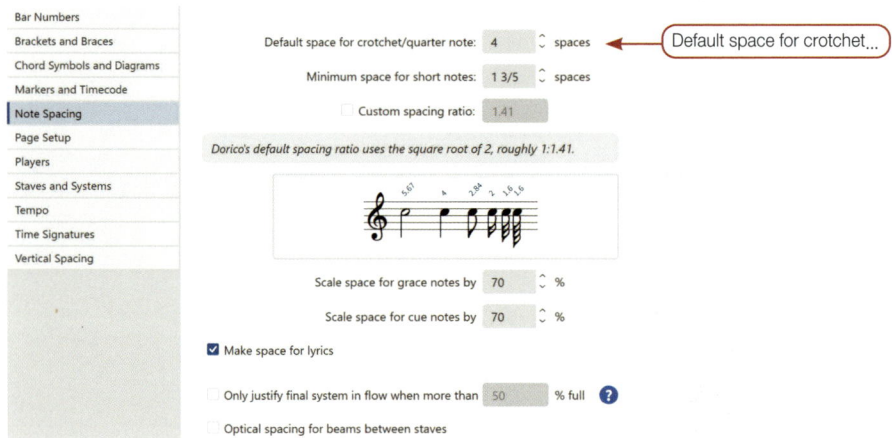

● 마디 수 고정하기

각 시스템에 정확히 몇 마디씩 배치하고 싶다면, Staves and Systems 섹션에서 Fixed number of bars per system 옵션을 활성화한 뒤 원하는 마디 수를 입력합니다.

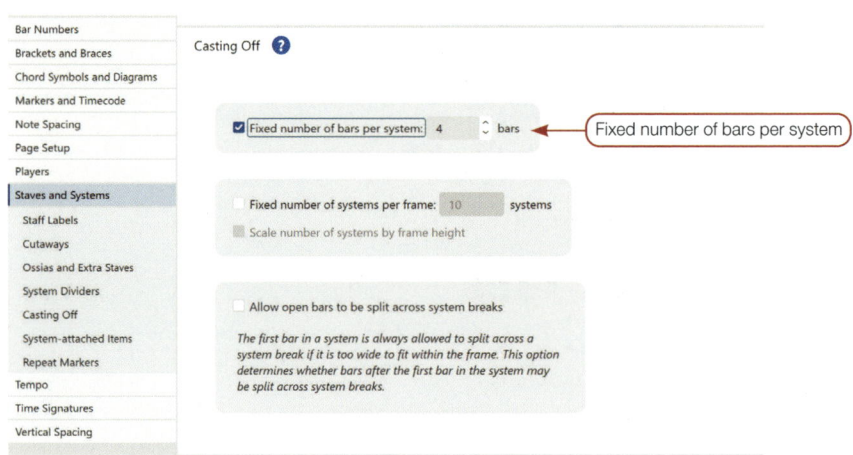

● 수동으로 마디 묶기

특정 마디를 하나의 시스템(줄)으로 묶으려면, Engrave 모드에서 시작 마디와 끝 마디를 Ctrl+클릭으로 선택한 후, Make Into System 버튼을 클릭합니다. 못 갖춘 마디가 포함된 악보에서 고정된 마디 수로 인해 발생하는 시스템 간 불균형을 효과적으로 수정할 수 있습니다.

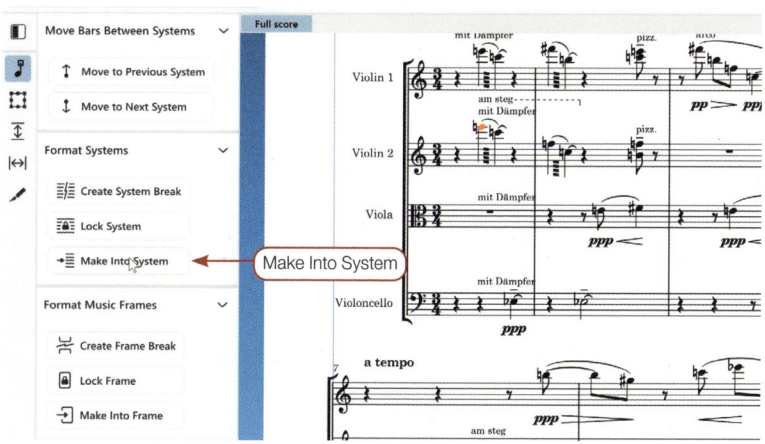

● 수동으로 음표 간격 조정

Engrave 모드에서 Note Spacing 버튼을 활성화하면, 각 음표 아래에 간격 조정을 위한 사각 핸들이 표시되며, 이를 선택한 후 Alt+방향키로 개별 음표 간의 간격을 세밀하게 조정할 수 있습니다. 원형 핸들은 앞뒤 간격을 유지한 채 조정할 수 있습니다.

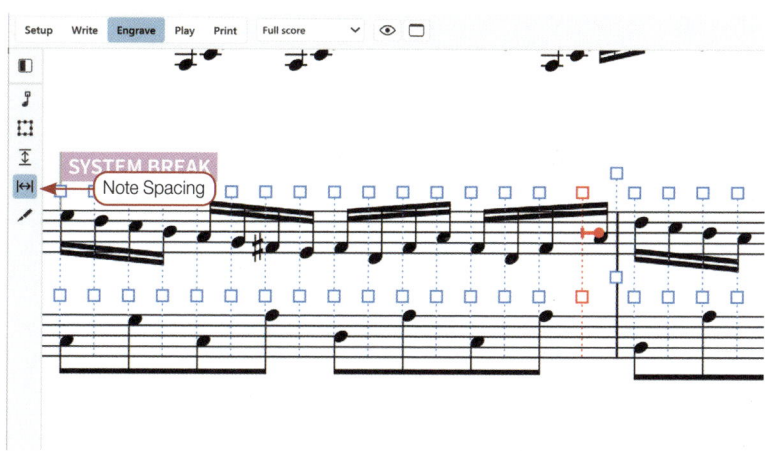

● 시스템 간격 조정하기

Engrave 모드에서 Staff Spacing 툴을 선택하면, 각 시스템 옆에 간격 조정을 위한 사각형 핸들이 표시됩니다. 핸들은 드래그 또는 Alt +방향키로 미세 조정할 수 있으며, 숫자를 클릭하여 입력도 가능합니다.

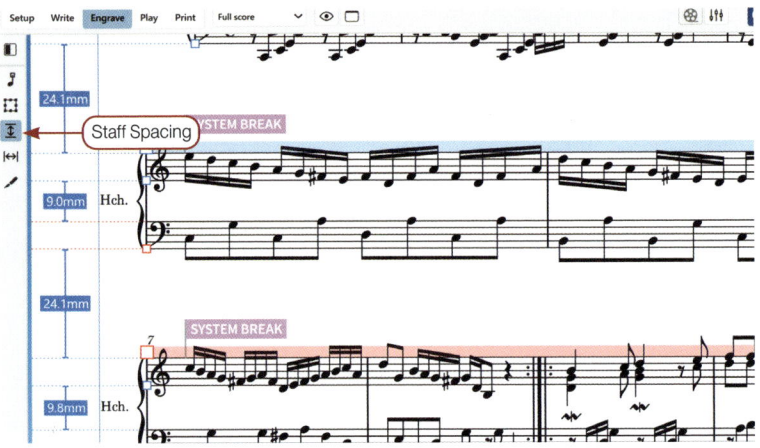

● 전체 간격 조정

Layout Options창의 Vertical Spacing 에서는 악보 전체의 세로 간격을 조정할 수 있습니다. Minimum Gaps 항목에서는 바이올린과 비올라, 금관과 목관 등 악기 그룹 간의 기본 간격을 설정하며, 오케스트라 악보처럼 규모가 큰 편성에서는 이 간격이 더 넓게 설정됩니다.

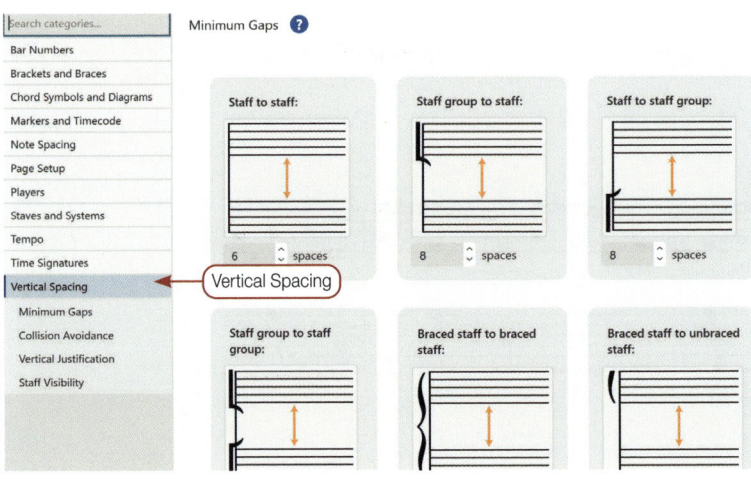

4 PDF 출력

1 — 악보 인쇄는 Print 모드에서 이루어집니다. Ctrl+P 또는 Ctrl+5를 눌러 모드 전환 후, 왼쪽 패널에서 인쇄할 악보를 선택합니다. Ctrl 또는 Shift 키를 사용해 복수 선택이 가능합니다.

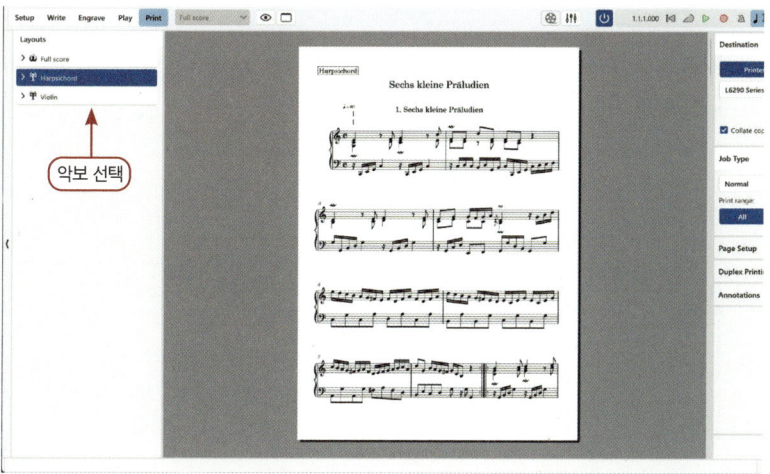

2 — 대부분 악보는 PDF 문서로 공유합니다. 장치 선택 항목에서 Microsoft Print to PDF를 선택한 다음, Print 버튼을 클릭하면 바로 PDF 파일로 저장할 수 있습니다.

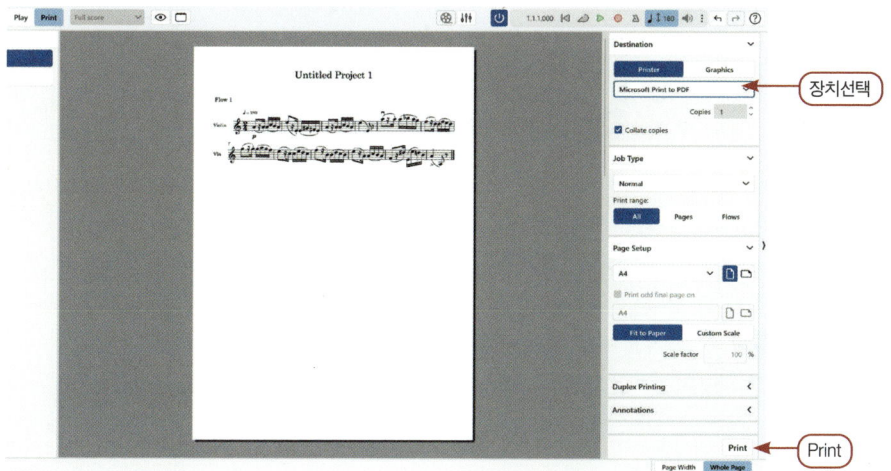

3 — 기본적으로 출력 범위는 전체 페이지(All) 로 설정되어 있으며, 필요에 따라 Pages 탭에서 특정 페이지(1, 3, 5)나 연속 페이지(1-5)를 지정할 수 있습니다. 또한 기본적인 단면 출력(Normal) 외에 두 페이지를 나란히 배치하는 2-up, 책처럼 마주보게 출력하는 Spreads, 소책자 형태로 제본할 수 있도록 배열하는 Booklet 방식을 선택할 수 있습니다.

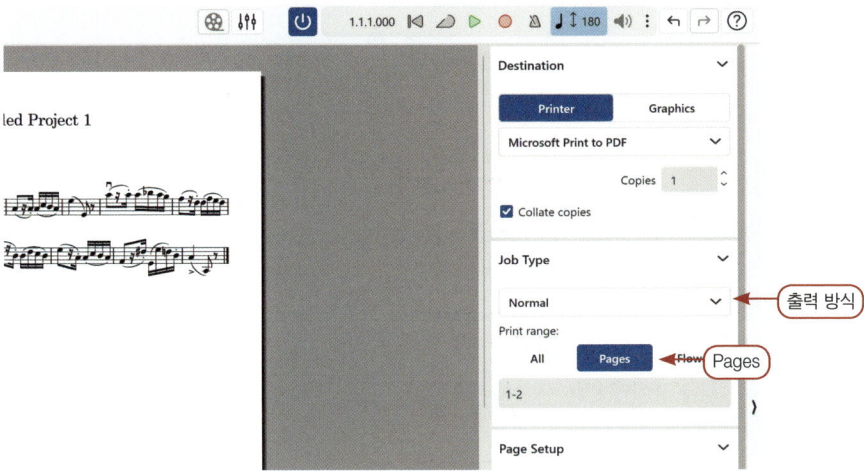

4 — 여러 개의 플로우가 포함된 악보인 경우, Flows 탭에서 Choose 버튼을 클릭하여 인쇄할 플로우를 개별적으로 선택할 수 있습니다.

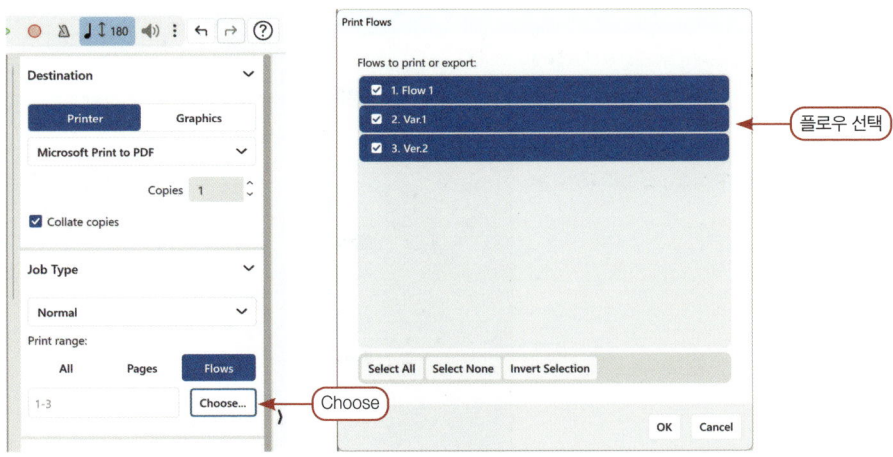

5 — Page Setup 항목에서는 용지의 크기와 방향을 설정할 수 있습니다. Fit to Paper 옵션은 악보가 자동으로 용지 크기에 맞게 조절되며, Custom Scale을 선택하면 사용자가 원하는 비율로 조정할 수 있습니다.

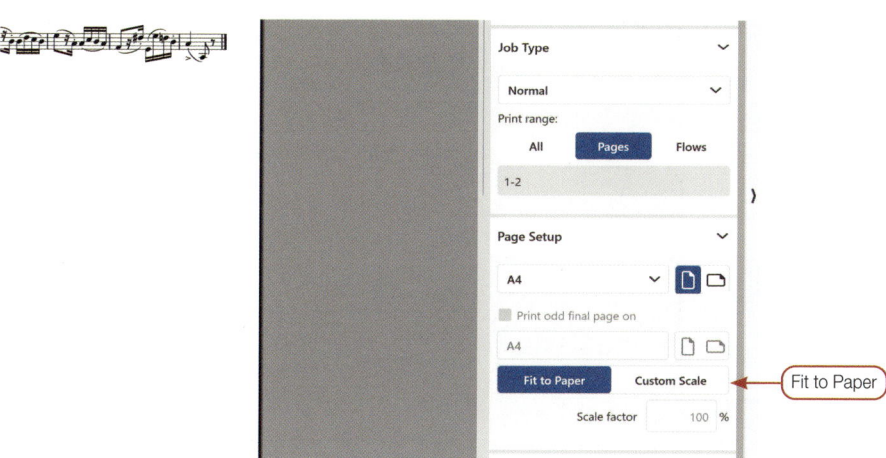

6 — 양면 인쇄(Duplex Printing)는 사용하는 프린터의 지원 여부에 따라 방식이 달라집니다. 프린터가 양면 인쇄를 지원하는 경우에는 Both sides automatically를 선택하여 자동으로 진행할 수 있고, 지원하지 않는 경우에는 Both sides manually를 선택하여 직접 용지를 뒤집어가며 수동으로 진행합니다.

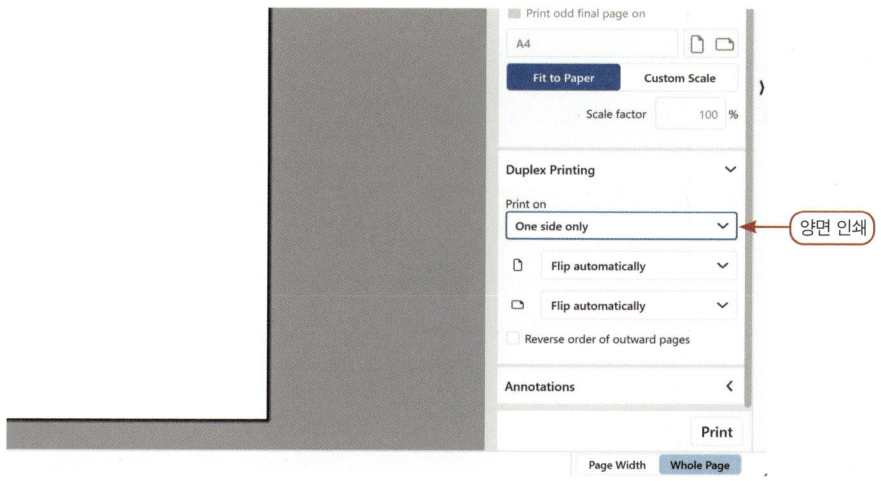

7 — Annotations 항목은 페이지 테두리, 날짜, 워터마크 등 부가 정보를 악보에 포함시킬 수 있는 옵션을 제공합니다.

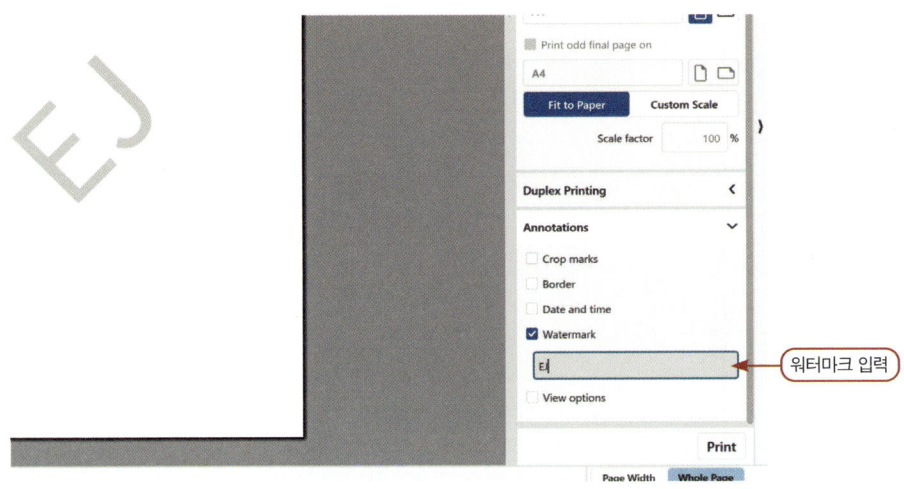

8 — 악보는 PDF뿐 아니라 PNG, SVG, TIFF 등의 이미지 파일로도 저장할 수 있습니다. Graphics 탭을 열고, 파일 형식 목록에서 원하는 이미지 포맷을 선택하면 됩니다.

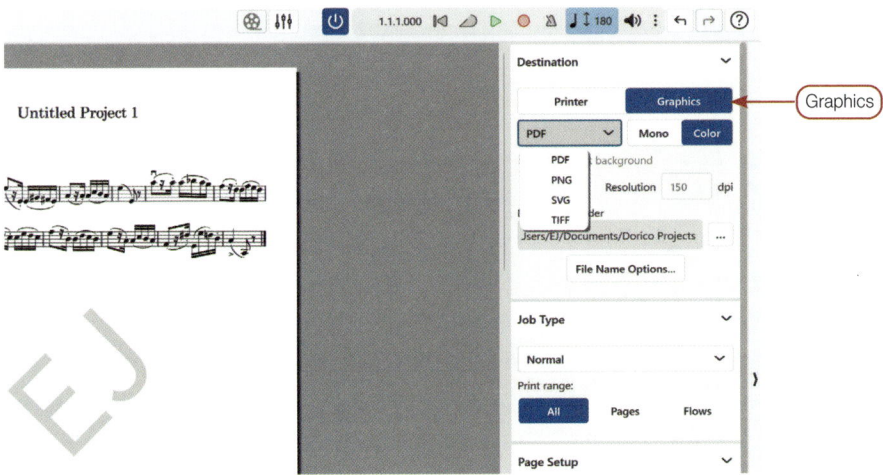

9 — 파일 이름은 File Name Options 버튼을 클릭하면 열리는 창에서 설정할 수 있으며, 구성 요소(Ingredients)를 조합하여 자동 생성 규칙을 정할 수 있습니다. 저장 위치는 Destination Folder 버튼을 클릭하여 지정하면 됩니다.

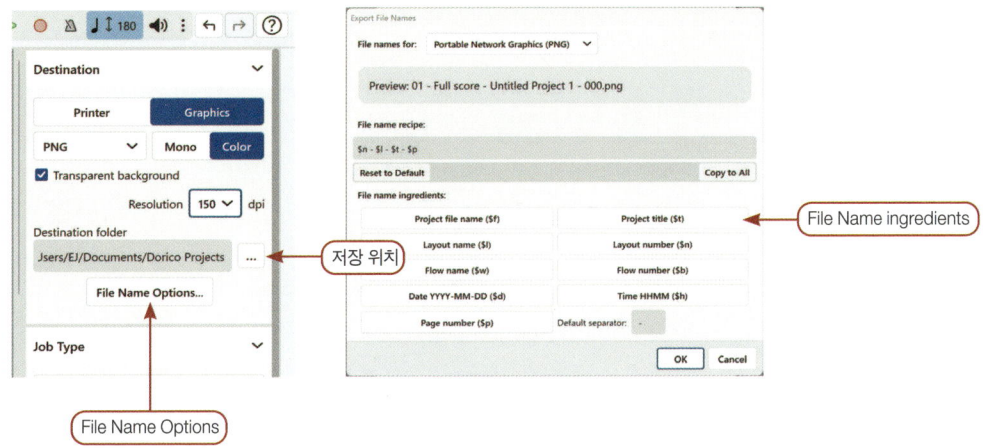

10 — Engrave 모드의 Graphic Slices 섹션에서는 악보의 일부분만 선택하여 이미지로 저장할 수 있습니다. Create Slice 버튼을 클릭한 뒤, 마우스로 필요한 범위를 지정하면 슬라이스가 생성됩니다. 슬라이스 이름(Slice Name)을 입력하고 Export Selected 버튼을 클릭하면, 선택 영역(빨간색)이 이미지 파일로 저장됩니다.

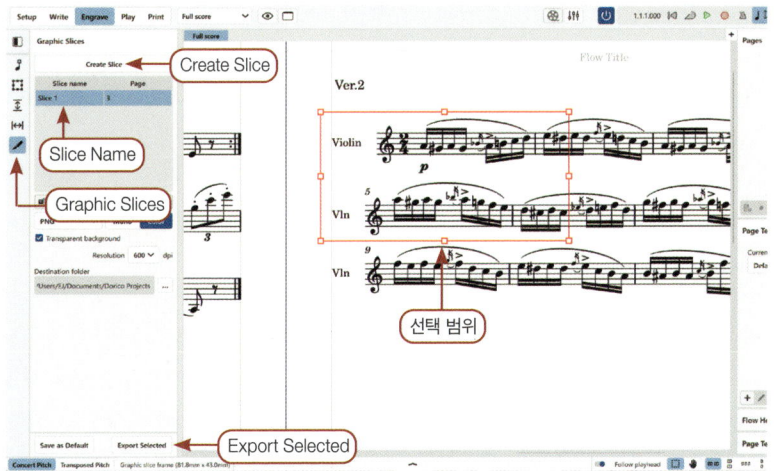

Part 3

실용 악보 만들기

Dorico의 핵심 개념인 Flow와 Layout을 이해하고, 여러 Flow를 유기적으로 관리하는 방법, 하나의 스태프에 여러 Voice를 배치하고 레이아웃을 조정하는 기법, 박자와 마디선 없이 표현하는 현대적인 작곡 방식 등 보다 창의적인 악보 표현을 탐색합니다.

● Flow와 Layout 개념 이해: 곡 단위로 구성되는 Flow와 악보의 시각적 출력을 담당하는 Layout의 구조적 관계를 이해합니다.

● 여러 Flow 관리 방법: 다양한 Flow를 하나의 프로젝트 안에서 생성하고, 그 흐름을 논리적으로 조직해 Layout에 배치하는 방법을 익힙니다.

● Voice 다중 사용과 레이아웃 조정: 하나의 스태프에 여러 Voice를 자유롭게 배치하고, 세밀한 수동 조정을 통해 음악적 표현을 정교화하는 기술을 배웁니다.

● 현대적 악보 작성 기법: 시간의 틀을 벗어난 박자 없는 악보, 마디선 없는 구조로 음악을 직관적으로 기록하며, 창의성과 실험 정신을 강조하는 새로운 작곡 접근 방식을 체험합니다.

Section 01 — 플로우 만들기

Flow는 음악의 연주 단위를 나타내는 개념으로, 각각의 Flow는 독립적인 악보의 섹션을 의미합니다. 하나의 작품이 여러 개의 악장이나 곡으로 나누어져 있을 때, 각 악장은 하나의 Flow로 표현될 수 있습니다. 이러한 Flow는 서로 다른 템포, 키, 박자 등을 가질 수 있어, 복잡한 곡을 효과적으로 관리하는데 큰 도움을 줍니다. 또한, Flow를 통해 각 악장을 독립적으로 수정하거나 편곡할 수 있으며, 필요에 따라 악기 구성을 변경할 수도 있습니다.

⋮ Flow의 이해

Flow는 하나의 프로젝트 안에서 독립적인 여러 악곡 단위를 구성할 수 있는 기능입니다.

● 독립성 : 각 Flow는 템포, 조성, 박자 등을 개별적으로 설정할 수 있어, 다악장 작품이나 변주곡처럼 성격이 다른 곡을 하나의 프로젝트에 함께 담을 수 있습니다.

● 작업의 효율성 : 악장 단위로 손쉽게 편집, 이동, 재배치할 수 있어, 대형 작품의 수정이나 다양한 버전 관리를 더욱 효율적으로 수행할 수 있습니다.

● 다양한 악기 구성 : Flow마다 다른 악기 편성을 지정할 수 있어, 하나의 프로젝트 안에서 오케스트라와 실내악 등 다양한 편성을 자유롭게 조합할 수 있습니다.

1 플로우 추가하기

1 — 앞의 실습 과정에서 만든 프로젝트를 File 메뉴의 Save As를 선택하거나 Ctrl+Shift+S 키를 눌러 다른 이름으로 저장합니다.

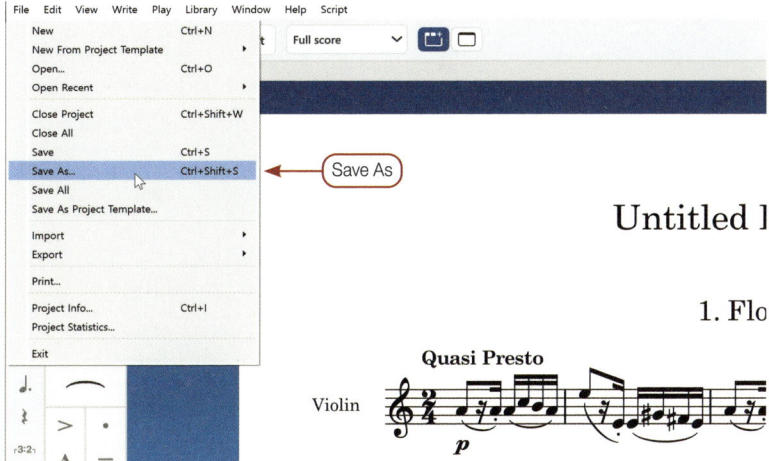

2 — File 메뉴에서 Project Info를 선택하거나 Ctrl+I 키를 눌러 프로젝트 정보 입력 창을 열고, 곡 제목, 작곡가, 편곡자, 저작권 정보 등을 입력할 수 있습니다.

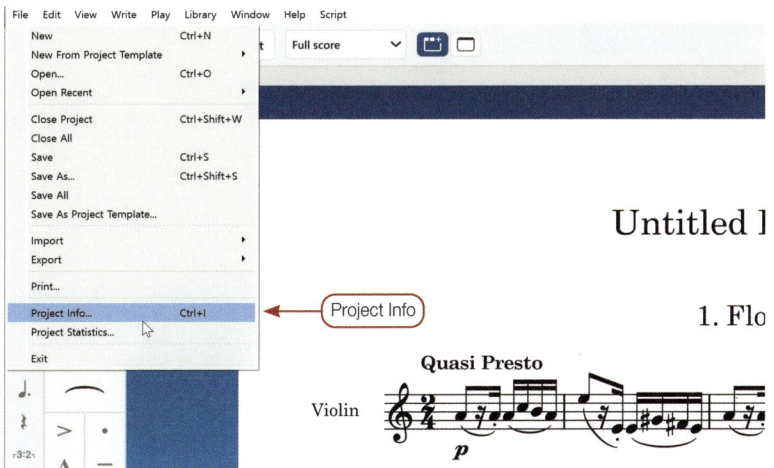

3 — Project Info 창의 왼쪽 하단에서 New Flow 버튼을 클릭하여 플로우 악보를 추가할 수 있습니다. 두 개의 바리에이션을 만들 것이므로, Flow를 두 개 추가합니다.

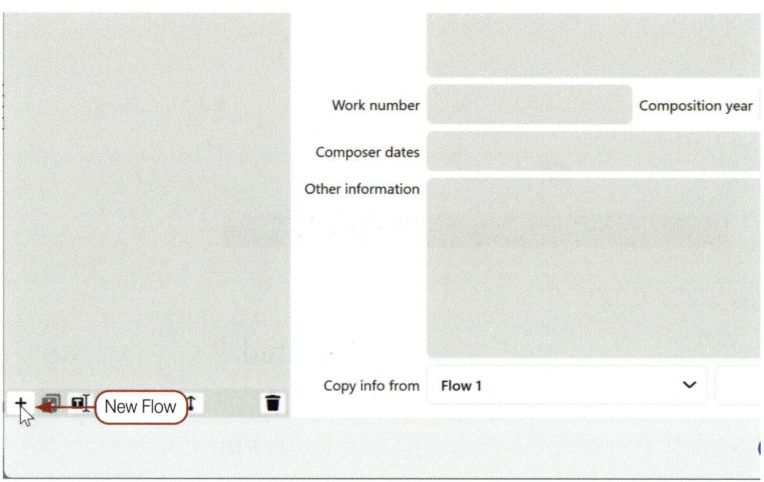

4 — 추가한 Flow를 더블 클릭하여 이름을 변경합니다. 이 이름은 악보 플로우에 그대로 적용되므로, 악보에 표시할 제목으로 입력하는 것이 좋습니다.

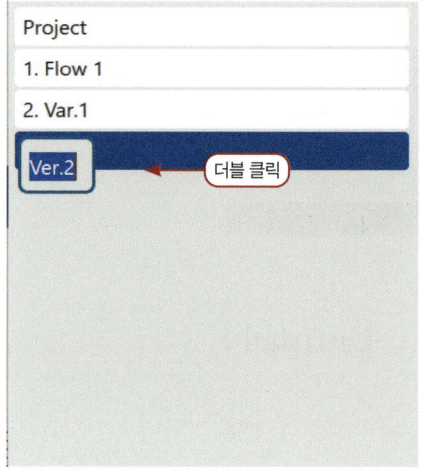

5 — 이름은 Rename Flow 버튼을 클릭하여 변경할 수 있으며, Duplicate Flow 버튼을 사용하여 Flow를 복사하고, Move 버튼으로 위아래로 이동시키거나, Delete Flow 버튼을 클릭하여 삭제할 수 있습니다.

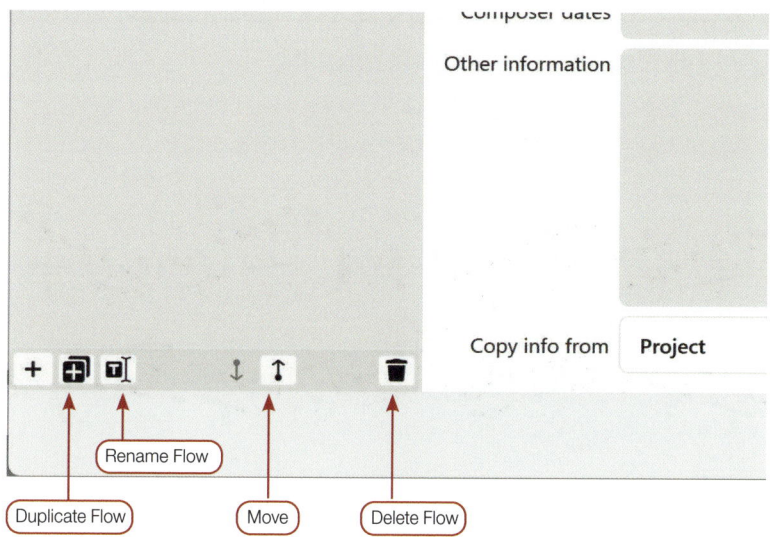

6 — 추가한 Flow 마다 페이지가 생성됩니다. Shift+M 키를 눌러 박자를 추가하고, Shift+B 키를 눌러 마디를 추가하여 보표를 준비합니다.

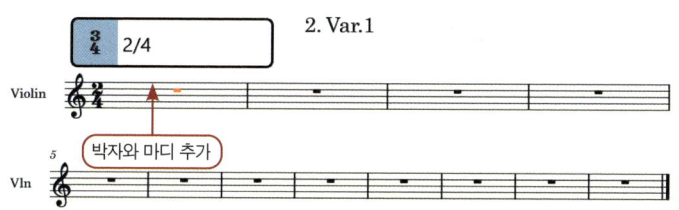

2 꾸밈음 입력하기

바리에이션(Flow2) 악보에서는 장식음 또는 꾸밈음이라고 불리는 Grace Note를 추가한 연주 악보를 만들 것입니다. 꾸밈음은 입력할 때 결정하거나, 입력 후에 변환하는 방법이 있습니다. 또한, 속성 창의 옵션을 이용해 꾸밈음을 조정하는 방법도 있습니다.

1 — 꾸밈음은 Grace Notes 도구를 선택하거나 / 키를 통해 손쉽게 입력할 수 있습니다. 도구를 누르고 있으면 슬래시 기호가 붙은 꾸밈음과 그렇지 않은 꾸밈음 중에서 선택할 수 있습니다. 일반적으로 슬래시 기호가 붙은 꾸밈음을 사용하며, 이는 기본값으로 설정되어 있습니다

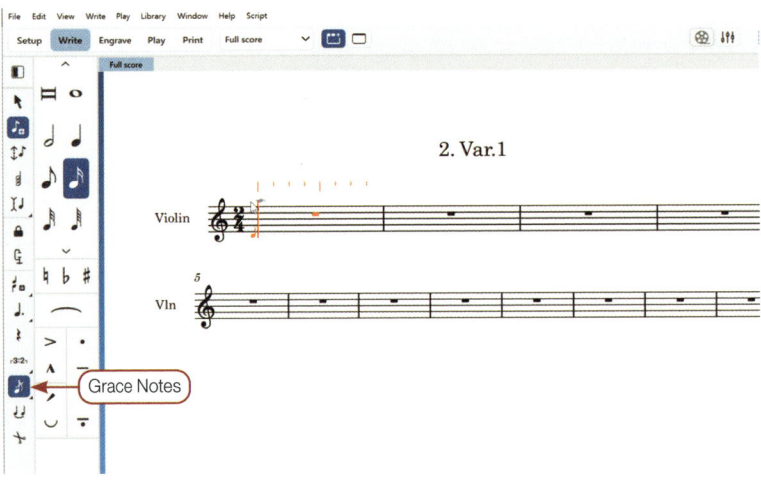

2 — Grace Notes 도구는 지속적으로 활성화되어 있기 때문에 일반 음표를 입력하려면 / 키를 눌러 이를 비활성화해야 합니다. 이러한 단축키를 미리 숙지해 두는 것이 유용하며, 이를 통해 다양한 음표를 신속하게 입력하고, 창작의 흐름을 유지할 수 있습니다.

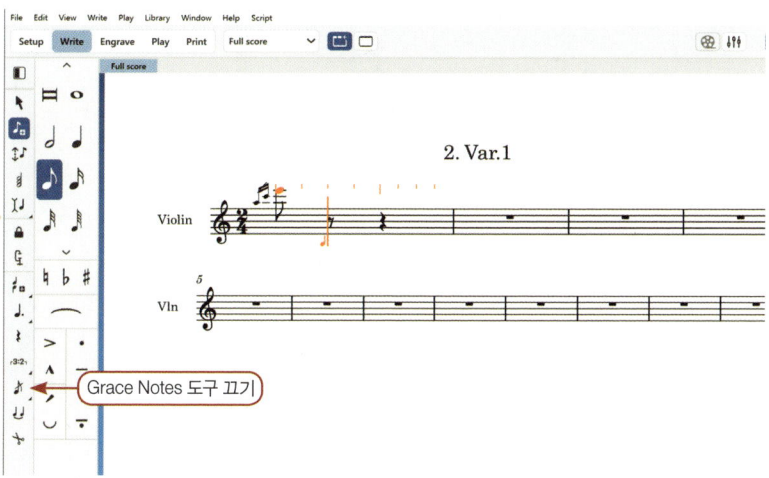

3 — 꾸밈음의 슬래시 기호 표시 여부는 Grace Notes 도구를 활성화하면 열리는 도구에서 선택하거나 Alt+/ 키를 눌러 변경할 수 있습니다. 이를 통해 각 음표의 장식적인 요소를 자유롭게 조정할 수 있으며, 원하는 표현에 맞게 꾸밈음을 손쉽게 수정할 수 있습니다.

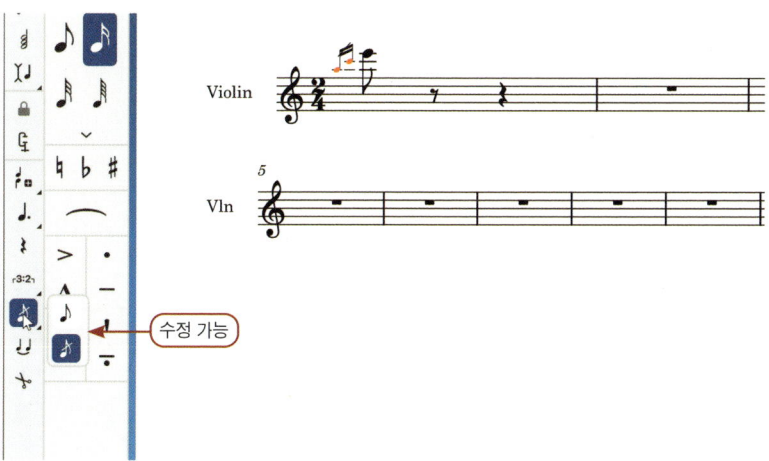

4 — 입력한 꾸밈음의 타입을 변경하는 또 다른 방법은 아래쪽의 로우 존을 열고, Grace note type에서 원하는 옵션을 선택하는 것입니다. 로우 존은 열기/닫기 버튼을 클릭하거나 Ctrl+8 키를 사용하여 쉽게 열거나 닫을 수 있습니다.

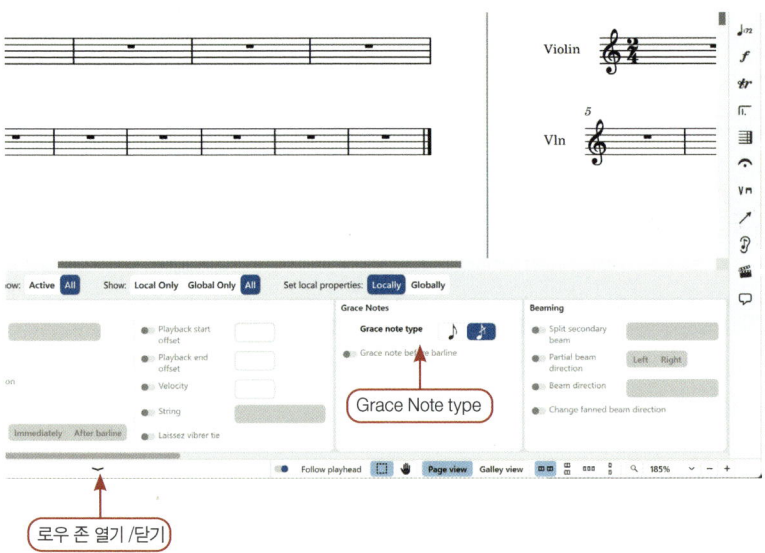

5 — 꾸밈음을 마디 앞에 표시하고자 할 때는 꾸밈음을 선택한 후, Ctrl+8 키를 눌러 속성 창을 열고, Grace note before barline 옵션을 체크합니다.

3 잇단음 입력하기

잇단음은 기본 음표를 먼저 입력하고 바꾸는 방법과 처음부터 Tuplets 도구를 선택하여 입력하는 방법이 있습니다. Tuplets 도구를 이용한 입력 방법은 앞에서 살펴보았으므로, 여기서는 기본 음표를 바꾸는 방법을 살펴보겠습니다.

1 — 예제 악보에서 잇단음을 처리하지 않고 입력한 경우, 음표를 선택하고 세미콜론(;) 키를 눌러 잇단음으로 바꿀 수 있습니다.

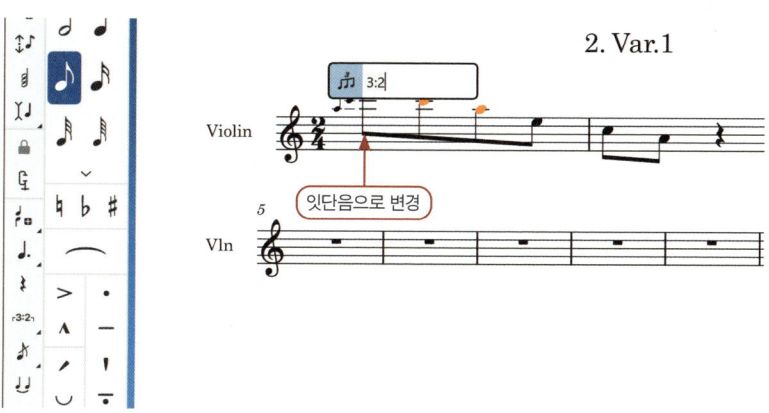

2 — 일반 노트를 잇단음으로 수정하면 음표의 길이가 짧아져 해당 자리가 쉼표로 처리됩니다. 이를 방지하고 싶다면 Insert 도구를 선택하거나 I 키를 눌러 활성화합니다.

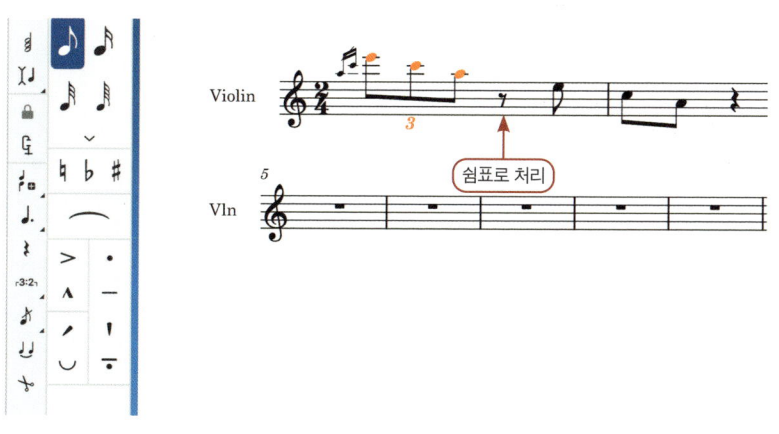

3 — Ctrl+Z 키를 눌러 이전 작업을 취소한 후, Insert 도구를 선택하거나 I 키를 눌러 활성화합니다. 그런 다음 음표를 다시 선택하고 ; 키를 눌러 잇단음으로 수정하면, 짧아진 길이만큼 뒤에 있는 음표가 자동으로 이동되는 것을 확인할 수 있습니다.

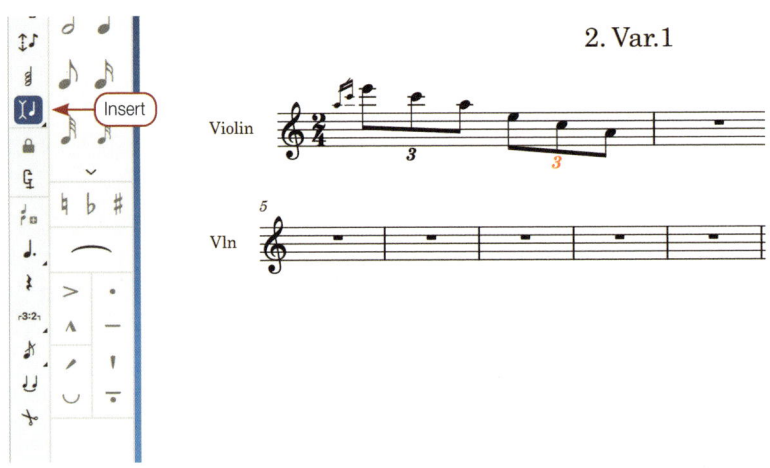

4 — 꾸밈음에도 슬러, 아티큘레이션 등을 일반 음처럼 붙일 수 있습니다. S 키를 눌러 슬러로 연결, [키로 액센트를 추가하고,] 키로 스타카토를 붙여 예제 악보의 테마를 완성합니다.

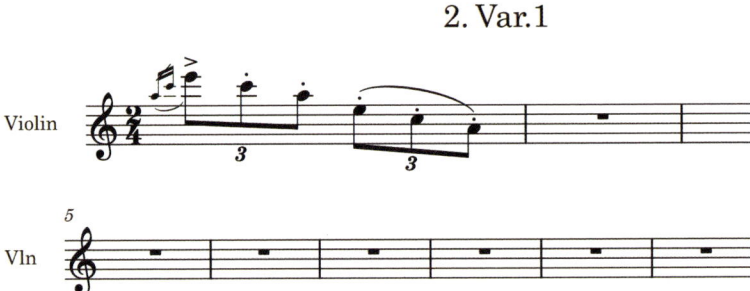

5 — 첫 마디를 선택하고 R 키를 눌러 반복합니다. 그런 다음 L 키를 눌러 Lock Duration 도구를 활성화합니다. 이후 키보드나 미디 건반을 사용하여 피치를 수정합니다. 이 과정을 반복하여 Var.1 예제 악보를 완성합니다.

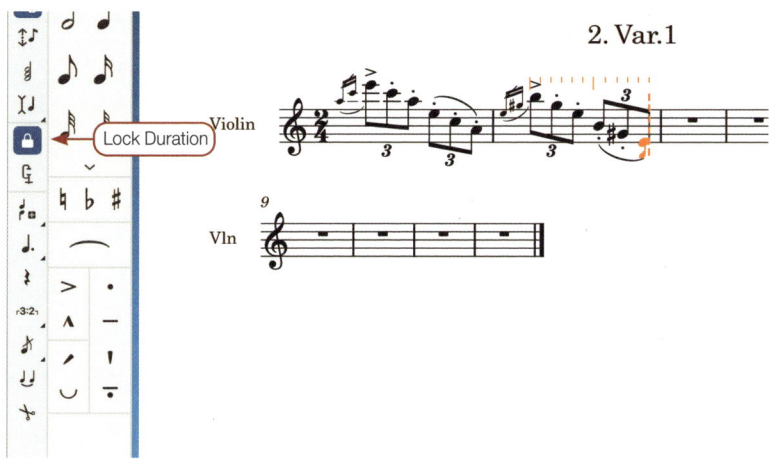

6 — 예제 악보의 마지막 마디에서 S 키를 눌러 슬러로 연결하면 곡선이 위쪽으로 붙게 됩니다. 이때 F 키를 눌러 슬러의 방향을 전환할 수 있습니다.

7 — 예제 악보의 5번째 마디에서 C음에 샵(#) 표시를 추가하고 싶다면, 해당 음표를 선택하고, = 키를 눌러 삽입할 수 있습니다. 또는 로우 존에서 Accidental을 활성화한 후 Show 메뉴를 선택하여 추가할 수도 있습니다.

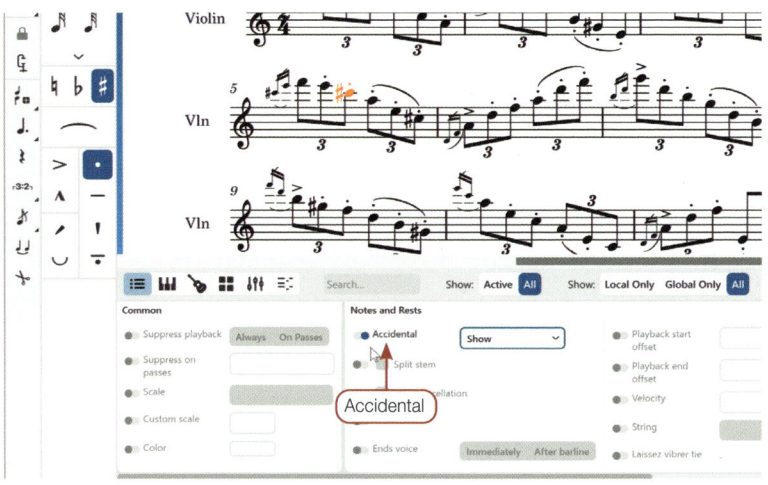

8 — 도돌이표는 마디선을 선택한 후, 오른쪽 패널에서 Bars and Barlines 도구를 열어 선택하거나 Shift+B 키를 눌러 삽입할 수 있습니다. 팝오버 창에 반복 기호는 콜론(:)과 세로 바(|) 문자를 조합하여 입력합니다. 즉, 시작 도돌이표는 |:로, 종료 도돌이표는 :|가 됩니다.

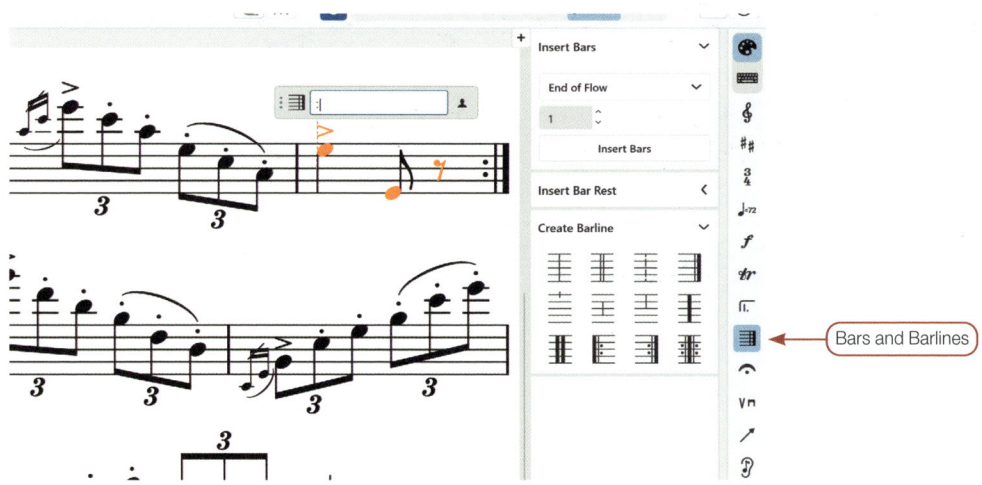

9 — Shift+X 키를 눌러 텍스트 창을 열고, 원하는 문자(restez)를 입력합니다. 텍스트 창에서는 입력한 글자의 폰트, 크기, 정렬 방법 등을 설정할 수 있는 다양한 옵션을 제공합니다.

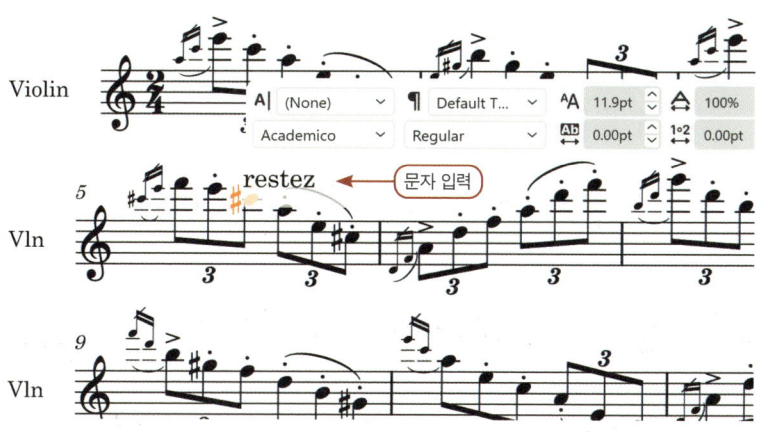

10 — 텍스트 장의 세부 옵션은 해당 학습 편에서 다루기로 하고, 여기서는 입력한 글자를 선택한 후 스타일을 이탤릭체(Italic)로 변경하고, esc 키를 눌러 실습을 마무리합니다.

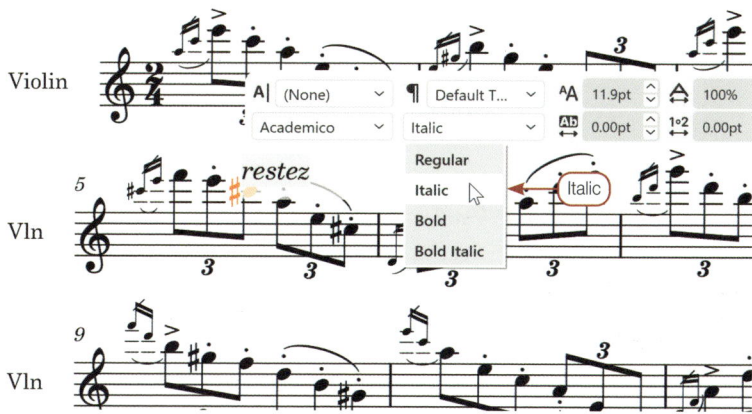

4 한 페이지로 정리하기

플로우 3번의 바리에이션 2 악보에서는 반복되는 패턴을 신속하게 입력하는 방법과 악상기호, 슬러, 장식음표 등 다양한 기호의 정교하고 효율적인 활용법, 그리고 시스템 간격을 세밀하게 조정하여 최적의 시각적 배치를 구현하는 과정까지 깊이 있게 탐구합니다.

1 — 예제 악보의 첫 마디를 입력한 후, 해당 마디를 클릭하여 모든 음표를 선택합니다. 그런 다음 R 키를 눌러 해당 리듬 패턴을 반복합니다.

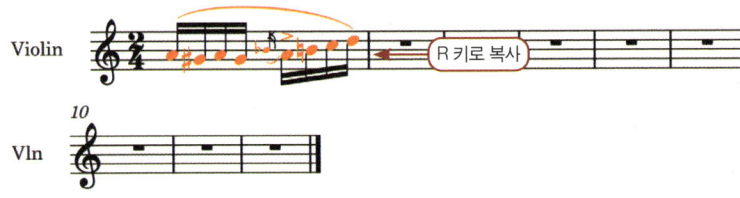

2 — L 키를 눌러 Lock Duration을 활성화하여 음표의 길이를 유지한 채로 수정합니다. 이처럼 동일한 리듬을 복사하여 재사용함으로써, 입력 시간을 단축하고 작업의 효율성을 크게 높일 수 있습니다.

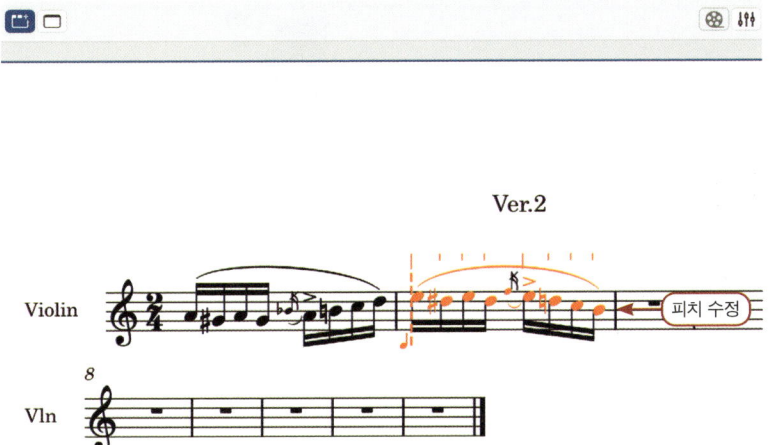

3 — 네 마디에 있는 빔을 예제 악보와 같이 분리하려면, 먼저 빔을 클릭하여 선택합니다. 일반적으로 빔으로 연결된 모든 음표를 분리하고자 할 때는 빔 자체를 선택하고, 특정 음표만 빔에서 분리하고자 할 경우, 해당 음표를 선택합니다.

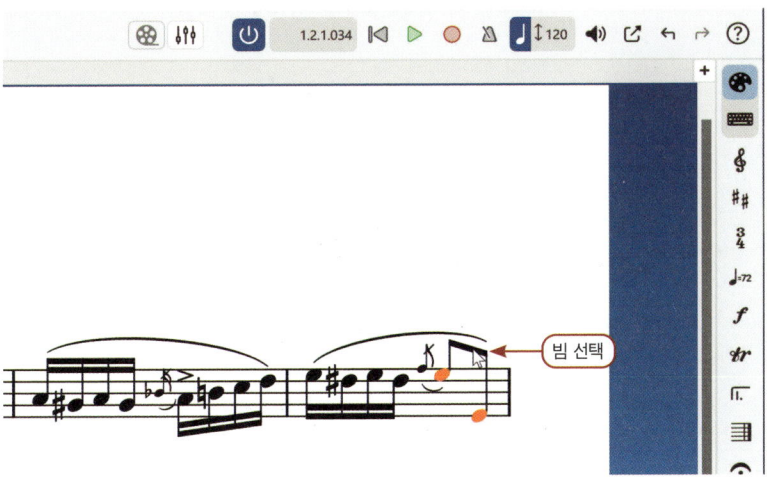

4 — 마우스 오른쪽 버튼을 클릭하여 단축 메뉴를 열고, Beaming에서 Split Beam 또는 Make Unbeamed을 선택합니다. Split Beam은 선택한 빔에 연결된 모든 음표가 분리되며, Make Unbeamed은 선택한 음표를 빔에서 분리합니다.

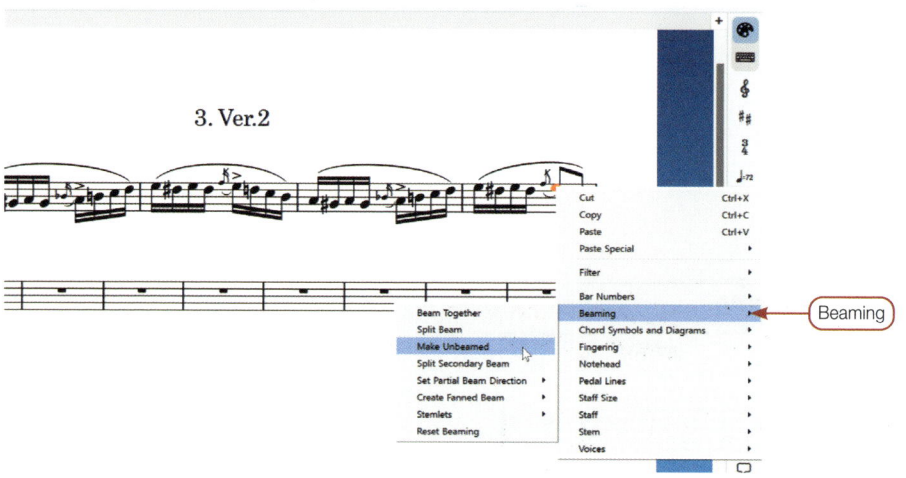

5 — 곡 시작의 P 다이내믹 기호는 Shift+D 키를 눌러 입력합니다. 그 후 페이지 정리를 위해 Library 메뉴에서 Layout Options을 선택합니다. 이 메뉴에서는 페이지 설정, 여백, 시스템 간격 등 다양한 레이아웃 관련 옵션을 조정할 수 있습니다.

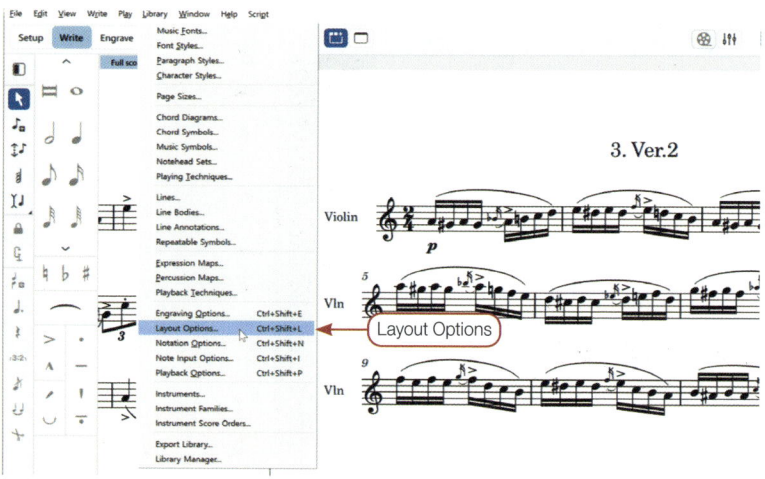

6 — Flows 페이지의 New Flows 옵션에서는 기본값으로 Always start new page가 선택되어 있어, 각 플로우가 자동으로 새로운 페이지에서 시작되도록 설정되어 있습니다. 이 옵션을 Allow on existing page로 변경하면, 플로우가 기존 페이지에서 이어서 시작될 수 있어 하나의 페이지에 여러 플로우를 효과적으로 구성할 수 있습니다.

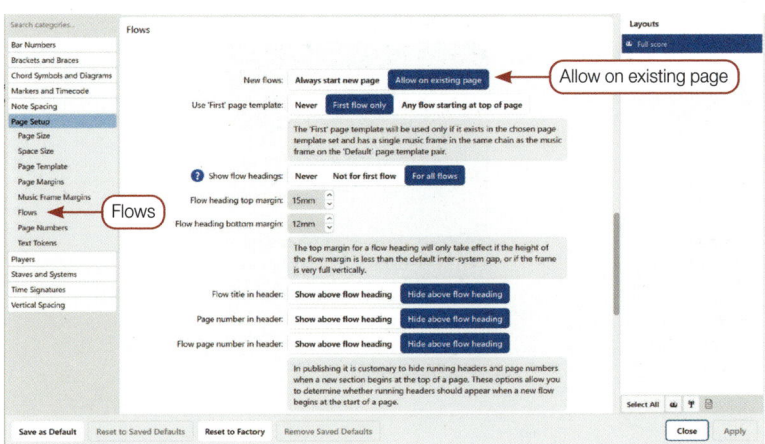

7 — 페이지의 빈 공간을 정리했지만 시스템 한 줄이 다음 페이지로 넘어가는 경우, Vertical Spacing 페이지에서 Inter-system gap 값을 줄이면 시스템을 한 페이지로 정리할 수 있습니다.

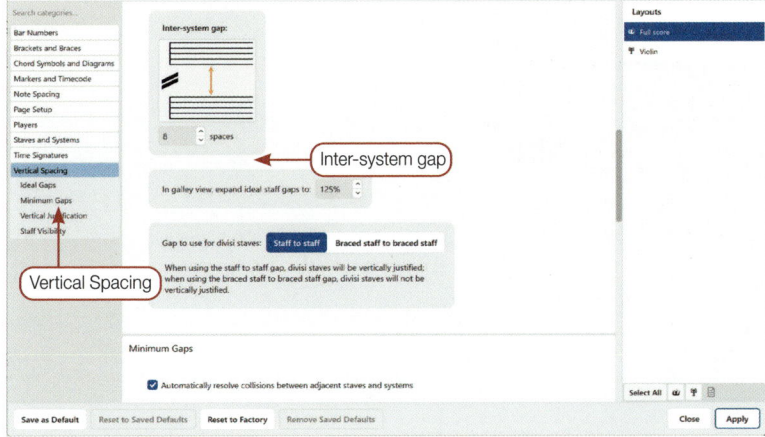

8 — 플로우 타이틀을 왼쪽으로 정리하여 실습을 마무리하겠습니다. Library 메뉴에서 Paragraph Styles를 선택하여 악보의 레이아웃을 정리할 수 있는 옵션 창을 엽니다.

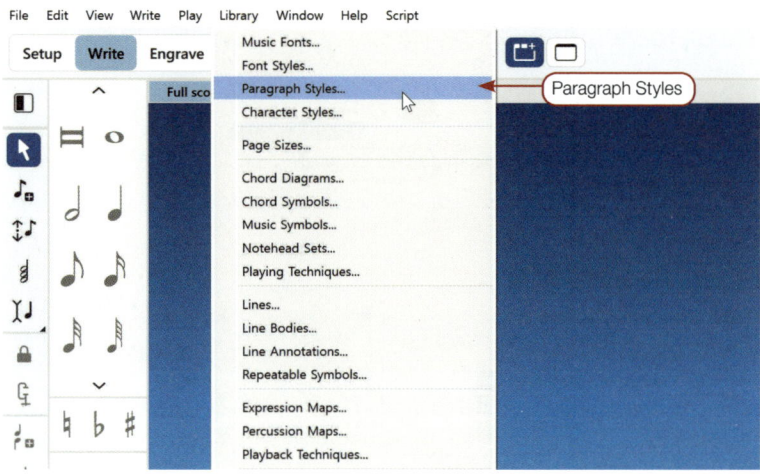

9 — Flow Title 페이지의 Size 섹션에서 플로우 타이틀의 글자 크기를 조절할 수 있습니다. 이를 통해 타이틀의 가독성을 높이고, 전체 레이아웃에 맞게 조정할 수 있습니다. 글자 크기를 적절히 설정하여 악보의 시각적 균형을 유지하는 것이 중요합니다.

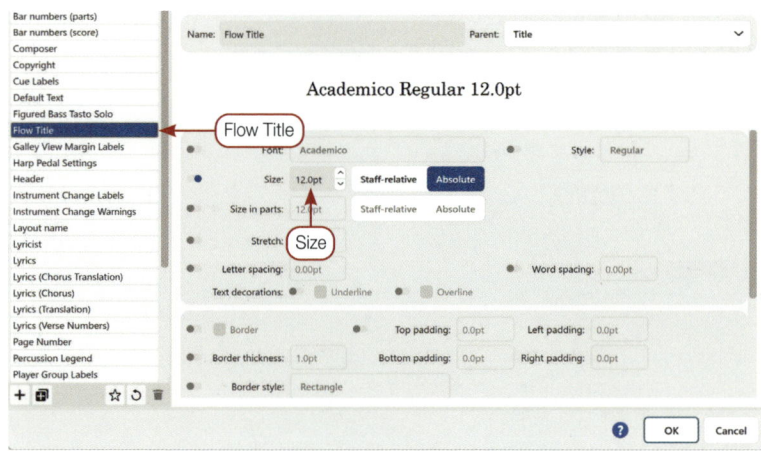

10 ─ Alignment 섹션에서는 타이틀의 위치를 설정할 수 있습니다. 여기에서 왼쪽 정렬 버튼을 선택하면 플로우 타이틀이 왼쪽으로 정렬되어 더욱 깔끔하게 배치됩니다. 이를 통해 악보의 시각적 정돈을 강화할 수 있습니다.

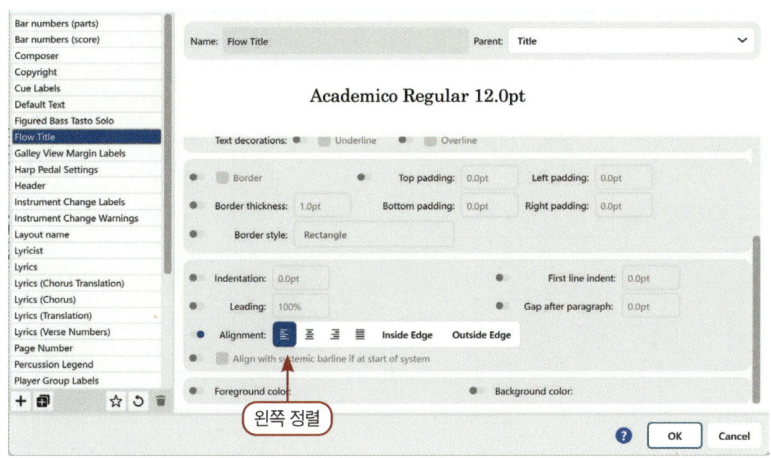

11 ─ Engrave 탭을 선택하거나 Ctrl+3 키를 눌러 모드를 전환한 후, Flow Headings 패널에서 Default를 더블 클릭합니다. 이렇게 하면 기본 플로우 제목의 스타일이나 속성을 수정할 수 있는 옵션이 열리며, 이를 통해 타이틀의 디자인을 더욱 세밀하게 조정할 수 있습니다.

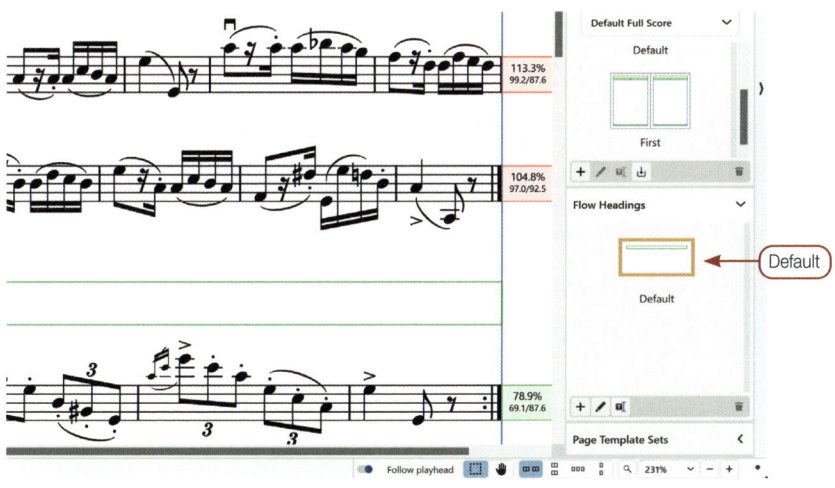

12 — 플로우 제목에는 기본적으로 숫자 {@flowNumber@}와 제목 {@flowTitle@}을 표시하는 토큰이 설정되어 있습니다. 숫자 토큰을 선택한 뒤 Delete 키를 눌러 제거하고, Apply 버튼을 클릭하여 변경 사항을 적용합니다. 이렇게 하면 제목에서 숫자 표시가 사라져, 보다 간결하고 깔끔한 플로우 타이틀을 설정할 수 있습니다.

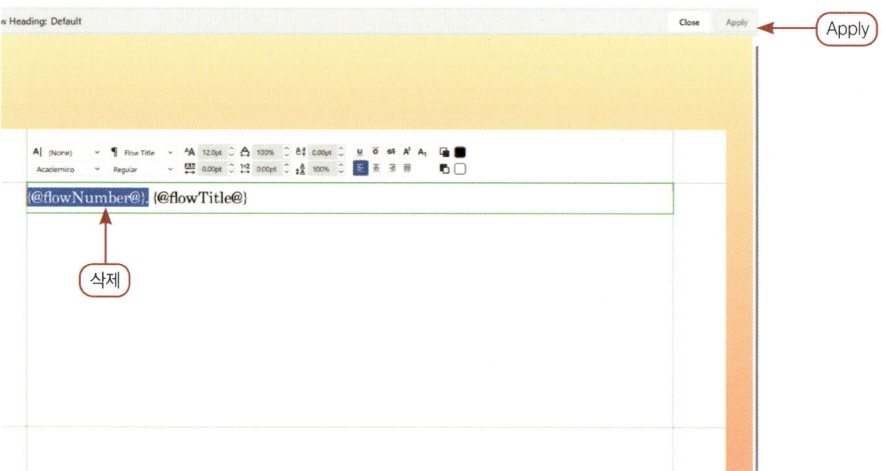

13 — Ctrl+I 키를 눌러 Project Info 창을 열고, 곡 제목을 입력하는 것으로 3개의 플로우를 하나의 페이지에 정리하는 실습을 마무리합니다. Ctrl+Alt+0 키를 누르면 전체 페이지를 한 화면으로 확인할 수 있어, 최종 레이아웃을 한눈에 점검할 수 있습니다.

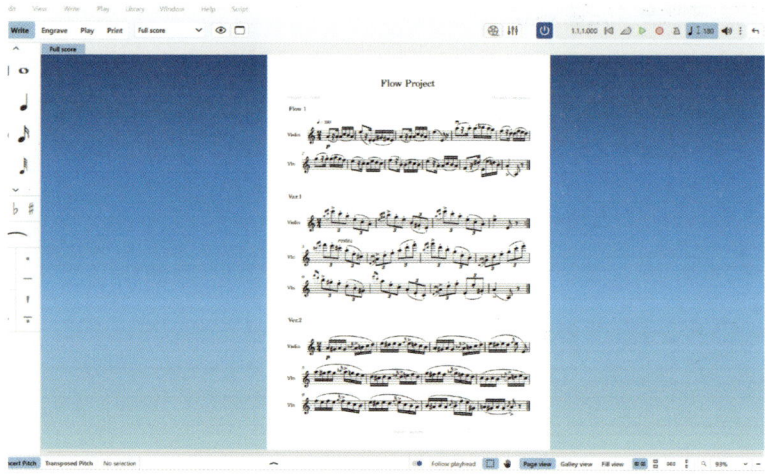

Flow Heading

Override Flow Headings

Override Flow Heading는 한 페이지에 여러 플로우가 있을 때 기본적으로 동일하게 적용되는 제목 스타일과 여백을, 특정 플로우에만 개별적으로 다르게 설정할 수 있도록 도와주는 기능입니다.

Override Flow Headings 창은 Setup 모드 Layouts 패널에서 원하는 레이아웃을 마우스 오른쪽 버튼으로 클릭하여 단축 메뉴를 열고, Flow Heading Overrides를 선택하면 열 수 있습니다.

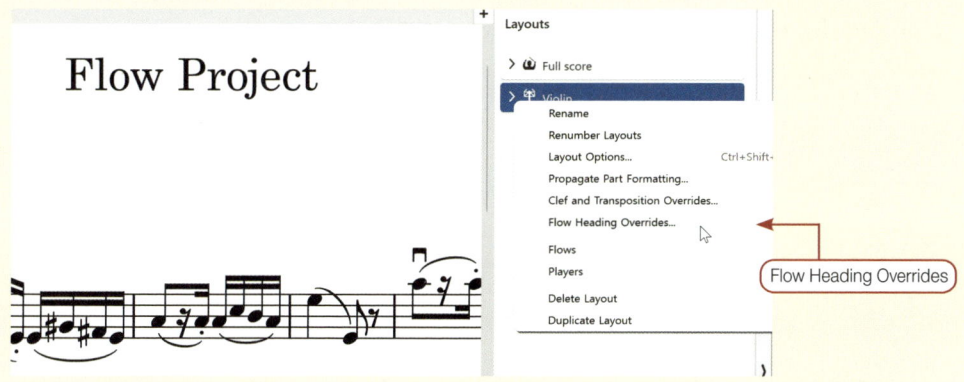

스타일을 따로 설정하고자 하는 플로우를 Add을 추가한 뒤, Use flow heading에서 제목 템플릿을 선택합니다. Heading top/bottom margin을 조절하면 제목과 플로우 사이의 간격을 설정할 수 있어, 설명이 필요한 교재용 악보 제작에 특히 유용합니다.

Section 02 리드 시트 만들기

리드시트(lead sheet)는 주로 재즈, 팝, 블루스와 같은 장르에서 사용되는 악보의 형태로, 기본적인 멜로디와 화음 정보를 제공합니다. 일반적으로 판매되는 팝 악보의 대부분이 이 형태로 제작되며, 이는 모든 악기 연주자가 쉽게 활용할 수 있도록 구성되어 있습니다. 리드 시트에는 주 멜로디가 음표로 표시되며, 곡의 가사와 함께 화음 기호가 포함되어 있어, 연주자가 즉흥적으로 반주하거나 멜로디를 변형할 수 있는 기초를 제공합니다.

∴ 리드 시트의 구성 요소

- **멜로디**: 리드시트의 가장 중요한 부분으로, 주어진 곡의 주 멜로디가 음표로 표시됩니다. 이 멜로디는 연주자가 곡의 주제를 쉽게 이해하고 연주할 수 있도록 돕습니다.
- **코드 기호**: 시스템 상단에 위치한 화음 기호들은 곡의 기본적인 화성을 나타내며, 즉흥 연주나 반주를 위해 필요한 정보를 제공합니다. C, G7, Am 같은 기호가 있으며, 이들은 곡의 화성을 형성하는데 중요한 역할을 합니다.
- **리듬 기호**: 멜로디의 리듬이 표시되어 있어, 곡의 흐름을 이해하고 적절한 타이밍으로 연주할 수 있습니다. 리듬 기호는 곡의 스타일과 느낌을 결정짓는 요소입니다.
- **주요 정보**: 리드시트에는 곡의 제목, 작곡가, 장르 등의 정보가 포함되어 연주자가 곡의 배경과 맥락을 이해하는데 도움을 줍니다. 연주자의 해석과 스타일에 영향을 미칠 수 있습니다.

작별

Scotland

> **1** 못 갖춘 마디 만들기

1 — 앞에서 설정한 Window 메뉴의 Hub 단축키인 Ctrl+H 키를 눌러 허브 창을 열고, Lead Sheet 템플릿을 더블 클릭하여 새로운 프로젝트를 만듭니다. 만약 단축키를 설정하지 않았다면, Window 메뉴를 열고 직접 Hub를 선택합니다.

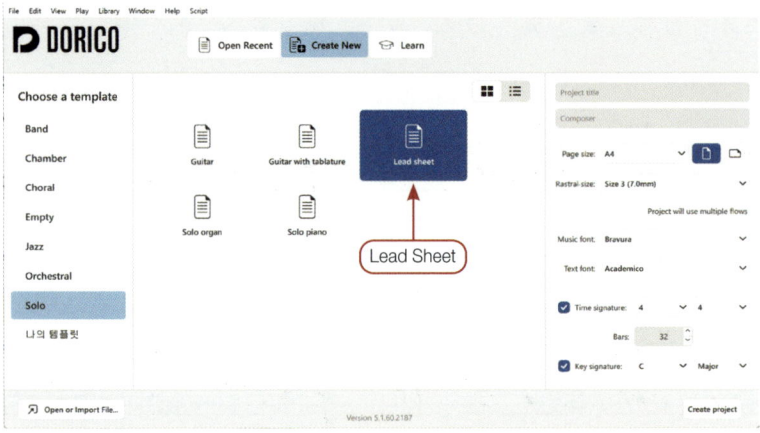

2 — C Major로 표시되어 있는 사인포스트(signpost)를 더블 클릭하여 G 키로 변경합니다. 이렇게 하면 곡의 조성이 C Major에서 G Major로 조정되며, 멜로디가 입력되어 있는 경우 새로운 조성에 맞게 자동으로 조정됩니다.

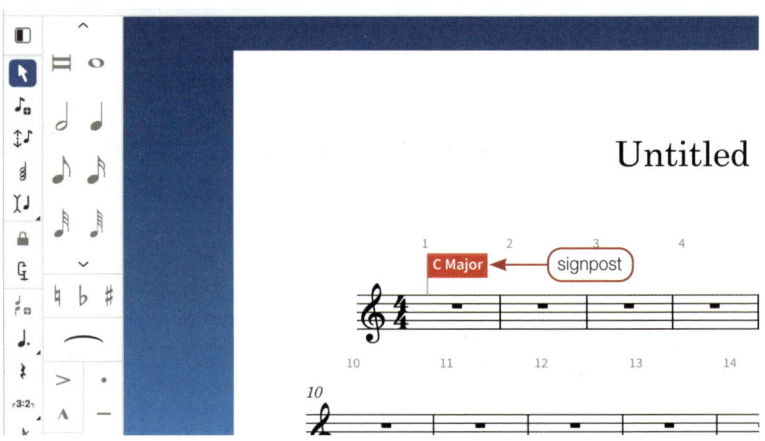

3 — 박자표를 더블 클릭하여 4/4, 1을 입력합니다. 이렇게 하면 첫 마디가 못 갖춘 마디로 설정됩니다. 이 과정은 곡의 리듬 구조를 조정하고, 연주할 때 첫 마디에 적절한 비트를 맞출 수 있도록 하는 방법입니다.

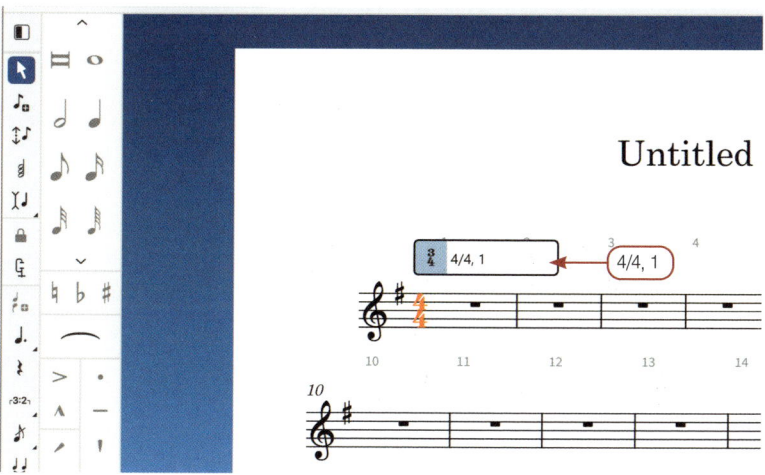

4 — 사인포스트는 음표 및 코드 입력에 방해가 되므로, View 메뉴의 Signposts에서 Hide Signposts를 선택하여 감춥니다. 이렇게 하면 작업 공간이 깔끔해져 입력 작업이 더 수월해지며, 필요한 정보에만 집중할 수 있습니다.

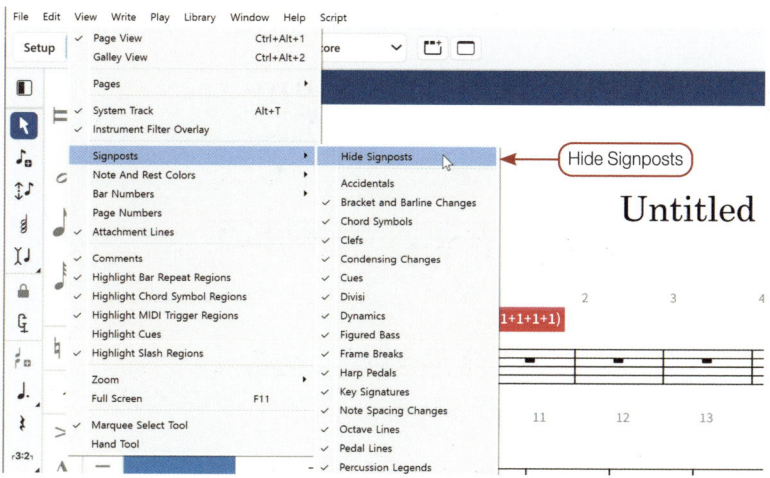

2 음표 길이 조정하기

1 — 첫 마디의 점 음표를 입력하면 붙임줄로 연결됩니다. 다음 박자를 입력하면 자동으로 점 음표로 변하지만, 쉼표가 입력되거나 업 박에 입력된 경우에는 붙임줄이 유지됩니다.

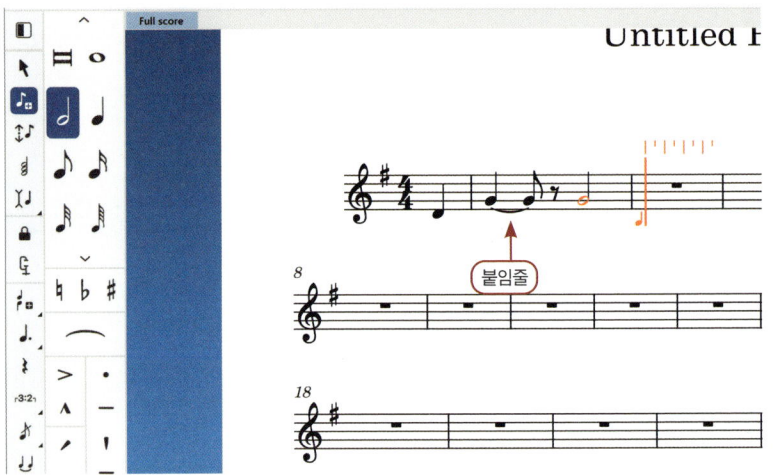

2 — 만약 다음 음표에 상관없이 붙임줄로 연결된 음표의 길이를 하나의 점 음표로 표시하고 싶다면, O 키를 누르거나 Force Duration 도구를 활성화한 상태에서 음표를 입력하면 됩니다. 이렇게 하면 음표가 점 음표로 표시되어, 원하는 형태로 정확하게 나타낼 수 있습니다.

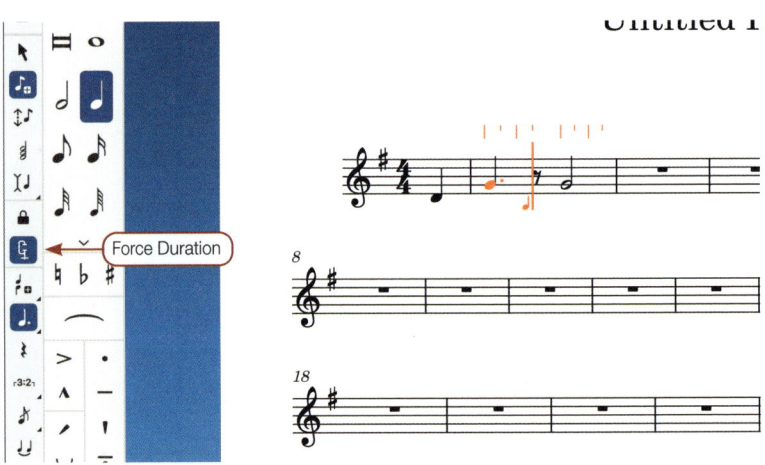

3 — 두 음표를 붙임줄로 연결하고 싶다면, 앞의 음표를 선택한 후 Tie 도구를 클릭하거나 T 키를 누릅니다. 이때 붙임줄로 연결되는 음표가 업 비트인 경우, 보기 좋은 악보를 만들기 위해 자동으로 하나의 음표로 결합됩니다.

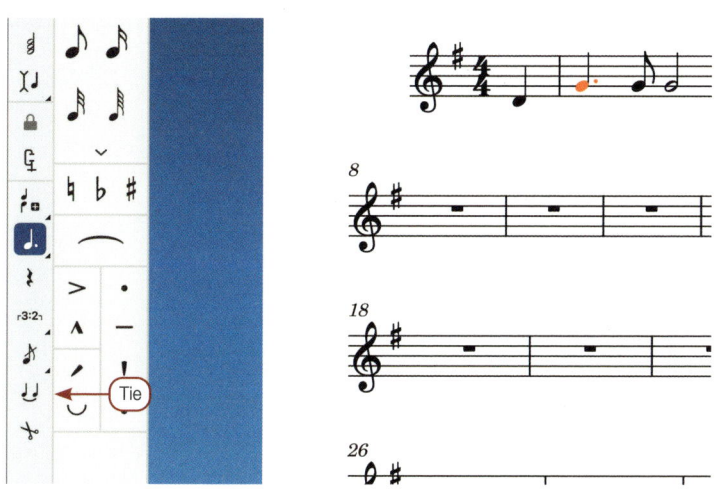

4 — 만일 붙임줄로 연결되는 음표를 하나로 결합하지 않고 싶다면, Force Duration 도구를 활성화하여 고정시킨 후 음표를 연결하면 됩니다. 이렇게 하면 두 음표가 각각 독립적으로 유지되면서 붙임줄로 연결됩니다.

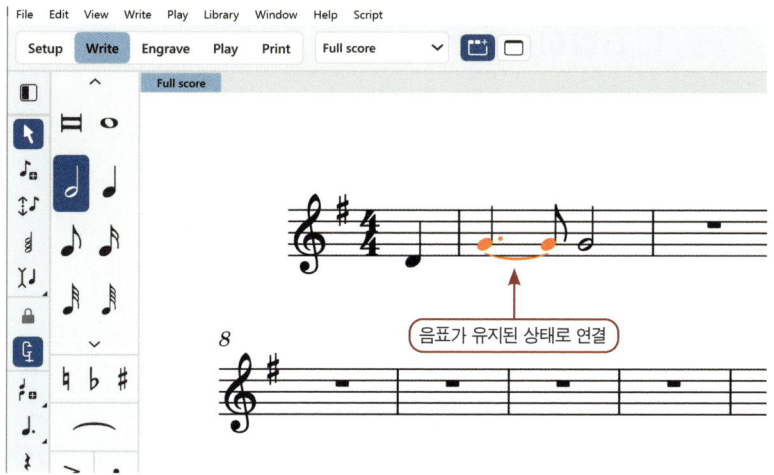

5 — Tie 도구 아래쪽의 가위 모양으로 생긴 Scissors 도구는 붙임줄을 제거하여 두 음표를 분리하는 역할을 합니다. 이 도구를 사용하면 연결된 음표를 쉽게 분리할 수 있으며, 원하는 방식으로 음표를 수정할 수 있습니다.

6 — Scissors 도구는 붙임줄을 제거하는 것뿐만 아니라 음표를 분할할 수도 있습니다. 원하는 위치에 입력 라인을 가져다 놓고 O 키를 누르면 음표가 분할됩니다. 이 기능을 활용하면 음표를 더욱 세밀하게 조정할 수 있으며, Shift+Alt+방향키로 음표의 길이를 조절할 수 있습니다.

3 가사 입력하기

1 — 가사를 입력하려면 Shift+L 키를 누르거나 Lyrics 도구를 선택합니다. 위아래 방향키를 사용해 1절, 2절 및 코러스(C)를 선택할 수 있으며, Alt 키를 누른 상태에서 방향키를 이용하면 번역(*)을 선택할 수 있습니다. 코러스와 번역은 각 절의 중간과 아래에 이탤릭체로 표시됩니다.

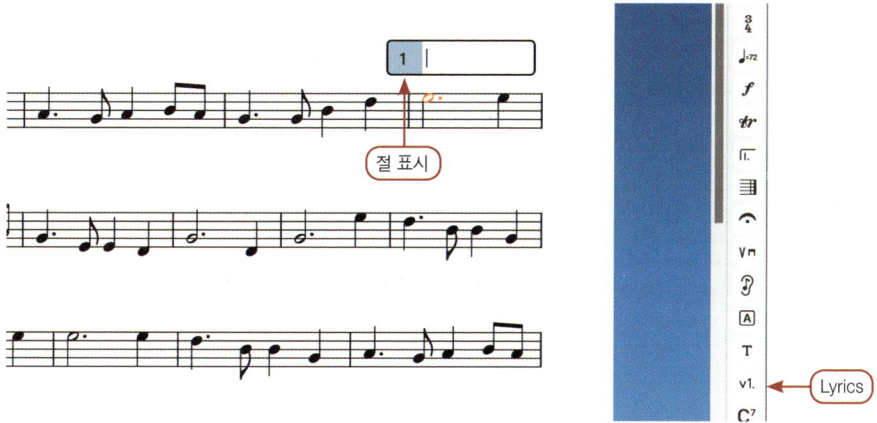

2 — 스페이스 바 키를 눌러 다음 음표로 이동할 수 있으며, 가사를 입력하지 않으면 하이픈이 추가됩니다. 백스페이스 키는 가사를 삭제하면서 이전 음표로 이동하며, 좌우 방향키를 이용하면 하이픈이나 삭제를 하지 않고 위치를 이동시킬 수 있습니다.

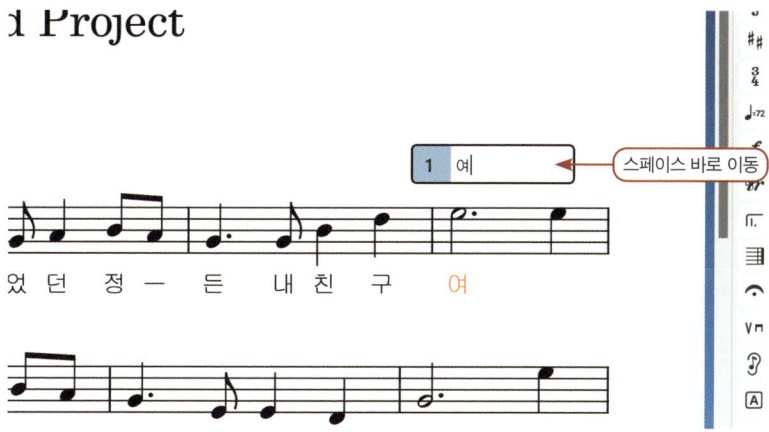

3 — 가사의 글꼴 및 크기 또는 색상 등을 변경하고 싶은 경우에는 Library 메뉴의 Paragraph Styles를 선택하여 창을 엽니다.

4 — Lyrics 페이지에서 글꼴(Font), 크기(size), 정렬 위치(Algnment), 색상(Foreground color) 등을 설정할 수 있습니다. 이 설정을 기본값으로 저장하고 싶은 경우에는 별표 모양의 Save as Default 버튼을 클릭합니다.

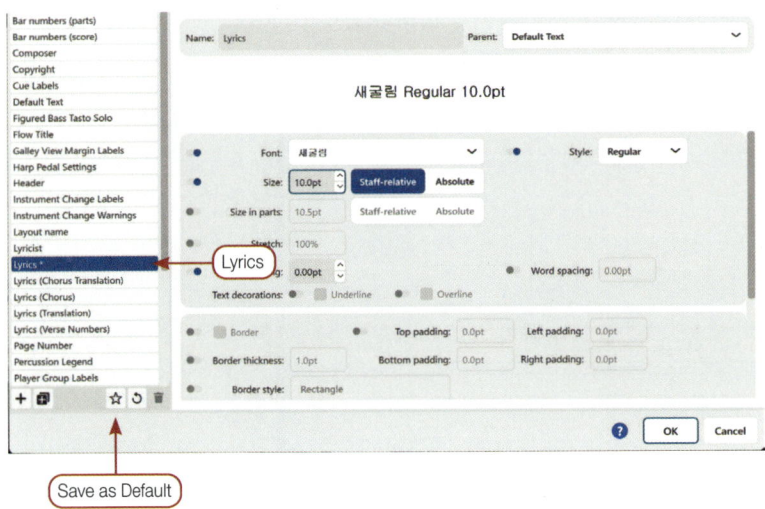

가사 속성

Lyrics

Ctrl+8 키로 열 수 있는 로우 패널에는 스타일을 수정할 수 있는 Lyrics 옵션이 있습니다. 이 설정은 선택한 가사에만 적용되며, 전체 가사에 적용하고 싶다면 드래그하여 모두 선택합니다.

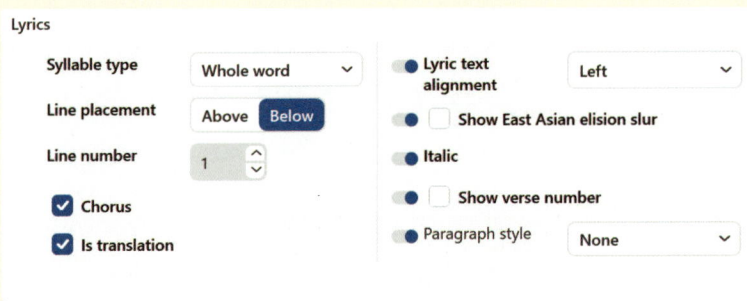

- Syllable type : 입력된 가사의 음절 유형을 설정합니다. 음절인 경우 위치를 선택할 수 있으며, 이에 따라 하이픈 위치가 결정됩니다.
- Line placement : 가사를 위 또는 아래에 배치될지를 결정합니다.
- Line number : 가사 절 번호를 표시하며, 변경할 수 있습니다.
- Chorus : 가사가 코러스에 해당하는지 여부를 표시합니다.
- Is translation : 가사가 번역된 것인지 여부를 표시합니다.
- Lyric text alignment : 가사의 정렬 방식을 설정합니다.
- Show East Asian elision slur : 동아시아 가사의 음절 생략 기호를 표시합니다.
- Italic : 가사를 이탤릭체로 표시할지를 선택합니다.
- Show verse number : 각 절의 번호 표시할지 여부를 결정합니다.
- Paragraph style : 가사의 전체 스타일을 설정합니다.

코드 네임 입력하기

1 — 코드를 입력할 위치의 음표나 쉼표를 선택한 후, 오른쪽 패널의 코드 심벌 도구를 클릭하거나 Shift+Q를 눌러 팝오버 창을 엽니다. 여기에 코드 네임을 입력하거나 미디 건반을 연주하면, 선택한 위치에 코드 네임을 삽입할 수 있습니다.

2 — 코드 입력 팝오버는 키보드로 위치를 빠르게 이동할 수 있습니다. 오른쪽 방향 키를 누르면 그리드 단위로 이동하며, 스페이스 바는 박자 단위, Tab 키는 마디 단위로 이동합니다. 반대로 왼쪽 방향 키를 누르거나, Shift 키를 누른 상태로 스페이스 바 또는 Tab 키를 누르면 이전 위치로 되돌아갈 수 있습니다.

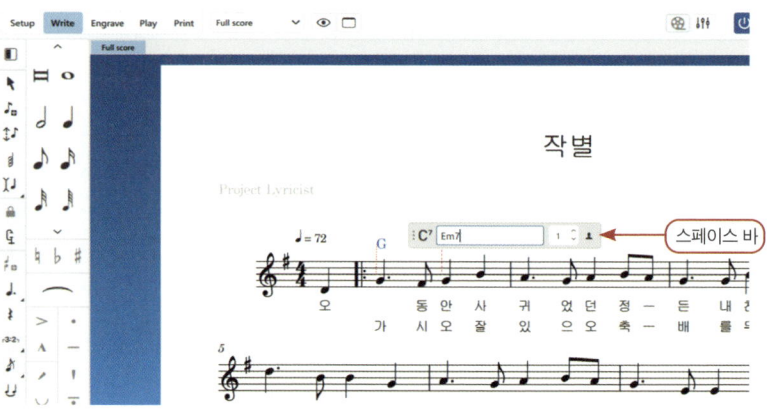

3 — 입력한 코드를 연주하고 싶다면 Ctrl+4 키를 눌러 Play 모드로 전환한 후, Chords 트랙에서 스피커 모양의 모니터 버튼을 활성화합니다.

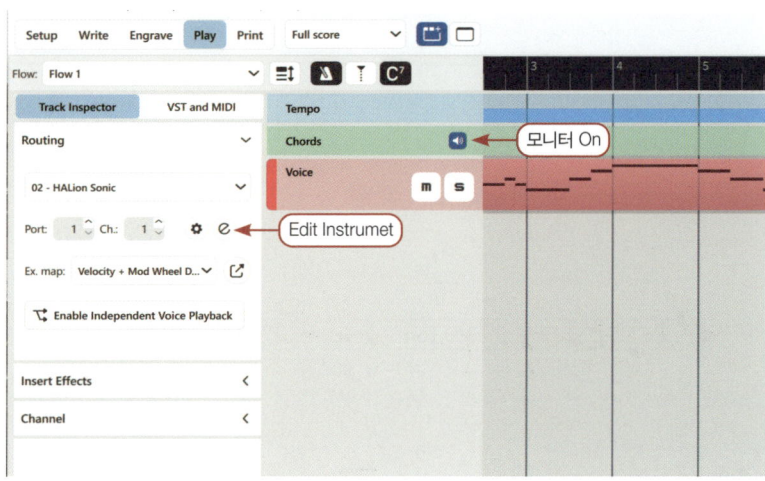

4 — 코드는 기본적으로 피아노 음색으로 연주됩니다. 음색을 변경하고 싶다면 Edit Instruments 버튼을 클릭하여 Dorico에서 제공하는 Halion Sonic 소프트웨어 악기를 엽니다. All 라이브러리를 더블 클릭하면 악기에서 제공하는 모든 음색 목록이 표시되며, 원하는 음색을 더블 클릭하여 코드 연주 음색을 변경할 수 있습니다.

3 — 코드 입력 팝오버에서 핸들을 클릭하거나 위/아래 방향키를 누르면, 코드 네임을 여러 줄로 나누어 입력할 수 있습니다. 이를 활용해 아래 줄에는 기본 코드를, 위 줄에는 대체 코드나 분석용 코드를 입력함으로써, 연주와 이론 해석을 동시에 표현할 수 있습니다.

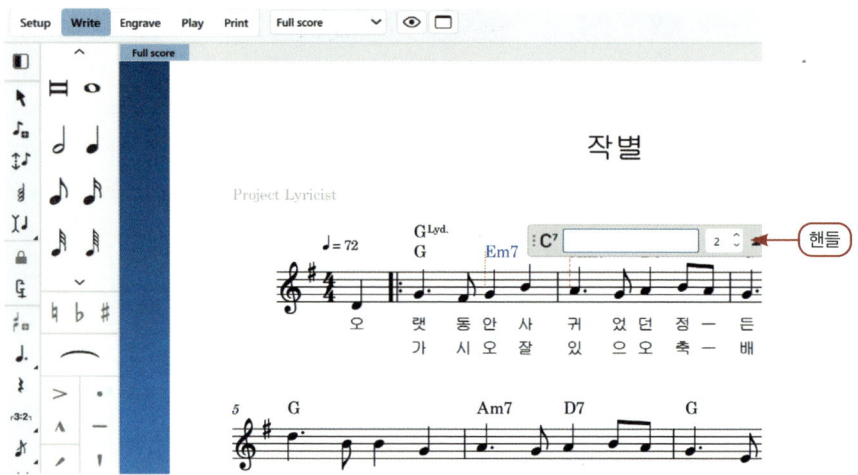

4 — 코드 네임 오른쪽을 드래그하여 코드가 몇 마디 동안 지속되는지를 나타내는 연장선을 표시할 수 있습니다. Shift+Alt 키를 누른 상태로 좌/우 방향키를 사용하여 연장선을 표기하거나 길이를 조절할 수도 있습니다.

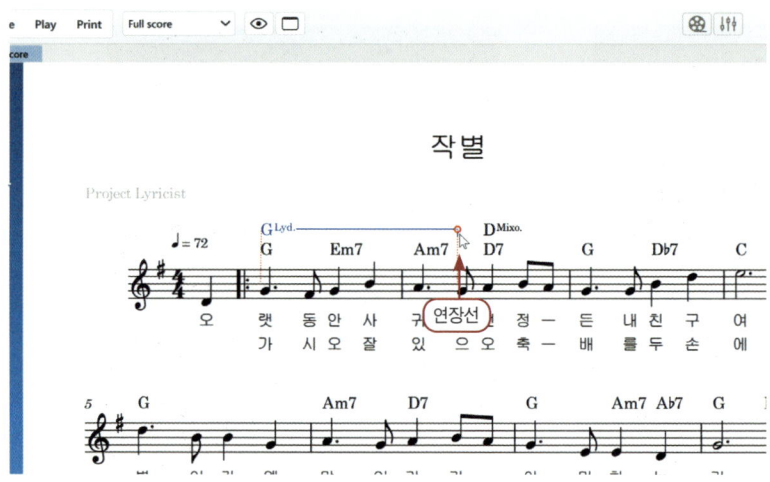

5 ─ 연장선은 기본적으로 끝에 훅이 달린 실선으로 표시됩니다. 필요에 따라 Ctrl+8 키를 눌러 속성 패널을 열고, Extender line style을 활성화하여 스타일을 변경할 수 있습니다.

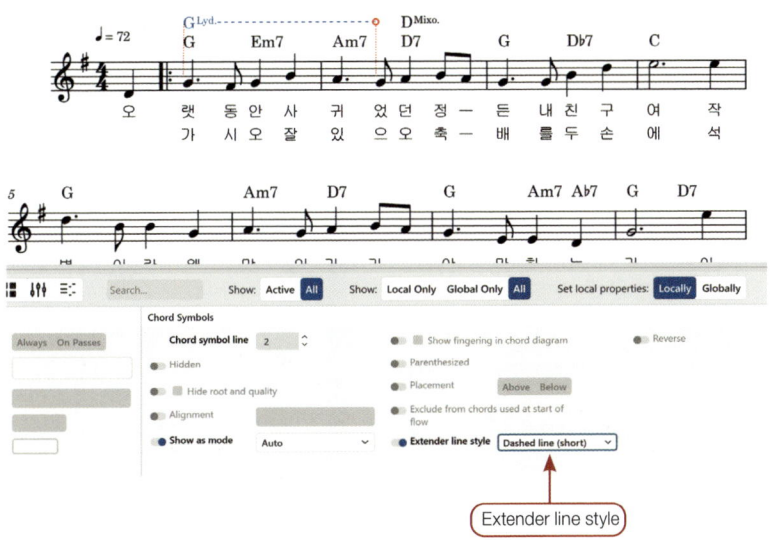

6 ─ 피아노와 기타와 같은 리듬 악기를 추가하면 코드 네임은 자동으로 추가됩니다. 멜로디 악기에 코드 네임을 표시하려면 Setup 모드에서 해당 플레이어를 마우스 오른쪽 버튼으로 클릭해 단축 메뉴를 열고, Chord Symbols의 Show for all instruments를 선택합니다.

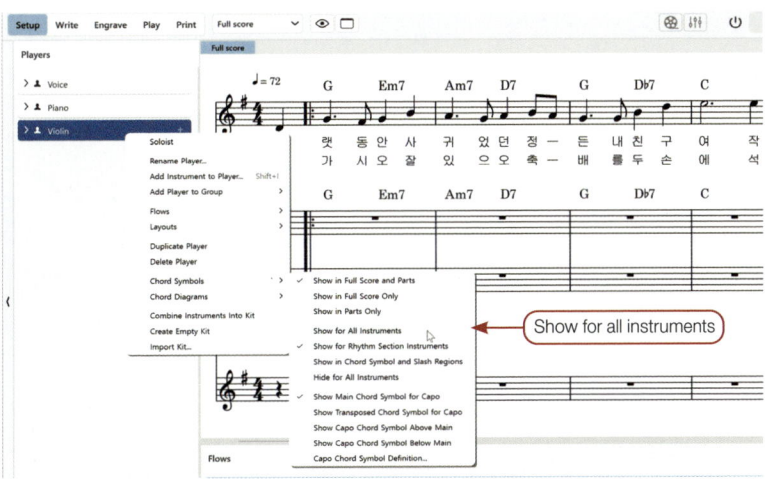

9 — 특정 구간에만 코드 네임을 표시하려면, 원하는 범위를 선택한 후 Write 메뉴에서 Create Chord Symbol Region을 선택합니다. 슬래시 기호를 표시하려면 Create Slash Region을 선택합니다.

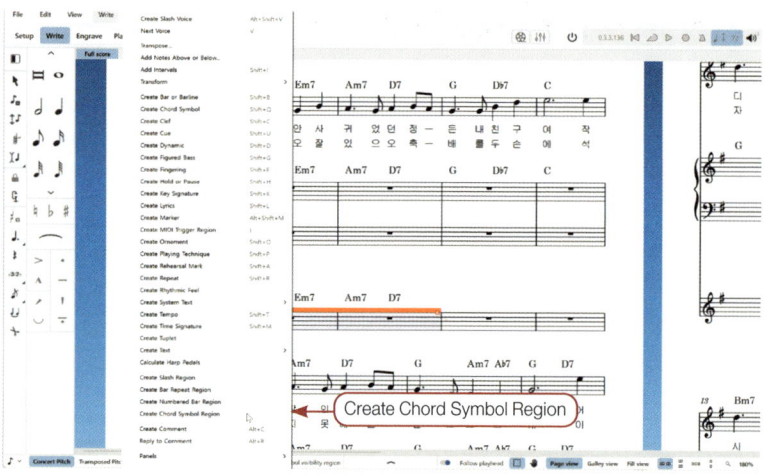

10 — 표시 범위는 주황색 막대로 나타나며, 이 막대를 드래그하여 위치를 이동하거나 시작 및 끝 지점의 핸들을 드래그하여 범위를 조정할 수 있습니다.

사용자 코드 스타일

1 — 메이저 코드를 삼각형(△)으로, 마이너 코드를 마이너스 기호(-)로 표기하는 경우도 있습니다. 이렇게 표기 스타일을 변경하려면 Library 메뉴에서 Engraving Options를 선택합니다.

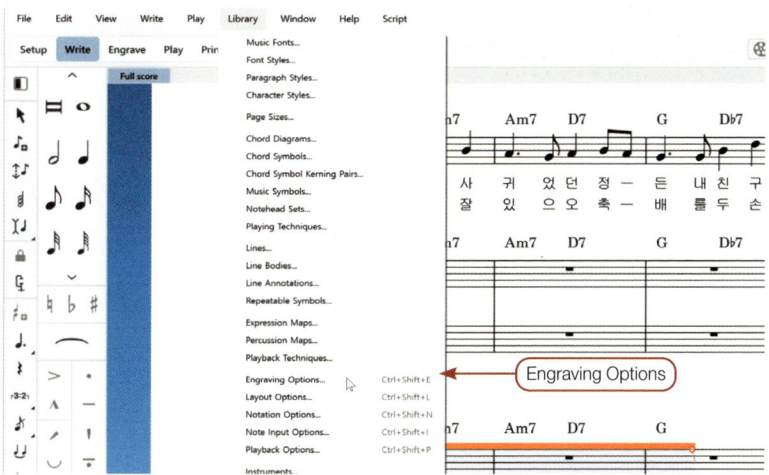

2 — 코드 표기 스타일을 설정할 수 있는 창이 열립니다. Chord Symbol Preset에서 원하는 스타일을 선택하면 전체 코드 표기를 일괄적으로 변경할 수 있으며, 각 코드 스타일을 개별적으로 수정할 수도 있습니다.

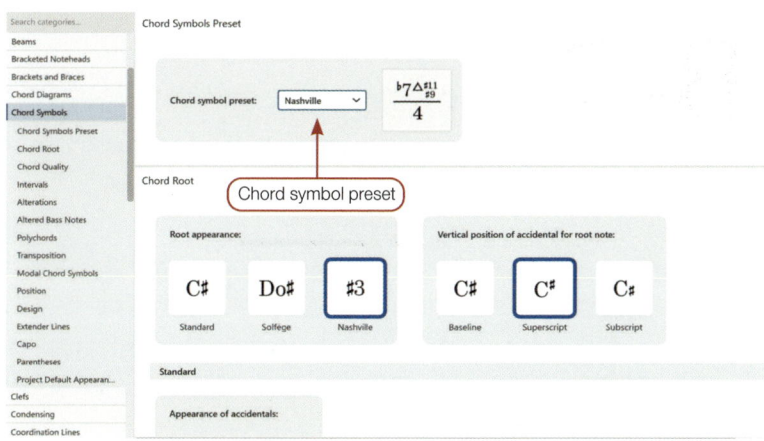

3 — 특정 스타일을 편집하거나 사용자만의 스타일을 직접 만들 수도 있습니다. Engraving Options 창 맨 아래에 있는 Project Default Appearances 항목에서 Edit 버튼을 클릭합니다. 옵션 창을 열지 않은 경우에는 Library 메뉴에서 Chord Symbols를 선택하여 열 수 있습니다.

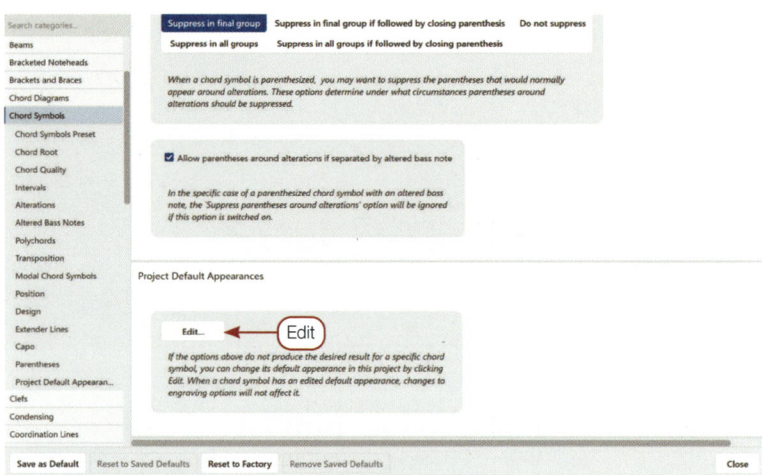

4 — 편집할 코드 네임을 입력한 후 Add 버튼을 클릭합니다. 루트, 타입, 텐션 등 각 요소를 선택하여 사용자가 원하는 스타일로 변경할 수 있습니다.

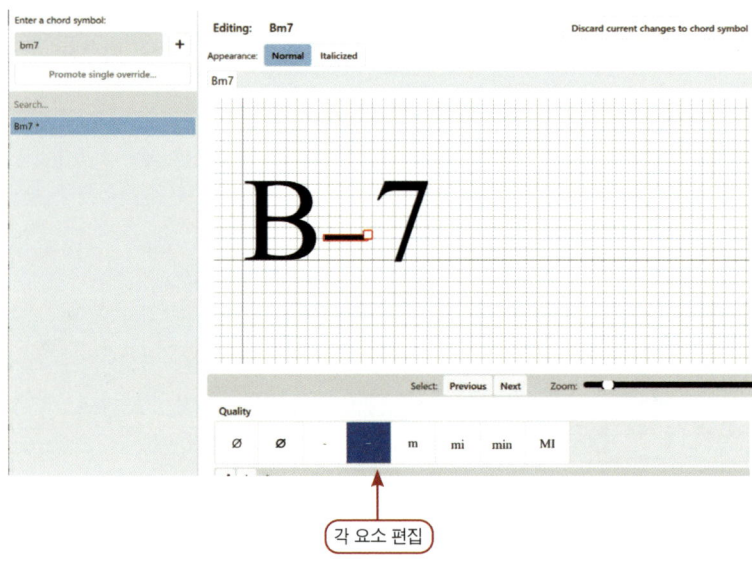

각 요소 편집

5 — 모든 루트 음에 적용하려면 Apply to All Roots 버튼을 클릭합니다. Prev Root 및 Next Root 버튼을 사용해 각 루트별 코드를 개별 편집할 수 있습니다. Italicized 옵션을 선택하면 이탤릭체로 표시되며, Synchronize with Normal Appearance 옵션을 해제하면 이탤릭체 또한 별도로 편집할 수 있습니다.

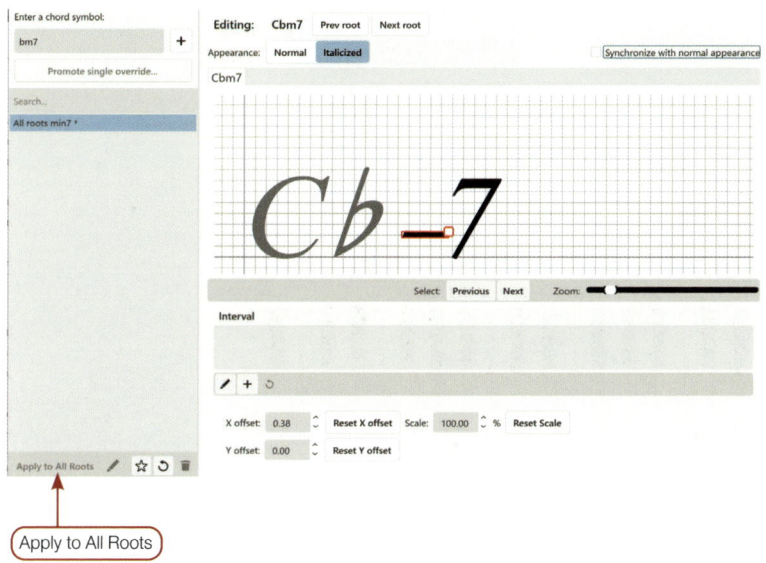

6 — Dorico가 인식할 수 없는 새로운 코드 스타일을 추가한 경우라면, 사용자 정의 코드 유형으로 만들 것인지를 확인하는 창이 열립니다.

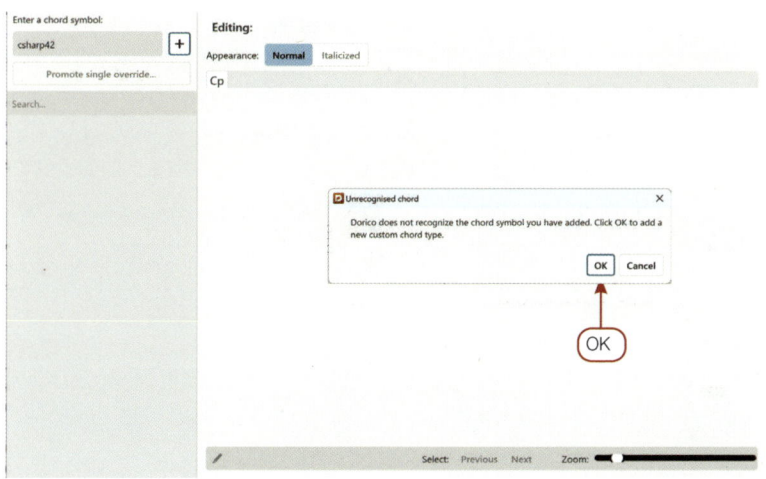

7 — OK 버튼을 클릭하여 확인하면, 사용자 정의 코드의 실제 연주 음을 지정할 수 있는 창이 열립니다. 화면의 건반을 클릭해 음을 직접 설정하거나, MIDI Listen 버튼을 눌러 미디 건반으로 입력할 수 있습니다. Move 버튼을 사용하면 코드의 인버전을 조정할 수 있고, 스피커 아이콘을 클릭하면 사운드를 모니터할 수 있습니다.

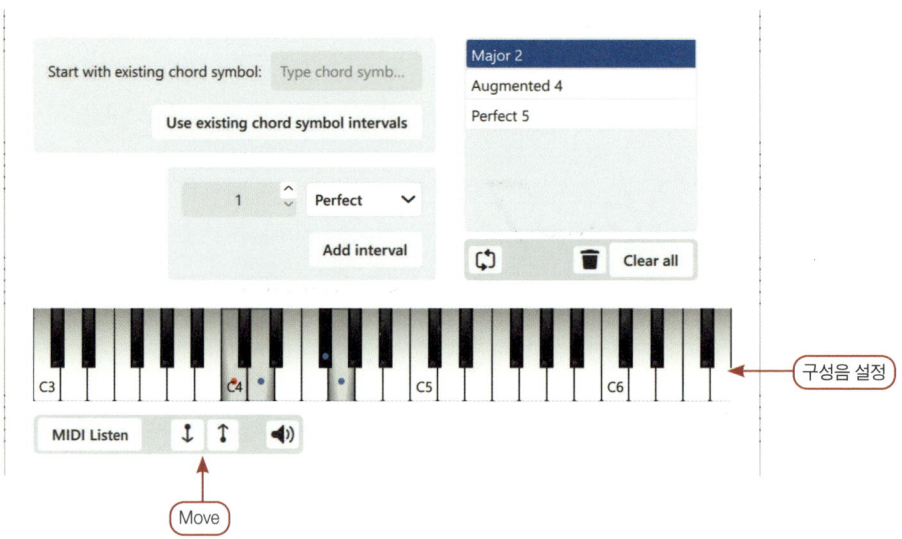

8 — 사용자 정의 코드를 더블 클릭하면 해당 코드의 표기 스타일을 직접 편집할 수 있습니다. 이와 관련된 내용은 뒤에서 자세히 다루겠습니다

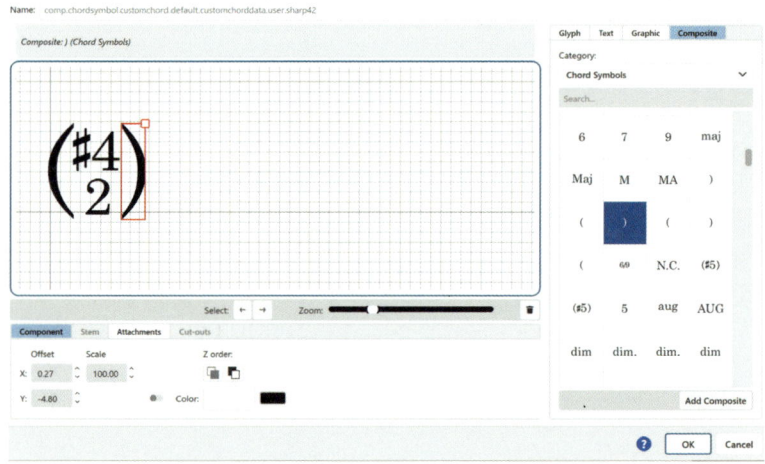

코드 커닝 편집

코드 구성 요소 간격 조정

코드 네임을 구성하는 루트, 코드 타입, 텐션 등의 각 요소는 기본적으로 자동으로 배치되지만, 글꼴을 변경했거나 외부에서 MusicXML 파일을 가져온 경우에는 시각적 균형이 무너질 수 있습니다. 이러한 경우에는 각 요소 간의 간격을 수동으로 조정하여 가독성과 일관성을 높일 수 있습니다.

코드를 마우스 오른쪽 버튼으로 클릭해 단축 메뉴를 열고, Chord Symbols and Diagrams의 Chord Symbol Kerning Pairs를 선택합니다.

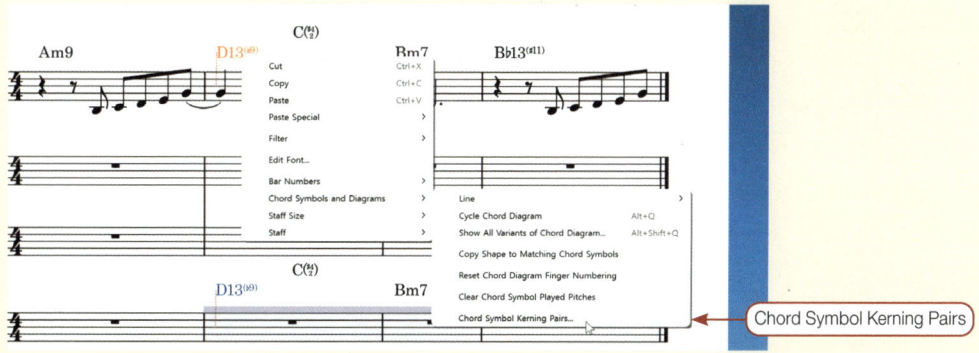

각 코드 요소 간의 간격을 조정할 수 있는 창이 열립니다. 설정을 마친 후, 동일한 스타일을 이후 프로젝트에서도 기본값으로 사용하고 싶다면, Save as Default 버튼을 클릭하여 저장합니다.

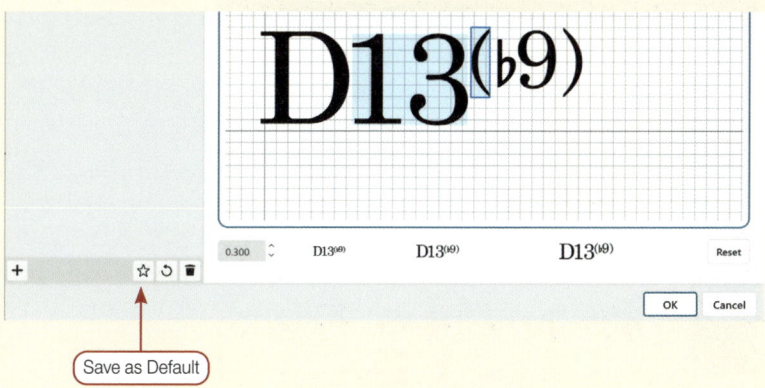

199

6 마디 정렬하기

1 — Dorico는 입력된 음표 수에 따라 자동으로 마디를 정렬하지만, 사용자의 편집 의도에 따라 수동 조정이 필요한 경우도 있습니다. Ctrl+3 키를 눌러 Engrave 모드로 전환합니다.

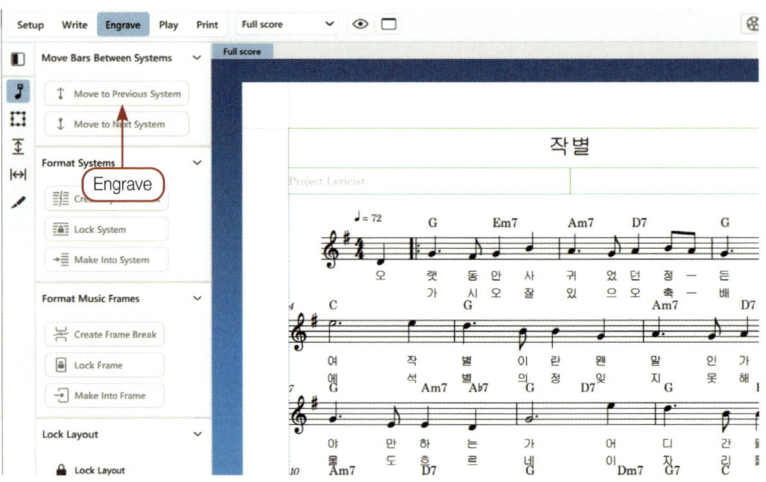

2 — 이동하고자 하는 마디의 음표를 선택한 후, 좌측 패널에서 Move to Previous System 을 클릭하거나 〈 키를 누르면 해당 마디가 상위 시스템으로 이동하고, 반대로 Move to Next System을 클릭하거나 〉 키를 누르면 하위 시스템으로 이동시킬 수 있습니다.

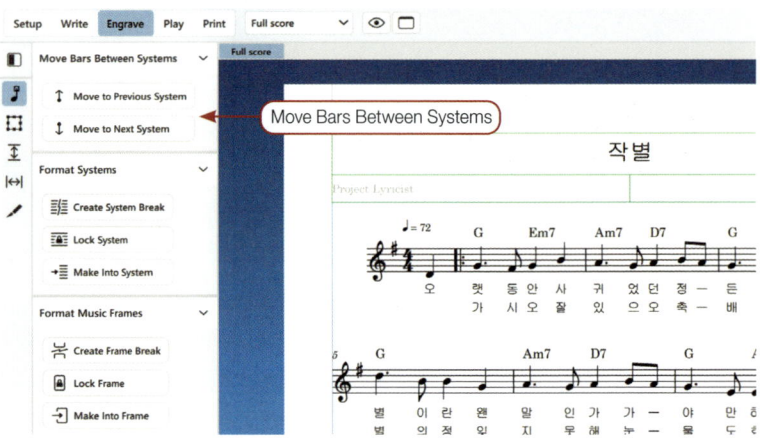

3 — 보표 이름을 감추고자 할 경우, Ctrl+Shift+L 키를 눌러 Layout Options 창을 열고, Staves and Systems 페이지의 Staff labels on first system과 Staff labels on subsequent systems 항목을 모두 None으로 설정하면 됩니다.

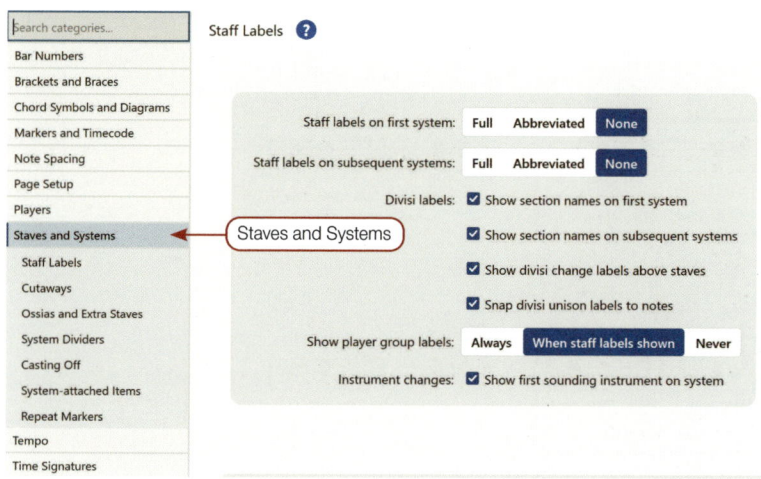

4 — 악보의 첫 번째 시스템에 약간의 들여쓰기를 적용하려면, 하단의 Indents 항목에서 Indent first system of flow by 옵션에 원하는 값을 입력하면 됩니다. 이 설정을 통해 악보의 첫 부분을 보다 정돈된 인상으로 조정할 수 있습니다.

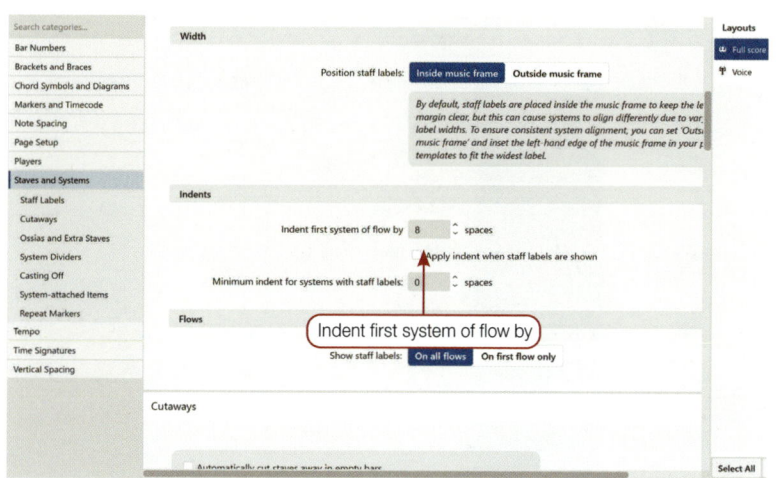

5 ── 가사에 절 번호를 표시하고 싶을 경우, Ctrl+Shift+E 키를 눌러 Engraving Options 창을 열고 Verse Numbers 항목에서 Show verse numbers 옵션을 선택하면 됩니다. 상단의 검색 창에 verse를 입력하면 해당 항목을 빠르게 찾을 수 있습니다.

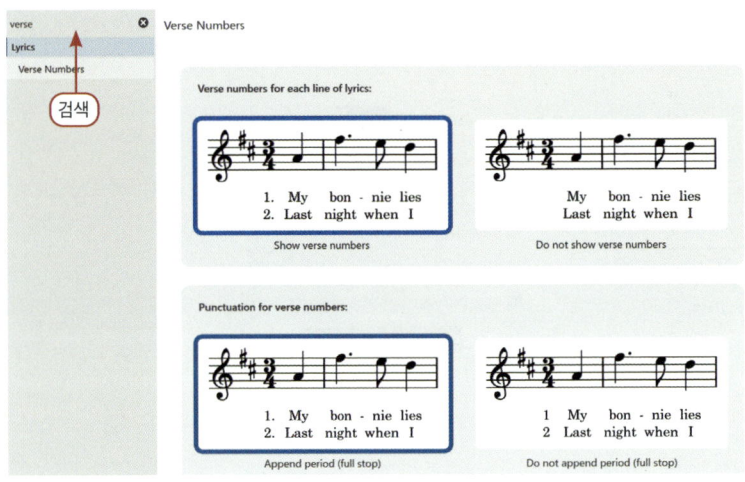

6 ── 반복 절은 마디를 선택한 뒤, 오른쪽 패널의 Repeat Structures 도구에서 Create Repeat Ending을 클릭하여 삽입할 수 있습니다. 이 기능을 사용하면 도돌이표와 두 번째 반복 절도 자동으로 생성됩니다.

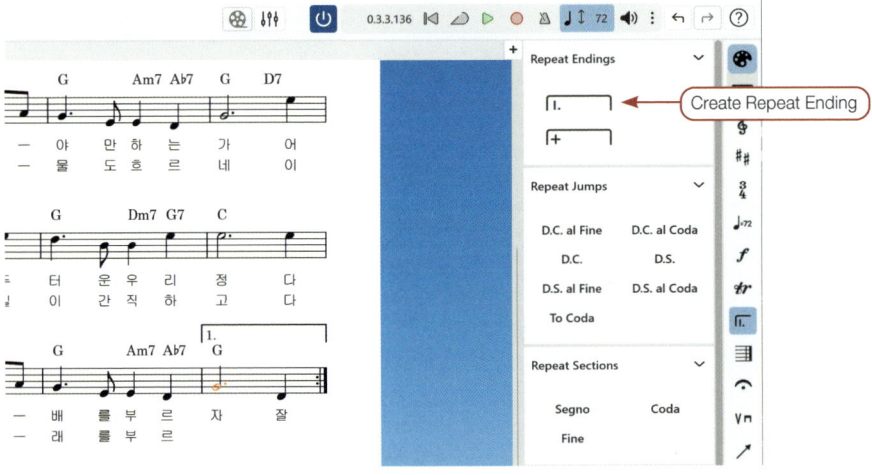

7 — 반복 라인은 시작 및 끝에 있는 핸들을 드래그하여 길이를 조절하거나 위치를 이동할 수 있습니다. 도돌이표는 반복 라인과 연동되지 않으므로, 필요 시 별도로 다시 입력해야 합니다.

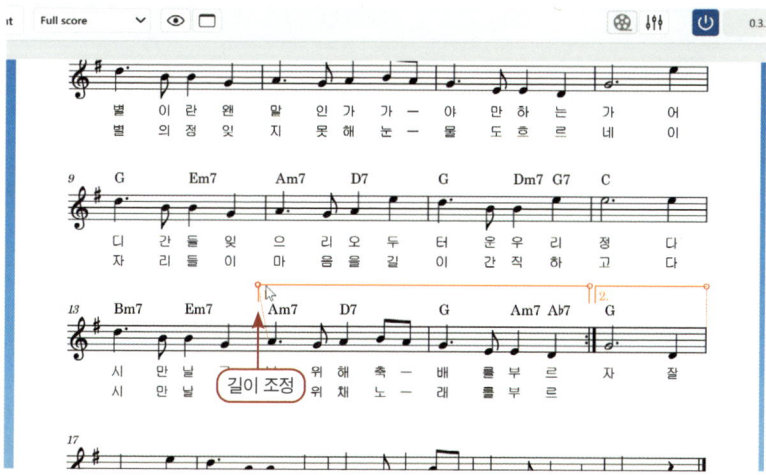

8 — Ctrl+8 키를 눌러 속성 패널을 열고, No Times played 옵션을 활성화하면 연주 횟수를 직접 설정할 수 있습니다. 그 외, 세부적인 스타일은 Ctrl+Shift+E 키를 눌러 Engraving Options 창을 열고, Repeat Endings에서 설정할 수 있습니다.

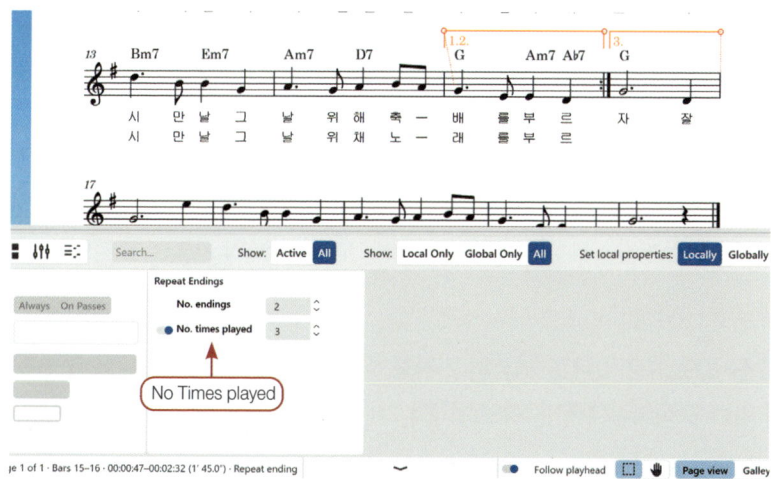

Section 03 다성부 악보 만들기

리드 시트에서 배운 내용을 바탕으로 전통적인 4성부 악보 작성법을 학습합니다. 이 과정에서는 특히 여러 성부를 하나의 오선에 효율적으로 배치하는 기법과 레이아웃을 수동으로 조정하는 기술에 중점을 두어 진행됩니다. 이를 통해 각 성부가 자연스럽고 조화롭게 어우러지도록 배열하는 방법을 익히고, 악보를 더욱 정교하고 체계적으로 구성하는 능력을 키울 수 있을 것입니다.

∴ 다성부 악보 레이아웃 정리 및 효율적 작업 흐름

- **클레프 및 박자표 설정** : 각 성부의 음역에 맞는 클레프와 정확한 타임 시그니처를 설정함으로써, 안정된 음표 입력의 기반을 마련합니다.

- **스태프 레이블 및 바 번호 감추기** : 시각적 군더더기를 제거하여 악보의 가독성을 높이고, 최종 출력물의 세련된 인상을 더합니다.

- **가사 입력, 정렬 및 절 번호 추가** : 다절 구조의 가사를 정확하게 배치하고, 정렬 및 절 번호 기능을 통해 독창적인 악보 구성의 명확성을 확보합니다.

- **레이아웃 최적화 및 인쇄 설정 조정** : 간격, 시스템 분할, 여백 등을 섬세하게 조율하여 시각적으로 균형 잡힌 인쇄용 악보를 완성합니다.

A Mighty Fortress Is Our God

Martin Luther

1. A might-y for-tress is our God, A bul-wark nev-er fail-ing; Our help-er He, a-mid the flood Of mor-tal ills pre-vail-ing: For still our an-cient foe Doth seek to work us woe; His craft and power are great, And, armed with cru-el hate, On earth is not his e-qual.

2. Did we in our own strength con-fide, Our striv-ing would be los-ing; Were not the right Man on our side, The man of God's own choos-ing: Dost ask who that may be? Christ Je-sus, it is He; Lord Sab-a-oth His name, From age to age the same, And He must win the bat-tle.

3. And though this world, with dev-ils filled, Should threat-en to un-do us, We will not fear, for God hath willed His truth to tri-umph through us: The Prince of Dark-ness grim, We trem-ble not for him; His rage we can en-dure, For lo, his doom is sure; One lit-tle word shall fell him.

4. That word a-bove all earth-ly powers, No thanks to them, a-bid-eth; The Spir-it and the gifts are ours Through him who with us sid-eth: Let goods and kin-dred go, This mor-tal life al-so; The bod-y they may kill: God's truth a-bid-eth still; His king-dom is for-ev-er. A-men.

프로젝트 준비하기

1 — 도리코를 실행하면 열리는 허브 창에서 Empty 프로젝트를 더블 클릭하거나, 이미 실행 중이라면 File 메뉴의 New를 선택하여 창을 열고, Add Single Player를 선택합니다.

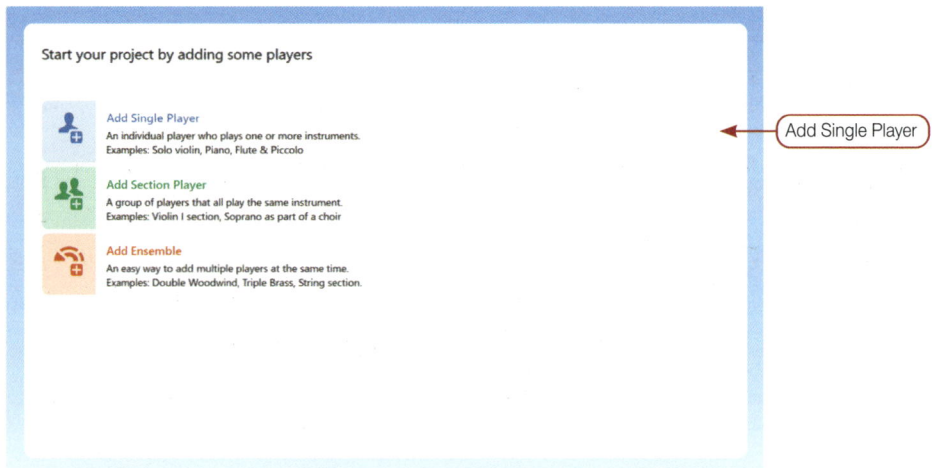

2 — 악기 선택 창 검색 항목에 Voice를 입력하고 Enter 키를 눌러 보표를 만듭니다.

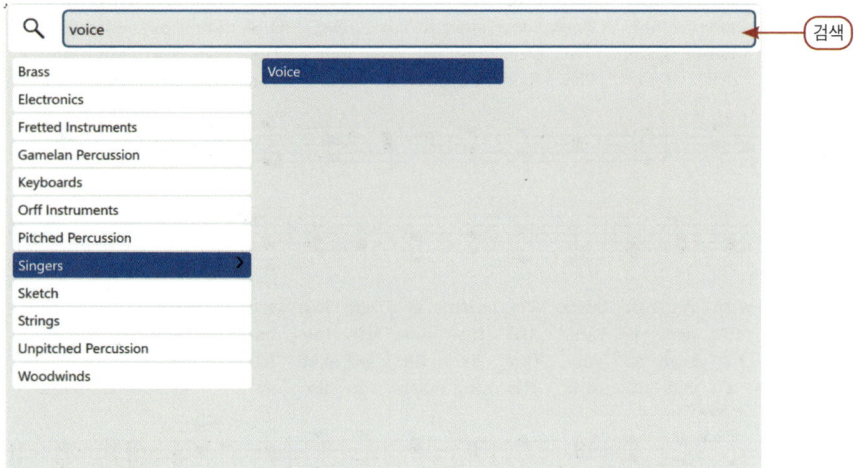

3 — 생성된 플레이어를 마우스 오른쪽 버튼으로 클릭하여 단축 메뉴를 열고, Duplicate Player를 선택하여 복사합니다.

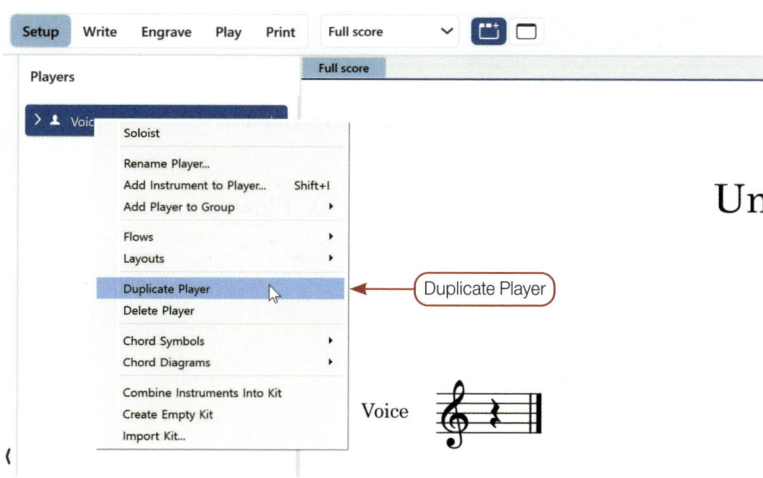

4 — Wrtie 모드에서 아래쪽 보표를 선택하고 Shift+C 키를 눌러 팝오버 창을 엽니다. 그리고 Bass 또는 F를 입력하여 아래쪽 보표를 낮은 음자리표로 변경합니다.

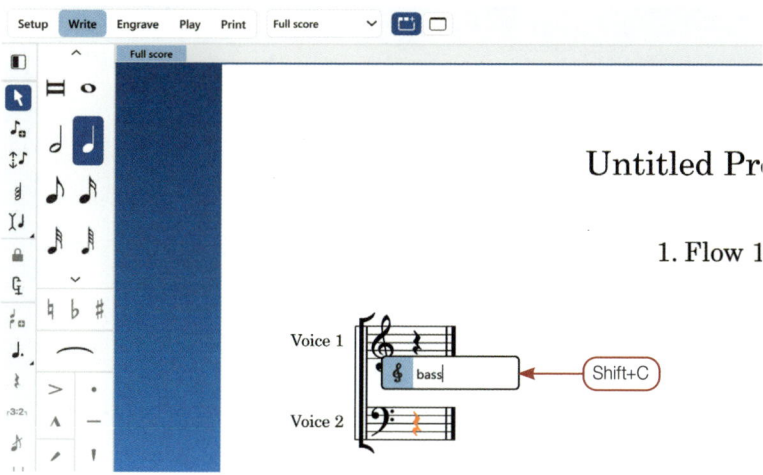

5 — Ctrl+3 키를 눌러 Engrave 모드를 열고, 브라켓을 선택하여 Delete 키로 삭제합니다.

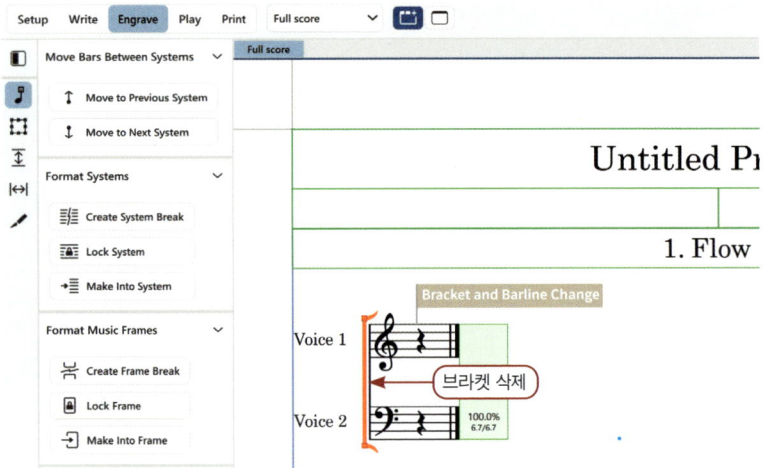

6 — View 메뉴의 Signposts에서 Hide Signposts를 선택하여 포스트를 감춥니다. System Track도 해제하여 표시되지 않게 합니다.

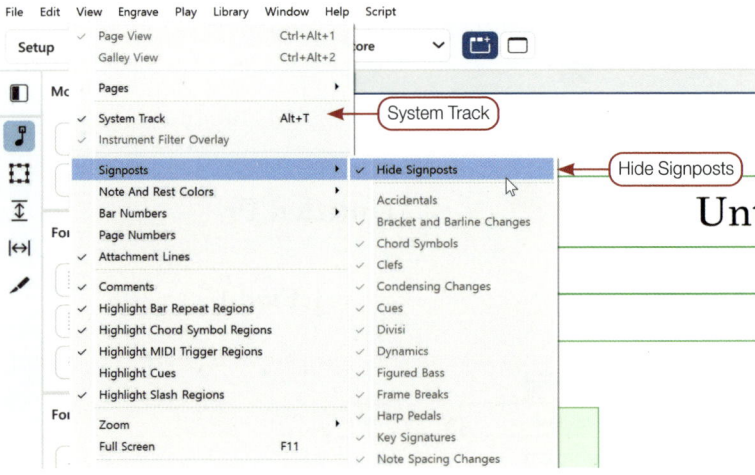

7 — Ctrl+Shift+L 키를 눌러 레이아웃 옵션 창을 엽니다. 그리고 Stave and Systems에서 Staff labels on First Systems과 Staff labels on subsequent Systems을 None으로 설정하여 악기 이름이 표시되지 않게 합니다.

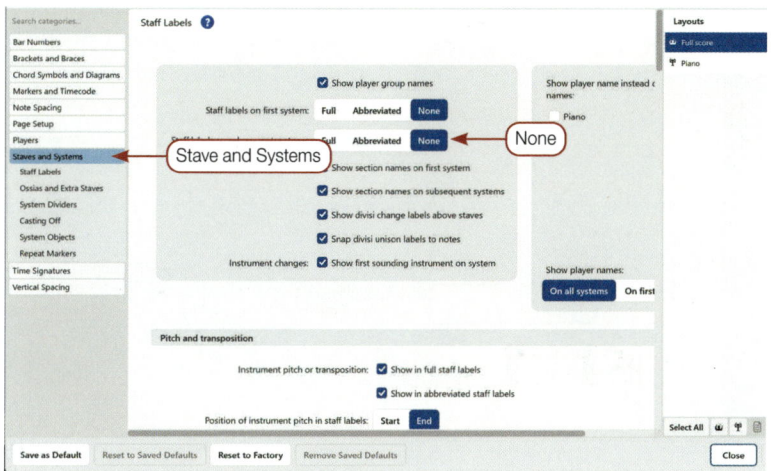

8 — Bar Numbers 페이지의 Frequency에서 None을 선택하여 마디 번호도 감춥니다.

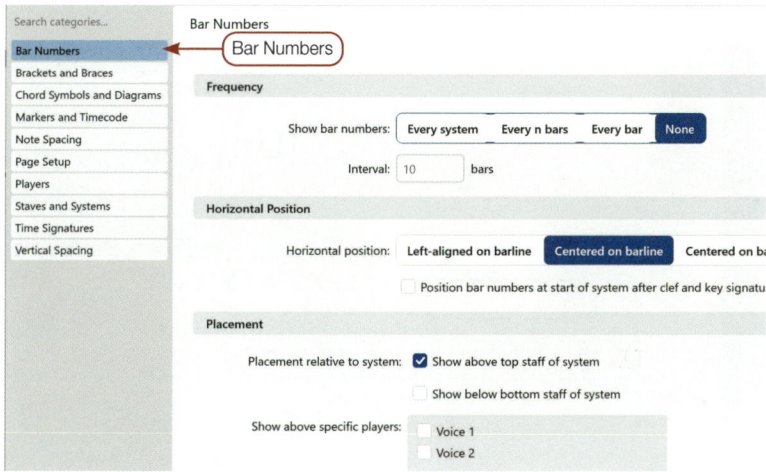

9 — 첫 번째 마디의 쉼표를 선택하고, Shift+M 키를 눌러 팝업 창을 엽니다. 그리고 4/4,1을 입력하여 못 갖춘 마디로 설정합니다.

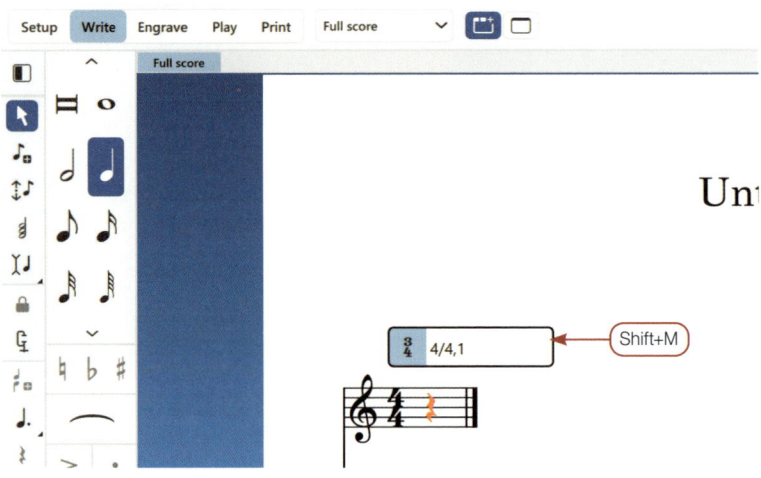

10 — Shift+B 키를 눌러 팝업 창을 열고, 마디 수를 추가합니다.

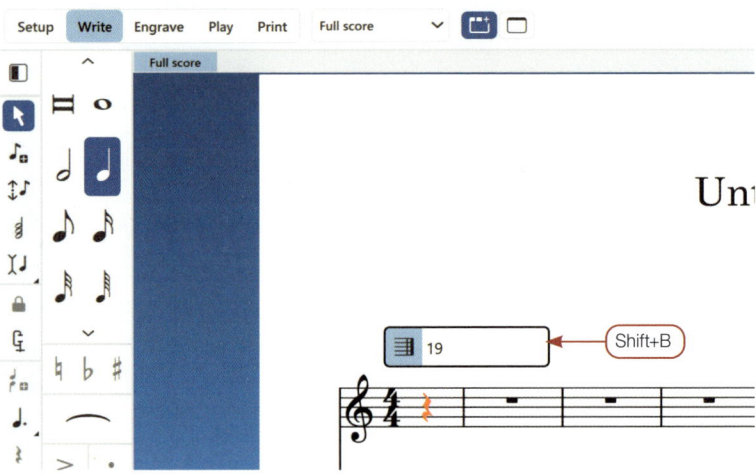

2 성부 입력하기

1 — 화음은 미디 건반을 이용하는 것이 가장 편리하지만, 마우스나 키보드를 이용해 입력하고자 할 때는 K 키를 눌러 Chords 도구를 활성화한 후 진행합니다.

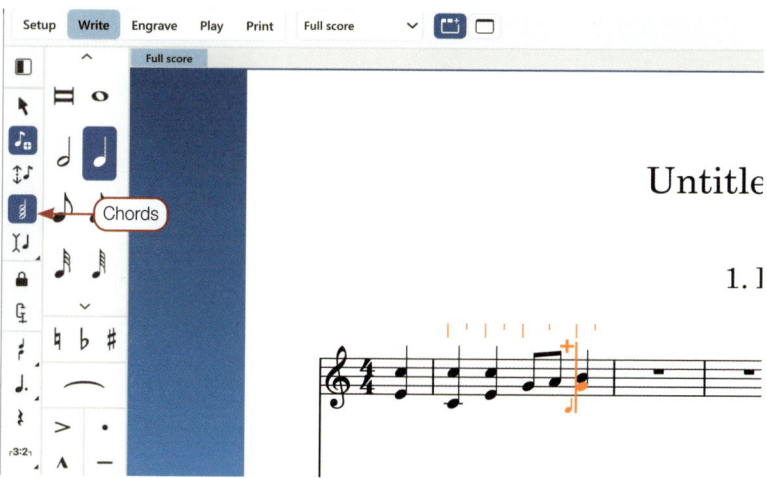

2 — Shift+V 키를 누르면 기 방향이 바뀌어 2성부를 입력할 수 있습니다.

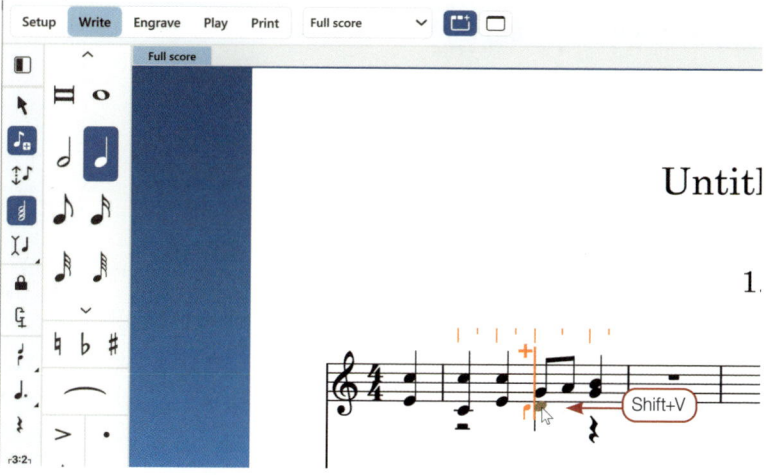

3 — 도리코는 성부를 색깔로 구분할 수 있는 기능을 제공합니다. 필요하다면 View 메뉴에서 Note and Rest Colors를 선택합니다.

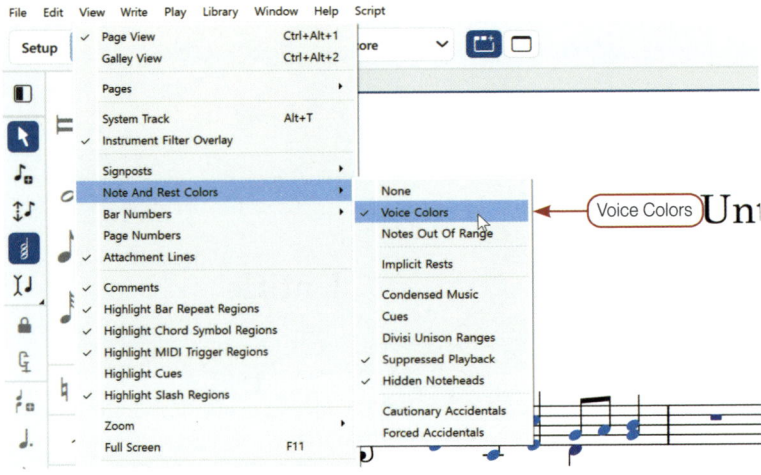

4 — 2성부의 쉼표는 마디를 선택한 후, Edit 메뉴에서 Remove Rests를 이용하여 감출 수 있습니다. 악보를 모두 만든 후 한 번에 처리할 수도 있지만, 단축키를 설정하여 사용하면 더욱 편리하게 작업할 수 있습니다.

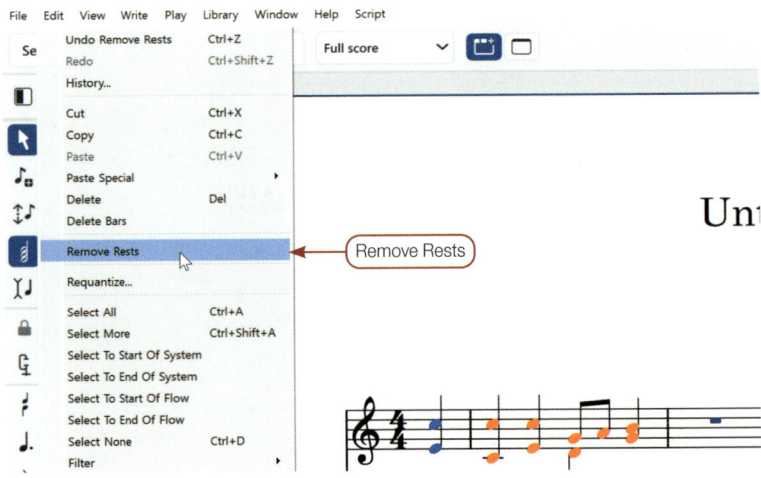

5 — Ctrl+콤마(,) 키를 눌러 설정 창을 열고, Key Commands 검색 창에 remove rest을 입력하여 해당 메뉴를 찾습니다.

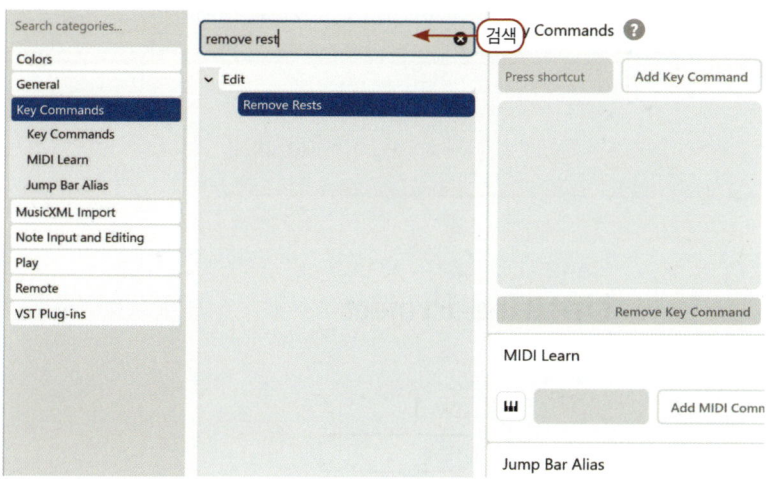

6 — 검색된 Edit 메뉴의 Remove Rests을 선택한 후, Press shortcut 항목에 자신이 편리하게 사용할 단축키를 설정합니다. 이제 쉼표를 단축키로 쉽게 감출 수 있어, 작업 속도가 더욱 빨라집니다.

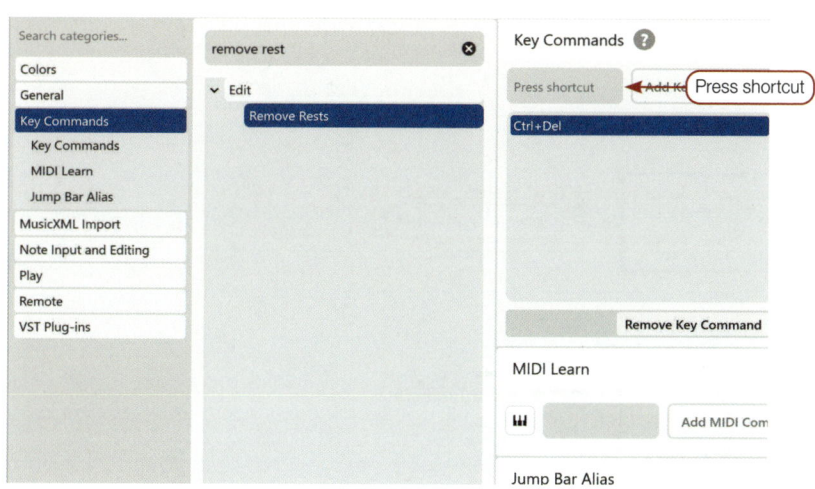

3 절 번호 표시

1 — 가사는 Shift+L 키를 눌러 팝오버 창을 열고, 입력합니다. 2절을 입력할 때는 아래쪽 방향키를 눌러 추가합니다.

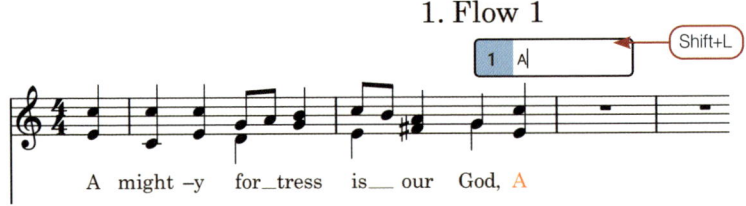

2 — 가사 절 번호를 표시하려면 Ctrl+Shift+L 키를 눌러 옵션 창을 열고, Lyrics 페이지에서 Verse numbers for each line of lyrics 항목의 Show verse numbers를 선택합니다.

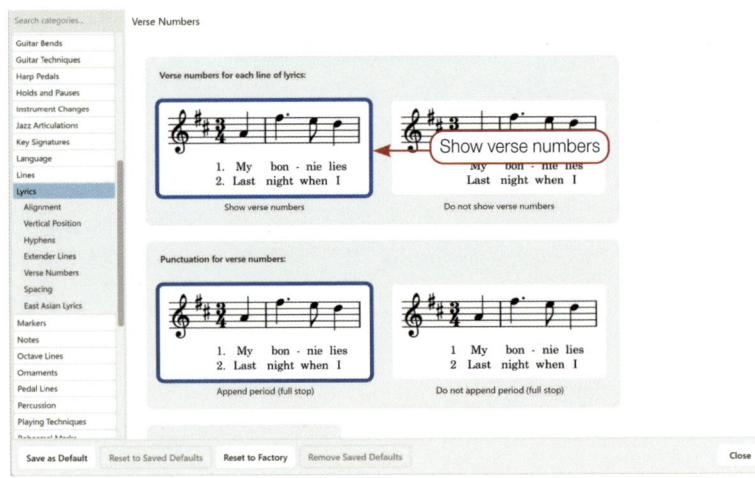

3 — Page View에서 가사를 입력하면 보표 간격이 자동으로 조정되어 글자가 겹치는 현상이 발생하지 않습니다.

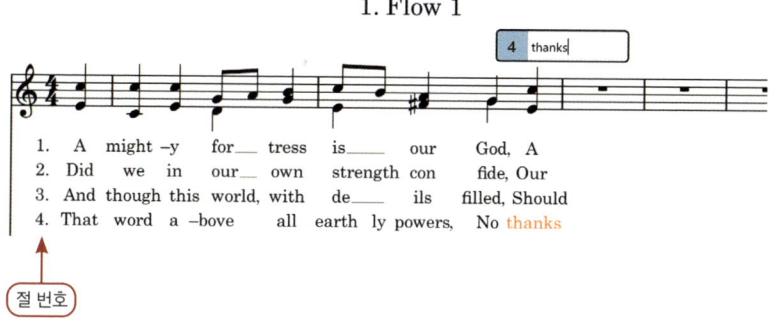

4 — 기본 간격은 125%이며, 이를 수정하려면 Ctrl+Shift+L 키를 눌러 창을 열고, Vertical Spacing 페이지에서 In galley view, expand ideal staff gaps to 항목의 값을 수정합니다.

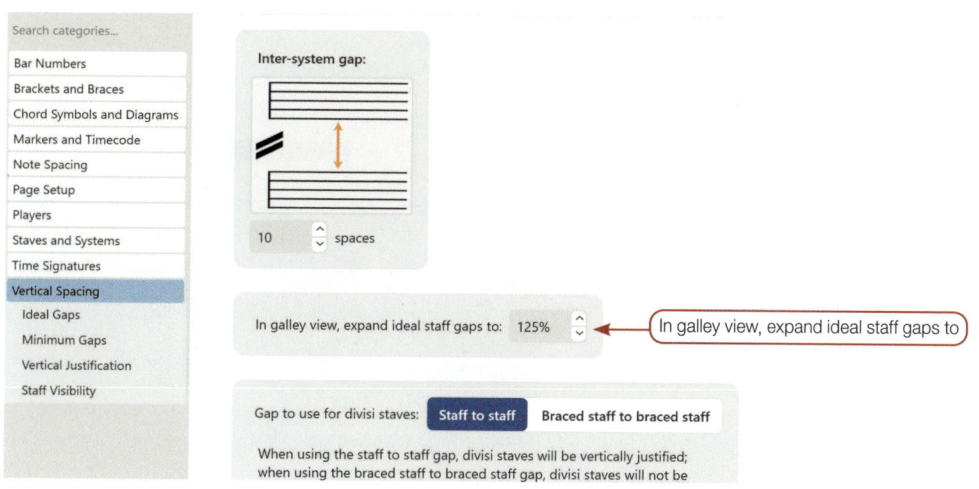

4 마디 분리하기

1 — 예제 악보를 완성하면 마지막 시스템이 다음 페이지로 넘어가 두 페이지가 됩니다. 이를 한 페이지로 정리하고 싶다면 Ctrl+Shift+L 키를 눌러 창을 열고, Page Setup에서 Restarl Size를 5로 줄입니다.

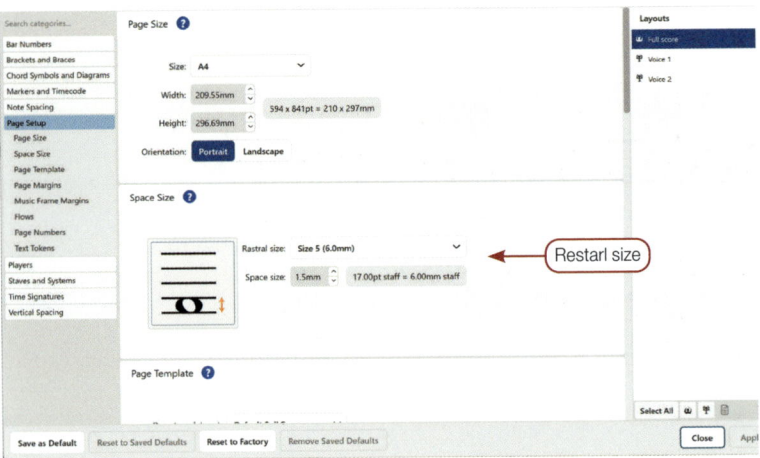

2 — Pase Setup 창 아래쪽 Page Margins 섹션에서 Bottom 값을 0으로 설정하여 아래쪽 여백이 생기지 않도록 조정합니다.

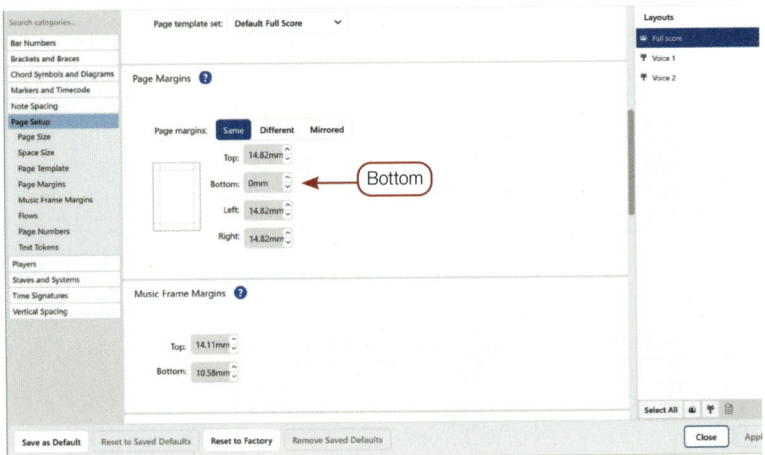

3 — 악보가 한 페이지로 정리된 것을 확인할 수 있습니다. 계속해서 예제처럼 마디를 자유롭게 분리하려면, Ctrl+콤마 키를 눌러 창을 열고, Note Input and Editing의 Sanp system and frame breaks to barlines when creating 옵션을 해제합니다.

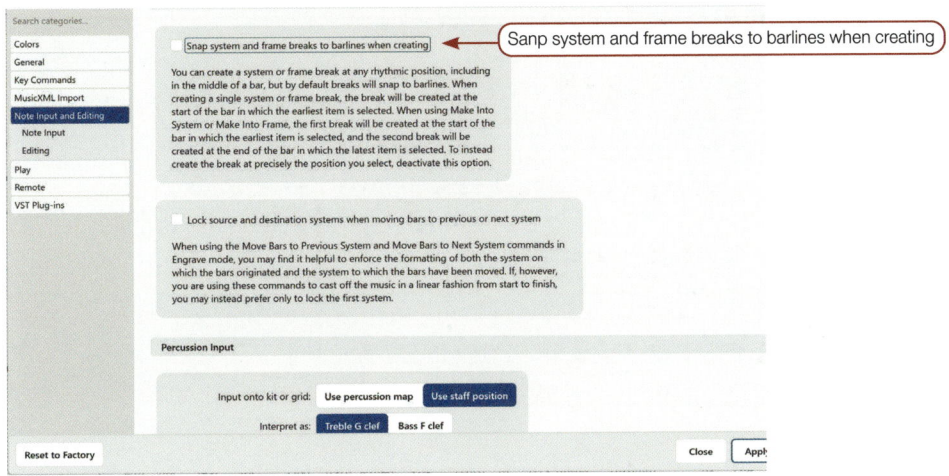

4 — 이제 마디를 자유롭게 분리할 준비가 되었습니다. Ctrl+3 키를 눌러 Engrave 탭을 열고, 분리하고자 하는 마디의 음표를 선택합니다. 그리고 Create System Bradk를 클릭하거나 단축키 Shift+S 키를 누르면, 선택한 음표를 다음 시스템으로 분리 할 수 있습니다.

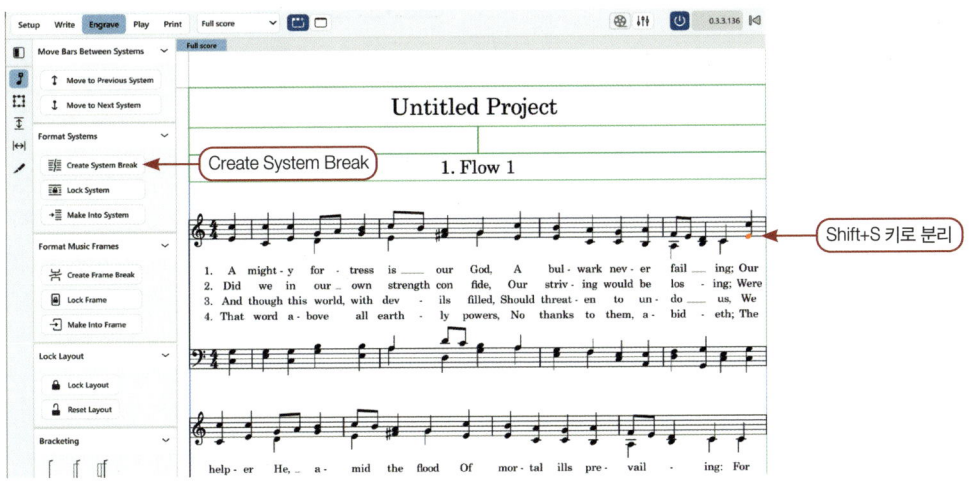

5 — 선택한 음표가 포함된 마디를 다음 시스템으로 이동시키려면, Move to Next System 버튼을 클릭하거나 〉 키를 누르면 됩니다.

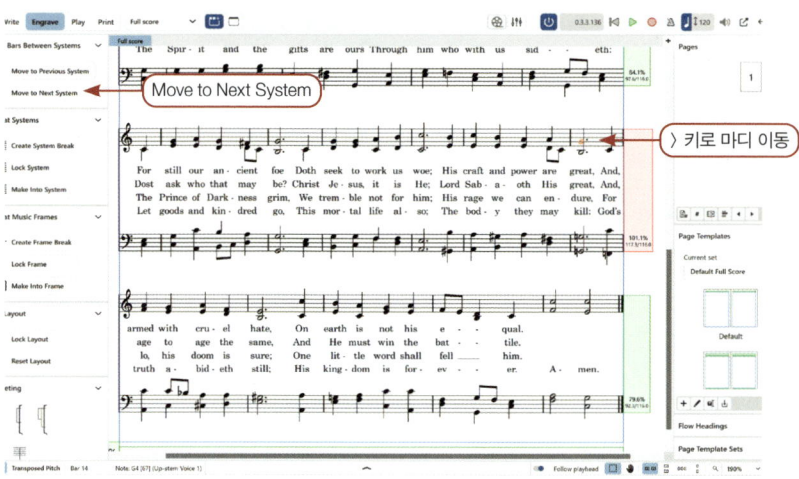

6 — 페르마타 기호는 Shift+H 키를 눌러 팝업 창을 열고, fer를 입력하여 추가할 수 있습니다.

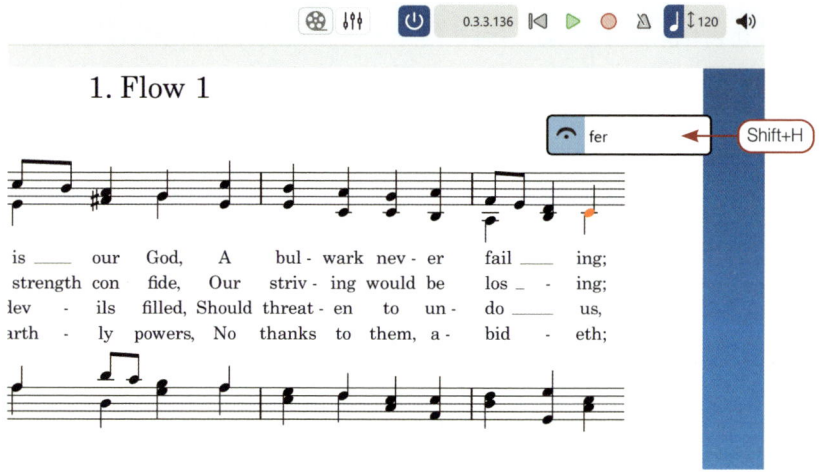

7 — 2성 음표이기 때문에 페르마타 기호가 아래쪽에도 붙습니다. Ctrl+8 키를 눌러 로우 패널을 열고, Max. fermatas per staff 옵션에서 One per staff를 선택하여 하나만 표시되게 할 수 있습니다.

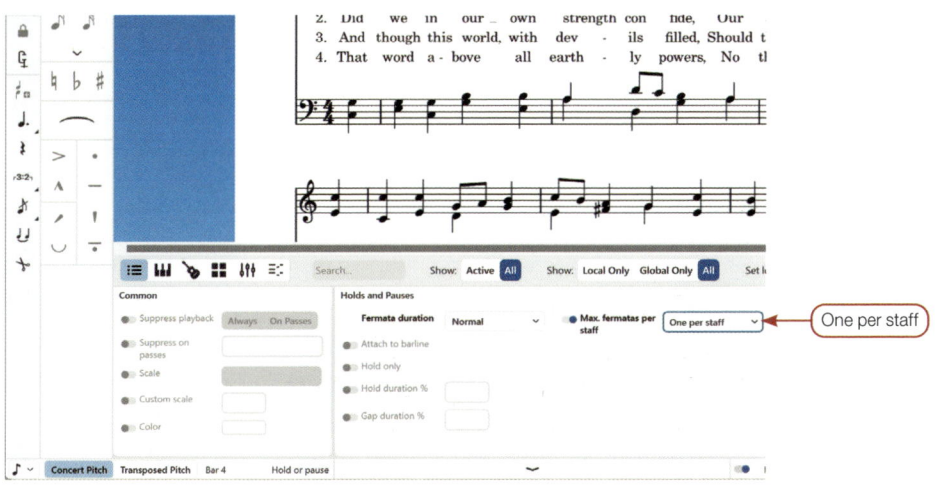

8 — 낮은 음자리표의 페르마타는 F 키를 눌러 뒤집을 수 있습니다. 나머지 음표의 페르마타 기호는 Ctrl+C 키로 복사하여 Ctrl+V 키로 붙여넣습니다.

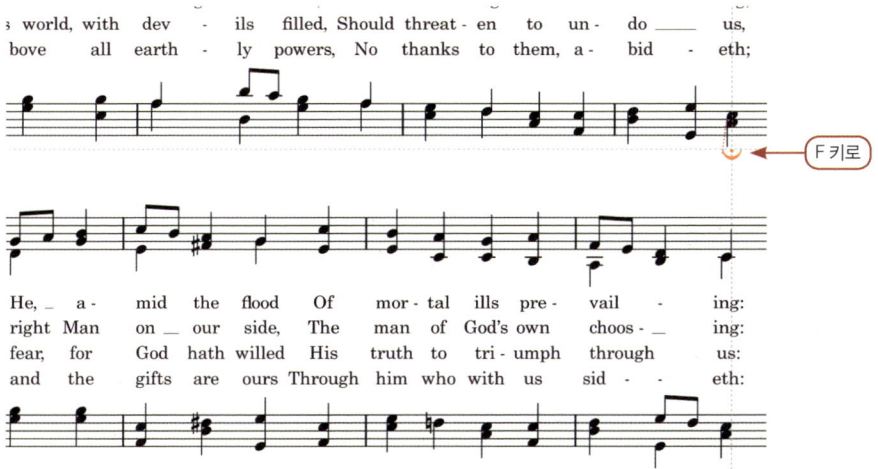

5 슬러 기호 편집하기

1 — 슬러는 S 키를 눌러 추가할 수 있으며, 핸들을 드래그하여 그 위치를 자유롭게 조정할 수 있습니다. 그러나 2성부 음표의 경우, 슬러가 기본적으로 위쪽으로 추가되기 때문에 F 키를 눌러 뒤집는 작업이 필요합니다.

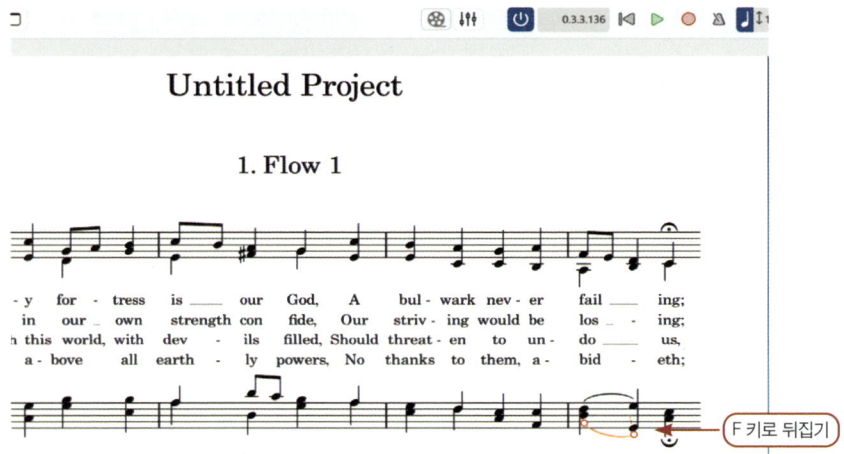

2 — 또한 2성부의 슬러는 Ctrl+3 키를 눌러 Engrave 모드로 전환해야만, 핸들을 드래그하여 위치를 조정할 수 있습니다. 이와 같은 방법을 통해, 예제 악보를 완성합니다.

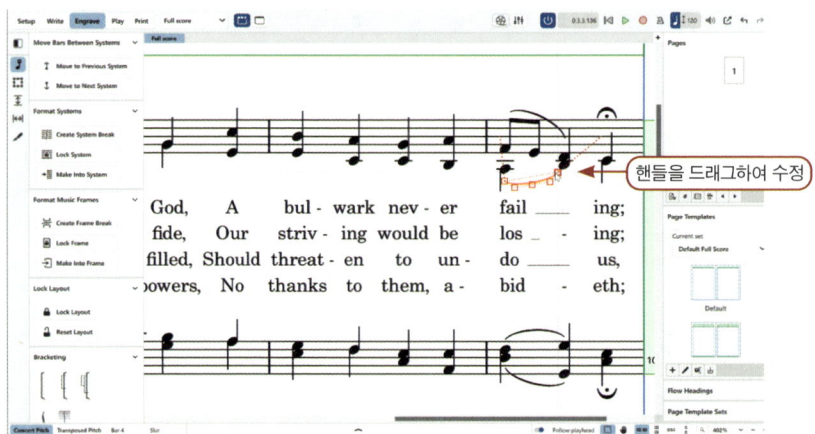

Jump bar

단축키 → J

Jump Bar는 키 명령과 관련된 매우 유용한 도구로, 프로그램 내에서 명령어를 빠르게 실행할 수 있도록 돕습니다. 특히, 명령어에 단축키가 지정되지 않은 경우에도 효과적으로 사용할 수 있어 작업 효율성을 크게 향상시킵니다.

Undo 명령을 사용하고자 할 경우, J 키를 눌러 Jump Bar를 띄운 뒤 undo라고 입력하고, Enter 키를 눌러 마우스를 사용하지 않고도 빠르게 명령어를 실행할 수 있습니다. 이는 단축키가 없는 자주 사용하는 명령어를 효율적으로 실행할 수 있는 매우 유용한 기능입니다.

Jump Bar는 바 번호나 리허설 마크로 빠르게 이동하는 데에도 편리하게 사용됩니다. bar 12를 입력하고 Enter 키를 누르면, 바로 12 마디로 즉시 이동할 수 있습니다. 또한, 자주 사용하는 명령어에 대해 더 간단한 단축어를 설정할 수 있습니다. Hide Signposts 명령을 자주 사용한다면, 이를 HS와 같은 별칭으로 설정하여 편리하게 사용할 수 있습니다. Jump Bar에 HS를 입력하고 Enter 키를 누르면 Hide Signposts 명령이 실행되는 방식입니다.

별칭 설정 방법은 명령어 뒤에 =를 입력하고 원하는 별칭을 넣는 것입니다. Hide Signposts 명령을 HS로 실행하고 싶다면, Hide Signposts = HS라고 입력하고 저장하면 됩니다. 이렇게 저장된 별칭은 Jump Bar에서 HS라고 입력하여 언제든지 실행할 수 있습니다.

별칭 만들기

Section 04

비표준 악보 만들기

박자나 마디선 없이 자유로운 형태의 악보 작성 방법을 익히는 것은 창의적인 음악적 표현을 촉진하는 중요한 과정입니다. 이 방식은 전통적인 악보 형식에서 벗어나, 고정된 리듬이나 구조에 얽매이지 않고 즉흥적이고 자유로운 아이디어를 기록할 수 있는 기회를 제공합니다. 이를 통해 학생들은 음악적 창의성을 발휘하며, 자신만의 독창적인 음악을 탐구하는 데 필요한 기법을 배울 수 있습니다. 또한, 이러한 표기법을 익히는 과정은 새로운 음표 표기법을 실험하고, 음악적 자유를 한층 더 확대할 수 있는 기회를 제공합니다.

∴ 학습 목표

박자나 마디선 없이 자유로운 형태의 악보 작성 방법과 빔 분리, 스템 감추기 등 다양한 기능을 실습하여 창의적이고 유연한 현대적 표기 방식을 배웁니다.

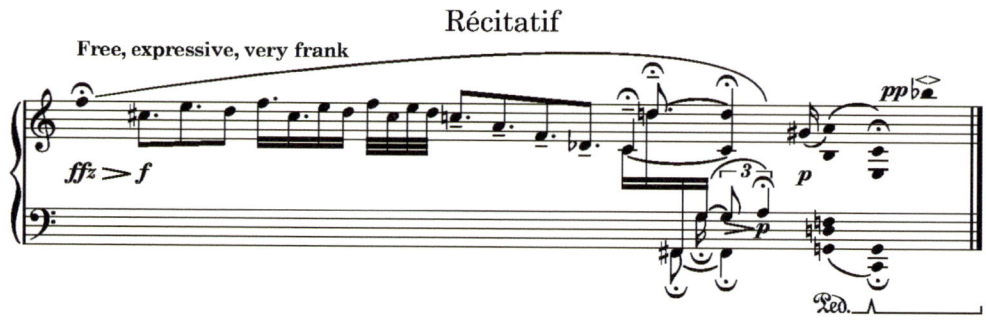

> **1** 환경 설정

1 — File 메뉴의 New를 선택하여 창을 열고, Add Single Player를 클릭합니다.

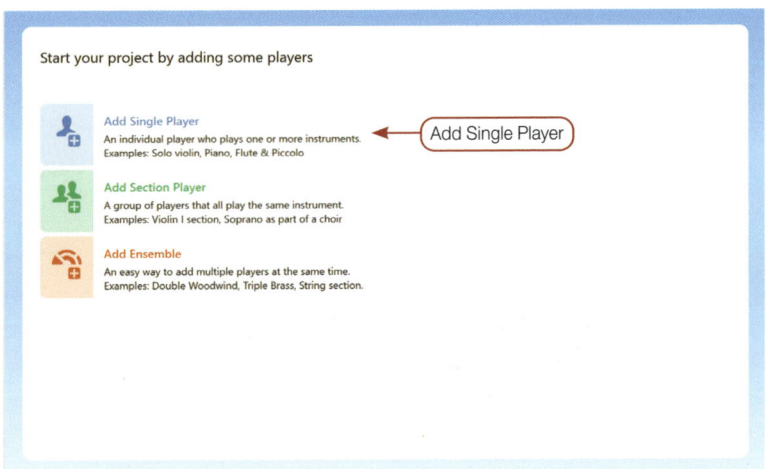

2 — 검색 창에 piano를 입력하고 Enter키를 눌러 피아노 보표를 만듭니다.

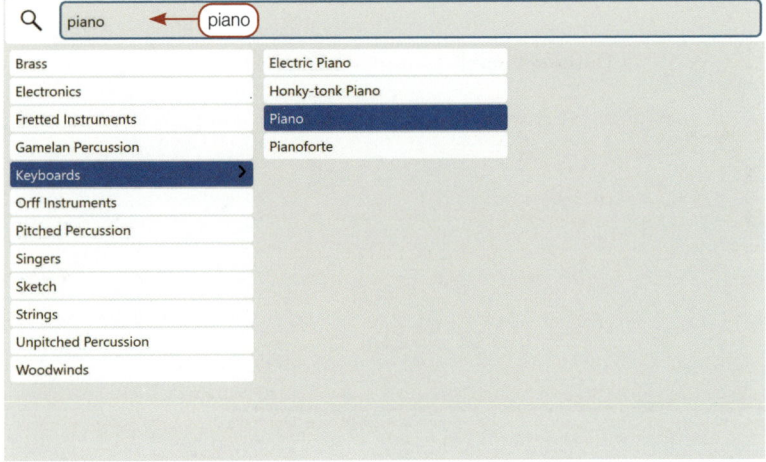

3 — Ctrl+Shift+L 키를 눌러 창을 열고, Staves and Systems 페이지에서 Staff labels on first system과 Staff labels on subsequent systems 옵션을 모두 None으로 설정합니다.

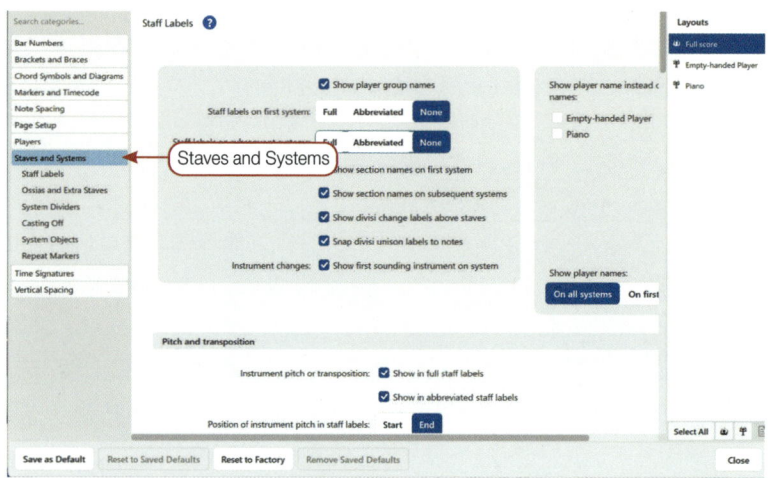

4 — 박자 표기 없이 음표를 입력할 수 있는 피아노 보표가 준비되었습니다. 시스템 마커는 Alt+T 키를 눌러 표시되지 않게 합니다.

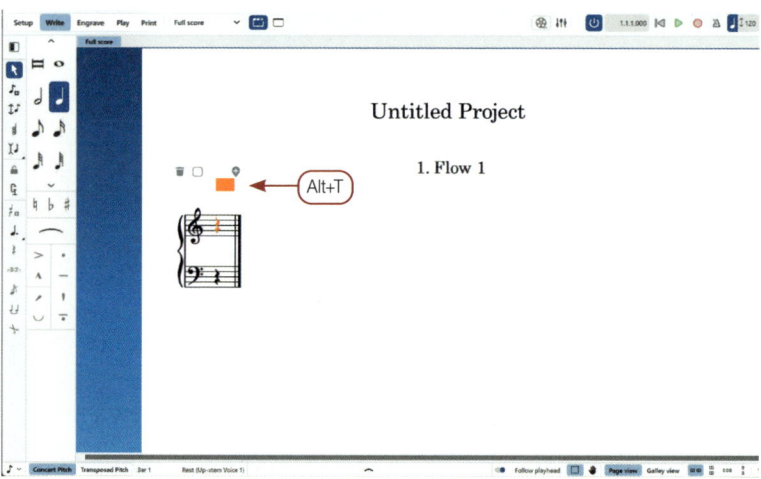

2 무박자 음표 입력하기

1 — 박자 표기를 넣지 않았기 때문에, 자유롭게 음표를 입력할 수 있습니다. 예제 악보와 같이 음표를 입력합니다. 음표 길이 키를 두 번 누르면 점음표를 손쉽게 입력할 수 있습니다.

2 — 예제 악보를 입력해보면 빔이 하나로 연결되는 것을 확인할 수 있습니다. 이를 수동으로 나누려면 마우스 오른쪽 버튼을 클릭하여 단축 메뉴를 열고, Beaming에서 Split Beam을 선택합니다.

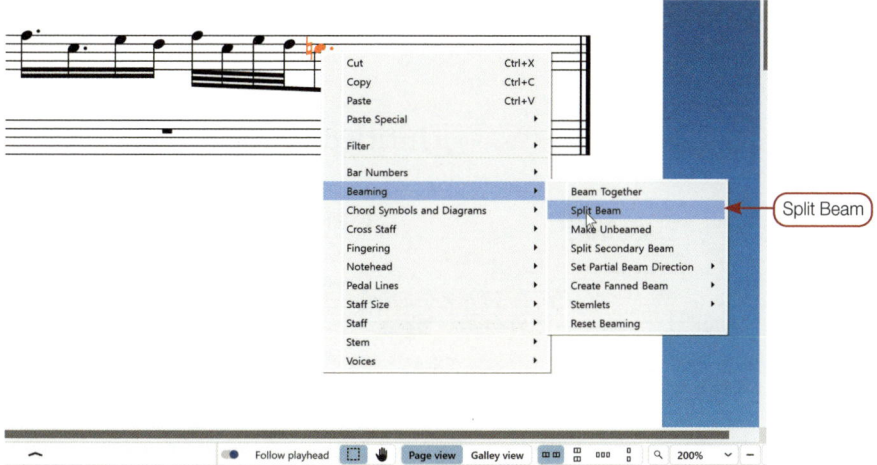

3 — 음표를 선택한 뒤 M 키를 누르면, 해당 음표가 낮은 음자리표로 이동하며 크로스 스태프 표기를 만들 수 있습니다. 반대로 높은 음자리표로 옮기고자 할 때는 N 키를 사용합니다.

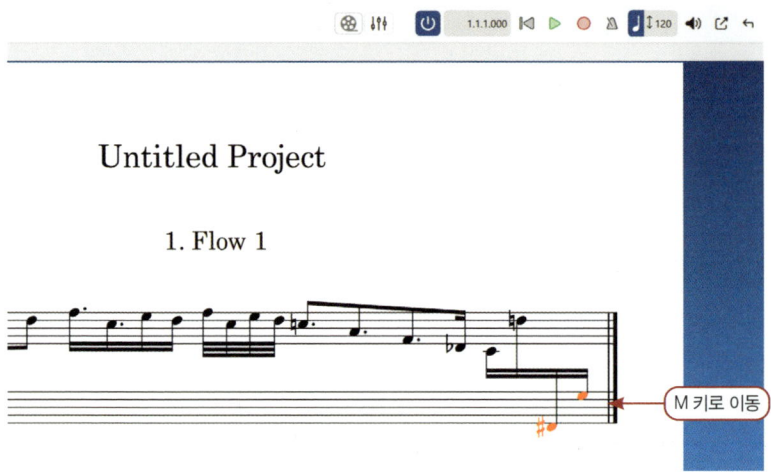

4 — 낮은 음자리표에 새로운 보이스를 추가할 때 쉽게 구분할 수 있도록, View 메뉴의 Note And Rest Colors에서 Voice Colors 옵션을 활성화합니다. 이렇게 하면, 색상으로 보이스를 구분하여 입력할 수 있어 실수를 피할 수 있습니다.

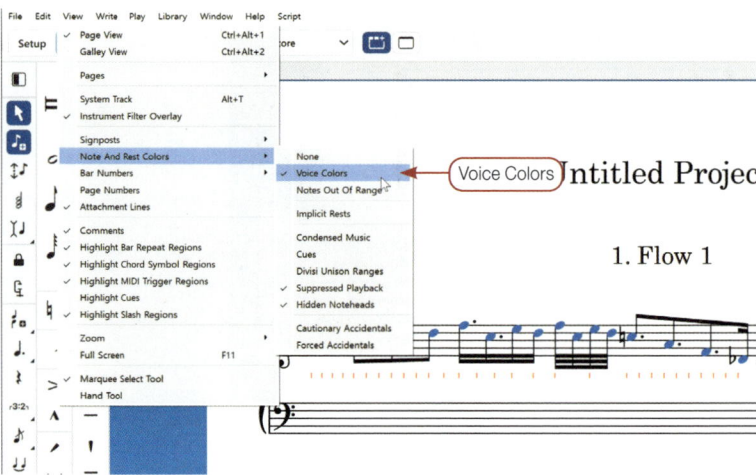

5 — 낮은음자리표에 새로운 음표를 정확한 위치에 추가하려면, 해당 위치에 있는 높은음자리표의 음표를 선택한 후, 아래쪽 방향키를 눌러 음을 이동시키는 방식으로 설정할 수 있습니다. 새로운 보이스는 Shift+V 키를 눌러 추가할 수 있으며, 각 보이스는 색상으로 구분됩니다.

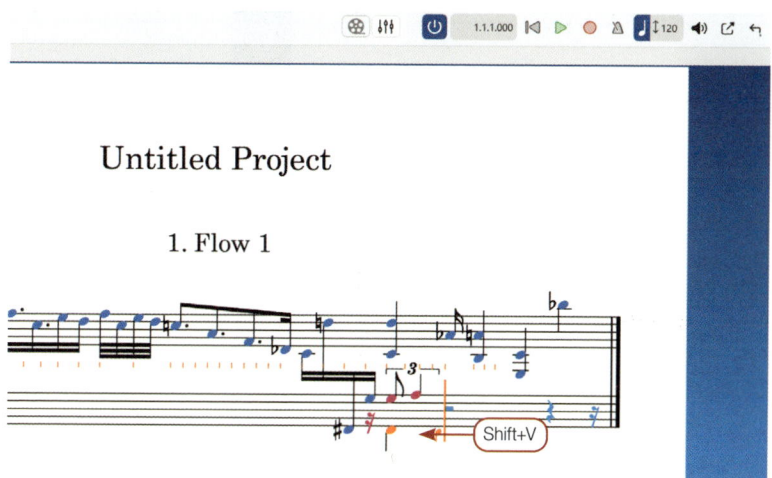

6 — 기의 방향은 F 키를 눌러 변경할 수 있습니다. 이때, 새로운 보이스를 추가할 위치의 음표를 먼저 선택해야 보이스가 올바른 위치에 추가되므로 주의가 필요합니다.

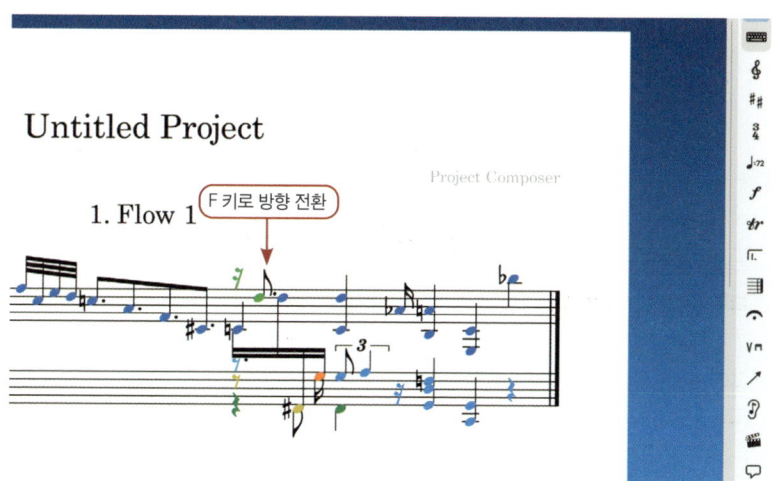

7 ─── C#은 Alt키를 누른 상태에서 = 키를 눌러 Db으로 전환할 수 있으며, Ab은 Alt 키와 - 키를 함께 눌러 G#으로 변경할 수 있습니다.

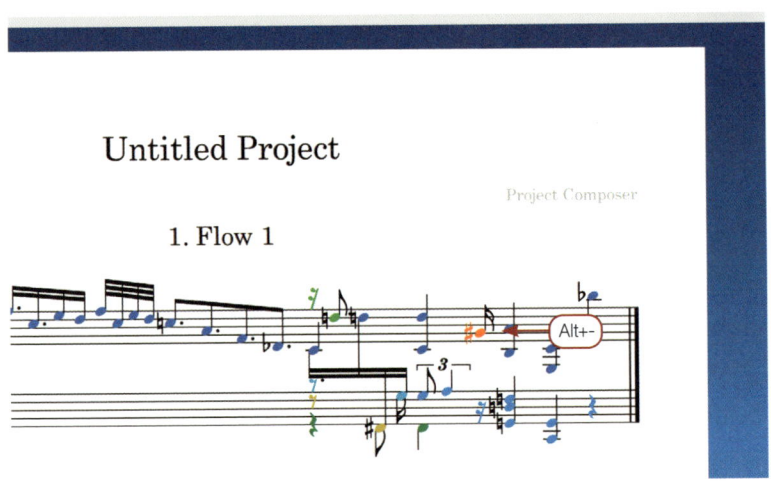

8 ─── 보이스 쉼표는 Edit 메뉴에서 Remove Rests를 선택하여 감출 수 있습니다. 앞의 학습에서 단축키를 설정한 경우, 이를 이용하여 더욱 손쉽게 쉼표를 감출 수도 있습니다.

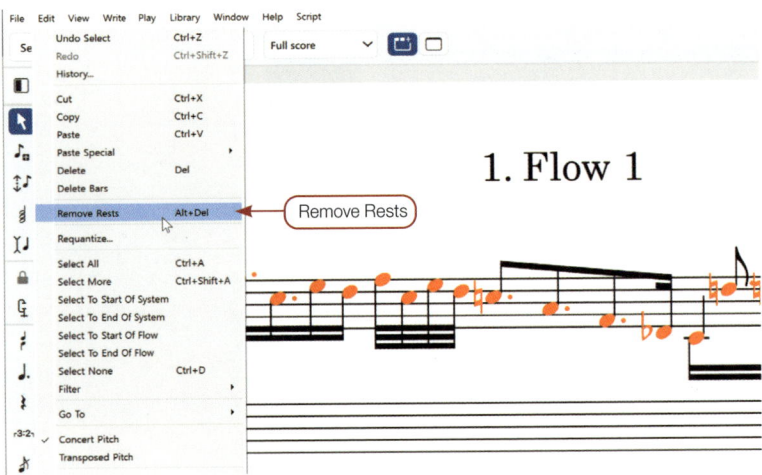

9 — Ctrl+3 키를 눌러 Engrave 모드로 전환한 후, Ctrl+8 키를 눌러 로우 패널을 엽니다. 그런 다음 Hide Stem 옵션을 활성화하면 선택한 음표의 스템을 감출 수 있습니다.

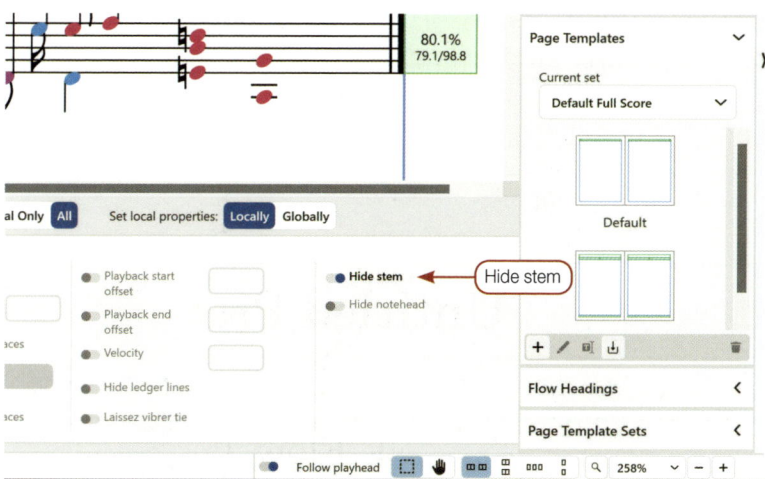

10 — 예제 악보의 3잇단음 브라켓을 실제 입력된 2개의 음표 길이로 줄이고 싶다면, Ctrl+Shift+E 키를 눌러 창을 열고, Tuplets 페이지에서 Tuplet bracket and position을 End at right-hand side of final note로 설정합니다.

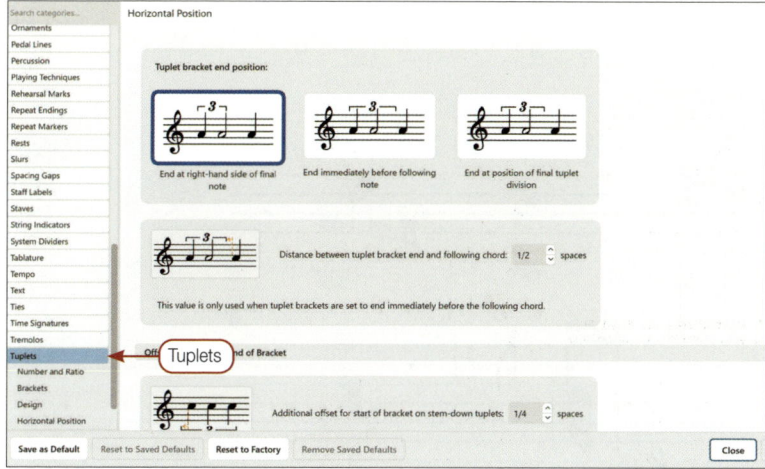

3 음표 간격 조정하기

1 — 예제 악보에서처럼 D 음을 겹쳐서 표시해야 할 경우, Ctrl+3 키를 눌러 Engrave 모드로 전환한 뒤, Note Spacing 도구를 선택합니다. 이 도구는 음표 간격을 정밀하게 조정할 수 있게 도와줍니다.

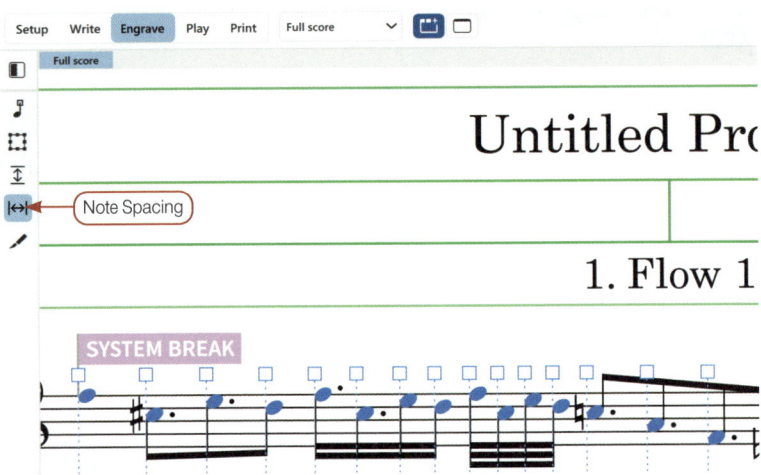

2 — 각 음표에 간격을 조정할 수 있는 핸들이 표시됩니다. 단, 마우스로 핸들을 드래그하여 이동할 수는 없고, Alt+방향키를 사용하여 음표 간격을 조정할 수 있습니다.

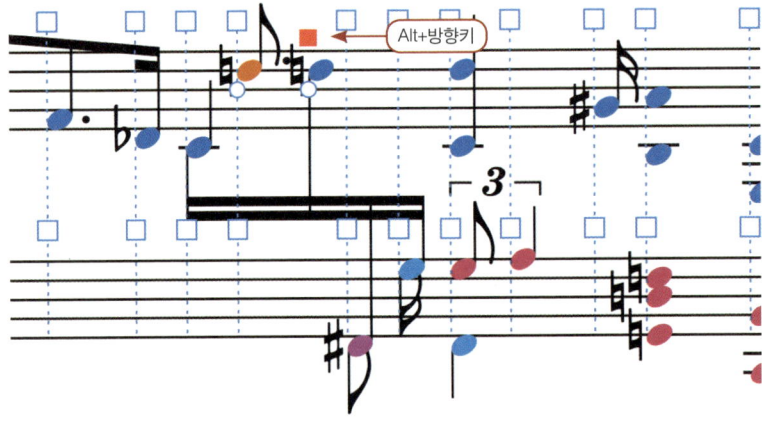

3 — 원형 핸들을 선택하면, 왼쪽과 오른쪽 간격을 유지한 상태로 음표를 이동시킬 수 있습니다. 좀 더 세밀한 조정이 필요하다면 Alt+Shift+방향키를 이용하고, Delete 키를 눌러 삭제하면 원래 위치로 돌아갑니다.

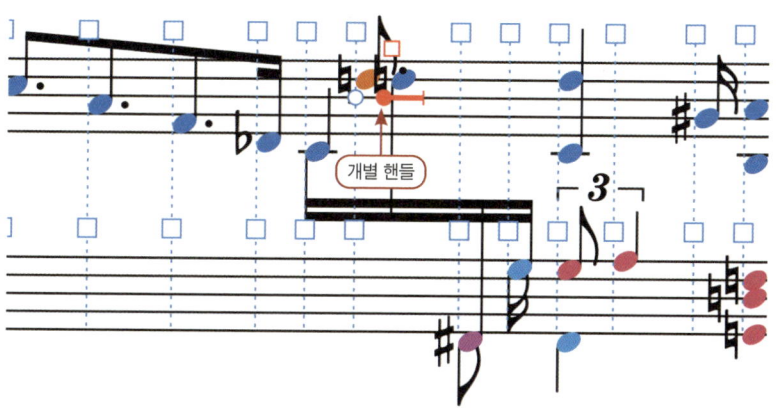

4 — Ctrl 키를 누른 상태에서 + 또는 - 키를 누르거나 마우스 휠을 돌려 악보를 확대하거나 축소하고, 음표의 머리가 하나로 보이도록 점선으로 표시되는 열을 맞춰 정렬합니다.

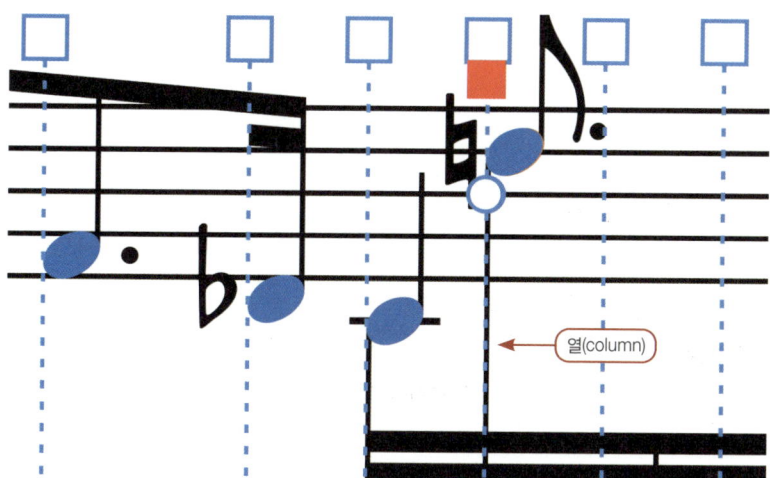

5 — Ctrl+8 키를 눌러 로우 존을 열고, Accidental 항목에서 Hide 옵션을 선택하여 겹쳐진 음표들의 임시표를 숨기면, 보다 정돈되고 깔끔한 악보를 완성할 수 있습니다.

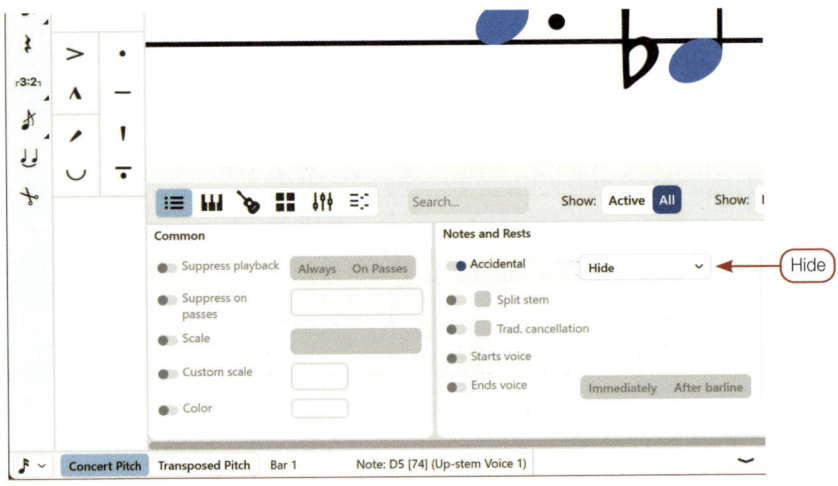

4 붙임줄 및 슬러 조절하기

1 — 성부가 다른 노트를 붙임줄로 연결하려면, Ctrl 키를 누른 상태로 두 음표를 선택한 다음에 T 키를 누릅니다. 방향은 F 키를 눌러 바꿀 수 있습니다.

1. Flow 1

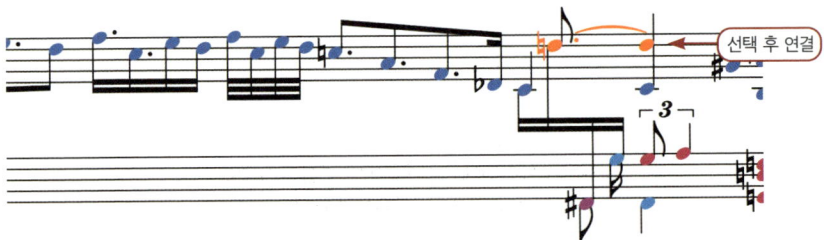

2 — Ctrl+3 키를 눌러 Engrave 모드로 전환하면 붙임줄을 세밀하게 조절할 수 있는 핸들을 볼 수 있으며, 시작 및 끝 지점을 드래그하여 길이를 조절할 수 있습니다.

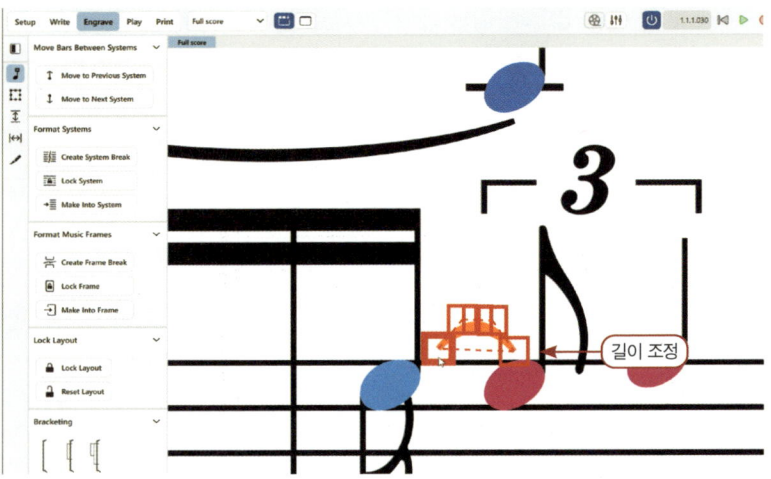

3 — 슬러는 S 키를 눌러 추가할 수 있으며, 붙임줄과 마찬가지로 Engrave 모드에서 시작과 끝 핸들을 드래그하여 길이를 조절할 수 있고, 중앙 핸들은 폭, 그 사이 핸들은 각도를 조절할 수 있습니다.

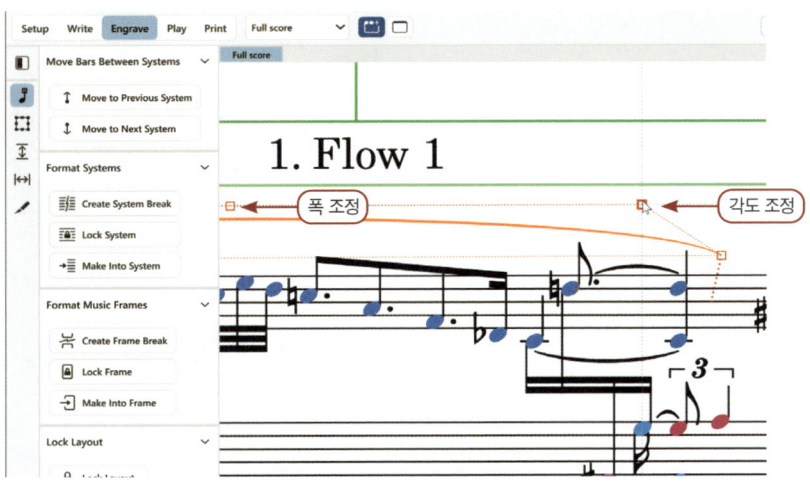

5　페달 기호

1 — 페달 마커는 Shift+P 키를 눌러 팝오버 창을 열고, ped를 입력하여 추가할 수 있습니다. 추가된 페달 기호는 양쪽 핸들을 드래그하거나 Alt+Shift+방향키를 이용하여 길이를 세밀하게 조절할 수 있습니다.

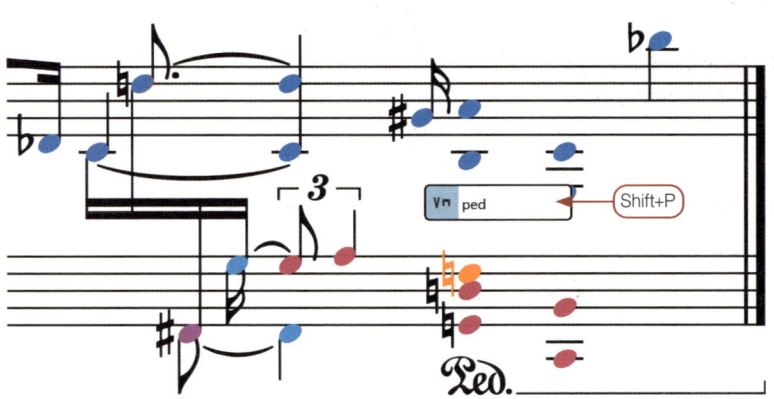

2 — 리테이크 페달 기호는 Shift+P 키를 눌러 팝오버 창을 열고, Notch를 입력하거나 Shift+6 키로 입력할 수 있습니다.

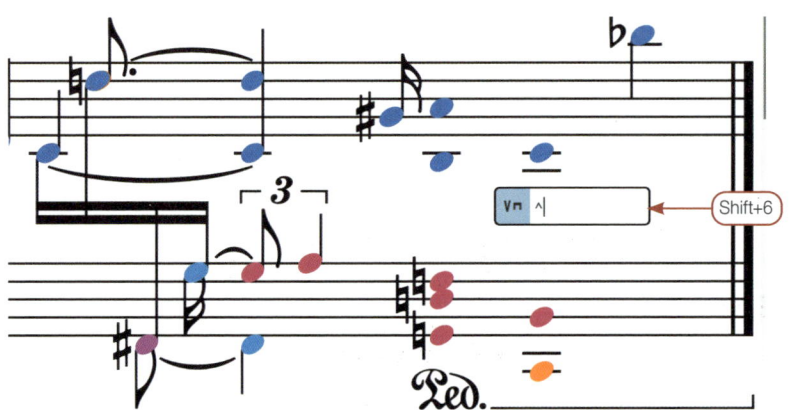

3 — 마우스를 이용할 때는 오른쪽 Playing Techniques 버튼을 클릭하여 패널을 열고, Keyboard 항목의 Retake 기호를 클릭하여 선택한 노트 위치에 추가할 수 있습니다.

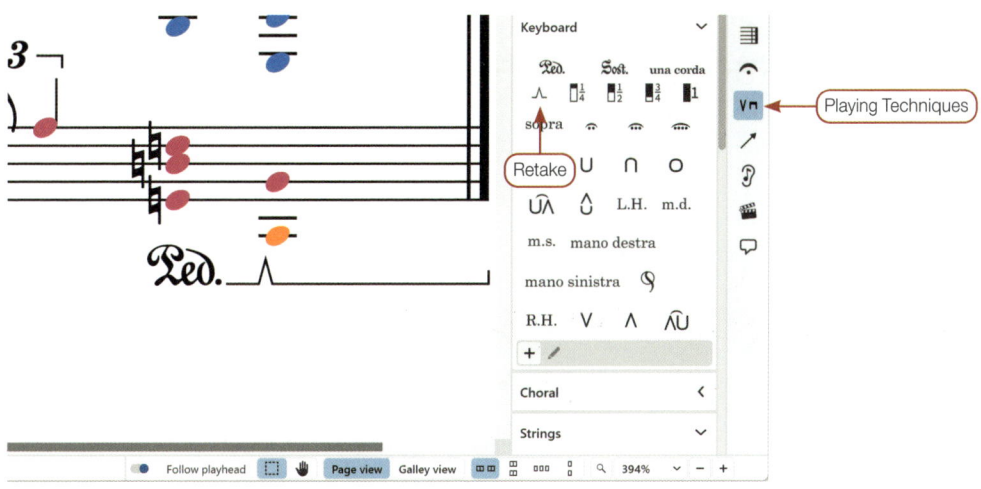

4 — 리테이크 페달을 감추려면 Shift+P 키를 눌러 팝오버 창을 열고, no notch를 입력합니다.

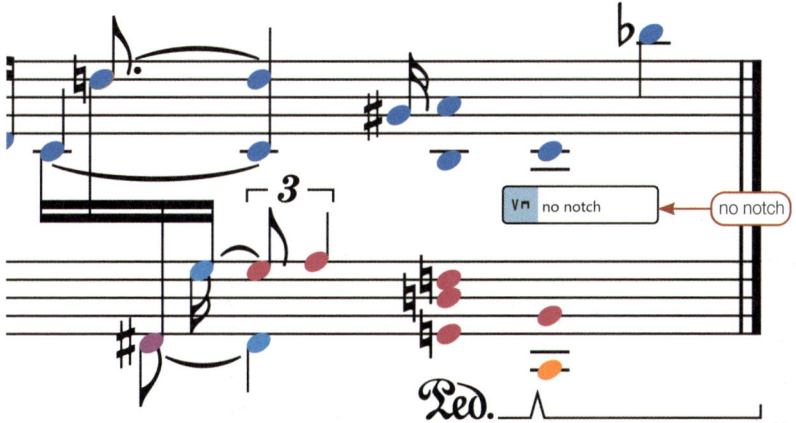

6 레이아웃 조정하기

1 — Ctrl+Shift+E 키를 눌러 창을 열고, Fermatas 페이지에서 Number of fermata signs per staff 항목을 One per staff로 설정하면 각 보표에 하나의 페르마타만 표시되도록 할 수 있습니다.

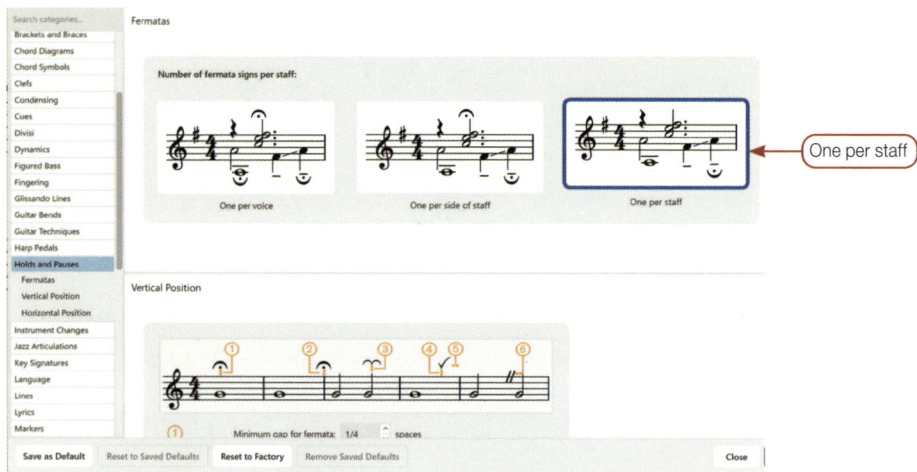

2 — 페르마타 기호는 Shift+H 키를 눌러 팝오버 창을 열고, fer를 입력하여 추가할 수 있습니다. 방향은 Ctrl+3 키를 눌러 Engrave 모드를 열고, F 키를 눌러 전환할 수 있습니다.

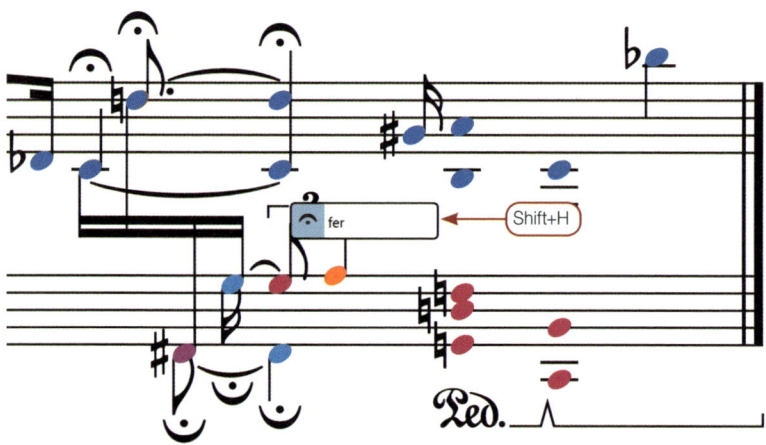

3 — 다이나믹은 Shift + D 키를 눌러 팝오버 창을 열고, 문자를 입력하여 추가합니다. 크레센도와 디크레센도 기호는 〉 또는 〈 기호를 입력하여 추가할 수 있습니다.

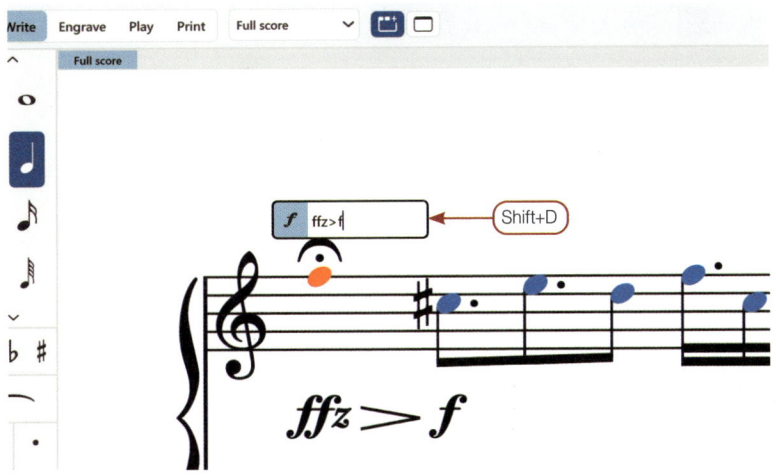

4 — 페르마타와 다이나믹 기호를 입력한 후, 위치를 조정할 때 보표 간격이 부족하다면, Staff Spacing 버튼을 클릭하여 간격을 적절히 조절합니다.

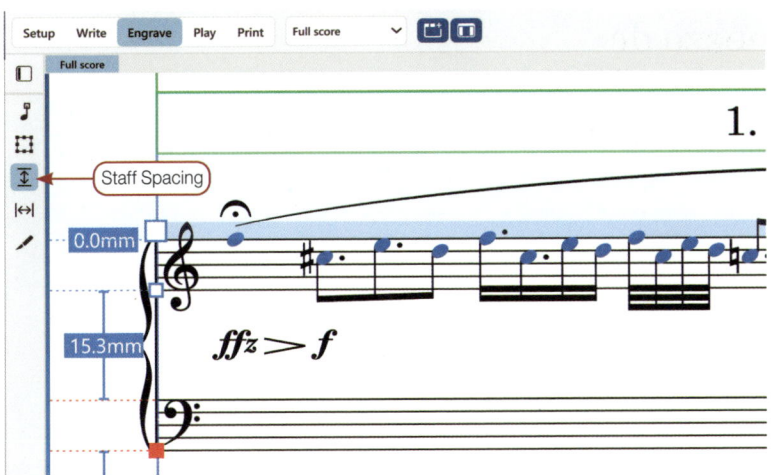

5 — 마지막 음표에 추가된 것과 같은 특별한 기호는 직접 생성해야 합니다. Playing Techniques 패널에서 Add Playing Techniques 버튼을 클릭합니다.

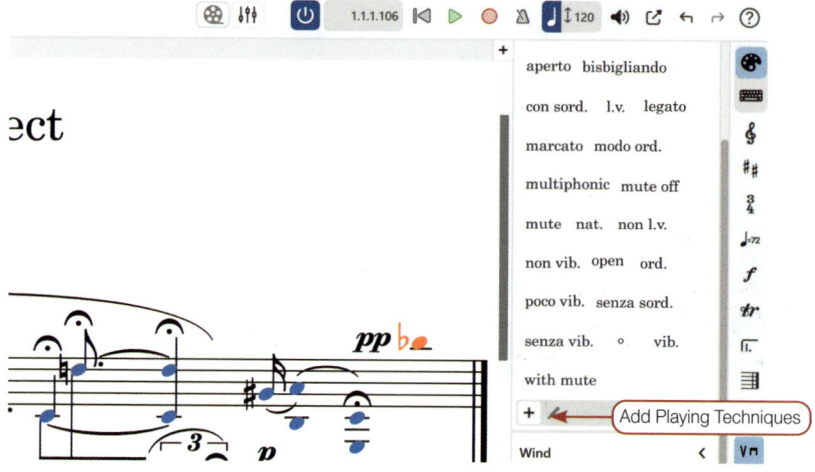

6 — 창이 열리면 New 버튼을 클릭하여 추가하고, name 항목에 기억하기 쉬운 이름을 입력합니다.

7 — Type을 Glyph로 변경하고, Edit Composite를 클릭합니다.

8 — 문자는 필요 없으므로, Delete 버튼을 클릭하여 삭제합니다. 그리고 Range에서 Articulation supplement를 선택하여 입력하고자 하는 기호를 Add Glyph로 추가합니다.

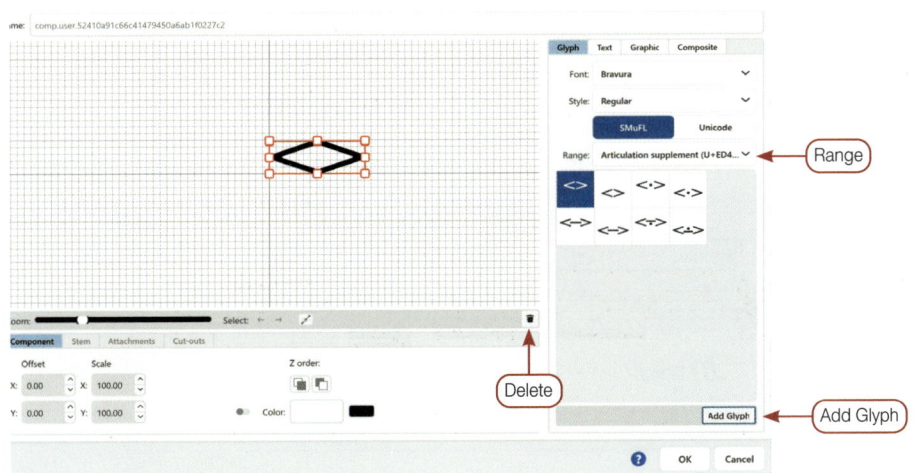

9 — Common 패널에 추가된 사용자 기호를 선택하거나, Shift+P 키를 눌러 팝오버 창을 열고, 사용자가 만든 기호의 이름을 입력하여 악보에 추가할 수 있습니다.

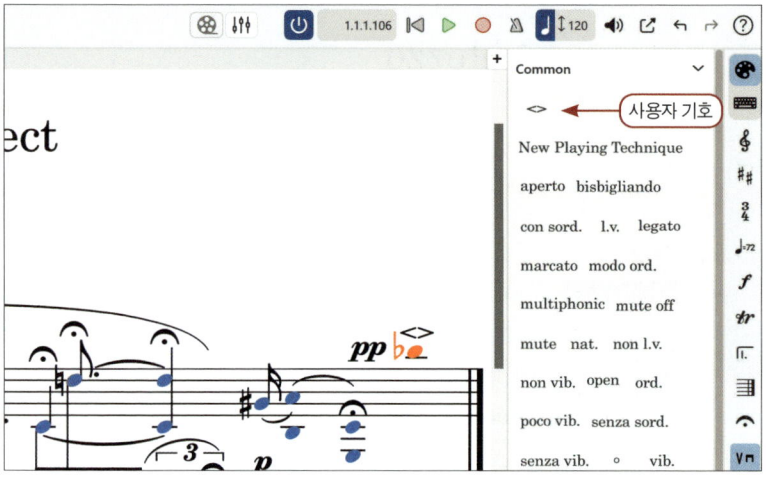

10 — 빠르기 말은 Shift+T 키를 눌러 입력합니다.

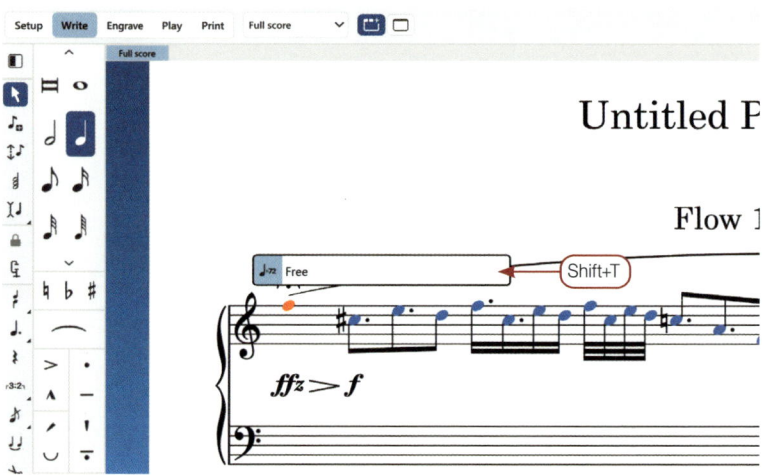

11 — Ctrl+I 키를 눌러 Project Info 창을 열고, 곡의 제목과 작곡가 정보 등을 입력합니다. Flow의 é와 같은 확장 문자는 Ctrl+(')키를 누른 다음 알파벳 e를 입력하면 됩니다.

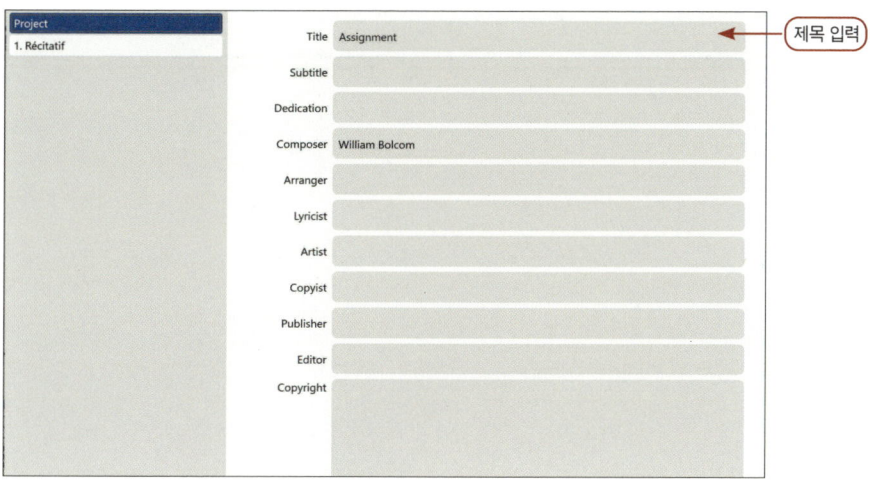

12 — Flow 이름을 더블 클릭하여 번호 토큰을 삭제하고 예제 악보를 완성합니다.

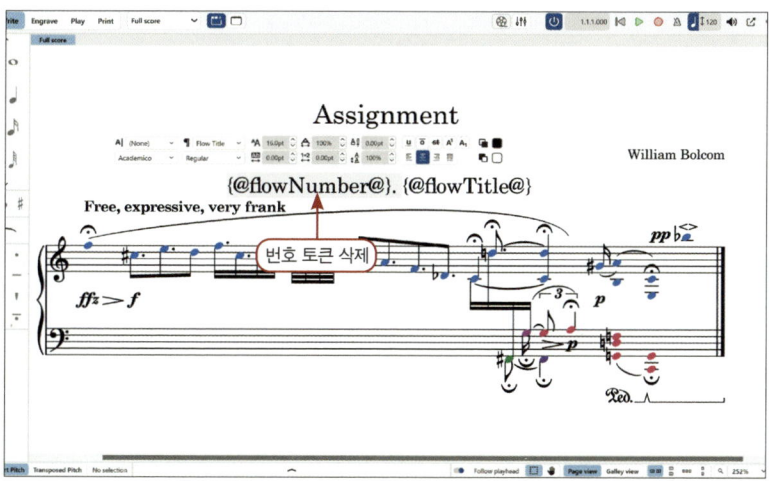

Part 4

출판 악보 만들기

작품 번호를 정확하게 배치하고, 자동화된 텍스트 프레임과 토큰을 활용해 효율적인 악보 설정법을 익히며, 큐 입력과 조판 기능, 반복 기호 설정, 타악기 악보 작성 등 실전 역량을 강화합니다.

● 템포 마크 및 Opus 번호 설정: 템포와 작품 번호를 정밀하게 배치하고, 자동화 시스템으로 문서 전반의 편집 일관성을 유지합니다.

● 큐 입력 및 조판 기능 활용: 파트에 큐를 추가하고, 갤리 뷰에서 입력한 내용을 페이지 뷰에서 자동으로 정리하는 스마트 기능을 실습합니다.

● 악보 조판과 반복 기호 설정: 전체 악보를 한 페이지에 깔끔하게 배치하고, 반복 기호를 명확히 설정해 연주자가 빠르고 쉽게 악보를 이해할 수 있도록 돕습니다.

● 타악기 악보 작성 3가지 방식: 드럼세트 표기법, 전통적인 타악기 스태프, 그리고 자유로운 Percussion Grid 등 세 가지 표기법을 비교하며 실습합니다.

Section 01 } 마스터 페이지 만들기

디지털 악보 제작과 레이아웃 디자인을 최적화하는 방법을 탐구합니다. 정교한 레이아웃 조정과 텍스트 및 악보의 세심한 배치를 통해 교재나 악보의 품질을 한층 높일 수 있습니다. 출판사 편집자가 아니더라도, 전문적인 디지털 악보 출판이 가능해져 음악 교육 콘텐츠 제작자에게 큰 도움이 될 것입니다. 특히 악보 제작과 레이아웃 디자인의 세부적인 과정을 이해함으로써 교육 자료를 더 효과적으로 구성하고, 창의적이고 직관적인 방식으로 음악을 전달하는 데 중요한 역할을 할 수 있습니다.

∴ 시각적 정체성을 갖춘 악보의 시작

단순한 음표 입력을 넘어서, 음악의 첫인상을 결정짓는 인스핏 악보의 서두를 시각적으로 세련되게 구성하는 방법에 대해 배웁니다. 이는 단순한 작곡 작업을 넘어, 출판용 악보를 만드는 데 있어 필수적인 단계입니다.

- 음악적 플로우의 개념 이해 및 활용 전략
- 입력 모드 전환을 통한 효율적인 음표 입력 기법
- 타이포그래피와 그래픽 요소를 활용한 시각적 구성
- 마스터 페이지 제작과 사용자 정의 템플릿 설정
- 텍스트 토큰을 활용한 제목 및 템포 마크의 자동화된 배치

CHOPIN
Nocturnes

TABLE OF CONTENTS

1. Larghetto — Op. 9 No. 1
2. Andante — Op. 9 No. 2
3. Allegretto — Op. 9, No. 3
4. Andante cantabile — Op. 15, No. 1
5. Larghetto — Op. 15, No. 2
6. Lento — Op. 15, No. 3

1 인스핏 만들기

1 — File 메뉴에서 New를 선택한 뒤, Add Single Player 옵션을 사용해 단일 연주자를 추가합니다. 이후 Flow 이름을 더블 클릭하여 곡 제목으로 이름을 변경합니다.

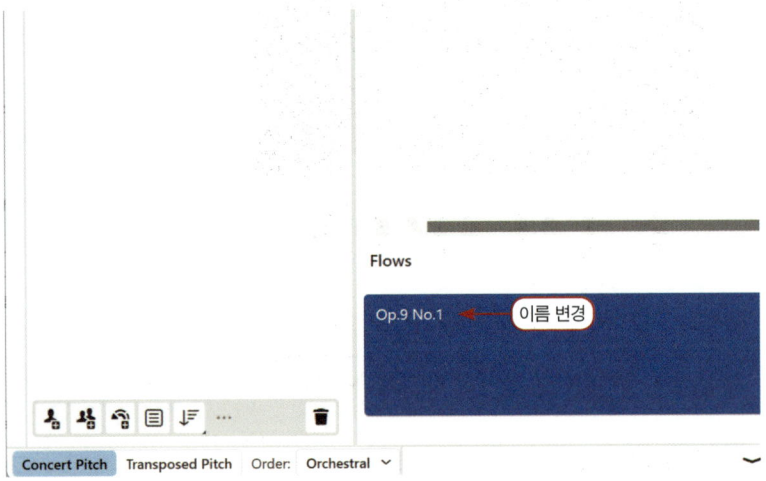

2 — Add Flow 버튼을 클릭하여 새로운 플로우를 추가하고, 각 플로우의 이름을 모두 변경합니다. 실습에서는 총 6개의 플로우가 필요합니다.

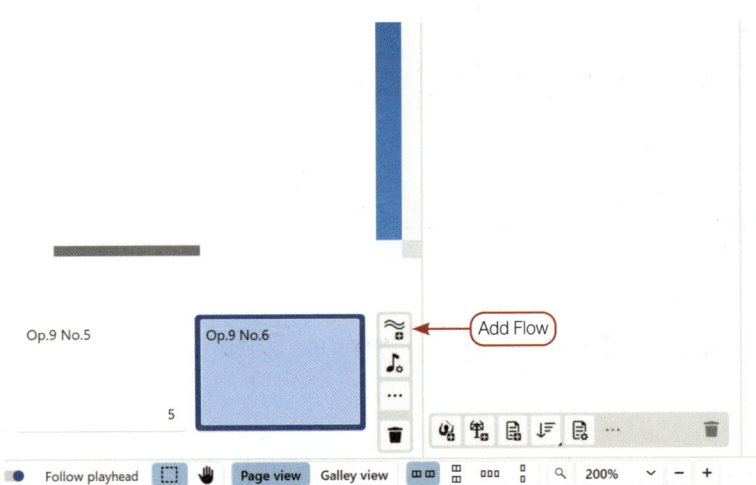

3 — Ctrl+Shift+L 키를 눌러 레이아웃 설정 창을 열고, Staves and Systems 페이지에서 Staff labels on first system과 Staff labels on subsequent system을 None으로 설정합니다.

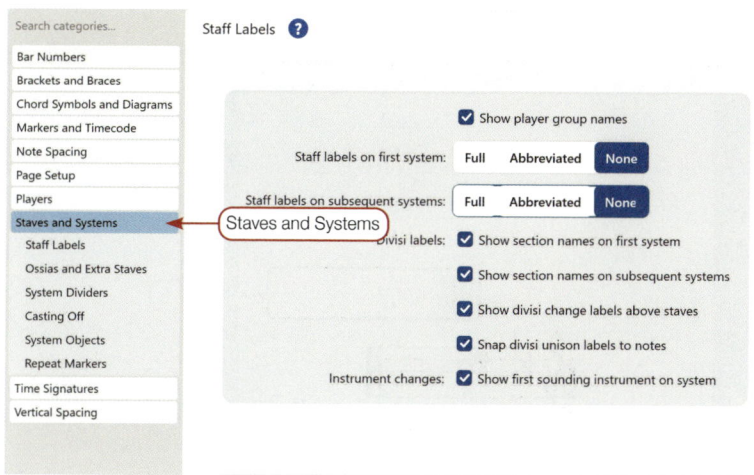

4 — Galley View로 전환하여 모든 플로우를 연속적으로 확인한 후, Shift+K를 눌러 팝오버 창을 열고 조표를 입력합니다.

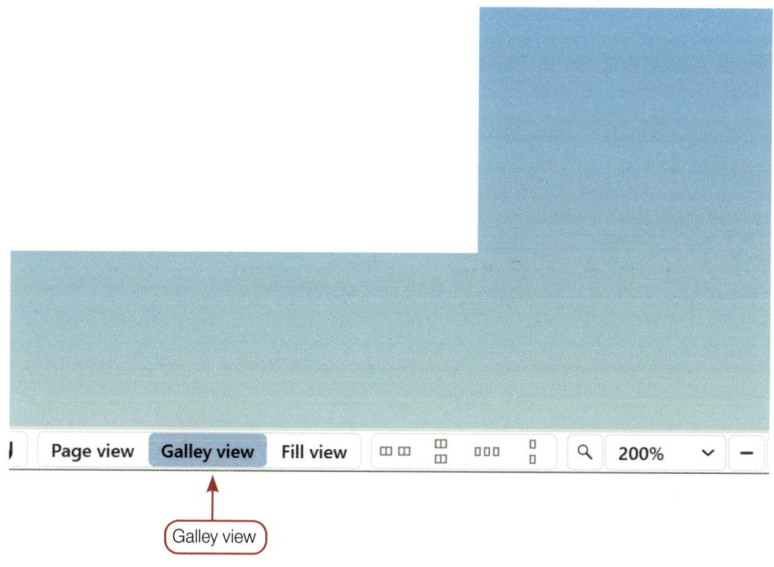

5 ─ 첫 번째 플로우에서 Shift+M을 눌러 팝오버 창을 열고, 6/4,3을 입력합니다. 여기서 숫자 3은 못 갖춘 마디에 들어갈 박자 수를 의미합니다. 나머지 플로우들도 동일한 방식으로 박자를 입력합니다.

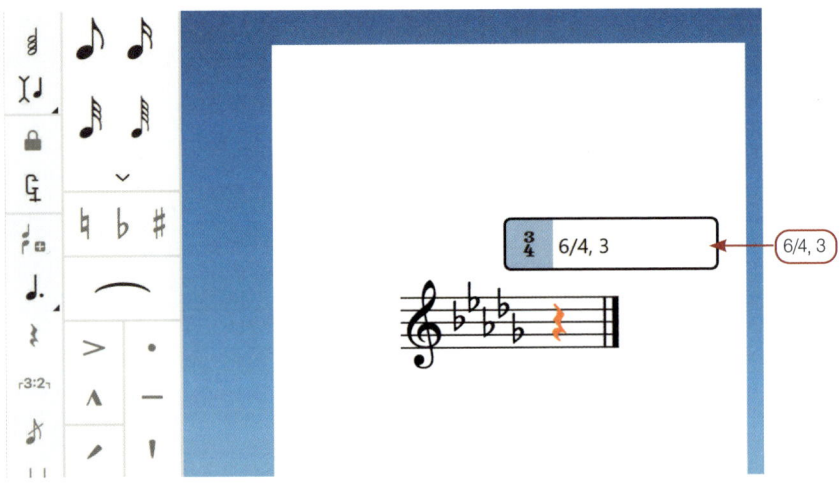

6 ─ 첫 번째 플로우에 악보를 입력합니다. 슬러는 S 키로, 스타카토는 오른쪽 대괄호 키(])로 입력할 수 있습니다.

7 — 예제 악보에는 마디 선이 표시되지 않습니다. Ctrl+Shift+N 키를 눌러 창을 열고, Select All을 클릭하여 모든 플로우를 선택한 후, Barlines 페이지에서 No barline 옵션을 적용합니다.

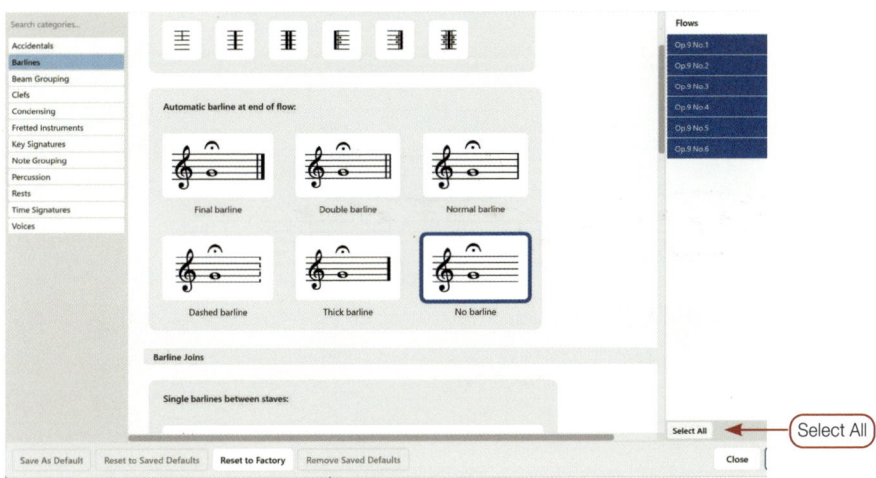

8 — 마지막 쉼표는 J 키를 눌러 점프 바를 열고, remove를 입력하여 Remove Rests 옵션을 찾아 실행함으로써 감출 수 있습니다.

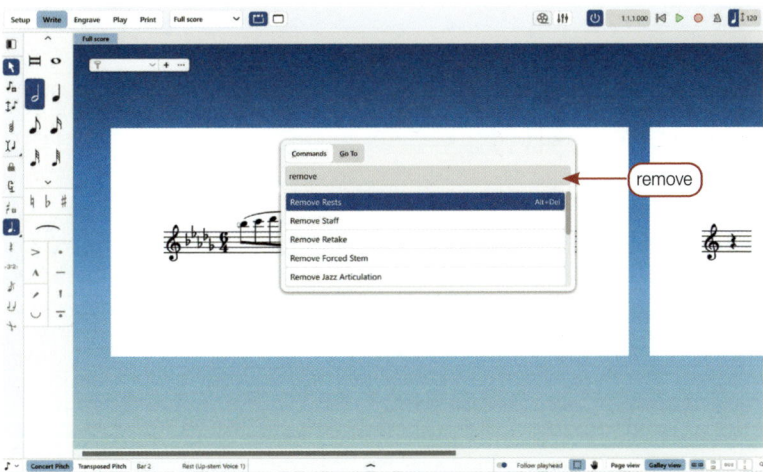

9 — 두 번째 플로우 악보를 만듭니다. 액센트는 왼쪽 대괄호 키([)로 입력하며, 턴 꾸밈음은 Shift+O를 눌러 팝오버 창을 열고, turn을 입력하여 생성할 수 있습니다.

10 — 턴 꾸밈음 위아래 임시표는 Ctrl+8 키를 눌러 로우 패널을 열고, Interval above와 Interval below 옵션을 활성화한 후, 값을 2로 입력하여 생성할 수 있습니다. 값 1은 플랫, 3은 샵으로 표시됩니다.

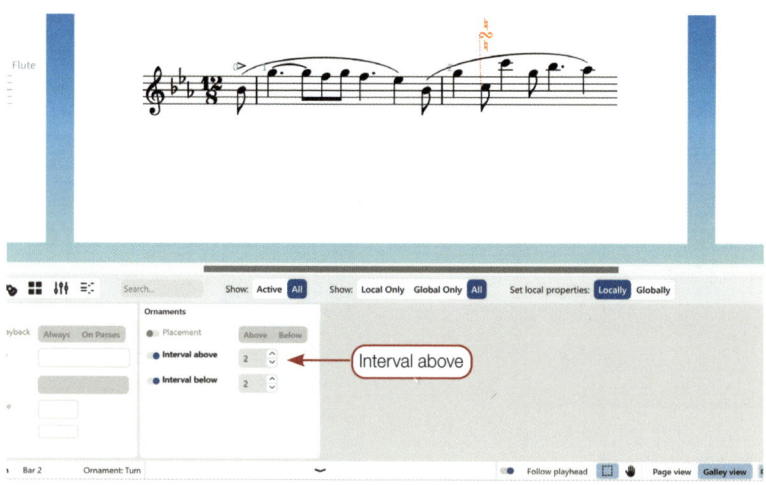

11 — 턴 꾸밈음의 위치는 Ctrl+3 키를 눌러 Engrave 모드로 전환한 후, Alt 키를 누른 상태로 방향키를 이용해 조정할 수 있습니다. 슬러는 핸들을 드래그하여 폭을 자유롭게 조절할 수 있습니다. 레이아웃은 Page view에서 확인할 수 있습니다.

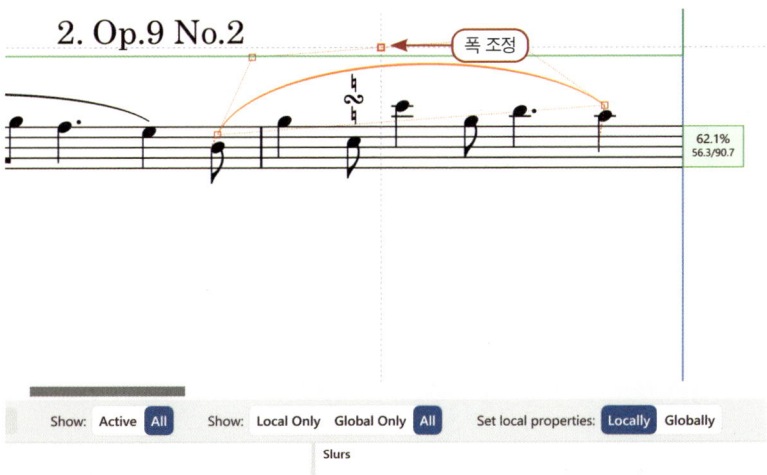

12 — 세 번째 플로우 악보를 입력합니다. 악센트는 왼쪽 대괄호 키([)로, 스타카시모는 오른쪽 중괄호 키(})로 입력할 수 있습니다.

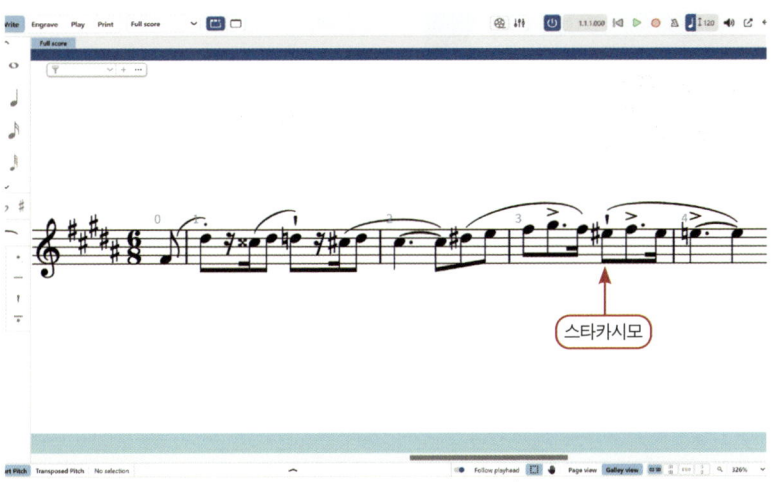

13 — 네 번째 플로우 악보를 만듭니다.

14 — 다섯 번째 플로우 악보를 만듭니다. 마지막 음표는 단축 메뉴의 Beaming에서 Split Beam을 선택하여 분리할 수 있습니다.

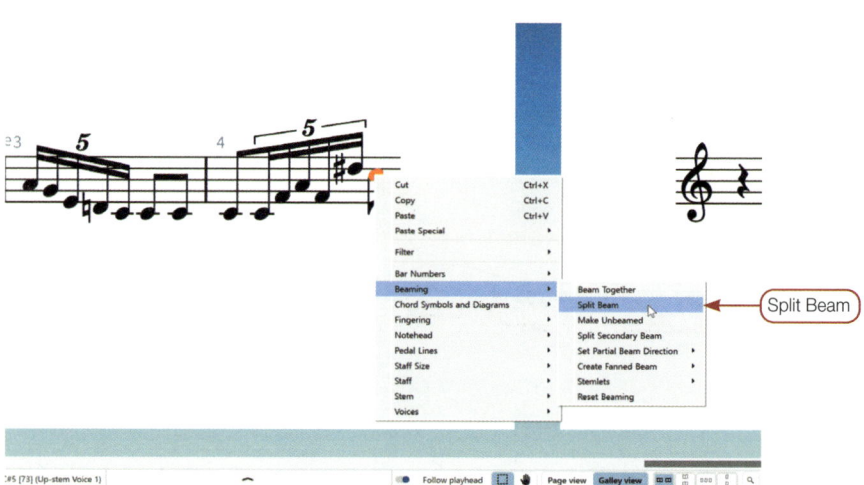

15 — 아래쪽으로 입력된 스타카시모 기호는 Ctrl+3 키를 눌러 Engrave 모드로 전환한 후, F 키를 눌러 위쪽으로 이동시킬 수 있습니다.

16 — 마지막 여섯 번째 플로우 악보를 만듭니다.

2 사용자 정의 페이지 만들기

1 — 지금까지 입력한 플로우는 각각의 페이지에 배치되어 있습니다. 이를 하나의 페이지로 통합하기 위해 사용자 정의 템플릿을 생성하려고 합니다. Engrave 모드에서 Page Templates 패널의 New Page Templates 버튼을 클릭하여 창을 열고, 구분하기 쉬운 이름을 입력하여 사용자 템플릿을 만듭니다.

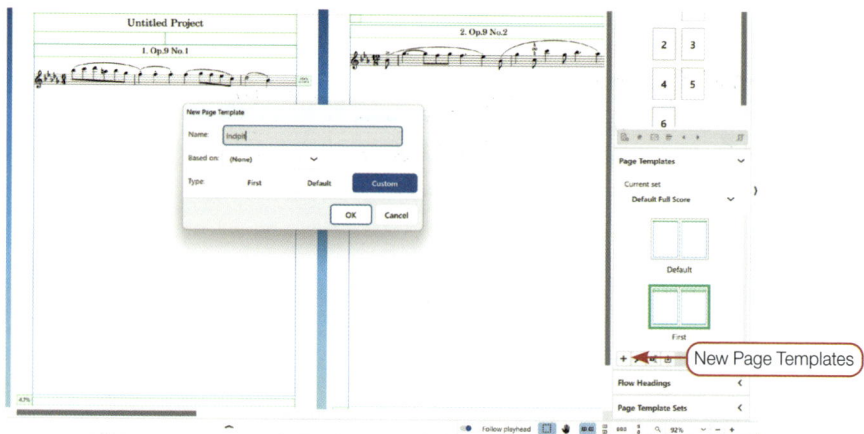

2 — 사용자가 만든 템플릿을 더블 클릭하여 열고, Insert Music Frame 버튼을 선택하여 악보가 삽입될 프레임을 드래그하여 만듭니다.

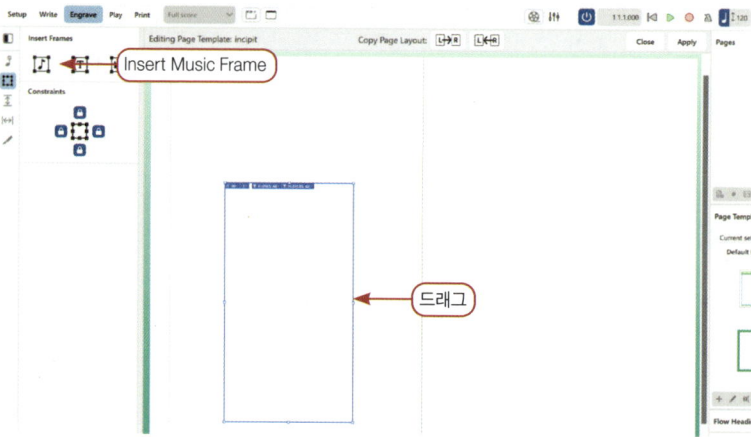

3 — 정확한 크기가 필요하다면, Ctrl+8 키를 눌러 로우 존을 열고, 여백을 입력할 수 있습니다. 실습에서는 Left와 Right는 50mm, Top은 120mm, Bottom은 0mm로 설정하고 있습니다.

4 — Apply 버튼을 클릭하여 적용합니다. Copy Left to Right 버튼을 클릭하여 복사하면 왼쪽에 만든 프레임을 오른쪽 페이지에 동일하게 적용할 수 있습니다.

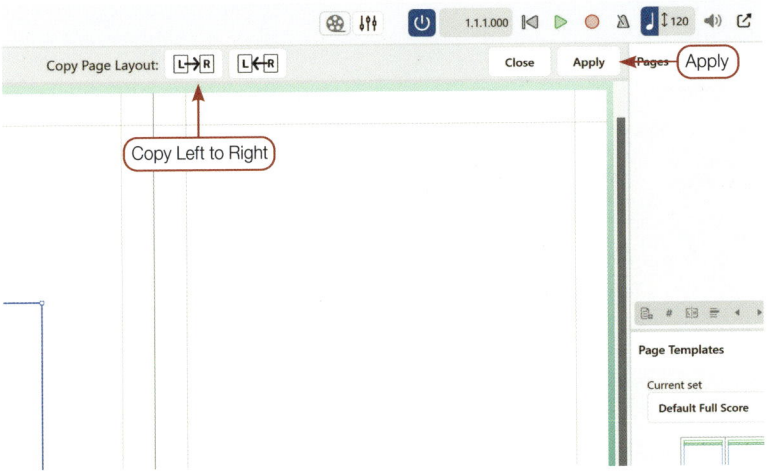

5 — 먼저 1페이지를 선택한 후, Shift 키를 누른 채로 6페이지를 클릭하여 해당 페이지들을 모두 선택합니다. 그리고 Insert Flow Heading Change 버튼을 클릭합니다.

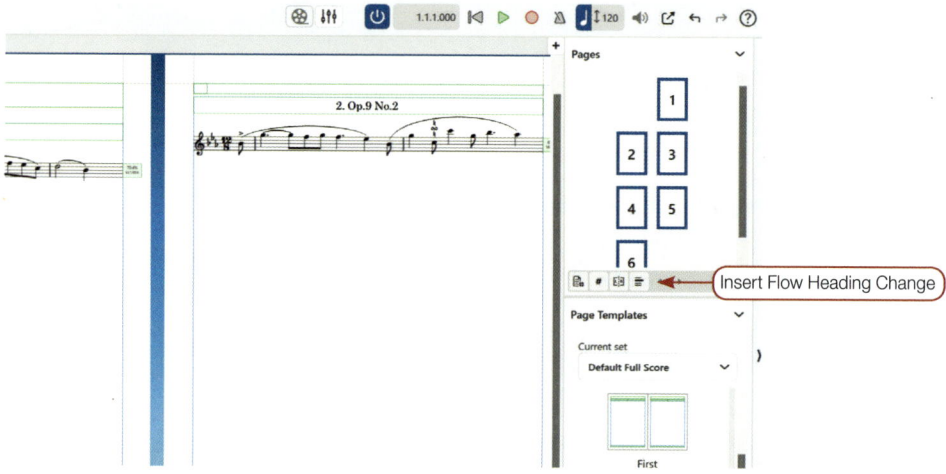

6 — Use Page Template에서 사용자가 만든 템플릿을 선택한 후, From This Page Onwards 옵션을 클릭합니다. 그러면 각 페이지의 악보가 사용자가 설정한 프레임을 자동으로 채우게 됩니다.

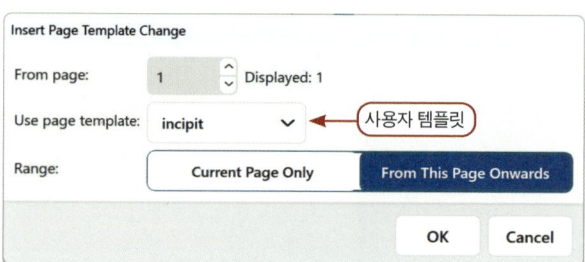

7 — Ctrl+Shift+L 키를 눌러 창을 열고, Page Setup 페이지에서 New Flows 옵션을 Allow on Existing Page로 변경하여 모든 보표가 하나의 페이지에 표시되도록 합니다. 이후, Flow Heading Top Margin과 Flow Heading Bottom Margin에서 제목의 상하단 여백을 각각 5mm 와 2mm로 설정합니다.

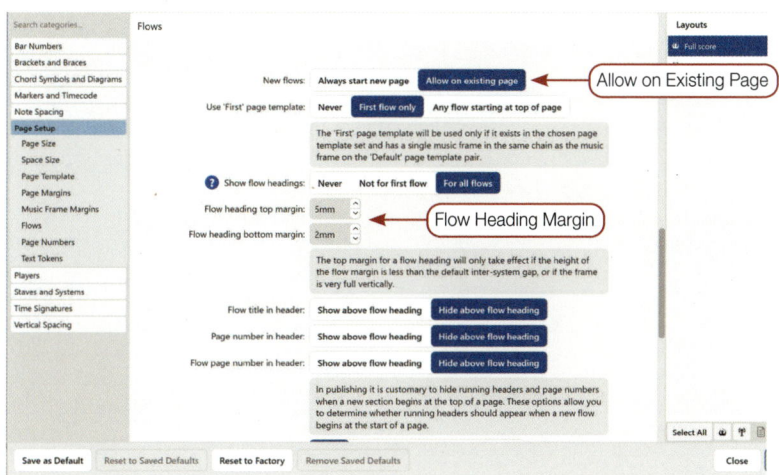

8 — Page Setup 상단의 Rastral Size 옵션에서 Size 8을 선택하여 악보의 크기를 조정합니다. 이는 모든 플로우가 하나의 페이지에 수월하게 배치되고, 사용자 정의 프레임을 자연스럽게 채울 수 있도록 하기 위한 설정입니다.

9 — 악보 전체 레이아웃에 비해 제목이 지나치게 크게 보일 경우, Library 메뉴에서 Paragraph Styles를 열고, Flow Title 스타일의 Size 값(9pt)을 조정해 크기를 줄입니다.

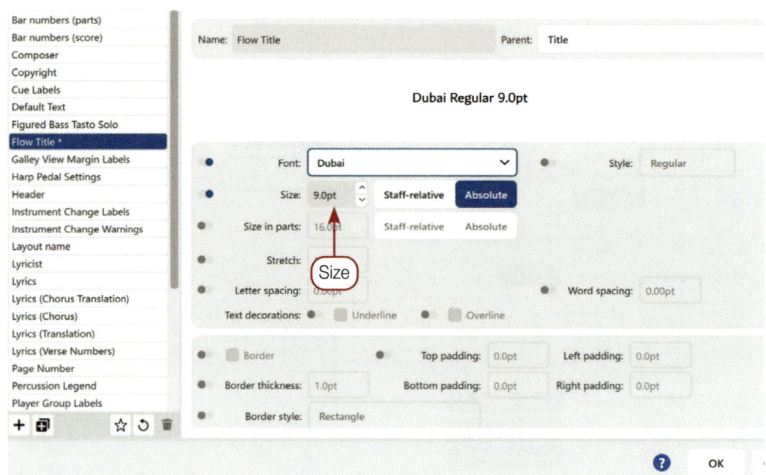

10 — 아래쪽에 위치한 Alignment 옵션에서 우측 정렬 버튼을 클릭하여 타이틀이 오른쪽에 배치되도록 합니다.

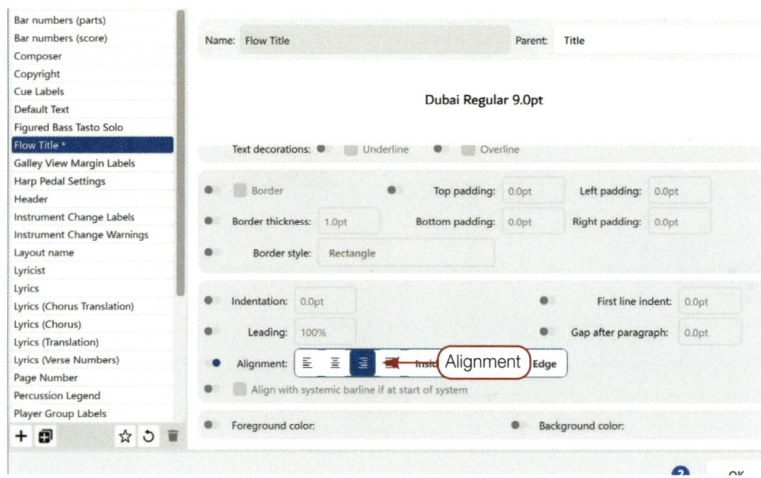

11 — Flow Headings 패널에서 Default 템플릿을 더블 클릭하여 열고, 번호 토큰을 삭제하여 제목 앞에 표시되는 번호를 제거합니다.

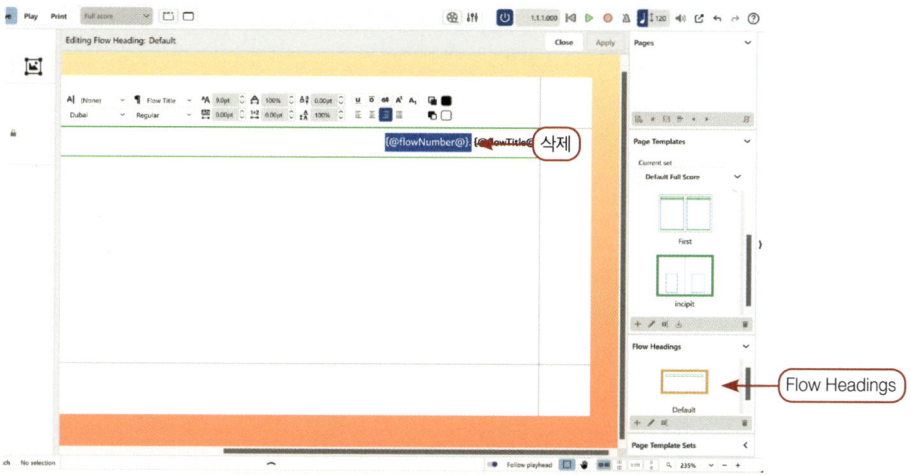

3 프레임 사용하기

1 — Ctrl+I 키를 눌러 Project Info 창을 연 뒤, 각 플로우의 Subtitle 항목에 빠르기말을 입력합니다. 반드시 부제를 입력해야 하는 것은 아니며, 이처럼 상황에 따라 프로젝트 정보 필드를 유연하게 활용하는 것이 효과적인 작업 요령입니다.

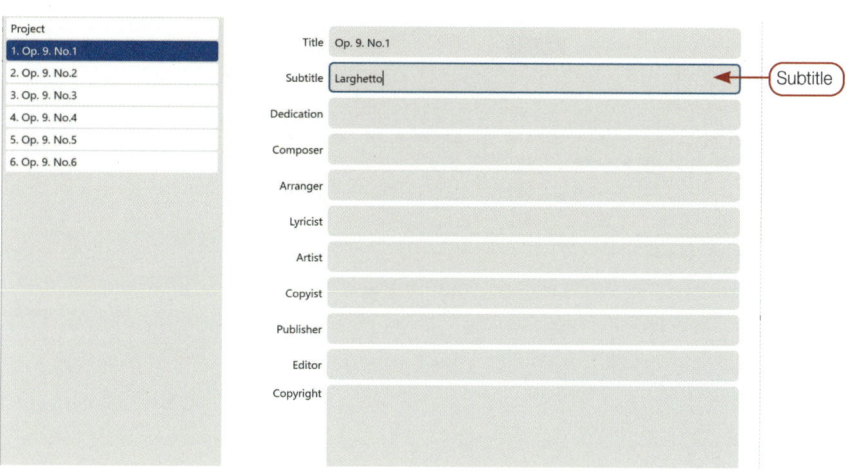

2 — subtitle에서 사용할 사용자 문자 스타일을 만들겠습니다. Library 메뉴의 Paragraph Styles을 선택하여 창을 열고, New 버튼을 클릭하여 새로운 스타일을 만듭니다.

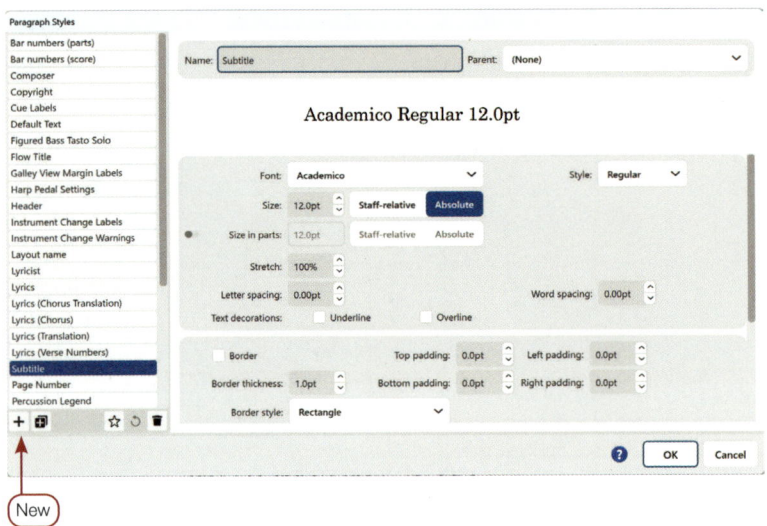

3 — Name 항목에 subtitle을 입력하여 새로 생성한 스타일의 이름을 설정합니다. 그 후, Font와 Size를 원하는 대로 조정하여 스타일을 정의합니다.

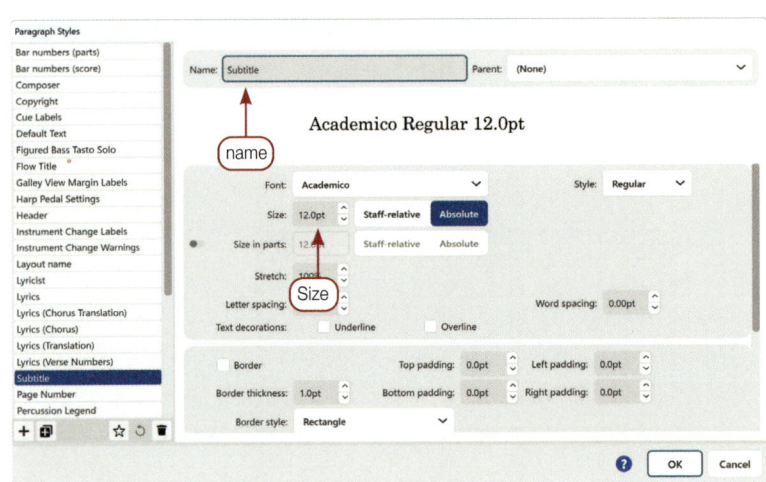

4 — Engrave 모드에서 Flow Headings 패널의 Default 템플릿을 더블 클릭하여 엽니다. 텍스트 프레임을 선택한 후, subtitle이 표시될 위치에 텍스트 프레임을 새로 드래그하여 생성합니다.

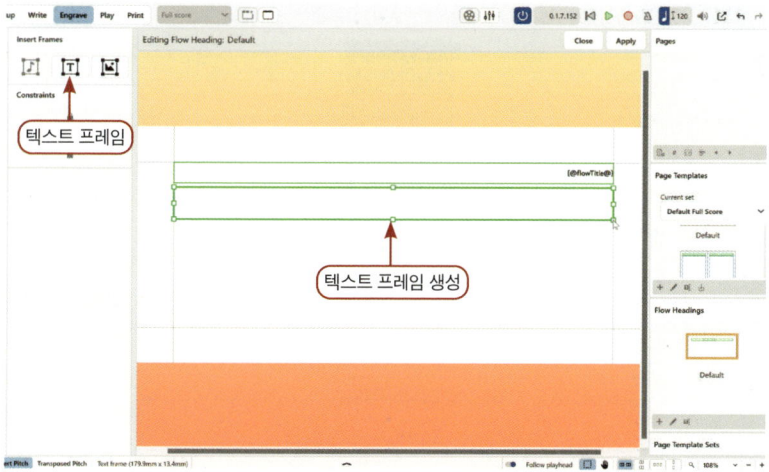

5 — 생성한 텍스트 프레임에 {@flowsubtitle@} 토큰을 입력하여 Project Info의 Subtitle 정보가 표시되도록 한 뒤, 앞서 정의한 스타일을 적용합니다. 그런 다음, 텍스트 프레임을 드래그하여 flowTitle과 수평으로 정렬되도록 위치를 조정합니다.

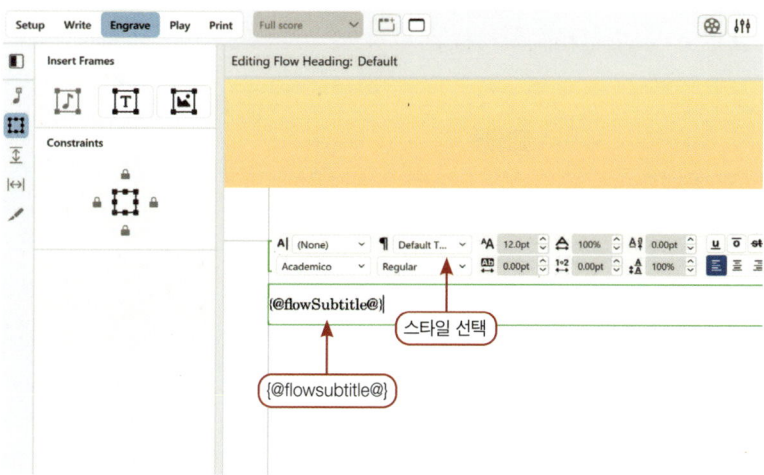

6 — Insert Text Frame을 이용하여 악보 왼쪽에 번호가 들어갈 텍스트 프레임을 만들고, 번호를 입력합니다. 아직 각 번호가 원하는 위치에 정확히 배치되지는 않았습니다.

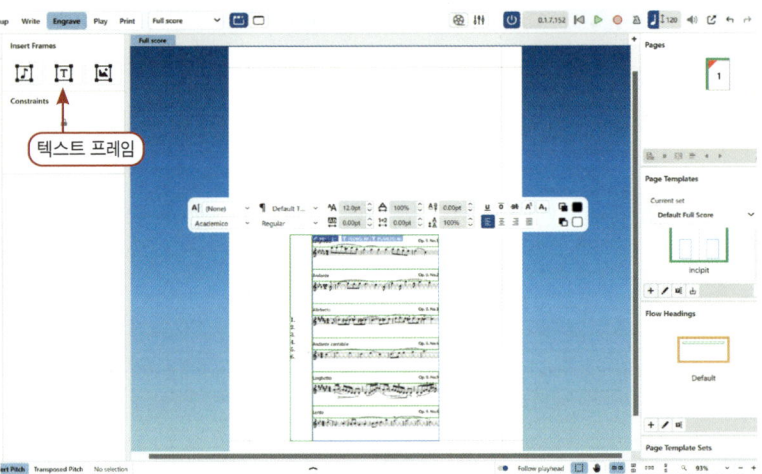

7 — Library 메뉴의 Paragraph Styles을 선택하여 창을 열고, Numbers 라는 이름의 새로운 스타일을 만듭니다.

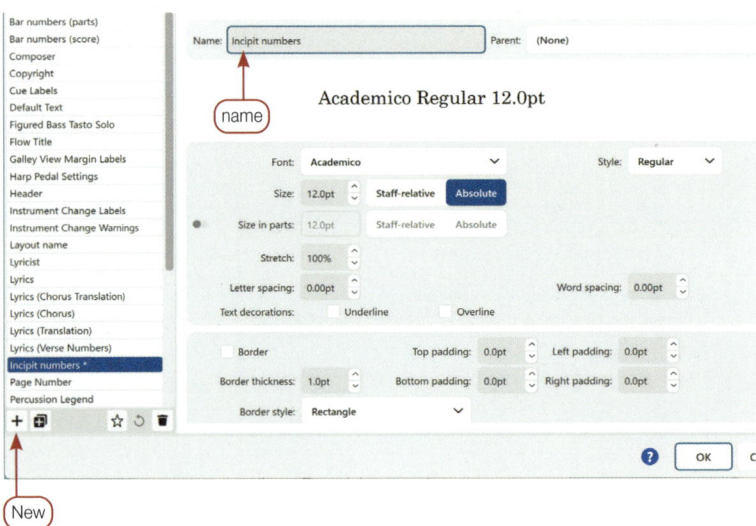

8 — Gap after paragraph 옵션에서 문단의 간격을 설정합니다. 정확한 값은 아직 결정되지 않았으므로, 우선 대략적(45pt)으로 설정합니다.

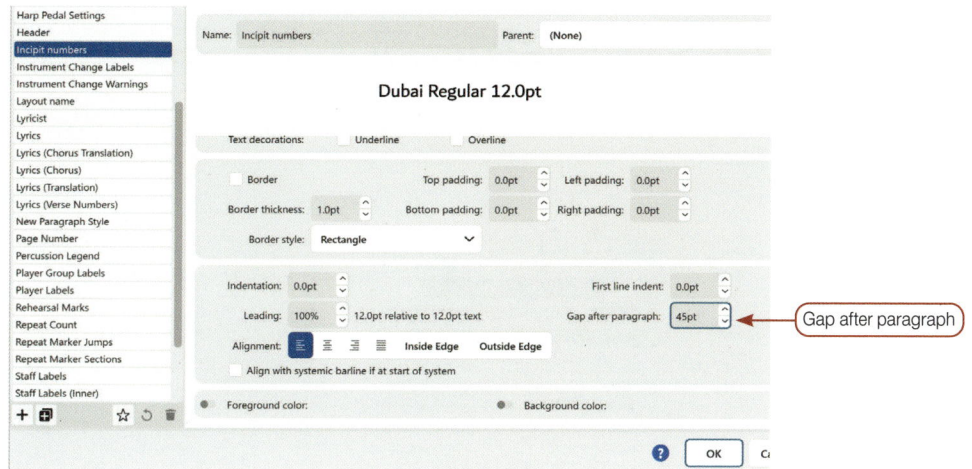

9 — 번호를 선택한 후, Numbers 스타일을 적용합니다. 만약 번호가 시스템과 일치하지 않으면, Gap after paragraph 값을 조정합니다. 이 과정은 몇 차례 반복될 수 있습니다.

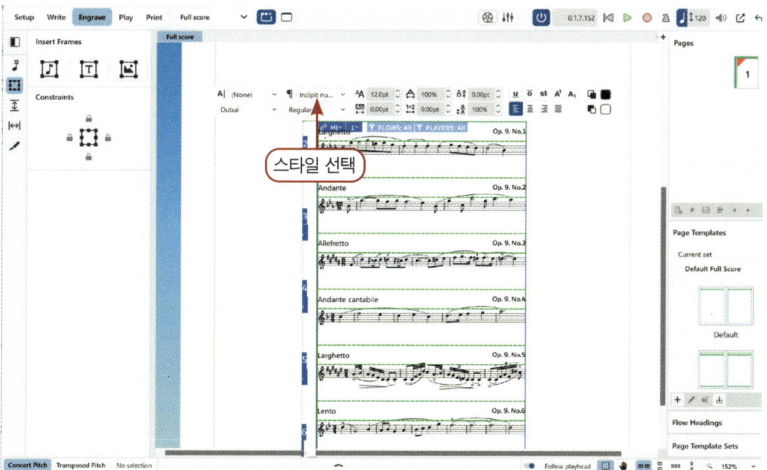

10 ── Table of Contents를 입력할 텍스트 프레임을 생성한 후, 내용을 입력합니다. 이어서 Font와 Size를 보기 좋게 조정하고, Alignment)은 가운데 정렬로 설정합니다. 이처럼 반복적으로 사용되지 않는 스타일의 경우에는 Paragraph Styles에서 별도의 사용자 스타일을 만들기보다는, 텍스트 속성에서 직접 서식을 지정하는 방식이 더 직관적입니다.

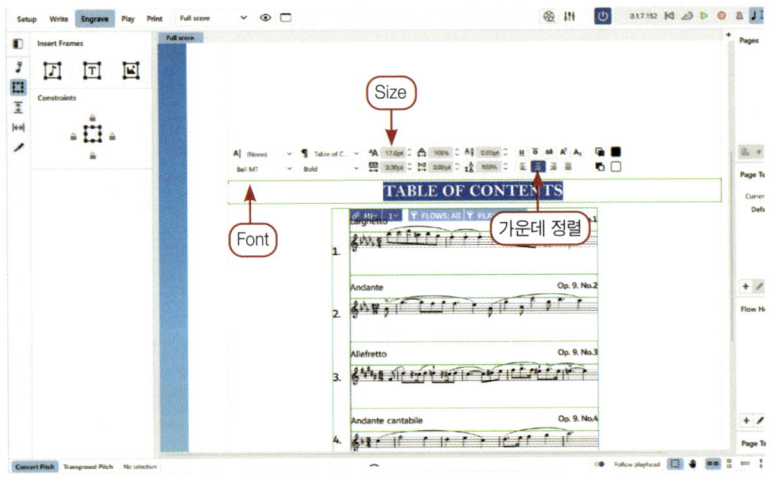

11 ── 텍스트 프레임을 만든 후, Ctrl+8 키를 눌러 로우 패널을 열고, Show Border 옵션을 체크하여 프레임의 외각선이 표시되도록 합니다.

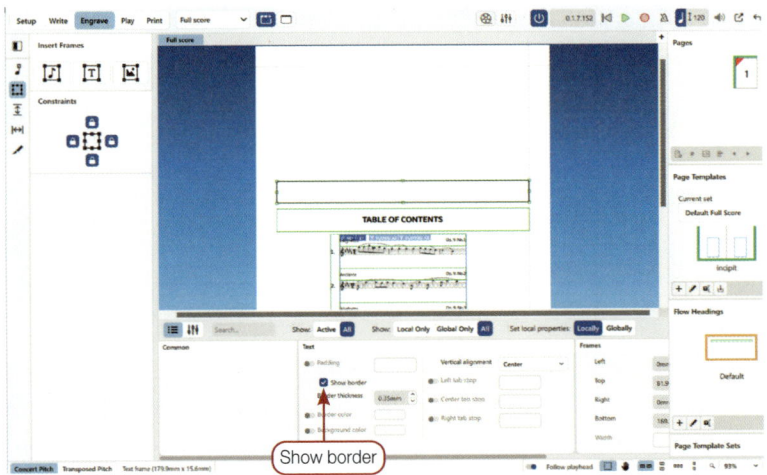

12 — 텍스트 프레임의 모서리 포인트를 드래그하여 프레임끼리 겹치게 배치합니다. 이 방식은 텍스트 프레임을 활용해 시각적인 라인을 생성하는 방법입니다. 타악기 보표를 이용하거나, 외부에서 제작한 라인 이미지를 삽입하는 방법도 있습니다.

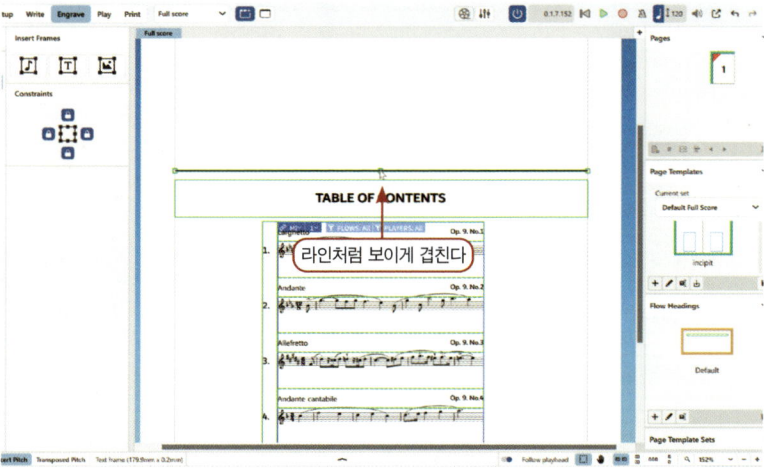

13 — 양쪽 포인트를 드래그하여 시스템 길이에 맞게 조정합니다. 정확한 길이가 필요하다면 Ctrl+8 키를 눌러 로우 패널을 열고, Left와 Right 마진을 시스템과 동일하게 설정합니다.

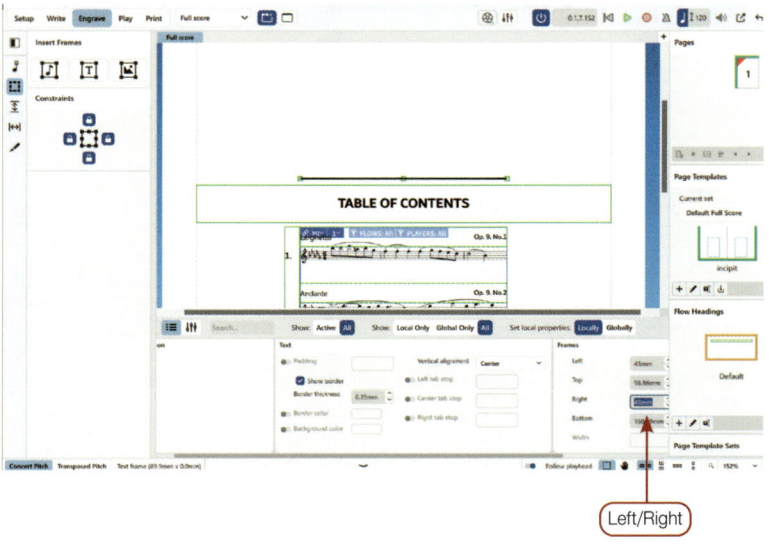

14 ── 라인 상단에 입력하는 텍스트 프레임 역시 반복적으로 사용되지 않으므로, 별도의 사용자 스타일을 생성하지 않고 속성 패널에서 폰트, 크기, 정렬 등의 서식을 바로 지정합니다.

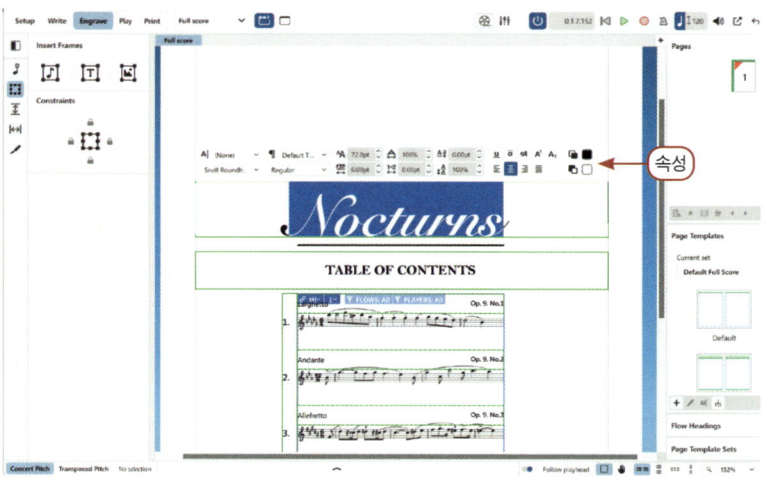

15 ── Insert Graphics Frame을 사용하면 이미지를 삽입할 수 있는 프레임을 생성할 수 있으며, 프레임을 더블 클릭하면 외부 이미지를 불러올 수 있습니다.

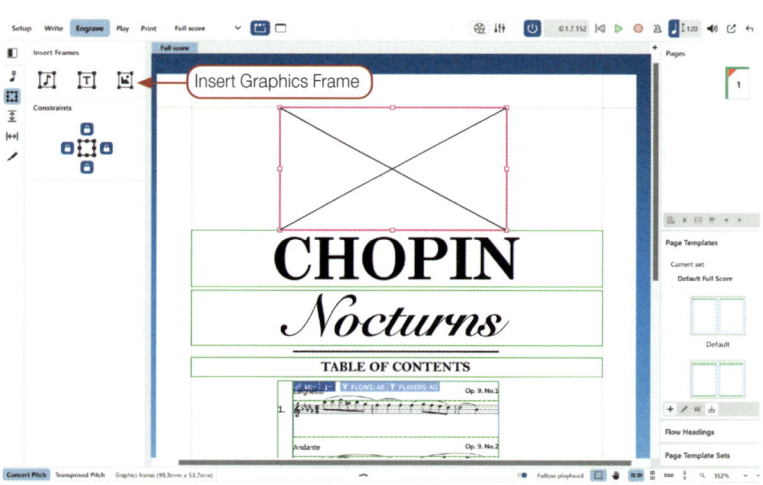

Cutaway

컷어웨이 악보란?

음악이 없는 부분의 보표를 숨겨 악보를 더 깔끔하고 명확하게 보여주는 방식입니다. 핵심적인 악기나 음악 흐름만 강조할 수 있어 지휘자나 연주자가 읽기 쉬운 악보를 만들 수 있습니다.

① 자동 컷어웨이 설정

Library 메뉴에서 Layout Options을 선택하거나 Ctrl+Shift+L 키를 눌러 설정 창을 엽니다. Staves and Systems 섹션의 Cutaway staves 항목에서 Automatically cut staves away in empty bars 옵션을 활성화합니다. 음표가 없는 보표는 자동으로 숨겨지며, 보다 간결하고 깔끔한 악보 레이아웃을 구현할 수 있습니다.

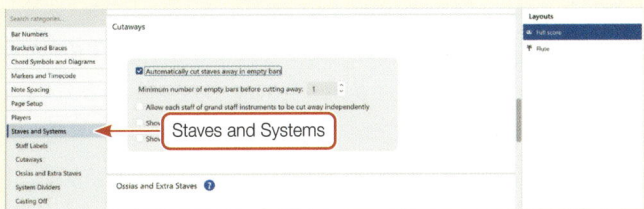

② 수동 컷어웨이 설정

숨기고 싶은 구간을 선택한 후, 마우스 오른쪽 버튼을 클릭하여 단축 메뉴를 열고 Staff 〉 Create Manual Cutaway를 선택합니다. 자동 컷어웨이 기능이 활성화된 상태에서도, 필요한 경우 Create Start Cutaway와 Create End Cutaway 명령을 사용하여 특정 구간의 시작과 종료 지점을 수동으로 지정할 수 있습니다.

Section 02

오케스트라 악보 만들기

오케스트라 악보는 다양한 악기군과 복잡한 음악적 표현이 어우러지는 가장 정교하고 종합적인 형태의 악보입니다. 이 장에서는 Dorico를 활용하여 실제 오케스트라 악보를 만드는 과정을 단계별로 다룹니다. 단순히 음표를 입력하는 것을 넘어, 악기 편성, 음역 설정, 자동 Condensing, 기보 기법, 그리고 출력까지 오케스트라 작업에 필수적인 요소들을 모두 포함합니다. 특히 오케스트라 악보의 구조와 작동 원리를 이해하고, Dorico의 고급 기능을 실질적인 상황에서 어떻게 활용할 수 있는지를 익히게 될 것입니다.

∴ 학습 목표

큐(Cue)는 연주자가 자신의 진입 타이밍과 음악적 맥락을 정확히 인지할 수 있도록 도와주는 핵심 요소입니다. 특히 오케스트라 파트보에서는 연주의 정확성과 안정성에 직결되므로, 이를 정교하게 작성하는 것이 필수입니다. 큐를 추가하는 방법, 풀 스코어와 파트보 간에 정보가 어떻게 다르게 표시되는지를 이해하고, 그 차이를 목적에 맞게 조정하는 기술을 학습합니다.

Variations

Johannes Brahms

Op. 56a

1 템플릿 사용하기

1 — 보표를 새로 만들 때는 기존 방식대로 New 메뉴를 선택해도 되지만, 사전 설정된 템플릿을 활용하면 더욱 빠르게 작업을 시작할 수 있습니다. File 메뉴에서 New Project from Template을 선택한 후, Orchestra 카테고리에서 Classical Orchestra 템플릿을 선택합니다.

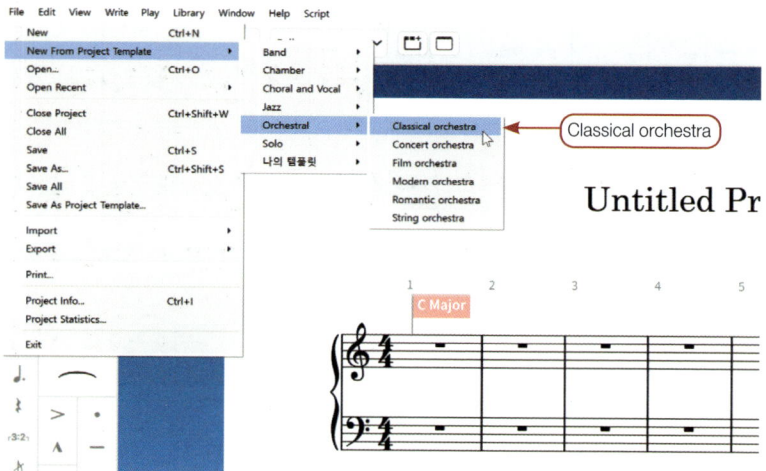

2 — 오케스트라에서 자주 사용되는 보표가 자동으로 생성됩니다. 추가 보표가 필요하다면 Setup 모드에서 Add Single Player 버튼을 클릭하여 추가합니다.

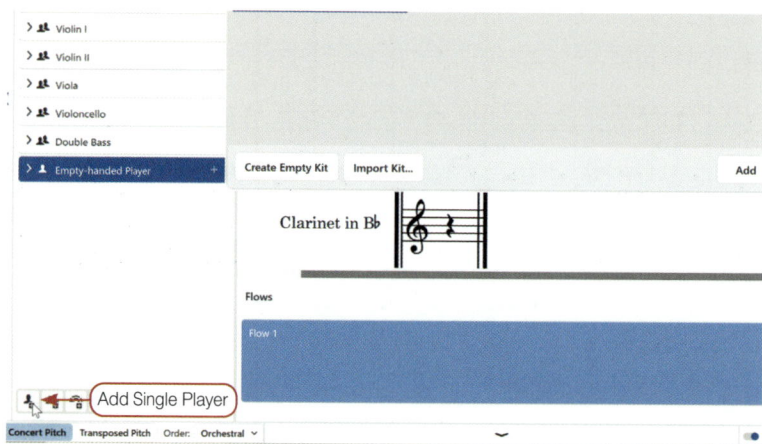

3 — 추가된 보표는 악기 구성에 맞춰 자동으로 배치됩니다. 동일한 악기를 추가하려면 마우스 오른쪽 버튼을 클릭하여 단축 메뉴를 열고 Duplicate Player를 선택하여 더욱 빠르게 추가할 수 있습니다.

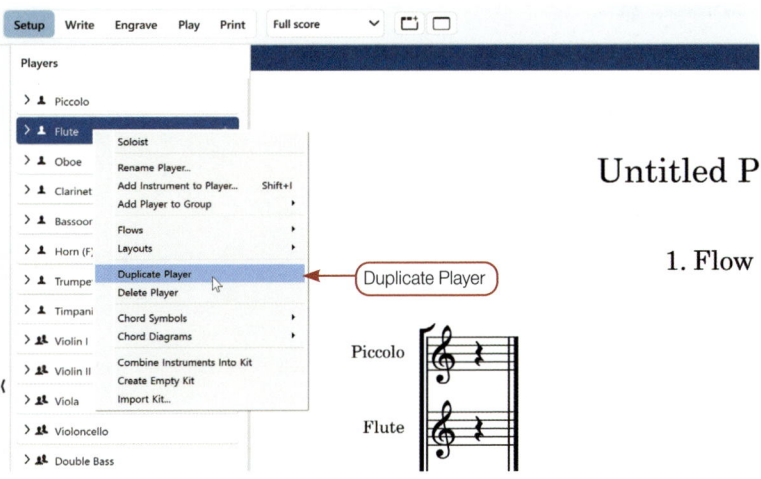

4 — 동일한 악기는 자동으로 번호가 붙습니다. 예제 악보와 같이 Piccolo, Contrabassoon, Triangle를 추가하고, Flute, Clarinet, Bassoon, Horn, Trumpet을 복사하여 보표 수가 증가하여 간격이 좁아질 수 있습니다. Ctrl+Shift+L 키를 눌러 Page Setup 창을 열고, Rastral Size를 Size 7로 줄입니다.

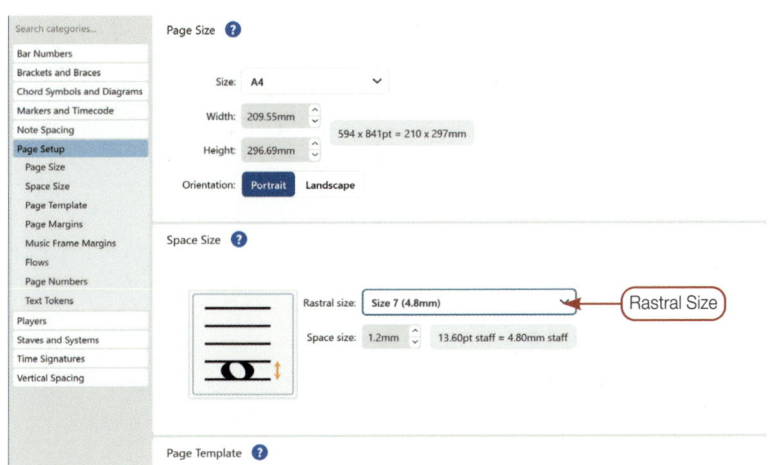

5 — 아래쪽 Page Margins도 모두 10mm 정도로 줄이면 보표의 레이아웃이 더욱 정돈되어 깔끔한 악보를 만들 수 있습니다.

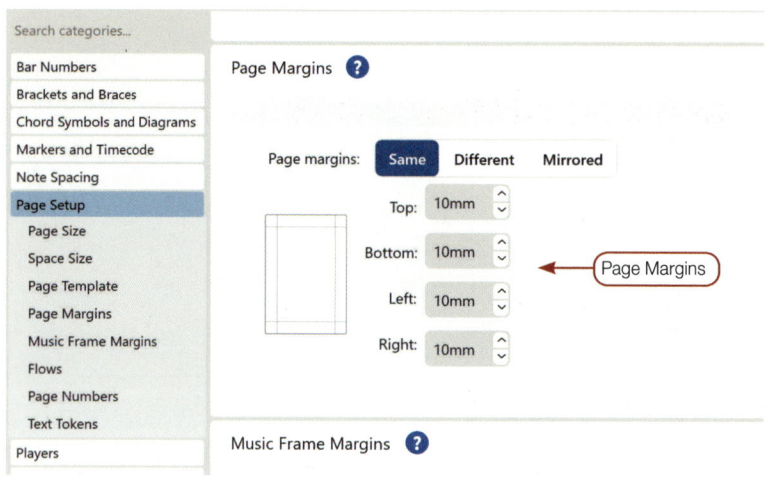

6 — Engrave 모드에서 First 페이지를 더블 클릭하여 열고, 하단에 저작권 표시를 위한 Text 프레임을 삭제합니다. 그리고 Music 프레임을 확장하면 보표 공간을 좀 더 확보할 수 있습니다.

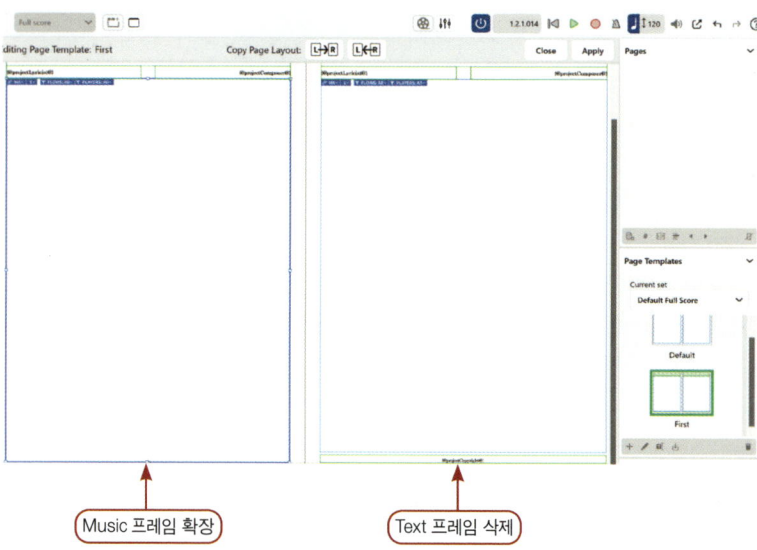

합보 만들기

1 — 박자와 조표를 입력하면 기본적으로 C 조로 표시됩니다. 이조 악보로 보려면 Edit 메뉴의 Concert Pitch 옵션을 Transposed Pitch 옵션으로 변경합니다.

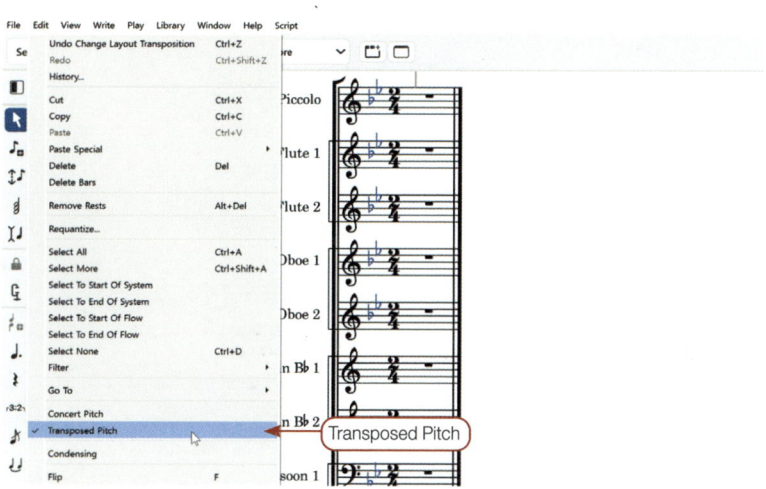

2 — Shift+M 키를 눌러 박자표를 입력하고, Shift+K 키를 눌러 조표를 입력합니다.

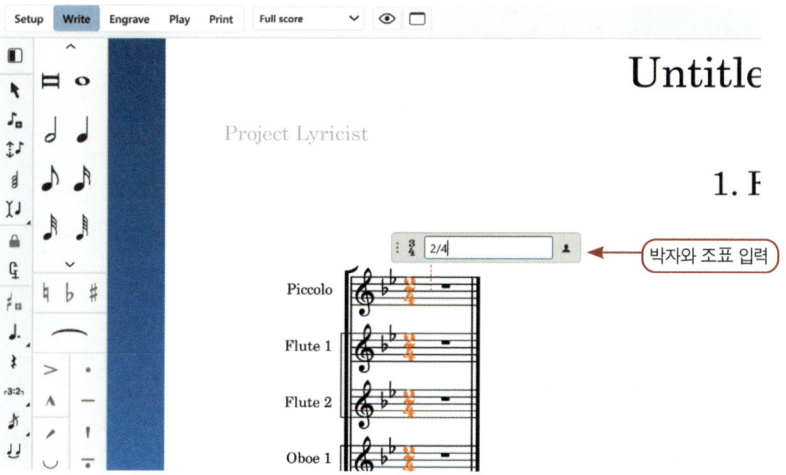

3 — 실습 악보의 Oboe 파트를 입력합니다. K 키를 눌러 Pitch Before Duration 모드를 활성화하면, 마디는 자동으로 확장되므로 사전에 길이를 지정하지 않아도 됩니다. 물론, 필요하다면 마디를 먼저 추가한 후 마우스를 이용해 입력하는 방식도 활용할 수 있습니다.

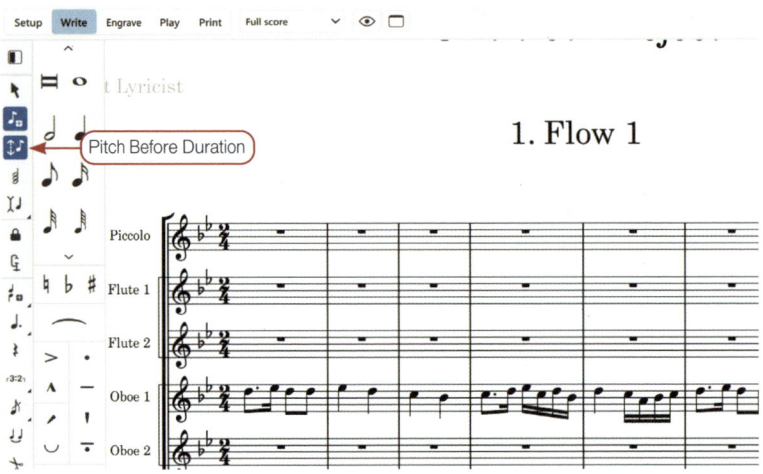

4 — 리듬이 동일한 Oboe 2 파트를 작성할 때는, Shift 키를 눌러 Oboe 1의 모든 음표를 선택한 후, Alt 키를 누른 상태에서 Oboe 2 보표를 클릭하면 전체 음표가 그대로 복사되어 효율적으로 작업할 수 있습니다.

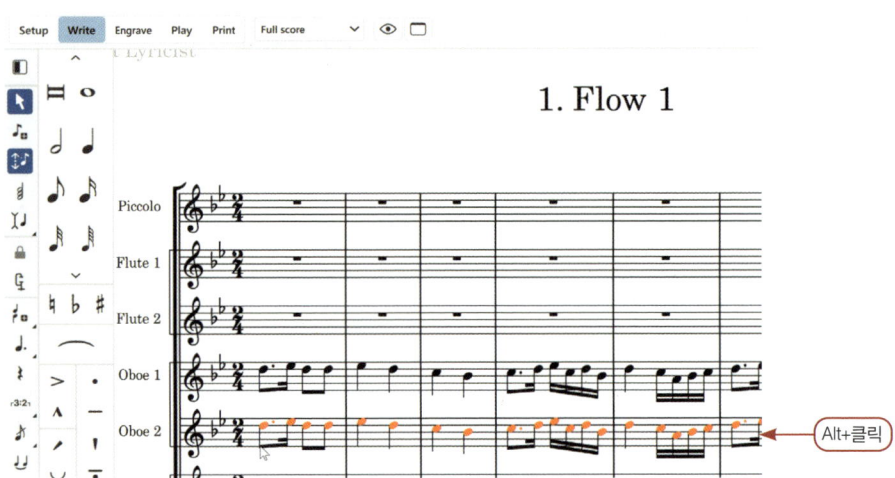

5 — 복사한 음표는 L 키를 눌러 Lock Duration 기능을 활성화한 상태에서, 키보드나 MIDI 건반으로 피치만 변경할 수 있습니다. 이 기능은 리듬은 그대로 유지하면서 음 높이만 조정할 수 있어 편곡이나 이중주 파트 작성 시 매우 효율적입니다. 리듬이 다른 구간에서는 다시 L 키를 눌러 기능을 해제한 후 자유롭게 수정합니다.

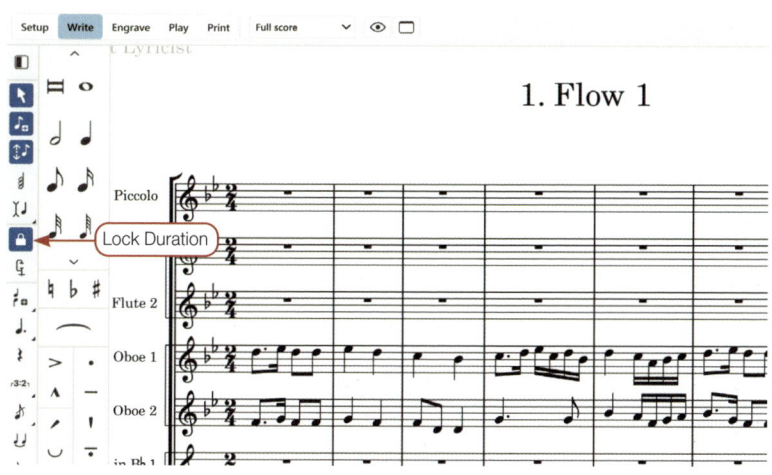

6 — Edit 메뉴의 Condensing 기능을 활성화하면, Oboe 1과 Oboe 2처럼 동일한 악기 파트를 자동으로 하나의 보표로 통합해 표시할 수 있습니다. Galley View에서는 파트별로 개별 편집이 가능하므로, Condensing을 활성화한 상태에서도 작업을 진행할 수 있으며, 필요에 따라 인쇄나 출력 직전에만 켜는 방식도 좋습니다.

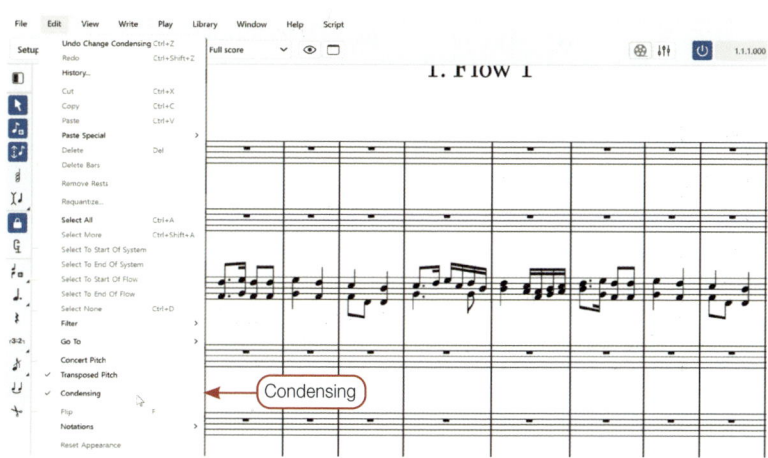

3 플레잉 테크닉

1 — Condensing 기능을 해제한 뒤, Oboe 1 파트에 Shift+D 키를 눌러 다이내믹 기호를 입력합니다. 동일한 기호를 Oboe 2 파트에도 적용하려면, Alt 키를 누른 상태에서 클릭하여 복사하면 됩니다.

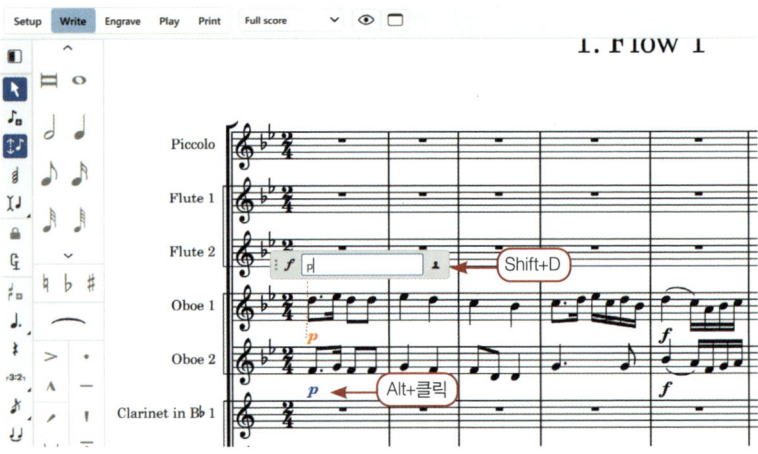

2 — Shift+X 키를 눌러 테누토(Ten.) 마커를 입력하고, Oboe 2 파트에는 Alt 키를 누른 상태에서 클릭하여 복사합니다. 슬러(Slur)는 S 키를 눌러 간편하게 삽입할 수 있습니다.

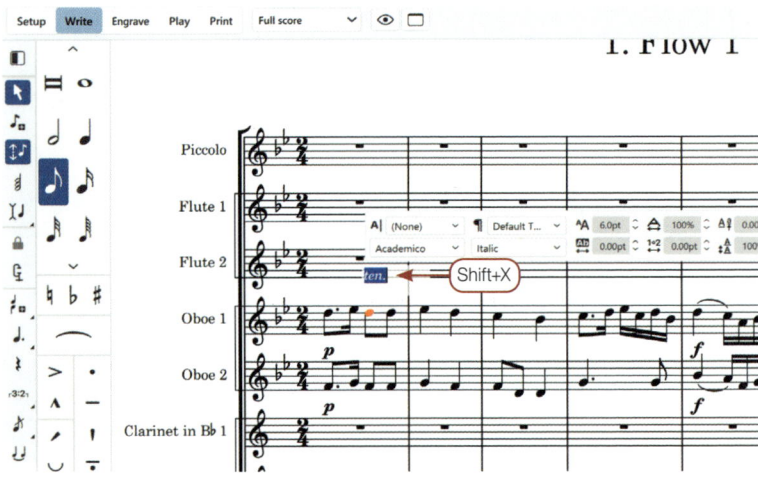

3 — Condensing 기능을 활성화하면 다이내믹 기호는 자동으로 하나로 통합되어 표시되지만, Shift+X 키로 입력한 테누토(Ten.)와 같은 사용자 텍스트는 각 보표의 개별 요소로 인식되어, 최종 합보에서 중복으로 표시되는 문제가 발생할 수 있습니다.

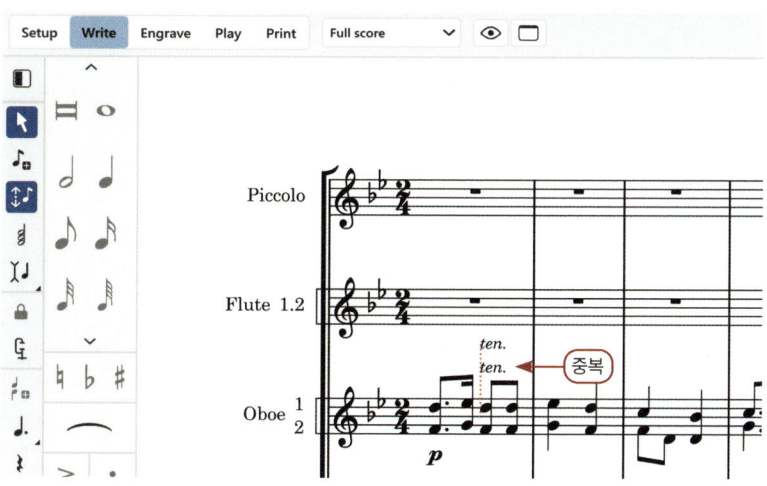

4 — 이 문제를 해결하려면, 테누토를 텍스트로 입력하는 대신 다이내믹이나 아티큘레이션과 연동된 연주 기법(Playing Technique)으로 등록해야 합니다. 앞서 입력한 텍스트를 삭제한 뒤, Library 메뉴의 Playing Techniques 항목을 선택합니다.

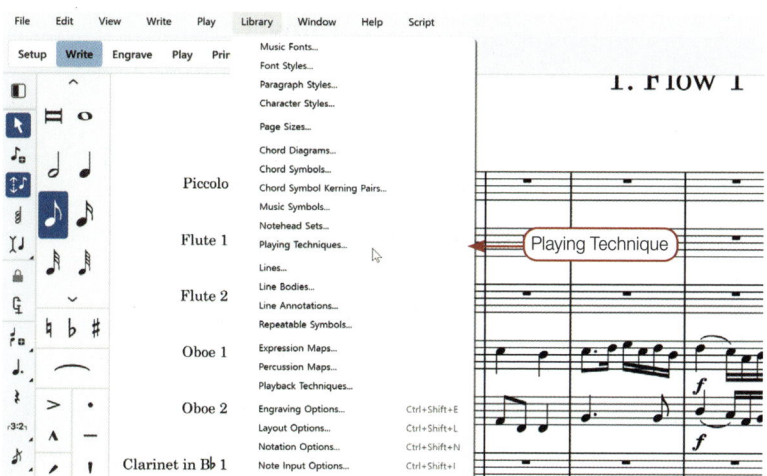

5 — New 버튼을 클릭해 새로운 연주 기법을 추가한 후, Name에 구분하기 쉬운 이름을 입력합니다. 이어서 Text 항목에 ten.을 입력하고, 폰트는 Dynamic Text Font로 설정하여 다이내믹 기호와 시각적으로 어울리도록 맞춥니다.

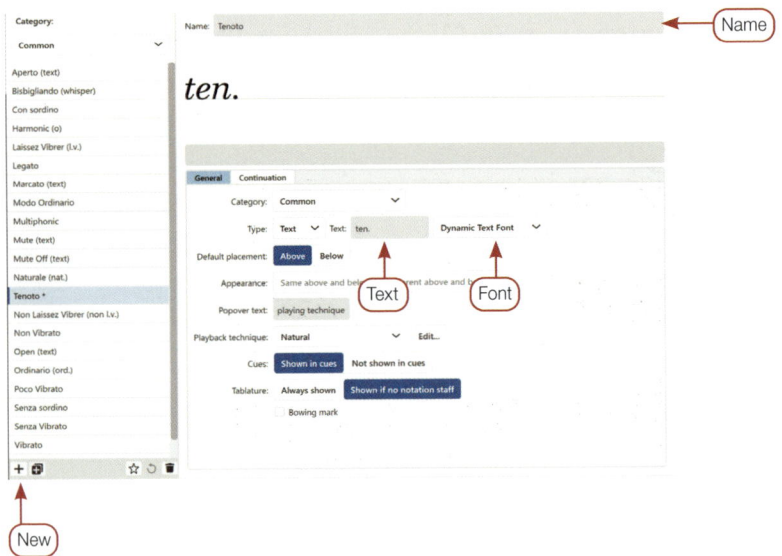

6 — Shift+P 키를 눌러 팝오버 창을 열고, 앞서 만든 사용자 정의 플레잉 테크닉 이름을 입력하여 ten. 표시를 삽입합니다.

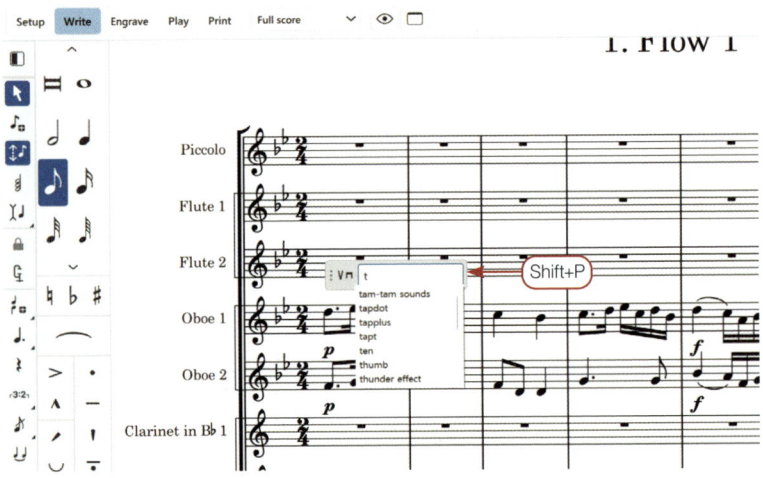

7 — Condensing 기능을 활성화하면, 기존에 텍스트로 삽입했을 때와 달리, 테누토 마커가 하나로 통합되어 깔끔하게 표시되는 것을 확인할 수 있습니다.

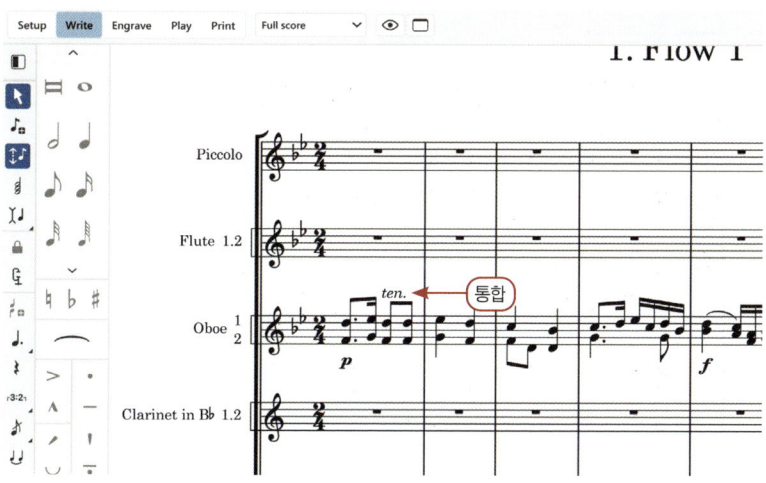

8 — 바순(Bassoon) 파트는 오보에(Oboe)와 유사하므로, Alt 키를 누른 상태에서 클릭하여 손쉽게 복사할 수 있습니다. 단, 바순은 오보에보다 한 옥타브 낮은 음역을 사용하므로, Ctrl+Alt 키를 누른 채 아래쪽 화살표를 눌러 음정을 한 옥타브 낮춰야 합니다.

9 — Bassonn 2는 Oboe 2를 복사하여 Ctrl+Alt+아래 화살표 키를 눌러 완성할 수 있습니다. Contrabassoon까지 새로 입력하여 바순 섹션을 완성합니다.

10 — Horn 섹션은 앞서 사용한 방식대로 완성할 수 있으며, View 메뉴의 Note And Rest Colors에서 Notes Out Of Range 옵션이 활성화되어 있어, 연주하기 어려운 음역은 어두운 빨간색으로, 악기의 음역을 완전히 벗어난 음표는 밝은 빨간색으로 표시됩니다.

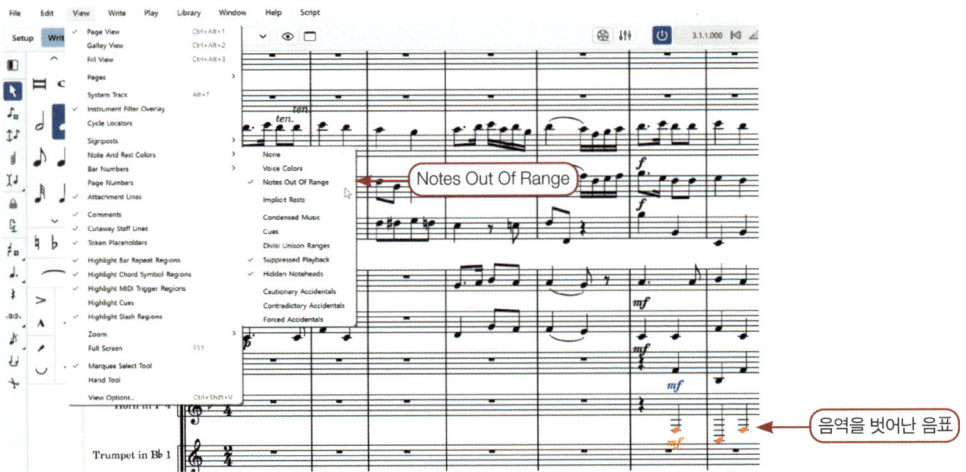

11 — 콘트라바순과 리듬이 유사한 첼로와 더블베이스 파트는 앞서와 같은 방식으로 Alt 키를 누른 상태에서 복사하고, 첼로는 Ctrl+Alt 키와 위쪽 화살표 키를 이용해 한 옥타브 올리면 손쉽게 완성할 수 있습니다.

12 — 첼로와 더블베이스 파트에는 테누토 표기가 필요하지 않으므로 Delete 키로 삭제한 후, Shift+P 키를 눌러 피치카토(pizz.) 주법을 입력해 마무리합니다. 이후 동일한 주법은 Alt 키를 이용해 간편하게 복사할 수 있습니다.

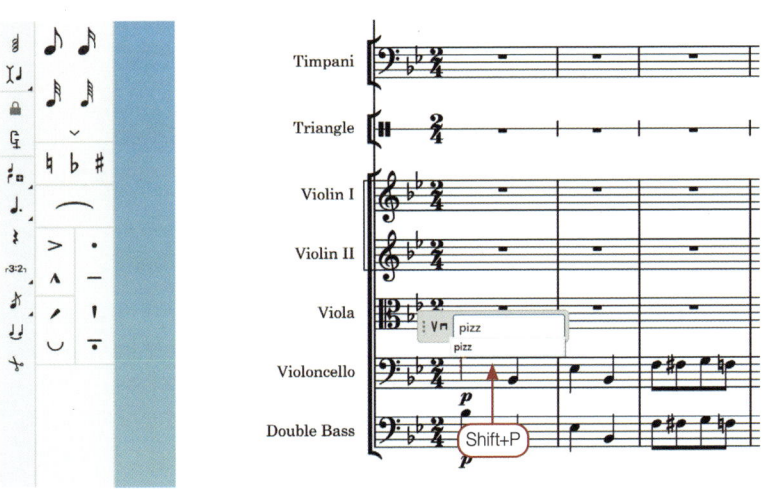

4 큐 추가하기

1 — 트럼펫 파트를 레이아웃에서 선택해보면, 연주 시작 전에 긴 휴식 구간이 포함되어 있습니다. 이러한 쉼표 구간이 길어질수록, 연주자는 자신이 연주를 시작하기 전 무대 위에서 어떤 음악이 연주되고 있는지를 미리 파악할 필요가 있습니다. 이를 돕기 위해 악보에 삽입되는 짧은 인용 형태의 보조 악보를 큐(Cue)라고 합니다.

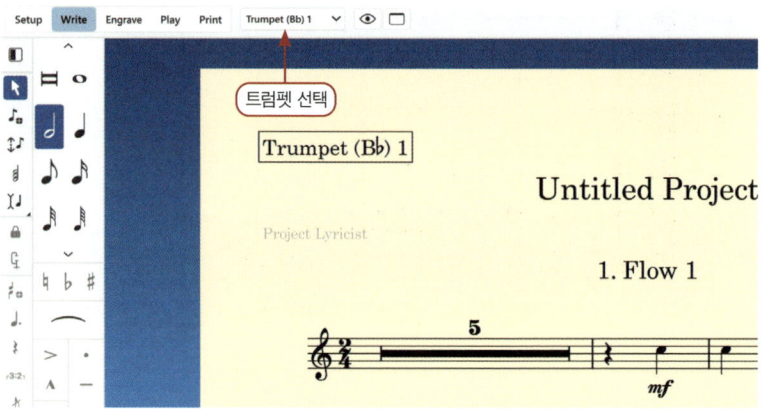

2 — 큐 악보는 페이지 뷰에 표시되지 않기 때문에 갤리 뷰에서 작업을 해야 합니다. Ctrl+Alt+2 키를 누르거나 작업 표시줄의 Galley View를 선택하여 전환합니다.

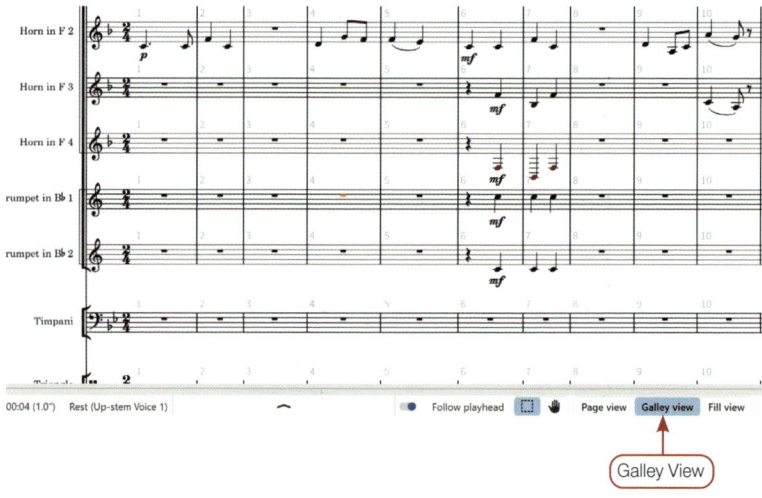

3 — 큐 악보는 일반적으로 연주 시작점보다 두 마디 앞에 입력하는 것이 관례입니다. 따라서 연주 시작 2마디 전의 쉼표를 선택한 뒤, Shift+U 키를 눌러 큐 입력 팝오버 창을 열고, 인용할 악기 이름을 입력합니다.

4 — 선택한 악기의 멜로디가 해당 마디에 큐 노트 형태로 삽입되며, 입력 후에는 핸들을 드래그하여 길이를 조정할 수 있습니다.

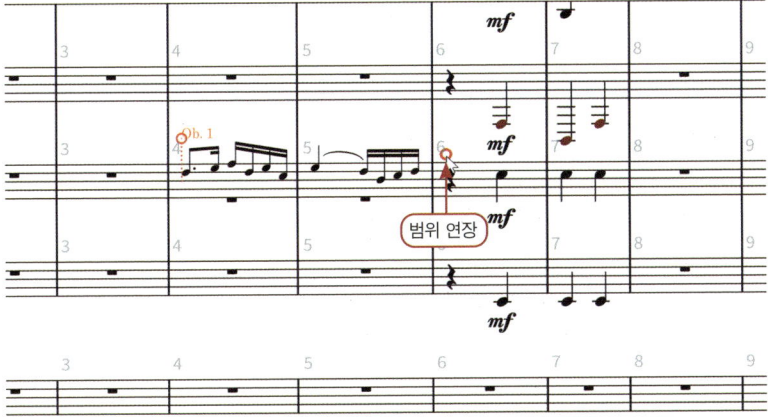

5 — 큐 악보는 페이지 뷰에서는 보이지 않으며, 실제로 연주되는 음도 아닙니다. 그러나 파트보 인쇄물에는 표시되어 연주자에게 중요한 안내 역할을 합니다. 트럼펫 2 파트의 큐는 Alt 키를 이용해 쉽게 복사할 수 있습니다.

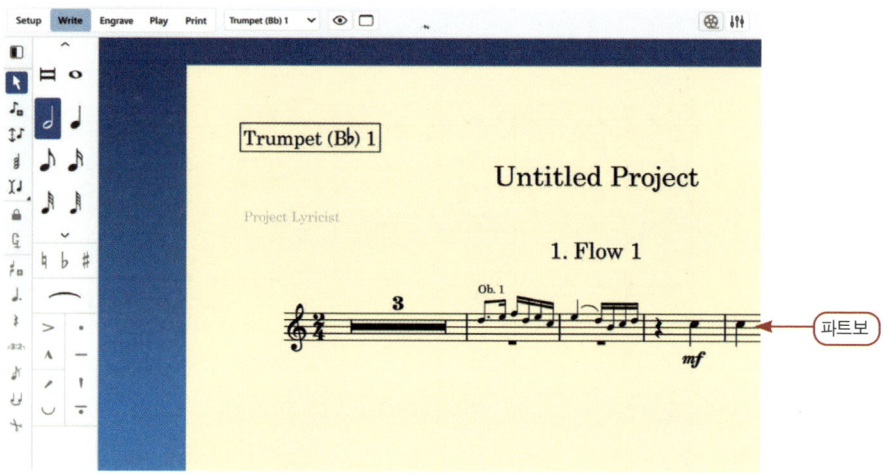

6 — 마지막 마디가 다음 페이지로 넘어가 두 페이지로 나누어져 있을 경우, Engrave 모드에서 Ctrl 키를 누른 채로 첫 마디와 마지막 마디를 선택한 후, Make into System을 클릭하여 한 페이지로 정리할 수 있습니다.

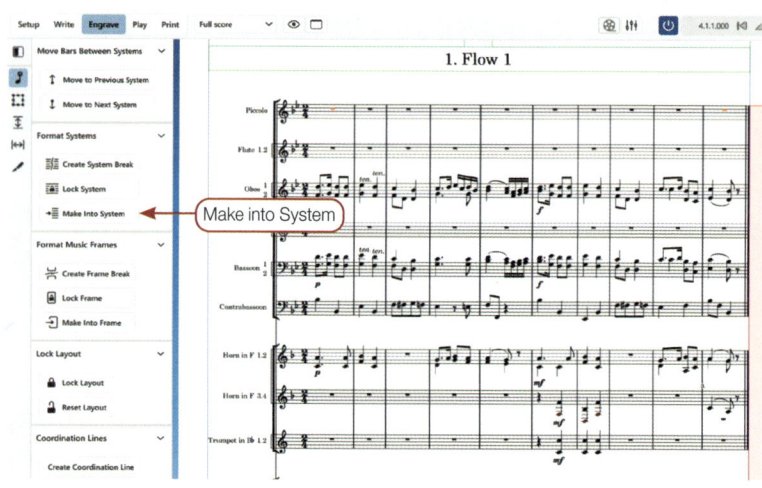

7 — 마지막 마디의 도돌리표는 오른쪽 패널에서 Bar and Barlines 도구를 선택하여 입력할 수 있습니다.

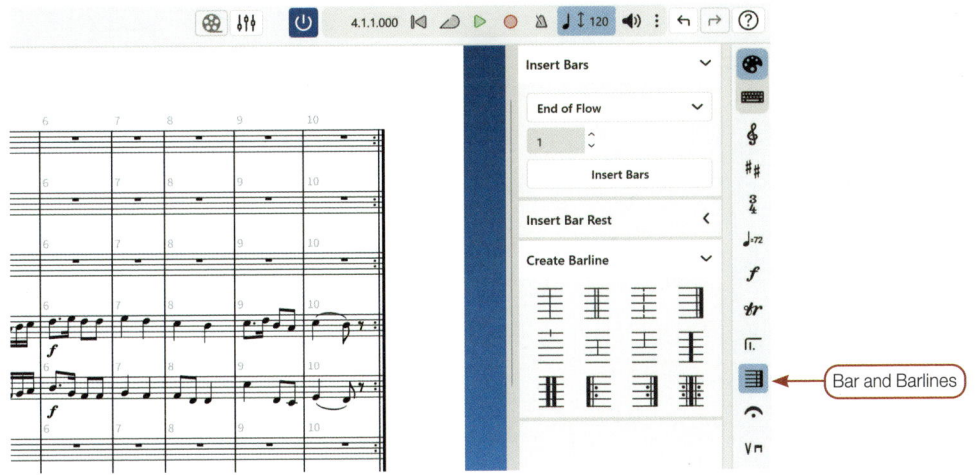

8 — Ctrl+I 키를 눌러 Project Info 창을 열고, 프로젝트명과 플로우 타이틀을 입력하여 실습을 마무리합니다.

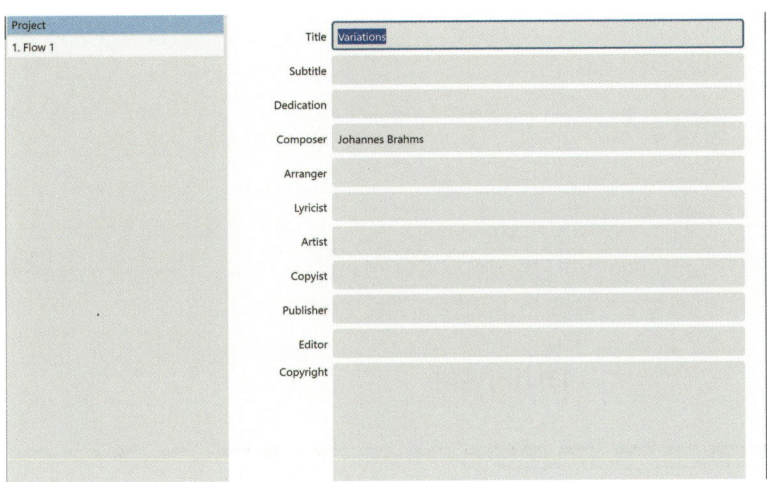

Section 03

타악기 악보 만들기

드럼을 비롯한 타악기는 통일된 표기법이 없어 편곡자마다 표기 방식에 차이가 존재합니다. 따라서 악보는 단순한 기호의 나열을 넘어서, 연주자가 편곡자의 의도를 직관적으로 이해할 수 있도록 정밀하게 구성되어야 합니다. 경우에 따라 의미의 모호함을 줄이기 위해 텍스트를 직접 삽입하기도 합니다. 특히 타악기를 효과적으로 기보하기 위해서는 해당 악기의 구조와 특성에 대한 이해가 요구되기도 합니다.

∴ 타악기 악보 작성 방법 3가지

1. 드럼세트 표기법 (Drum Set Notation)

드럼세트는 위쪽과 아래쪽으로 음표 기둥(stem)을 나누어 표기합니다. 일반적으로 손으로 연주하는 악기는 음표 기둥이 위로, 발로 연주하는 악기는 아래로 향합니다.

2. 타악기 스태프 (Percussion Staff)

오케스트라나 실내악에서는 한 명의 연주자가 여러 타악기를 오가며 연주하는 경우가 많습니다. 이때 사용되는 타악기 스태프 표기법은 일반 오선보에 각 악기의 이름이나 기호를 함께 표기하여, 연주자가 어떤 악기를 언제 연주해야 하는지를 직관적으로 파악할 수 있도록 돕습니다. 이 표기법은 단순한 음표를 넘어, 연주자의 움직임까지 설계하는 지시체계로 작용하며, 다양한 타악기를 다루는 클래식 음악에서 필수적인 기보 방식으로 자리 잡고 있습니다.

Percussion Staff

3. 타악기 그리드 (Percussion Grid)

타악기 그리드 표기법은 전통적인 오선보를 벗어나, 악기들을 선이나 공간에 시각적으로 배열하는 방식입니다. 각 악기는 별도의 위치에 자유롭게 배치되며, 연주자는 그 위치 정보를 통해 어떤 악기를 연주해야 하는지 직관적으로 이해할 수 있습니다. 이 방식은 특히 초보자, 어린이, 혹은 비전문 연주자를 위한 교육용 자료에서 널리 사용되며, 복잡한 기보 없이도 음악적 표현을 가능하게 해 줍니다. 또한 그리드의 자유로운 구성은 창의적 작곡과 현대 음악 작업에서도 유용하게 활용되며, 시각과 소리가 자연스럽게 연결되는 새로운 악보의 형태로 주목받고 있습니다.

Percussion Grid

> **1** 콤비네이션 킷

1 — 프로젝트는 드럼 세트, 퍼커션 스태프, 퍼커션 그리드 방식으로 각각 하나씩, 총 세 개의 악보를 만들겠습니다. File 메뉴의 New를 선택하여 창을 열고, Add Single Player에서 Drum Set(Basic)을 골라 첫 번째 연주자를 추가합니다.

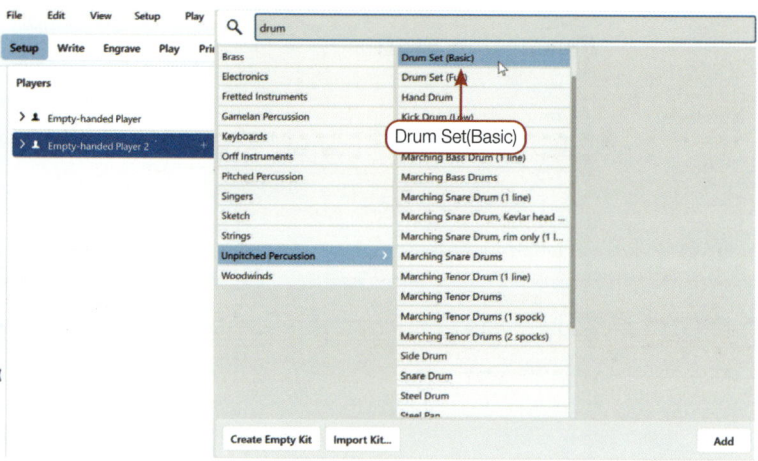

2 — 두 번째 연주자는 여러 타악기를 조합해 사용할 예정입니다. 우선, Add Single Player 버튼을 클릭하여 Triangle을 추가합니다.

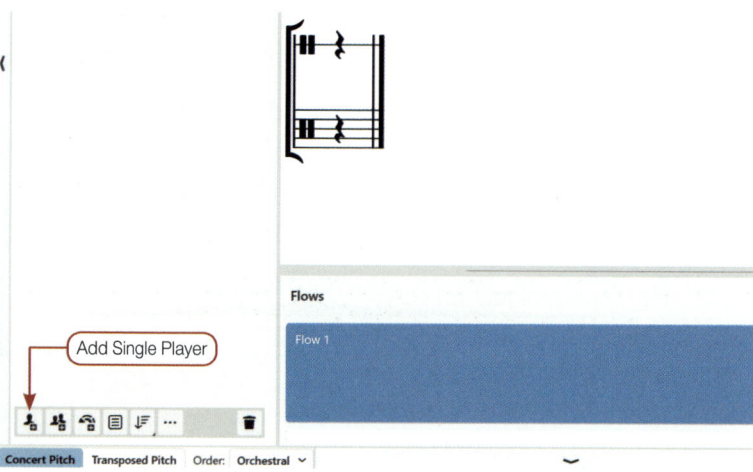

3 — 플레이어 이름 왼쪽에 있는 화살표 버튼을 클릭해 연주자 설정을 열고, Add Instrument 버튼을 클릭하여 Suspended Cymbal, Snare Drum, Bass Drum, Xylophone을 차례로 추가합니다. 이렇게 하나의 플레이어에 여러 악기를 할당할 수 있습니다.

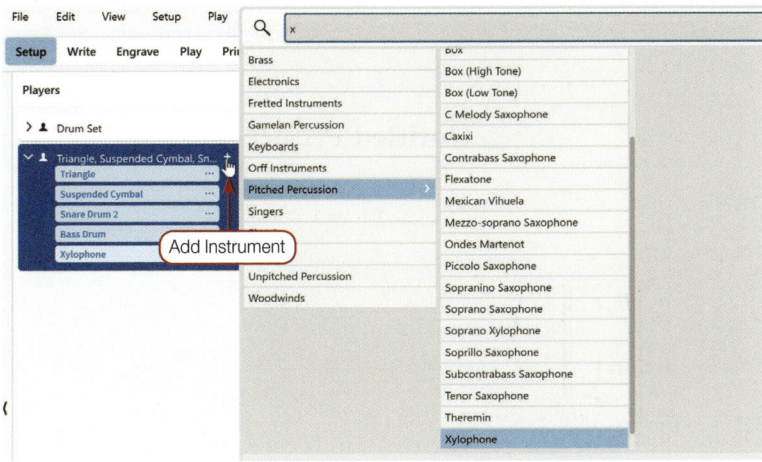

4 — 같은 방법으로 Wood Block (High/Low), Temple Block, Brake Drum, Bongo (High/Low), Tom.을 할당한 세 번째 싱글 플레이어를 추가합니다.

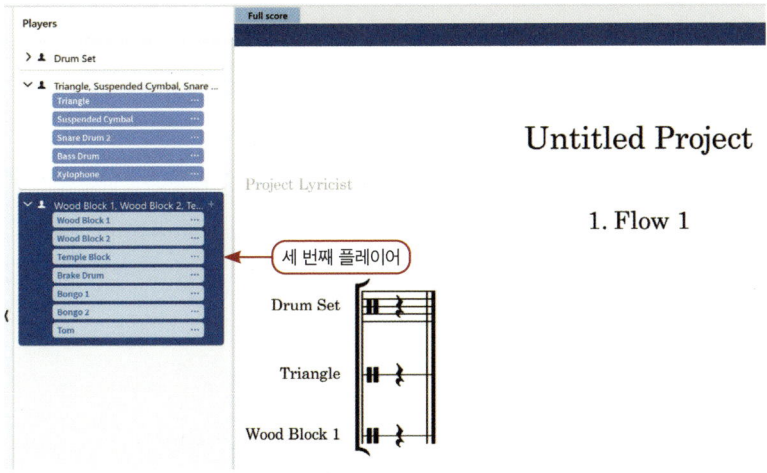

5 — 세 번째 플레이어에 추가된 여러 퍼커션 악기를 하나로 묶어, 드럼 킷처럼 효율적으로 구성할 수 있습니다. 이를 위해 플레이어 이름 영역에서 마우스 오른쪽 버튼을 클릭하여 단축 메뉴를 열고, Combine into Kit을 선택합니다.

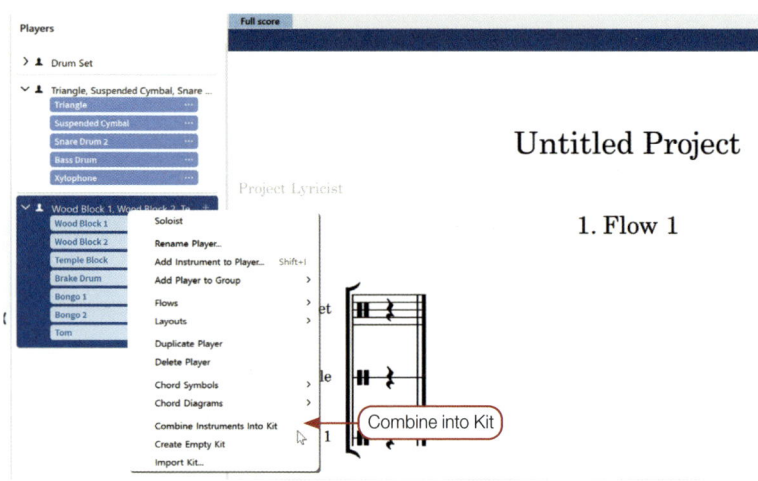

6 — 퍼커션 킷으로 묶으면, 어떤 악기를 오선의 어떤 라인이나 표시할지를 편집할 수 있는 설정 창이 열립니다. Grid 탭을 선택하고, Brake Drum, Bongo, Tom 노트의 기둥이 아래쪽을 향하도록 수정합니다.

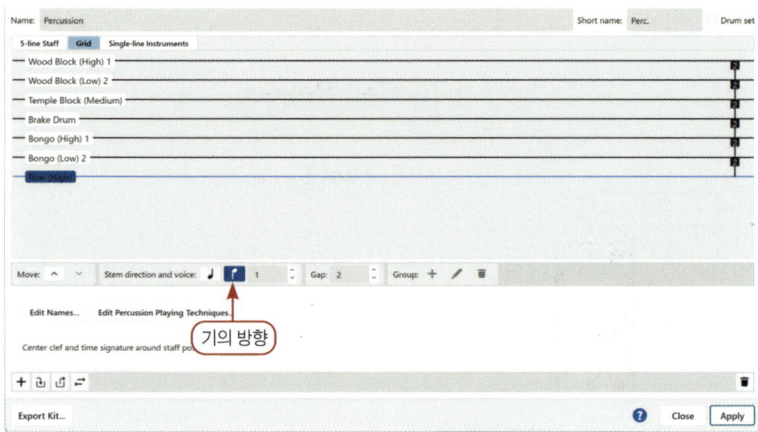

7 — Add Flow 버튼을 클릭하여 각 표기법에 해당하는 세 개의 플로우를 만들고, 각 플로어의 이름은 Drum Set, Percussion Staff, Percussion Grid로 입력합니다.

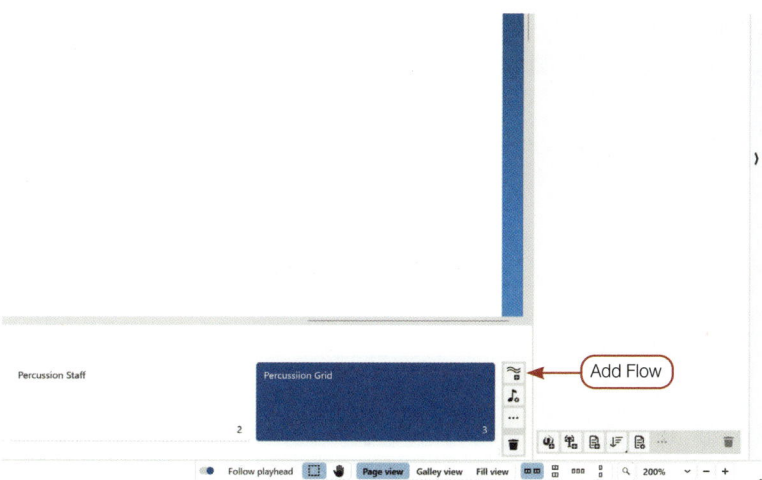

8 — 각 Flow에는 해당하는 연주자만 표시되어야 합니다. 이를 위해 먼저 첫 번째 플로우를 선택한 뒤, 연주자 목록에서 Drum Set만 선택합니다. 같은 방식으로, 두 번째 플로우에는 Percussion Staff만, 세 번째 플로우에는 Percussion Grid만 체크해 설정합니다.

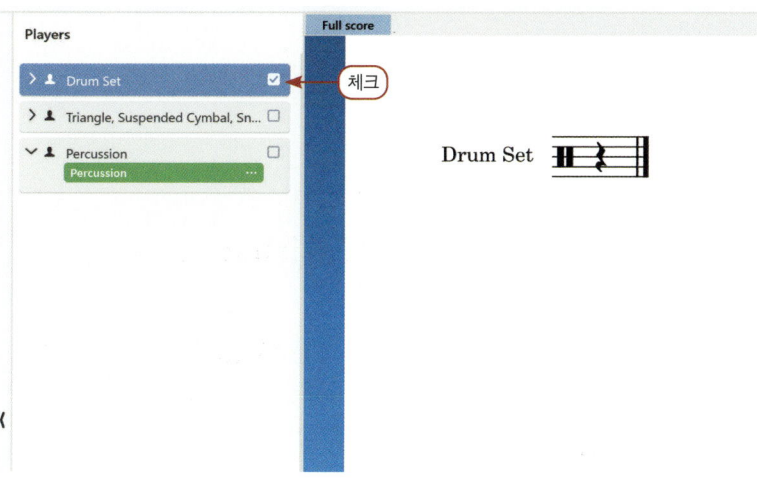

2 드럼 악보 만들기

1 — Ctrl+2를 눌러 Write 모드로 전환합니다. Drum Set 보표를 선택하고, Shift+M 키를 눌러 팝오버 창을 엽니다. 4/4,1을 입력하여 4/4 박자의 한 박자 못 갖춘 마디를 생성합니다.

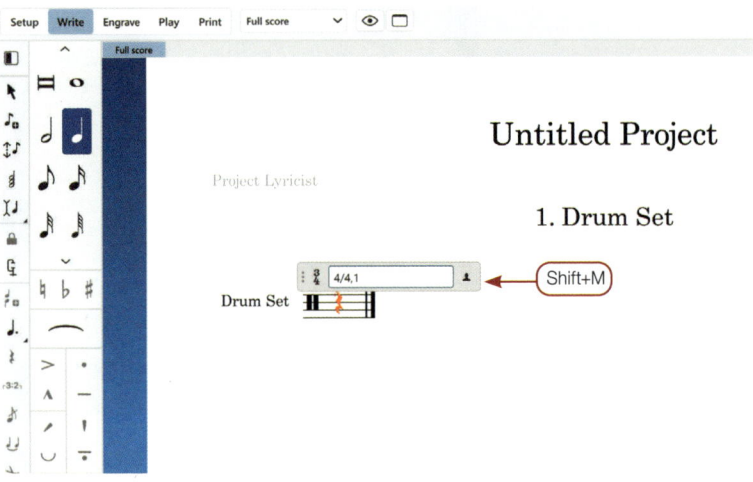

2 — 마디 선을 선택한 상태에서 Shift+B 키를 눌러 팝오버 창을 열고, 10을 입력하여 10마디를 추가합니다.

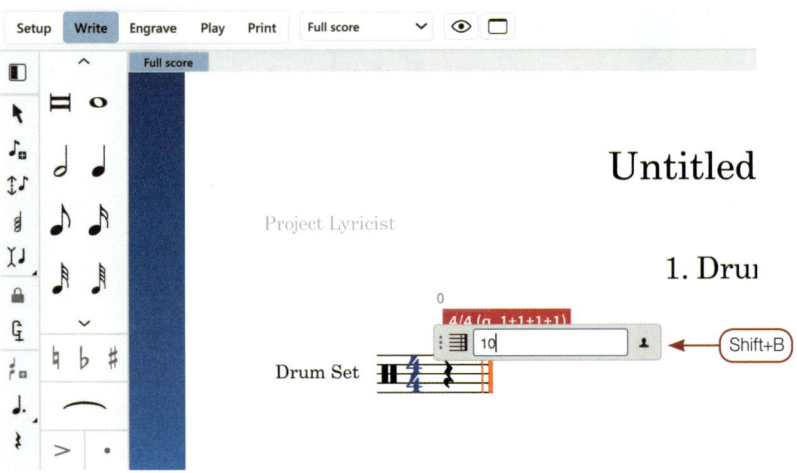

3 — Enter 키를 눌러 입력 모드를 활성화하면, 화면에 드럼 노트 이름이 표시됩니다. 위/아래 방향키를 사용해 원하는 악기로 이동한 다음, Y 키를 누르면 선택된 길이의 노트가 삽입됩니다. 드럼 노트는 각 음이 특정 악기에 대응되므로, 일반적인 음정 키 입력보다는 이 방식이 훨씬 더 직관적이고 효율적입니다.

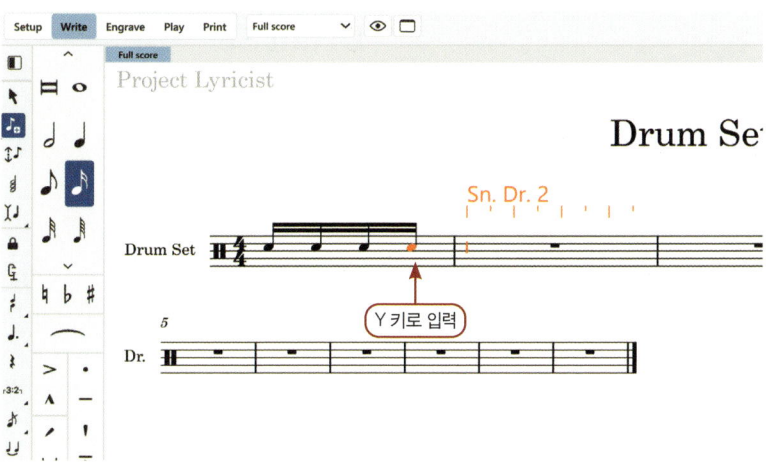

4 — 드럼에서는 같은 리듬이나 패턴이 반복되는 경우가 많습니다. 이럴 때는 입력한 음표를 드래그로 선택한 다음, R 키를 눌러 반복시키면 훨씬 빠르게 입력을 마칠 수 있습니다.

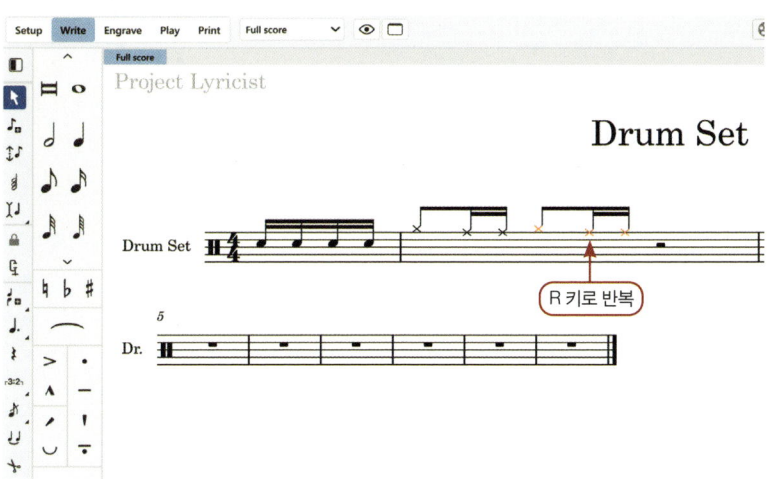

5 — 하이햇 입력이 끝났다면, 이제 킥 드럼을 입력할 차례입니다. 좌/우 방향키로 입력할 위치로 이동한 다음, 앞에서 설명한 방식대로 노트를 입력하면 됩니다.

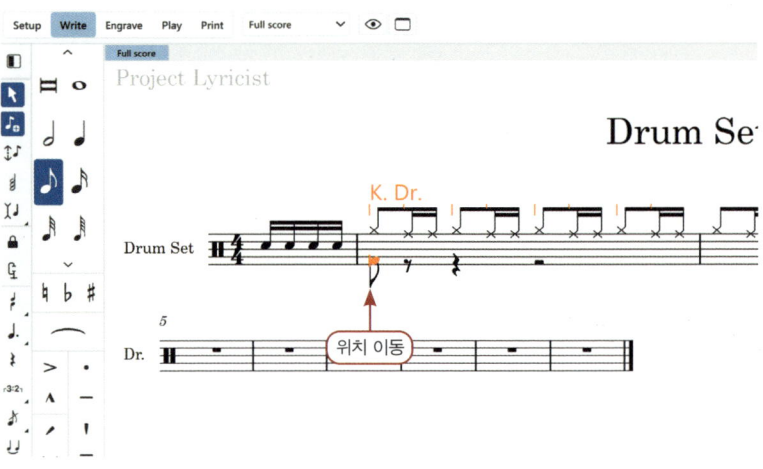

6 — 마디 전체를 반복하려면 마디 전체를 선택한 후 R 키를 누르고, 특정 노트만 반복하려면 Ctrl 키를 누른 채 반복할 노트만 선택해야 한다는 것에 유의합니다. 이제 예제 악보를 완성하는 데 별다른 어려움이 없을 것입니다.

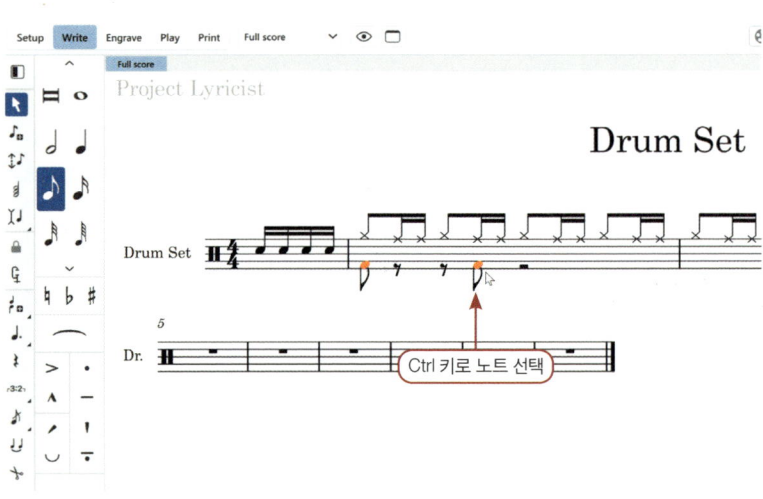

음표 기둥의 방향 바꾸기

Snare Drum → Up stem

타악기는 표준화된 기보법이 존재하지 않기 때문에, 편곡자마다 표기 방식에 다소 차이가 있습니다. 그러나 드럼 세트의 경우, 일반적으로 손으로 연주하는 악기는 음표 기둥이 위쪽(Up stem), 발로 연주하는 악기는 아래쪽(Down stem)으로 표기하는 것이 관례입니다.

기본 드럼 세트에 음표를 입력하면, 스네어 드럼(Snare Drum)의 음표 기둥이 아래쪽으로 향하게 표기됩니다. 이 설정을 변경하려면 다음과 같이 진행합니다.

1. 인스트루먼트 이름 옆에 있는 메뉴 버튼을 클릭하여 Edit Percussion Kit을 선택합니다.

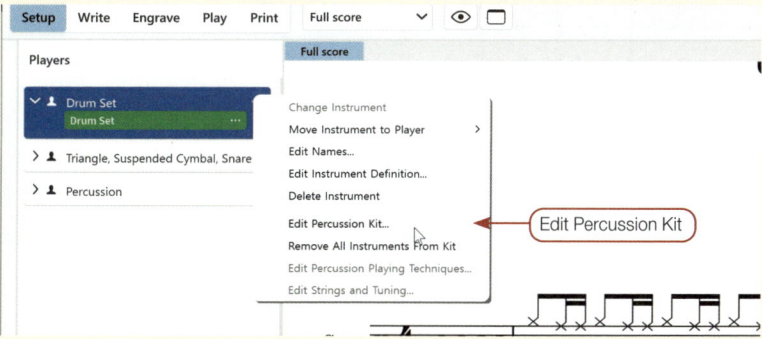

2. Snare Drum을 선택하고, Stem direction and voice 항목에서 위쪽(Up)을 선택하면 됩니다.

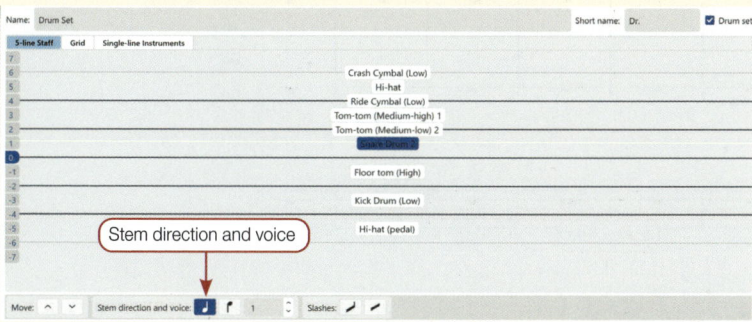

3 퍼커션 악보 만들기

1 — 두 번째 플로우에서 쉼표를 선택한 뒤, Shift+M 키를 눌러 팝오버 창을 열고 4/4를 입력하여 박자표를 삽입합니다. 계속해서 마디선을 선택하고 Shift+B 키를 눌러 9마디가 추가합니다. 참고로 마디를 삭제하려면 음수를 입력하면 됩니다.

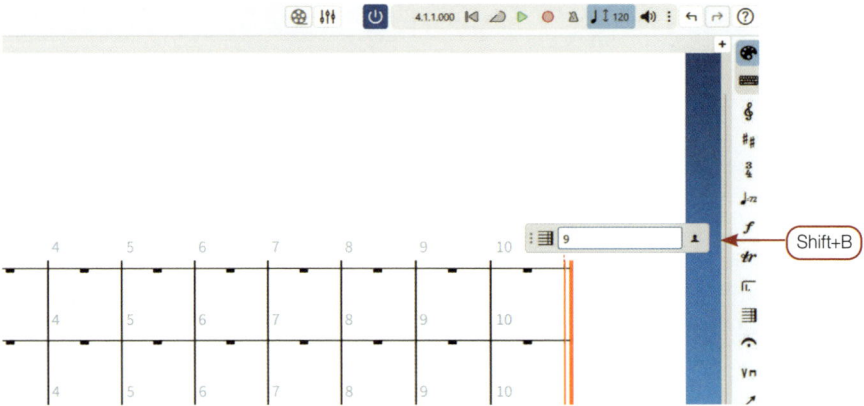

2 — Percussion Staff는 페이지 뷰에서 해당 악기에 음표가 있을 때에만 자동으로 표시되어, 악보를 깔끔하고 효율적으로 구성해 줍니다. 따라서 실제 입력 및 편집 작업은 모든 보표를 한눈에 확인할 수 있는 갤리 뷰에서 진행합니다. 상태 표시줄의 Galley view를 선택하거나 Ctrl+Alt+2 키를 누릅니다.

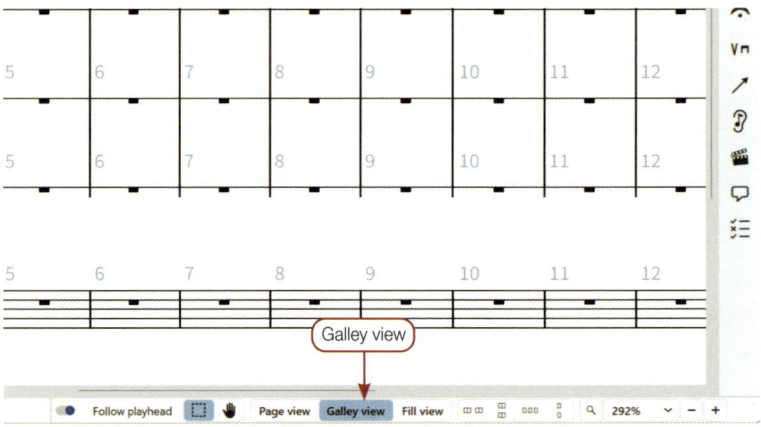

3 — 음표 입력 방법은 드럼과 동일합니다. 입력하려는 악기의 보표에서 원하는 음길이를 선택한 후, Y 키를 눌러 음표를 입력하면 됩니다. 직관적이고 반복 작업에 효율적인 방식입니다.

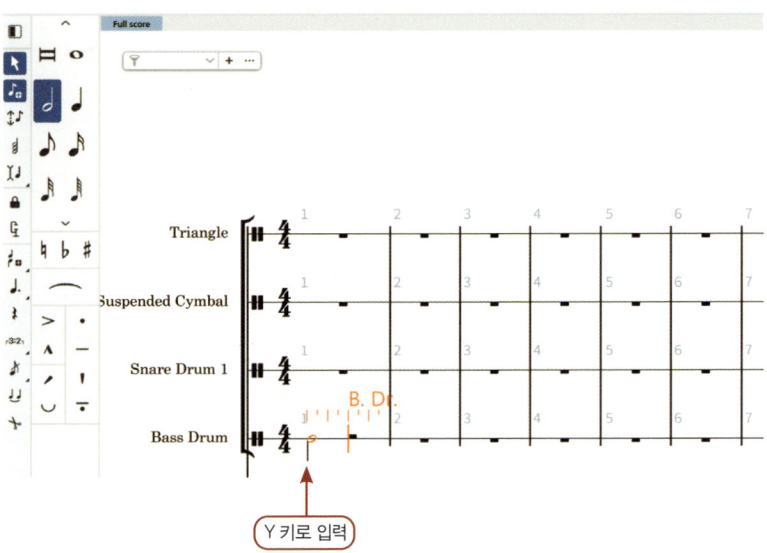

4 — 슬러 기호는 Ctrl+8 키를 눌러 로우 패널을 열고, Laissez vibrer tie 옵션을 활성화하여 표시할 수 있습니다. 소리가 울리게 놔두라는 뜻으로 L.V라고 직접 표기하기도 합니다.

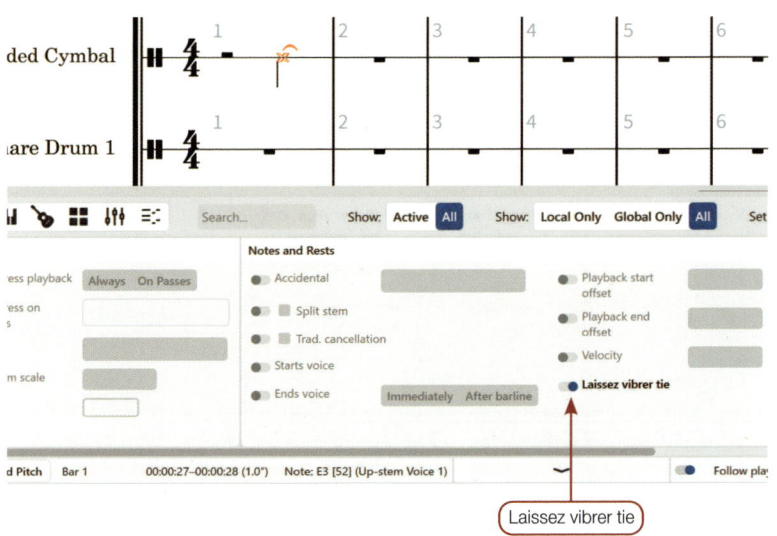

5 — 4마디 위치에 8/8 박자에서 음표 그룹을 3+2+3의 리듬 구조로 나누어 표시하려면 Shift+M 키를 박자표를 입력할 때 단순히 8/8이라고 입력하는 대신, 분자를 대괄호로 묶어 [3+2+3]/8로 입력합니다.

6 — 5마디 위치의 5/4 박자도 기본 설정에서는 3+2의 리듬 그룹으로 묶이지만, [1+1+1+1+1]/4로 입력을 하면 다섯 개의 박자를 각각 독립된 리듬 단위로 분리하여, 모든 박자마다 음표 묶음을 따로 표시해줍니다.

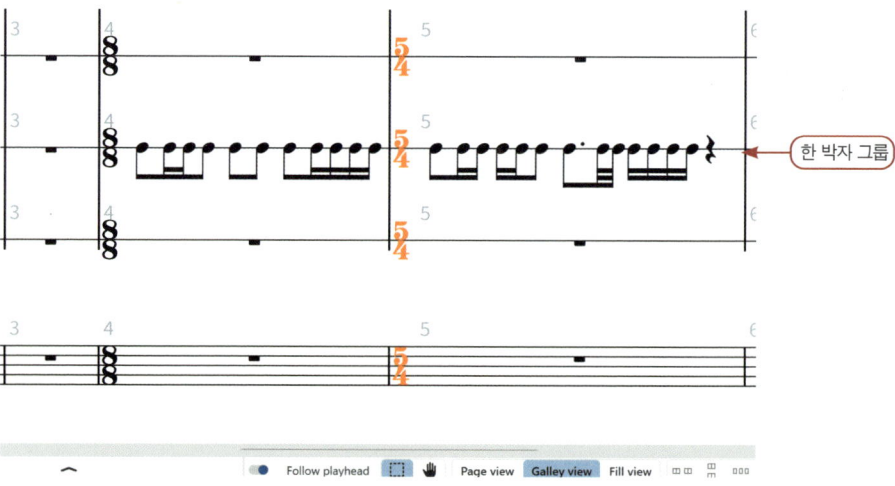

7 — 실로폰 보표의 7마디 위치에 5연음과 4연음이 중첩된 리듬을 표기하려면, 먼저 5연음을 입력해야 합니다. 세미콜론(;) 키를 눌러 팝오버를 열고, 5:4를 입력하여 5연음을 생성합니다.

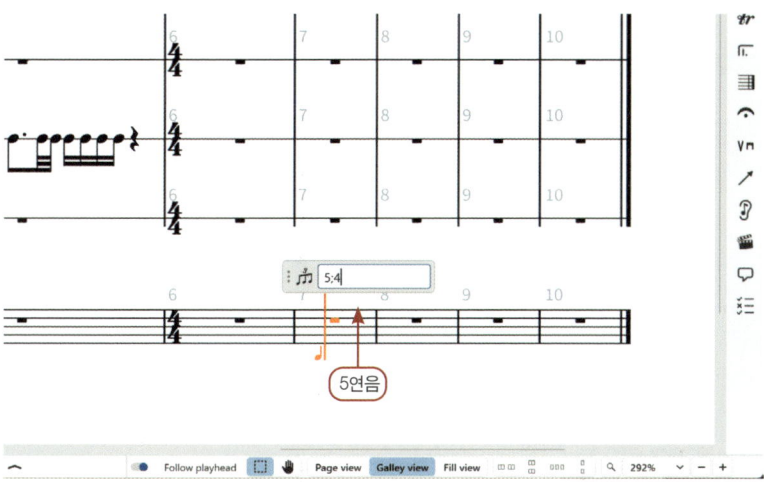

8 — 이어서 4연음을 입력하려면, 해당 위치에서 다시 세미콜론(;) 키를 눌러 튜플릿 팝오버를 열고, 4:3을 입력합니다. 이렇게 하면 3등분된 리듬 공간에 4개의 음표를 배치하는 4연음이 생성됩니다. 튜플릿 입력 상태는 계속 유지되므로, 다음 일반 음표를 입력하기 전에는 Esc 키를 눌러 연음 입력 모드를 종료합니다.

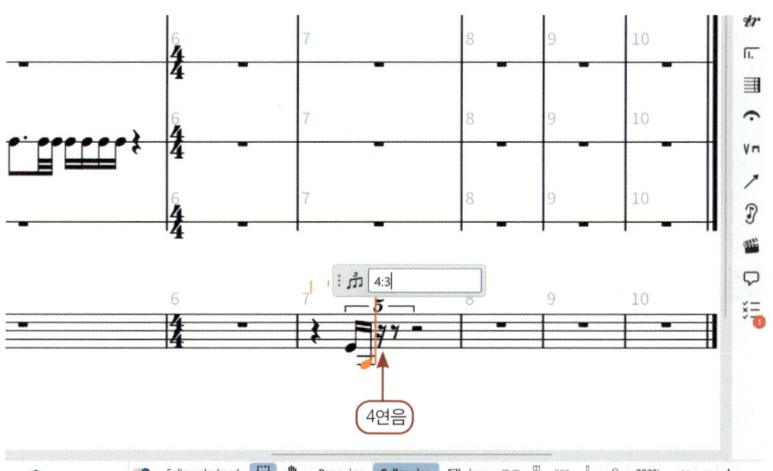

9 — 5연음 위에 3연음을 중첩해 입력하려면, 5:4를 입력하여 5연음을 만들고, 중첩이 시작되는 위치에서 3:2를 입력하여 3연음을 삽입합니다. 그리고 3연음 입력이 끝나면 esc 키를 눌러 튜플릿 모드를 해제하고, 나머지 5연음을 계속 입력합니다.

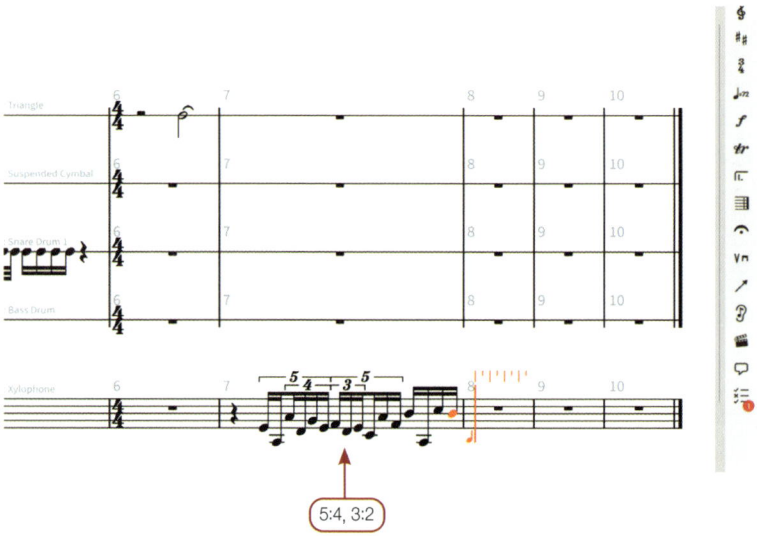

10 — 실로폰의 교차 음표를 입력하려면, 입력할 음표를 선택한 후 N 키를 눌러 상단 보표로 이동시키면 됩니다. M 키를 누르면 하단 보표로 교차시킬 수 있습니다.

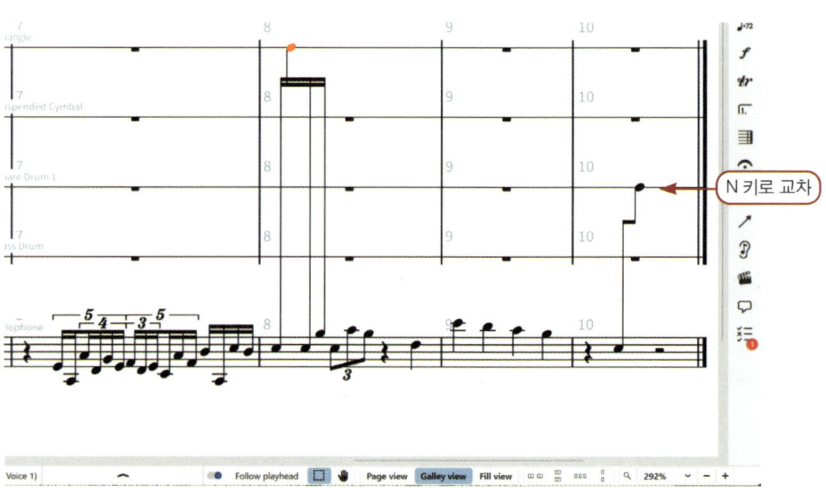

11 — Shift+D 키를 눌러 크레센도(〈)나 디크레센도(〉)와 같은 다이내믹 기호를 입력할 때는, 마지막 기호가 선택된 음표 다음 지점에 생성되므로 주의가 필요합니다. 특히 3연음처럼 그룹 내에서 입력할 경우, 연음 전체가 하나의 그룹으로 인식되기 때문에, Ctrl 키를 눌러 숫자 3 표시를 해제한 후 입력해야 의도한 위치에 다이내믹 기호를 삽입할 수 있습니다.

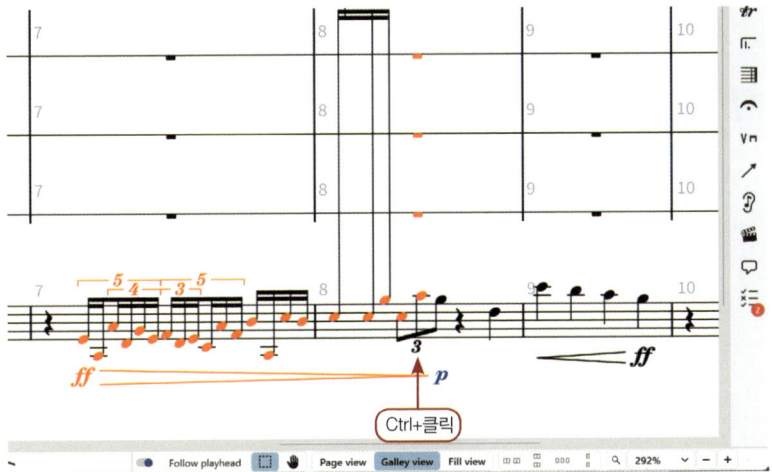

12 — 액센트 기호는 왼쪽 대괄호([) 키를 눌러 삽입할 수 있으며, 텍스트는 Shift+X 키를 눌러 직접 입력합니다. 글리산도를 비롯한 다양한 라인 요소는 화면 오른쪽의 라인 패널에서 선택한 음표에 삽입할 수 있습니다.

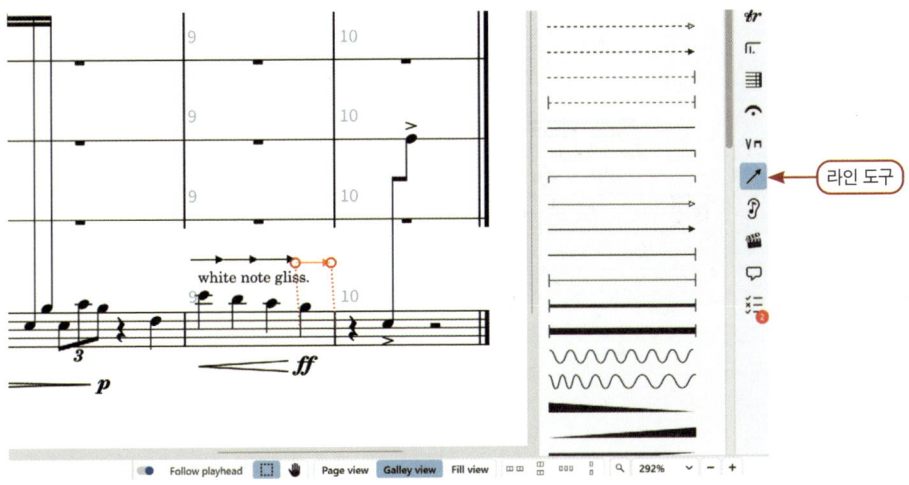

퍼커션 그리드

1 — 퍼커션 그리드(Percussion Grid)는 여러 타악기 파트를 하나의 스태프로 통합해 리듬을 보다 직관적으로 입력하고, 깔끔하게 레이아웃을 구성할 수 있도록 해주는 기능입니다. 먼저 Flow 3의 오선에서 Shift+M 키를 눌러 6/8 박자표를 입력합니다.

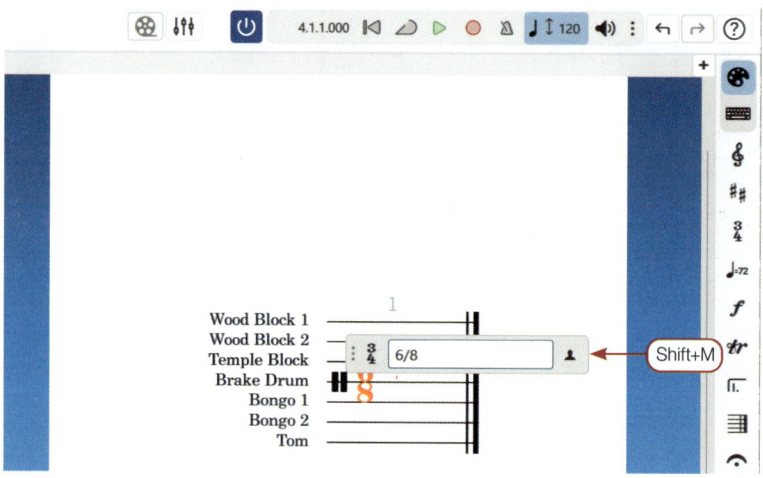

2 — 입력하려는 악기 라인으로 위/아래 방향키를 사용해 커서를 이동한 뒤, Y 키를 눌러 현재 선택된 음표 길이의 리듬을 해당 라인에 입력합니다.

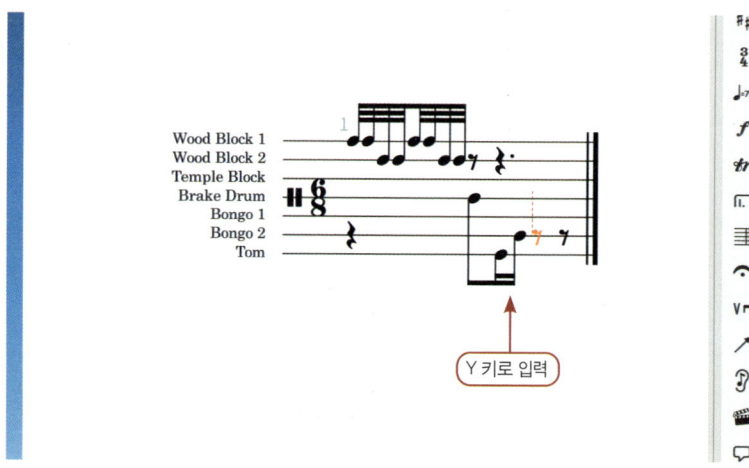

3 — 5:3 잇단음을 봉고와 탐탐에 교차 배치하여 개별 라인에 직접 입력할 경우, 리듬을 올바르게 처리하지 못하고 마디를 넘기는 오류가 발생할 수 있으므로, 우선 하나의 악기 라인에 입력을 합니다.

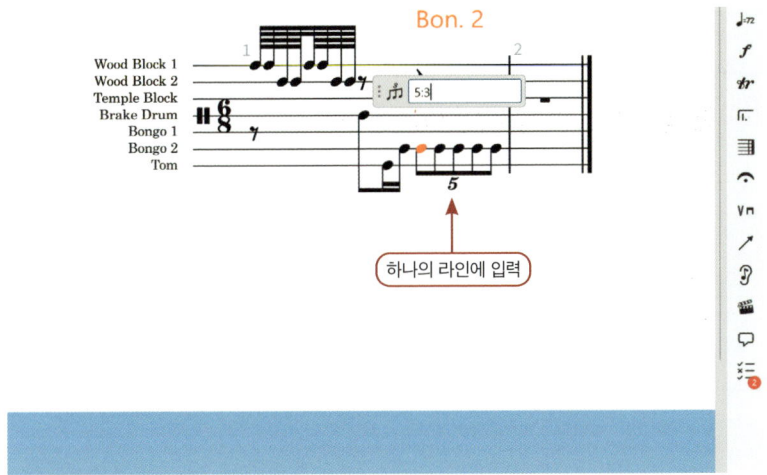

4 — 리듬 입력을 마친 후, 음표를 선택한 상태에서 Alt 키를 누르고 위쪽 또는 아래쪽 방향키를 눌러 음표를 다른 퍼커션 라인으로 손쉽게 이동시킬 수 있습니다.

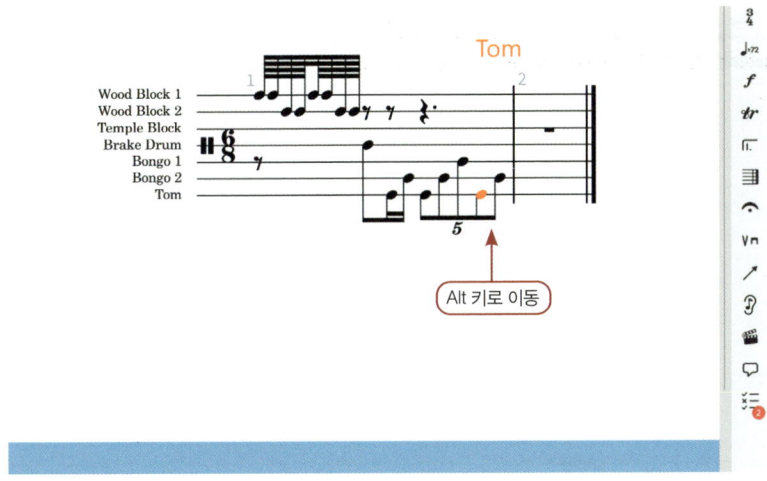

5 — 속도가 점점 빨라졌다가 느려지는 팬 빔(Fan Beam) 효과를 만들기 위해, 먼저 해당 마디를 클릭하여 모든 음표를 선택합니다. 그리고 마우스 오른쪽 버튼을 클릭해 단축 메뉴를 열고, Beaming의 Create Fan Beam에서 Accelerando (Three Lines)를 선택합니다.

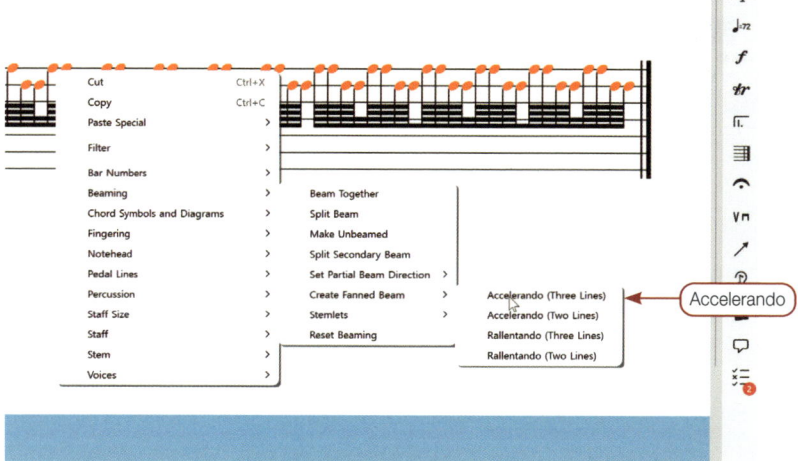

6 — 속도 변화의 방향을 바꾸려면, 전환 지점의 음표를 선택한 후 Ctrl+8을 눌러 하단 패널을 엽니다. 이후 Change Fan Beam Direction 옵션을 활성화하면 됩니다.

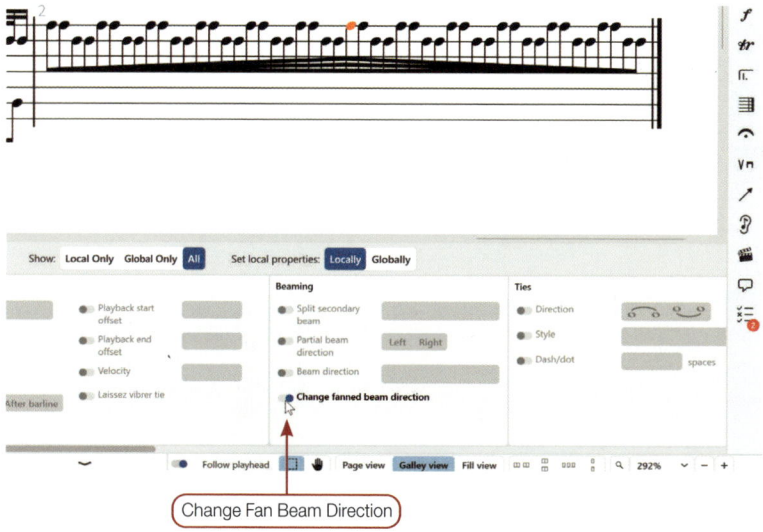

7 — Shift+T 키를 눌러 템포 값을 입력합니다. 템포는 직접 5=80처럼 반박자 값을 지정할 수도 있으며, e=80과 같이 음표 종류를 사용해 입력할 수도 있습니다. 4분(quarter) 음표라면 박자 값 6 또는 q를 사용할 수 있는 것입니다.

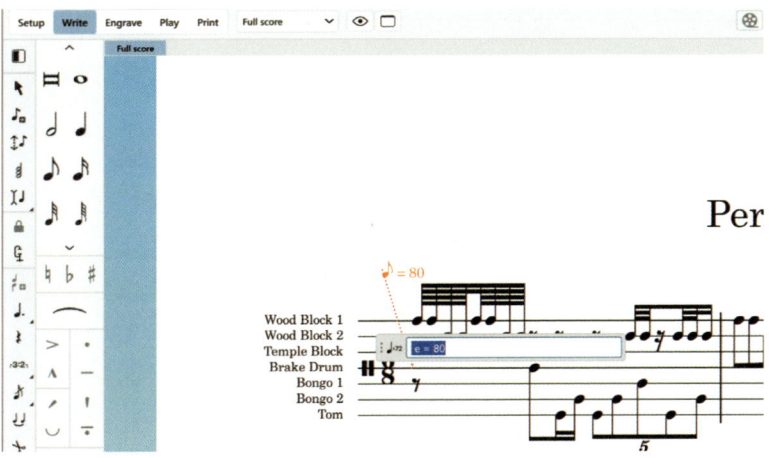

5 레이아웃 정리하기

1 — Ctrl+Shift+L 키를 눌러 Layout Options 창을 연 다음, Flows 섹션의 New Flows 옵션을 Allow on existing page로 설정합니다. 각 페이지에 분리되어 표시되던 플로우들이 하나의 페이지에 연속적으로 배치되도록 구성할 수 있습니다.

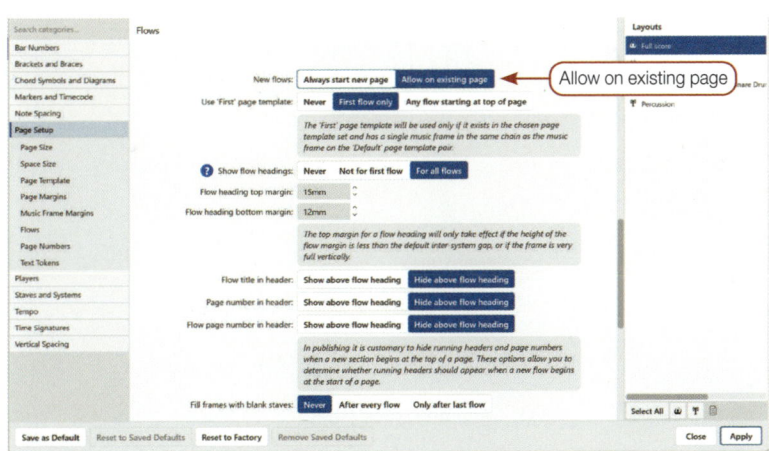

2 — Ctrl+3 키를 눌러 Engrave 모드로 전환한 후, 오른쪽의 Flow Headings 패널에서 Default 항목을 더블 클릭하여 편집 창을 엽니다. 그런 다음, 제목 왼쪽에 표시되는 번호 토큰을 삭제하여, 플로우 제목 앞의 숫자가 표시되지 않도록 설정합니다.

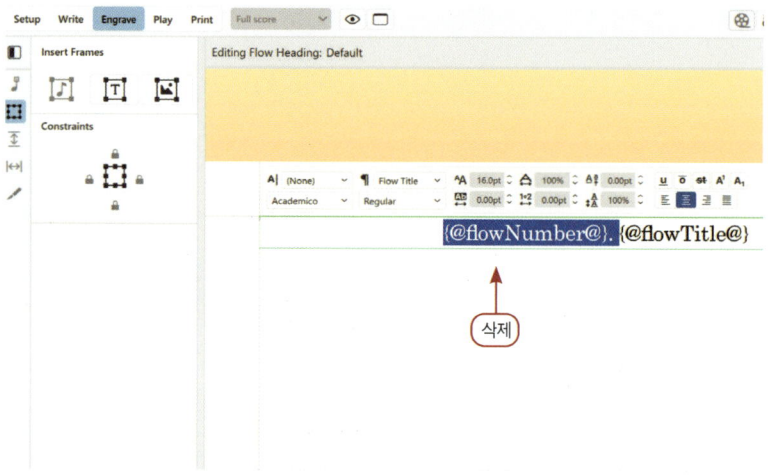

3 — 글리산도 라인을 선택한 후, 시작점과 끝점의 핸들을 드래그하여 하향 곡선 또는 직선 형태의 원하는 방향으로 조정할 수 있습니다.

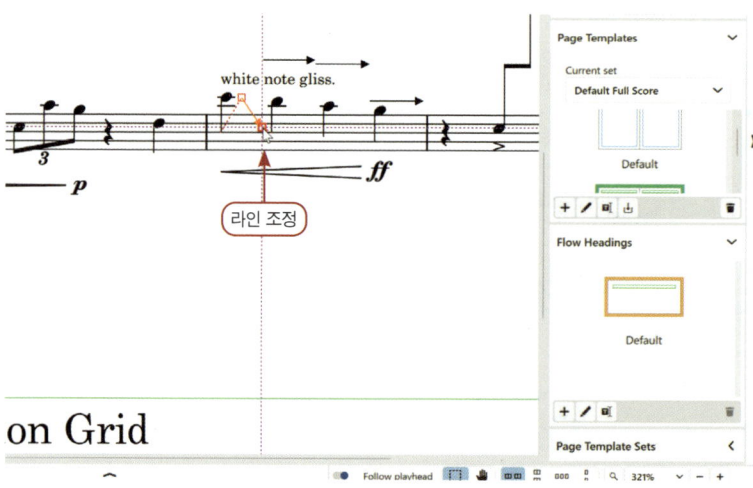

4 — 스네어 드럼 위로 교차된 음표의 스템을 드래그하여 위치를 조정합니다. Alt 키를 누른 채 방향키를 사용하면 더욱 세밀한 조정이 가능합니다.

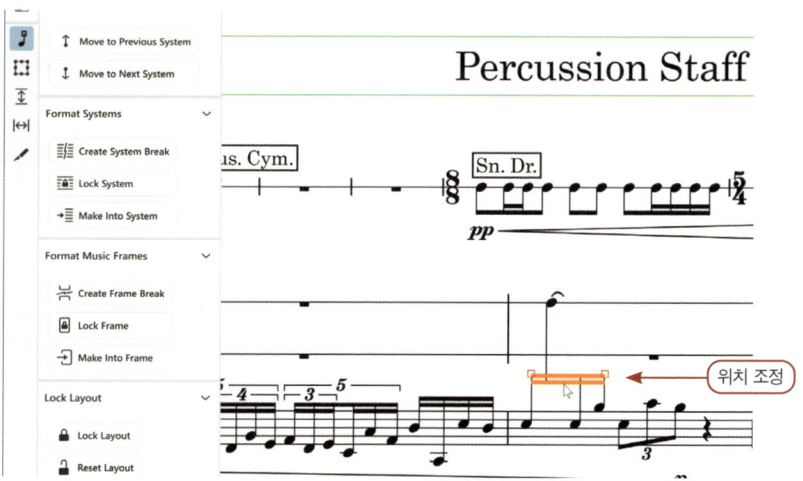

5 — Staff Spacing 도구를 활성화하면 보표 간격을 수동으로 조정할 수 있습니다. 핸들을 드래그하여 Percussion Staff를 페이지 중앙에 배치하고, 보표 간격을 균형 있게 조정합니다.

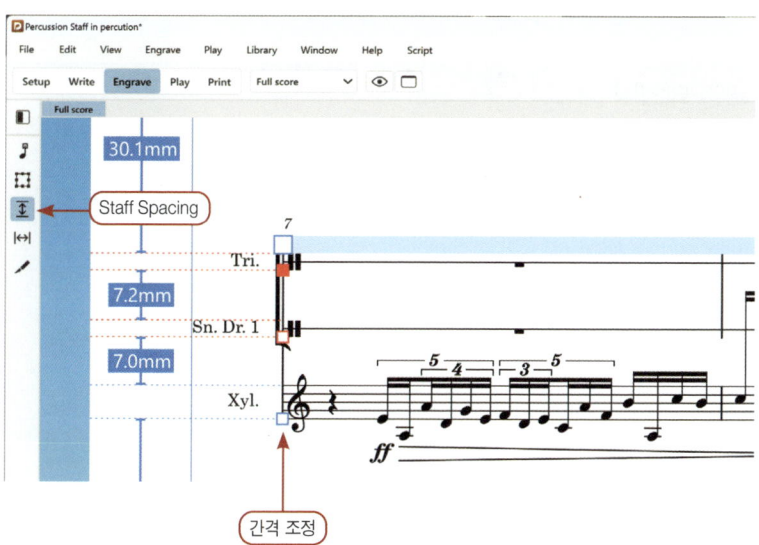

Section 04 파트보 만들기

현대의 작곡가와 편곡가에게 있어 악보 작업은 더 이상 단순한 필사의 반복이 아닙니다. 그것은 음악의 구조를 설계하고, 해석의 방향을 제시하며, 연주자와 창작자 사이의 정밀하고 유기적인 대화를 구축하는 창조적 행위입니다. 오늘날의 기보는 단순히 음을 입력하는 것을 넘어서, 음과 음 사이의 간격, 연주 기법이 놓인 문맥, 그리고 표현의 뉘앙스까지 섬세하게 포착하고 전달할 수 있는 능력을 요구합니다. 이는 곧, 작곡가가 자신의 음악적 의도를 청각적이면서도 시각적인 언어로 번역하는 작업이라 할 수 있기 때문입니다.

∵ 사용자 정의 플레잉 테크닉

현대 음악이나 무조 음악처럼 섬세한 연주 지시가 요구되는 악보 작업에 유용한 기능들

- 사용자 정의 플레잉 테크닉 생성 및 활용
- 피치카토(pizzicato) 등 문자열 연주 기법에 맞춘 플레잉 테크닉 코드 입력
- Interval Tool을 활용한 음정 추가와 조합
- 크레센도(crescendo) 및 디미누엔도(diminuendo)의 기호 및 라인 적용
- 아르코(arco) 전환과 같이 연주 방식 변화 처리
- am Steg, sul tasto 등 독일어 기반 연주 지시문 입력
- 빔(beam) 조정 및 시각적 표현 방식의 세부 조절

Five Movements for String Quartet Op. 5
IV

Anton Webern

1 현악 4중주 보표

1 — 현악 4중주 보표를 생성하려면, File 메뉴의 New from Template에서 Chamber 목록에 있는 String Quartet을 선택하면 됩니다. 이처럼 전통적인 편성은 템플릿을 이용하여 복잡한 악기 배치 없이 간단하게 만들 수 있습니다.

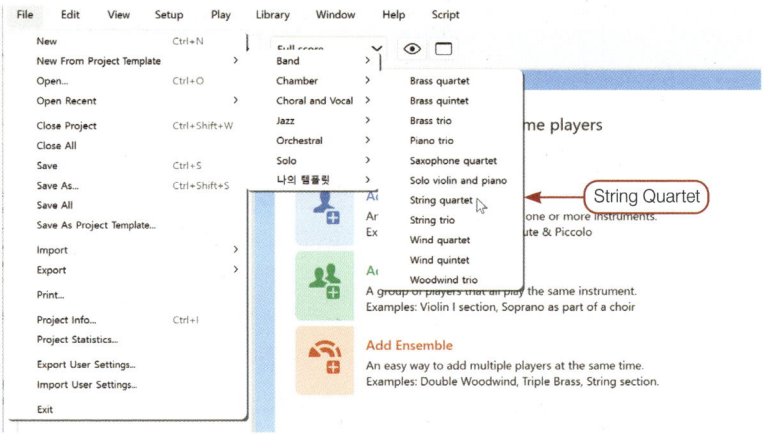

2 — 박자표는 Shift+M 키를 눌러 입력하고, 조표는 Shift+K를 입력합니다. 이번 실습처럼 무조(atonal) 음악의 경우에는 atonal이라고 입력하면 됩니다. 이는 조성이 없는 현대음악에 적합한 설정으로, Dorico는 자동으로 조표를 생략한 보표를 구성합니다.

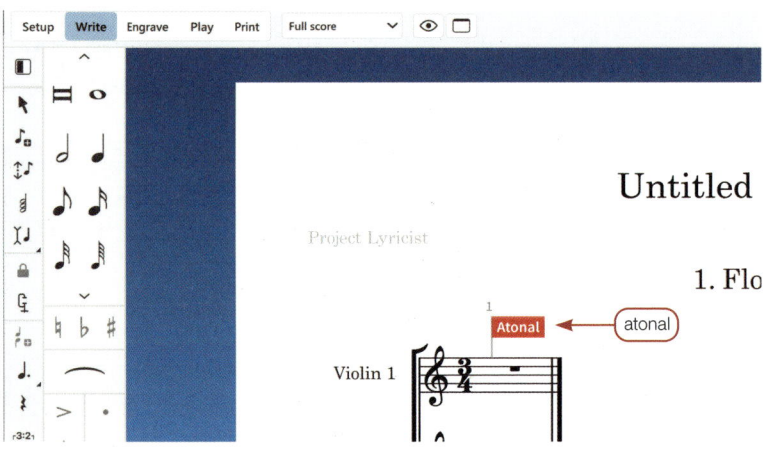

2 뮤트 주법 만들기

1 — Shift+B 키를 눌러 마디를 추가하고, Shift+T를 눌러 빠르기 말과 템포 값(Sehr langsam (♩=58))을 함께 입력합니다.

2 — mit Dämpfer 텍스트가 실제로 뮤트가 적용된 소리로 재생되도록 설정하겠습니다. 이를 위해, Library 메뉴에서 Playing Techniques를 선택하여 창을 엽니다.

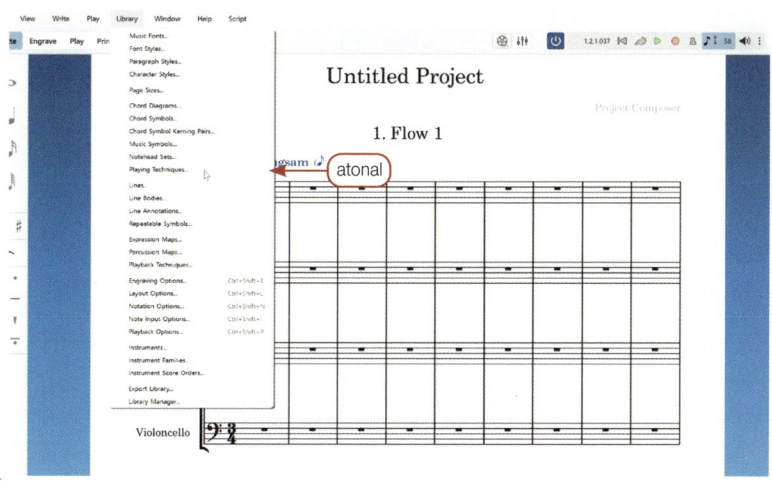

3 — New 버튼을 클릭하고, 이름을 입력하여 새로운 프리셋을 만듭니다. Text 항목의 ä는 Alt 키를 누른 상태로 숫자열의 0228을 눌러 입력합니다. 실제 연주 효과를 지정하는 Playback technique에서 Muted를 선택합니다.

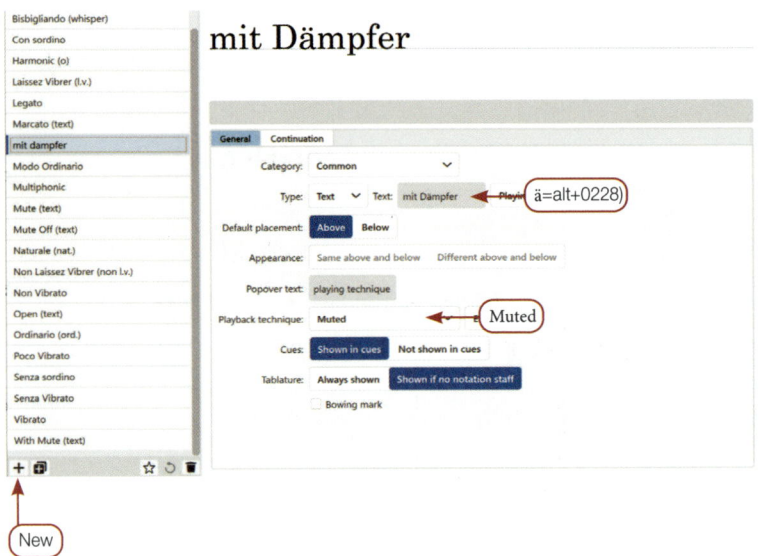

4 — ä 같은 움라우트 문자를 입력하는 방법은 여러 가지가 있습니다. 가장 편리한 방법은 독일어 키보드를 추가하여 사용하는 것이며, 윈도우키+콤마(.)를 눌러 특수 문자 창에서 선택하는 방법도 있습니다. 또한 숫자 조합을 활용하는 입력법도 유용하게 쓰입니다.

다음은 주요 움라우트 문자와 에스체트(β)의 Alt 코드 목록입니다

소문자	키조합	대문자	키조합
ä	Alt+0228	Ä	Alt+0196
ö	Alt+0246	Ö	Alt+0214
ü	Alt+0252	Ü	Alt+0220
	β = Alt+0223		

5 — 앞에서 만든 연주 기법은 우측 Playing Techniques 도구를 클릭하여 열리는 섹션 상단에 표시되며, 선택하여 악보에 손쉽게 추가할 수 있습니다. 팝오버 기능을 활용하려면 Shift+P 키를 누른 뒤, 사용자가 지정한 이름을 입력하여 검색합니다.

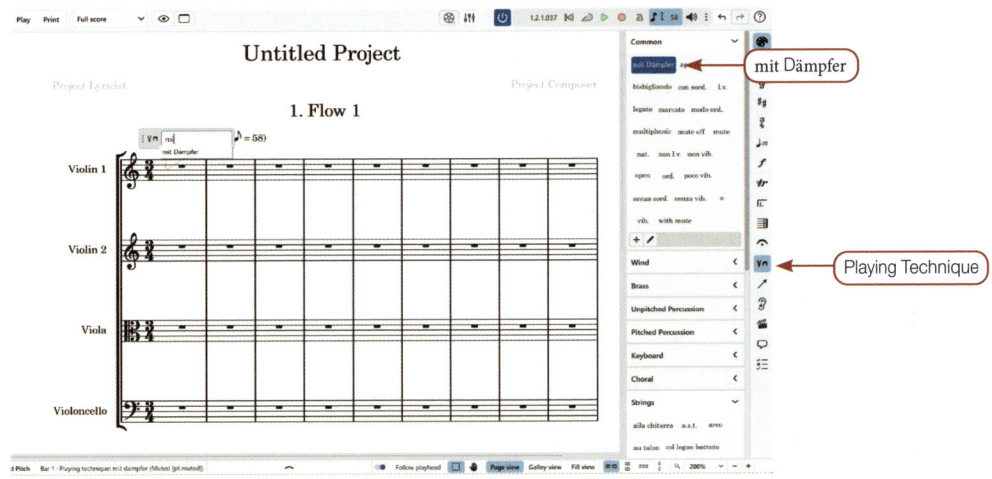

6 — 입력된 Playing Technique을 선택한 뒤, Alt 키를 누른 상태로 바이올린 II, 비올라, 첼로 보표를 클릭하면 해당 테크닉을 손쉽게 복사할 수 있습니다.

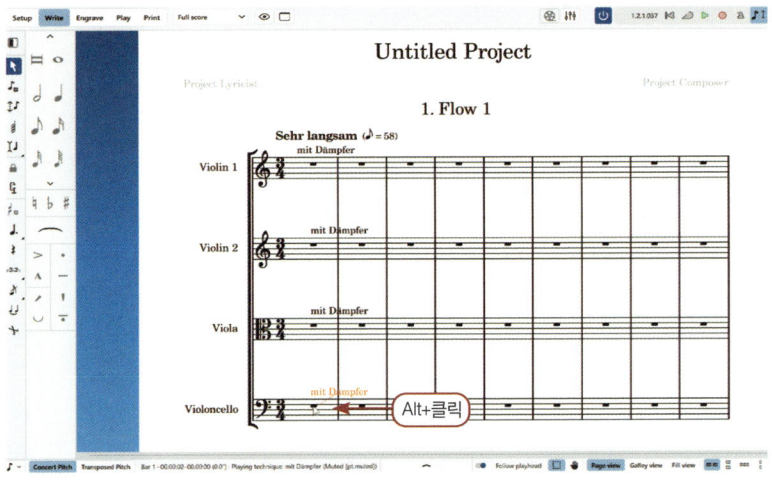

3 트레몰로 입력하기

1 — 제1바이올린과 제2바이올린의 두 번째 박자에는 트레몰로가 들어갑니다. 8분음표 길이의 E와 C음을 입력한 뒤, 두 음표를 모두 선택합니다. 그런 다음, Repeat Structures 패널에서 두 음 사이를 반복하는 4줄짜리 트레몰로 기호를 선택하여 적용하면 트레몰로가 추가됩니다.

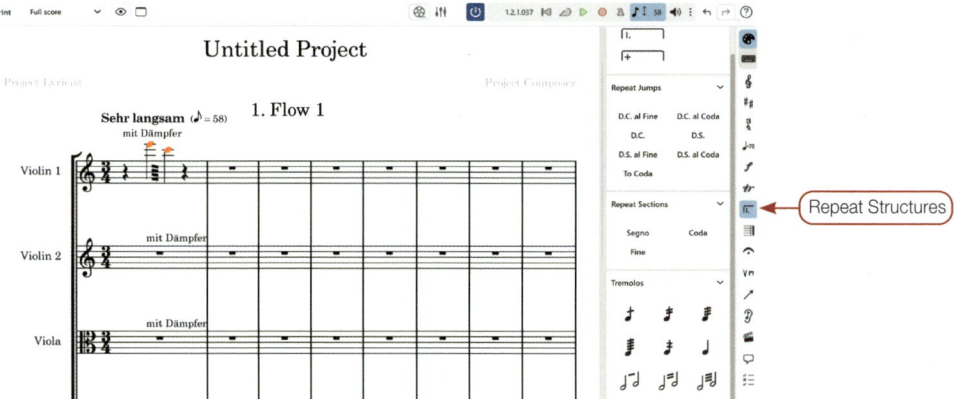

2 — 슬러는 S 키를 눌러 적용할 수 있으며, 비브라토 효과는 Ctrl+8 키를 눌러 로우 패널을 열고, Laissez vibrer tie 옵션을 활성화하여 추가할 수 있습니다.

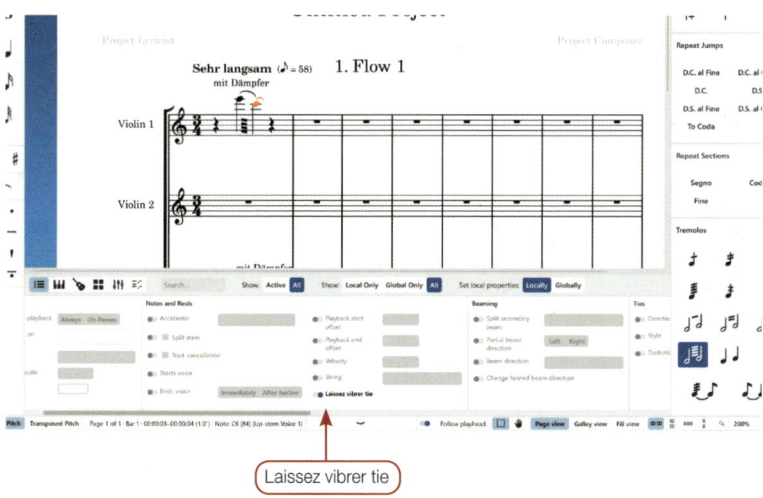

3 — 두 번째 마디와 바이올린 2 파트는 Alt 키를 누른 채 클릭하여 복사하고, Alt 키를 누른 상태에서 방향키를 이용하여 음정을 수정하는 방식으로 간단하게 완성할 수 있습니다.

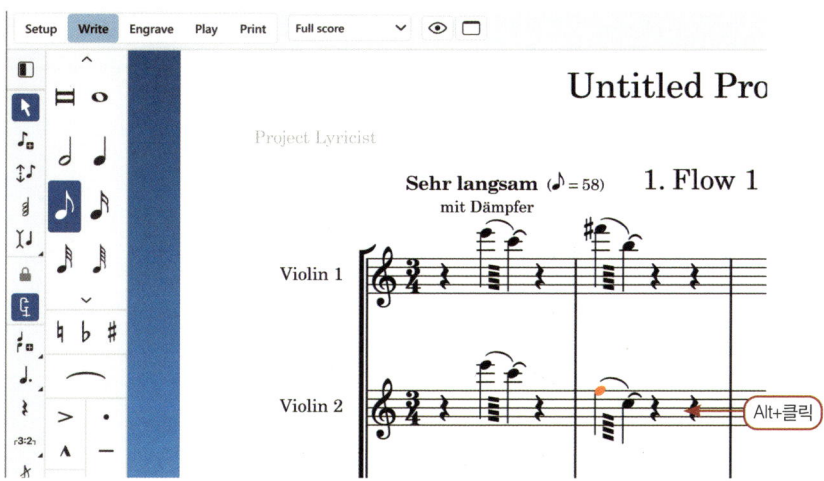

4 — 실습 악보는 무조(Atonal) 음악이므로, 모든 음표에 임시표가 명확히 표시되어야 합니다. Ctrl+Shift+N 키를 눌러 Notation Options 창을 연 뒤, Second Viennese School 스타일을 선택하여 적용하면, 음표마다 임시표가 자동으로 붙는 설정이 활성화됩니다.

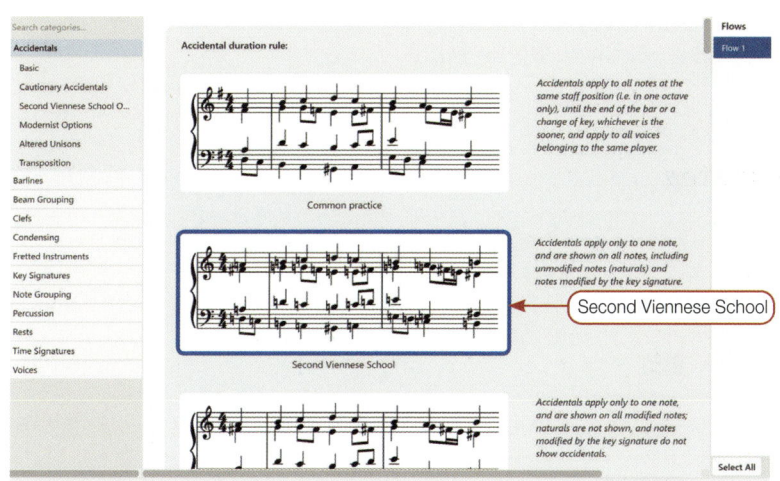

4 지시선 입력하기

1 — 브리지(bridge) 쪽에서 연주하라는 의미의 am Steg 지시어를 입력하고, 해당 지시어에 점선 연장선을 설정하겠습니다. 이를 위해 Library 메뉴에서 Playing Techniques를 선택하여 창을 엽니다.

2 — 카테고리에서 Strings를 선택하면 현악기 연주 테크닉들이 표시됩니다. 이 중에서 Sul ponticello (sul pont) 항목을 선택하고, Text와 Popover Text 항목에 am Steg를 입력하여 해당 지시어로도 이 테크닉을 호출할 수 있도록 설정합니다.

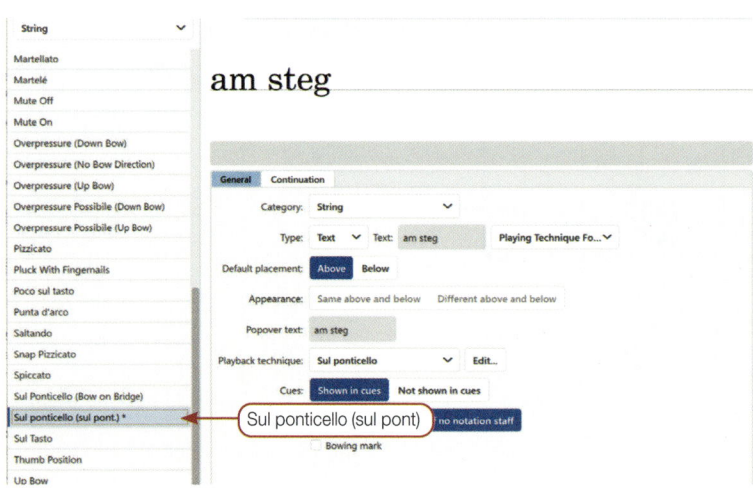

3 — 지시가 지속된다는 것을 시각적으로 나타내기 위해, Continuation 탭을 선택한 후, Duration line 항목에서 Dashed line (short) with inward-pointing hook 옵션을 선택합니다.

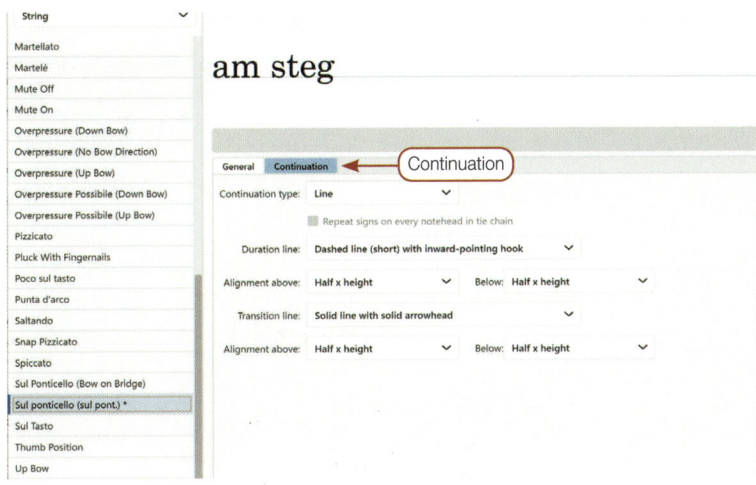

4 — Shift+P 키를 눌러 팝오버 창을 열고, am Steg를 입력하여 추가합니다. 라인은 핸들을 드래그해 길이를 조절할 수 있으며, Alt 키를 누른 채 바이올린 2 마디를 클릭하면 손쉽게 복사할 수 있습니다.

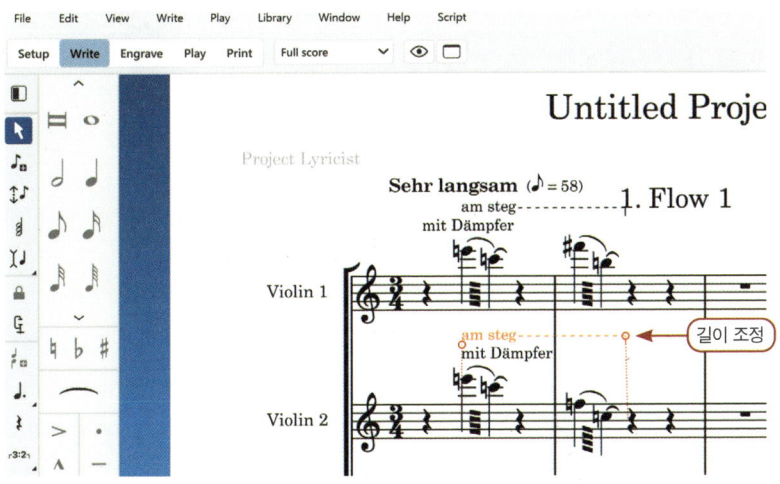

5 코드 모드

코드를 입력할 때 가장 편리한 것은 미디 건반이지만, 상황에 따라 마우스나 컴퓨터 키보드를 사용해야 할 때도 있습니다. 이럴 때 유용하게 활용할 수 있는 기능이 바로 Chord Mode입니다.

1 — 도구 패널에서 Chords를 선택하거나 단축키 Q를 누르면 커서에 + 기호가 표시되며, 리듬이 고정된 상태에서 마우스나 키보드를 사용해 코드를 입력할 수 있습니다.

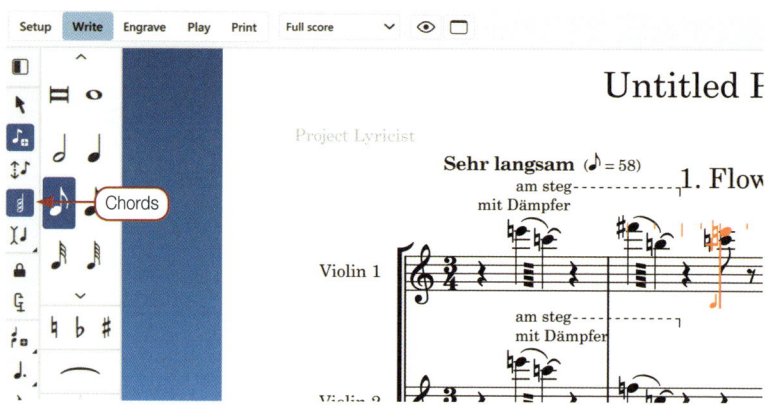

2 — Chord Mode를 활성화하면 리듬이 고정되므로, 스페이스바를 눌러 다음 음표로 이동해야 합니다. 또한, 키보드를 사용할 경우 음이 위로 쌓이는데, 아래로 음을 추가하고 싶다면 Ctrl 키를 누른 채로 입력합니다.

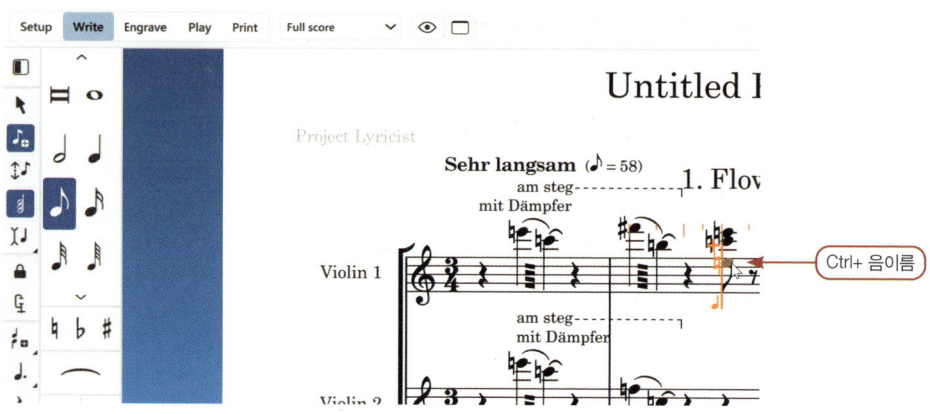

3 — 기존 음표에 코드 음을 추가할 때는 Lock Duration 도구를 활성화하는 것이 좋습니다. 이를 통해 기존 음표가 삭제되거나 리듬이 변경되는 것을 방지할 수 있습니다.

4 — 코드를 추가하는 또 다른 방법은 팝오버 창을 이용하는 것입니다. Shift+I 키를 눌러 창을 열고, 3 또는 3, 5와 같은 추가할 음정 간격을 입력하면, 선택한 음에 코드를 한 번에 추가할 수 있습니다. 아래로 추가할 때는 음정 앞에 - 기호를 사용합니다.

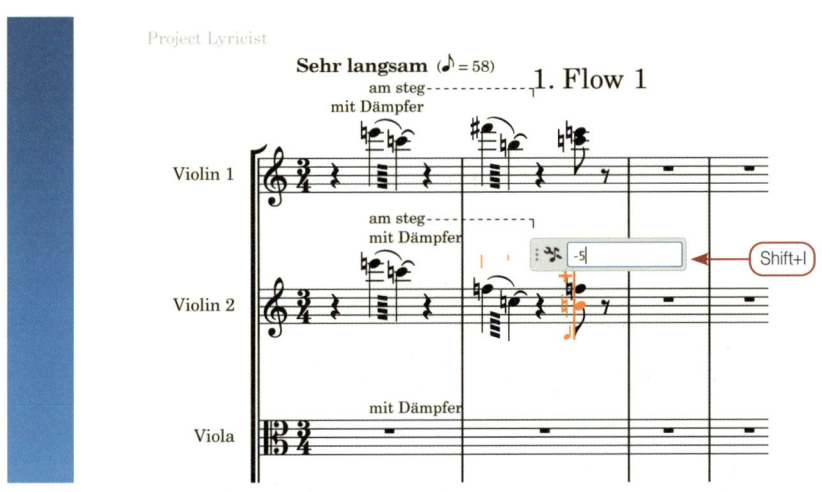

지시어 입력하기

1 — 테누토 기호는 음표를 선택한 뒤, 왼쪽 패널에서 Tenuto 도구을 클릭하거나, # 키를 눌러 간편하게 삽입할 수 있습니다.

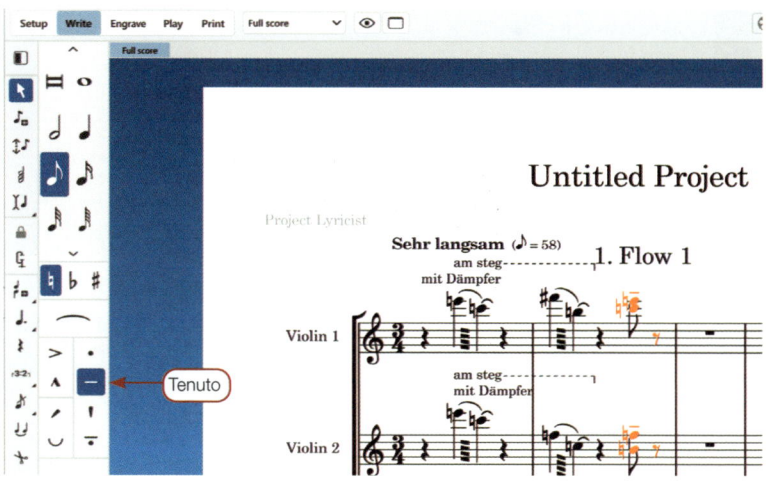

2 — 피치카토(Pizzicato) 기호는 Shift+P 키를 눌러 팝오버를 연 뒤, pizz라고 입력하여 손쉽게 삽입할 수 있습니다.

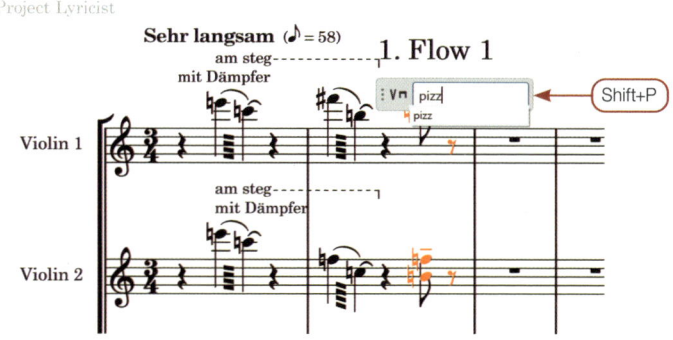

3 — 슬러 기호는 S 키를 눌러 삽입하고, 다이내믹 기호는 Shift+D 키로 팝오버를 연 뒤, 〈(크레센도) 또는 〉(디미누엔도) 기호를 입력하여 추가합니다. 또한, Laissez vibrer는 Ctrl+8 키를 눌러 로우 패널을 연 후, 옵션을 활성화하여 적용할 수 있습니다.

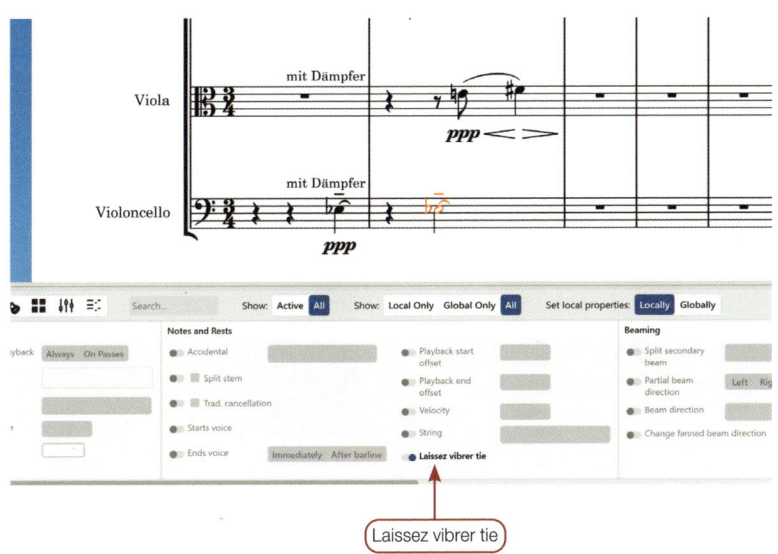

4 — 피치카토 이후, 원래의 활 사용 주법으로 되돌리는 arco 역시 Shift+P 키를 눌러 팝오버를 연 뒤 직접 입력하여 삽입할 수 있습니다. 같은 방식으로 악보 작업을 일관되게 이어갑니다.

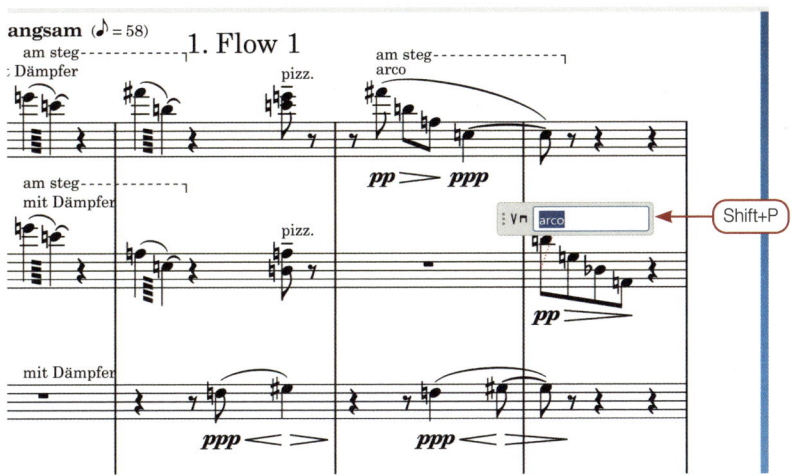

5 — 지시어 aüβerst zart는 Shift+X 키를 눌러 텍스트 창을 열고, 숫자 조합키 (Alt+0252)와 (Alt+0223)을 사용하여 직접 입력합니다. font size도 줄이고, 스타일은 Italic으로 적용합니다.

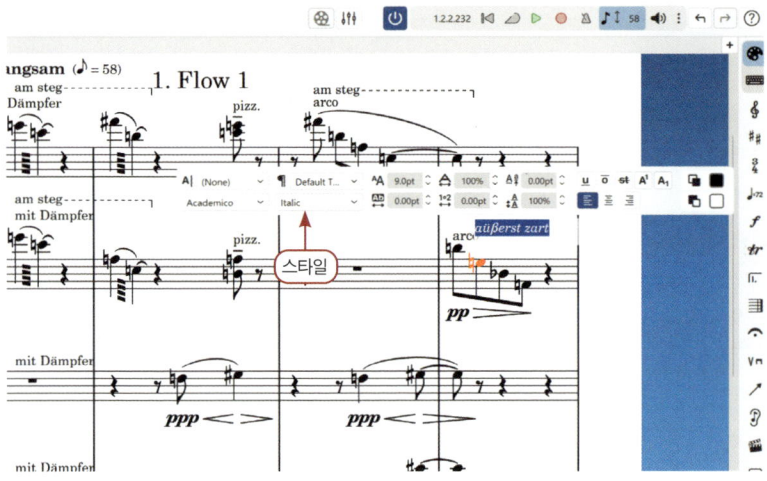

6 — 예제 악보를 작성하다 보면, 첼로 파트의 4마디 지점에서 한 마디 전체가 하나의 빔으로 묶이는 현상이 발생할 수 있습니다. 이 경우, 해당 음표 위에서 마우스 오른쪽 버튼을 클릭하여 단축 메뉴를 열고, Beaming 항목에서 Split Beam을 선택하면 빔을 원하는 위치에서 분리할 수 있습니다.

7 — 악보 전체에 빔 분리 설정을 적용하려면 Ctrl+Shift+N 키를 눌러 Notation Options 창을 열고, Beam Grouping 섹션에서 Break beams at beat boundaries 옵션을 선택합니다. 이 설정을 통해 박자마다 자동으로 빔이 분리되는 규칙을 전체 악보에 적용할 수 있습니다.

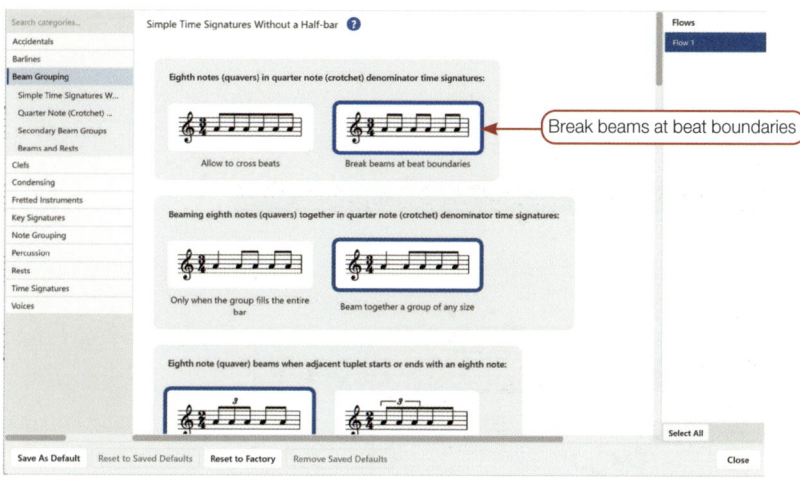

8 — 악보 전체에 박자 단위로 빔을 분리하도록 설정한 경우에도, 특정 음들은 음악적 흐름이나 시각적 명확성을 위해 오히려 빔으로 묶어야 할 때가 있습니다. 이러한 경우, 해당 음표들을 선택한 뒤 마우스 오른쪽 버튼을 클릭하여 단축 메뉴를 열고, Beaming 항목에서 Beam Together를 선택하면 빔을 수동으로 묶을 수 있습니다.

323

7 리허설 마크

1 — 리허설 마크는 삽입하고자 하는 위치의 음표나 쉼표를 선택한 뒤, Shift+A 키를 눌러 간편하게 입력할 수 있습니다. 기본적으로 영문 알파벳으로 표기되며, 자동으로 알파벳 순서에 따라 번호가 매겨집니다.

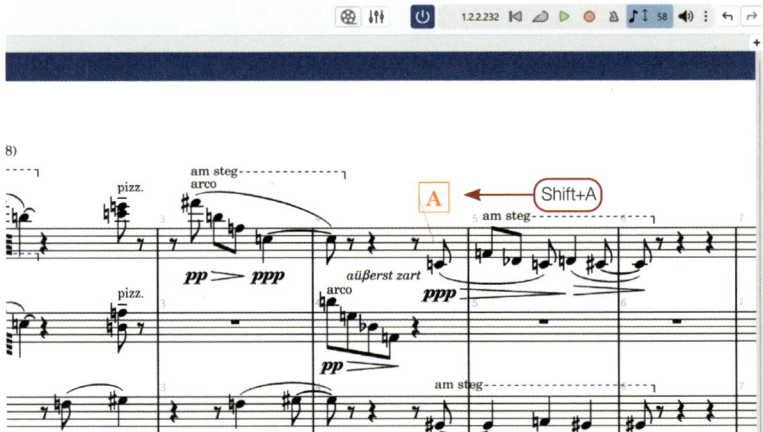

2 — 리허설 마크를 숫자로 표기하고 싶을 경우, Ctrl+Shift+E 키를 눌러 Engraving Options 창을 엽니다. 상단 검색창에 rehearsal을 입력하여 관련 설정 섹션으로 이동한 후, Sequence type을 Number로 변경하면 됩니다.

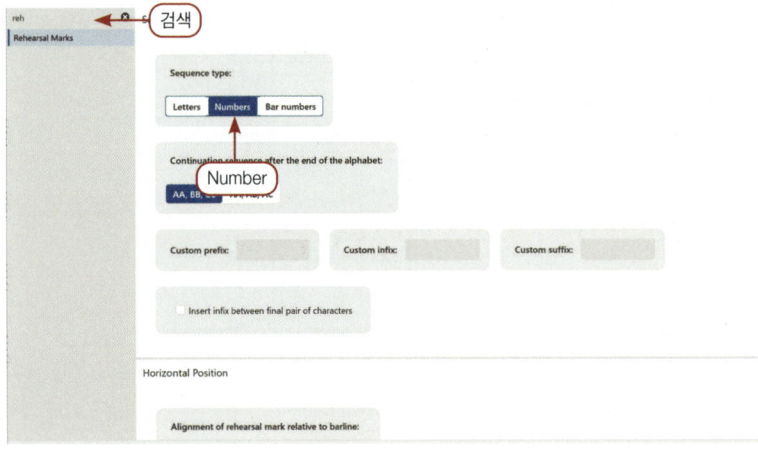

8 템포 변화 입력하기

1 — 리타르단도(rit.)와 아 템포(a tempo)와 같은 템포 변화는 Shift+T 키를 눌러 삽입할 수 있습니다. 이때 표시되는 점선 지속선은 Ctrl+8 키를 눌러 로우 패널을 열고, Line style 항목을 활성화하여 실선으로 변경할 수 있습니다.

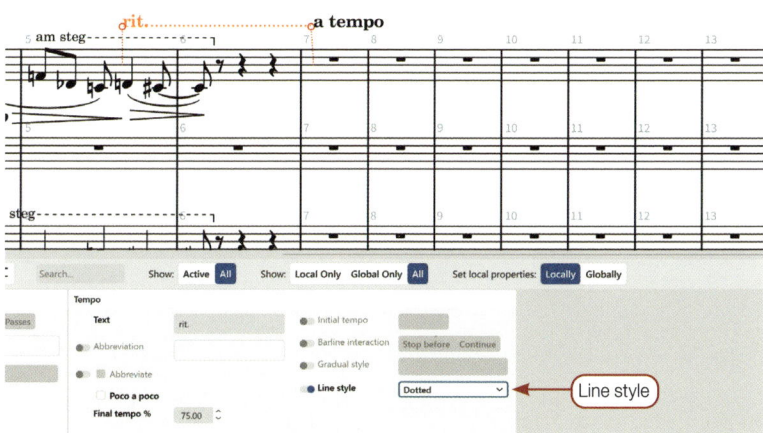

2 — aüβerst ruhig 지시어는 앞에서 입력한 aüβerst zart를 Alt 키를 누른 상태로 클릭하여 복사한 후, 더블 클릭하여 수정하는 것이 편리합니다.

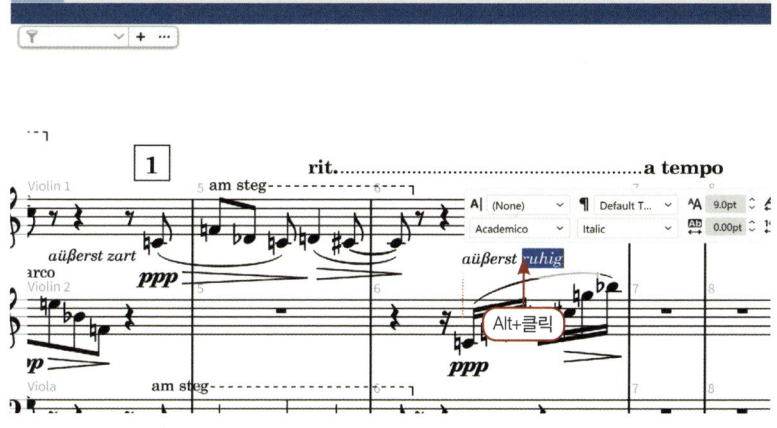

3 — 첼로의 하모닉스 기호를 추가하려면, Ctrl+8 키를 눌러 속성 패널을 열고, Harmonic 섹션의 Type을 활성화하여 삽입할 수 있으며, Partial 옵션을 활성화한 후 4번 배음으로 설정하면 완성됩니다.

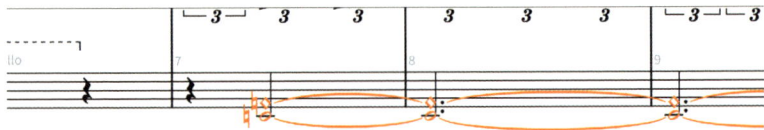

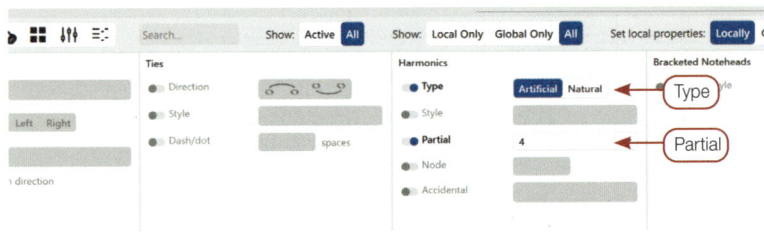

4 — 두 번째 박자에서 시작되는 디미누엔도는 먼저 캐럿을 해당 위치로 이동한 다음, Shift+D 키를 눌러 팝오버를 열고 〉 기호를 입력합니다. Enter 키로 입력을 확정한 후, Space 바를 눌러 디미누엔도의 종료 지점까지 확장할 수 있습니다. 바이올린 II 파트의 디미누엔도는 Alt 키를 누른 상태로 클릭하여 완성합니다.

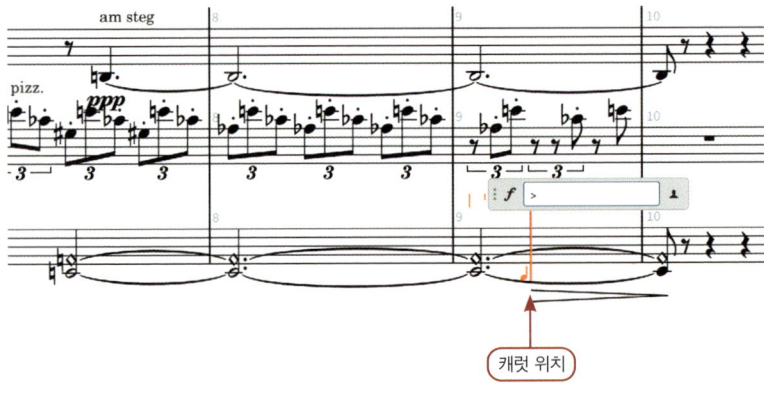

페이지 정리하기

1 — Ctrl+Shift+L 키를 눌러 레이아웃 옵션 창을 연 후, Page Setup 섹션에서 Rastral size 값을 7로 설정하면 악보를 한 페이지에 정리할 수 있습니다.

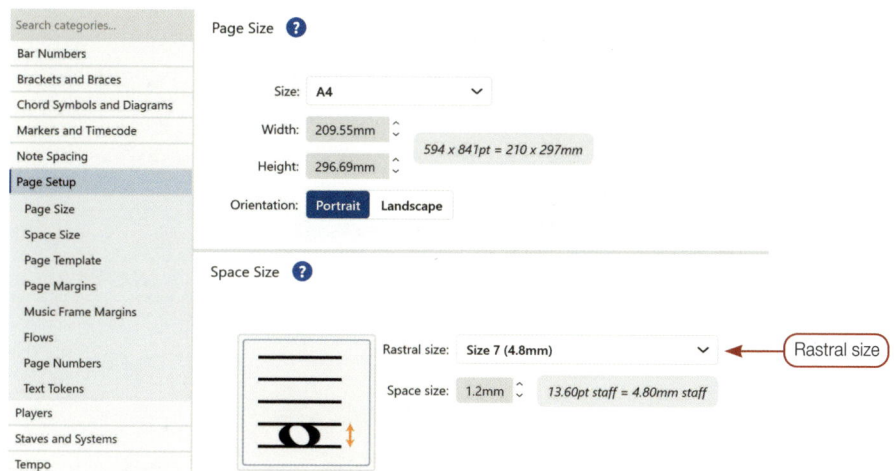

2 — 레이아웃 옵션 창의 Vertical Spacing 섹션에서 Automatically resolve collisions between adjacent staves and systems 옵션을 해제하면, 보표 간의 간격을 수동으로 조정할 수 있습니다.

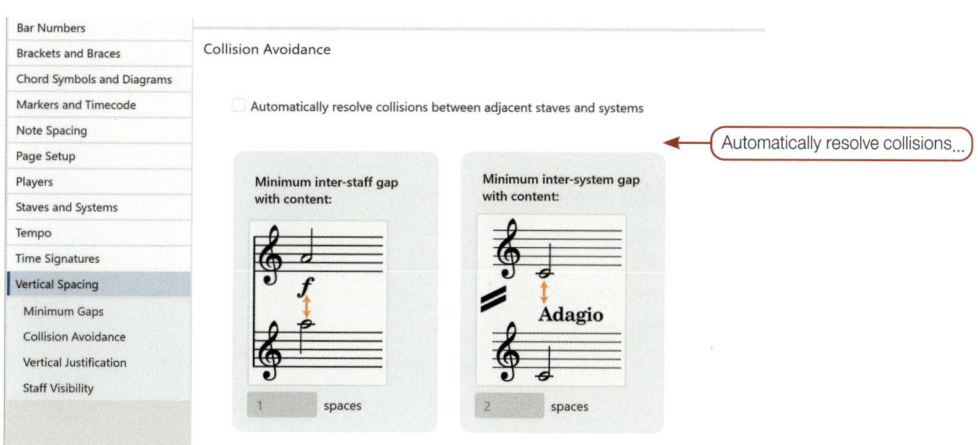

327

3 — Staves and Systems 섹션에서 Staff labels on subsequent systems 항목을 Abbreviated로 설정하면, 첫 번째 시스템 이후부터는 줄임말 형태의 악기명이 표시됩니다.

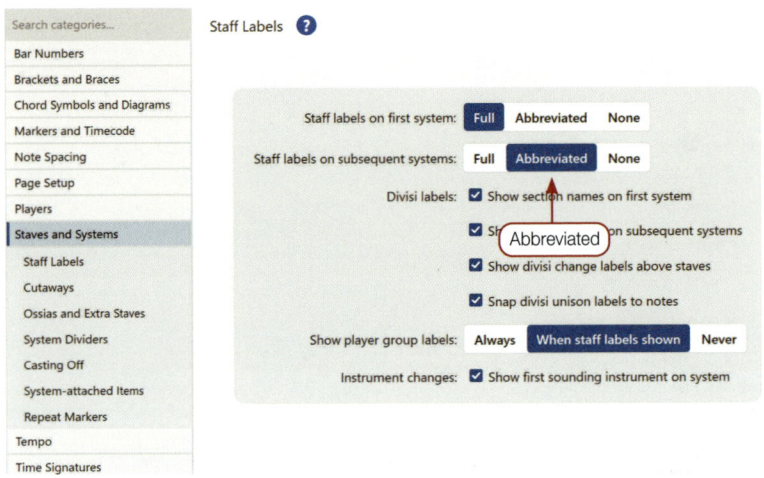

4 — Page Setup 섹션의 Page Margins 항목에서 여백 값을 Top: 6 mm, Bottom: 10 mm, Left / Right: 20 mm로 설정합니다. 이렇게 하면 악보가 페이지 중앙에 정렬되어 보다 깔끔하게 출력됩니다.

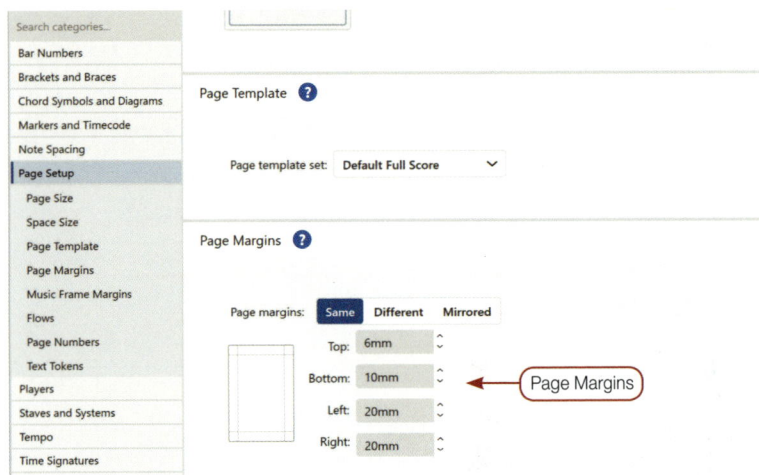

5 — Engrave 모드에서 Violin 2 파트의 3마디 첫 음을 선택한 후, Ctrl 키를 누른 상태로 5마디 마지막 음을 선택합니다. 그런 다음 Make into System 버튼을 클릭하면, 선택한 범위가 하나의 시스템으로 묶입니다. 같은 방식으로 3마디씩 시스템을 구성합니다.

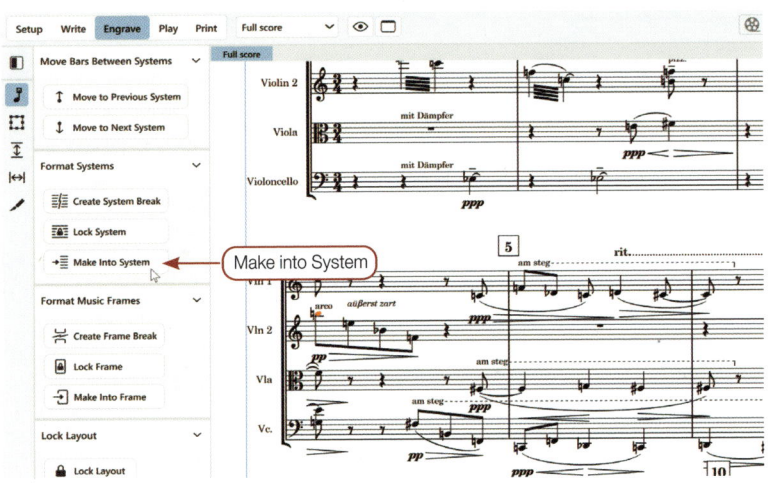

6 — Page Setup 섹션의 Page Margins 항목에서 여백 값을 Top: 6 mm, Bottom: 10 mm, Left / Right: 20 mm로 설정합니다. 이렇게 하면 악보가 페이지 중앙에 정렬되어 보다 깔끔하게 출력됩니다.

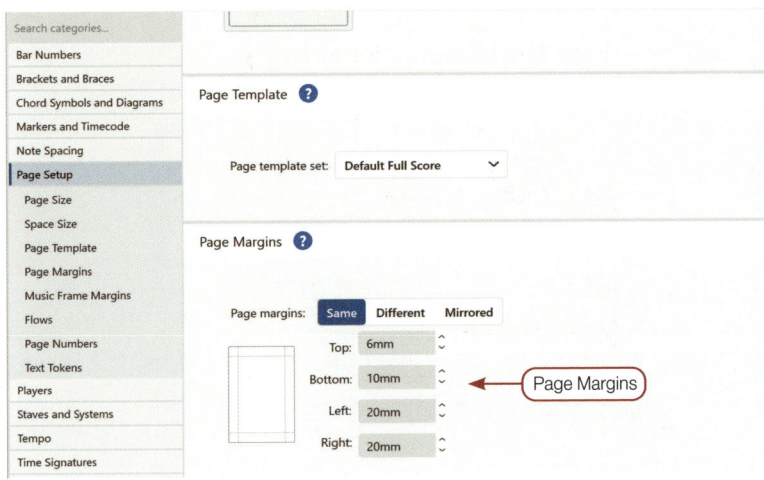

7 — Engrave 모드에서 Violin 2 파트의 3마디 첫 음을 선택한 후, Ctrl 키를 누른 상태로 5마디 마지막 음을 선택합니다. 그런 다음 Make into System 버튼을 클릭하면, 선택한 범위가 하나의 시스템으로 묶입니다. 같은 방식으로 4마디씩 시스템을 구성할 수 있습니다.

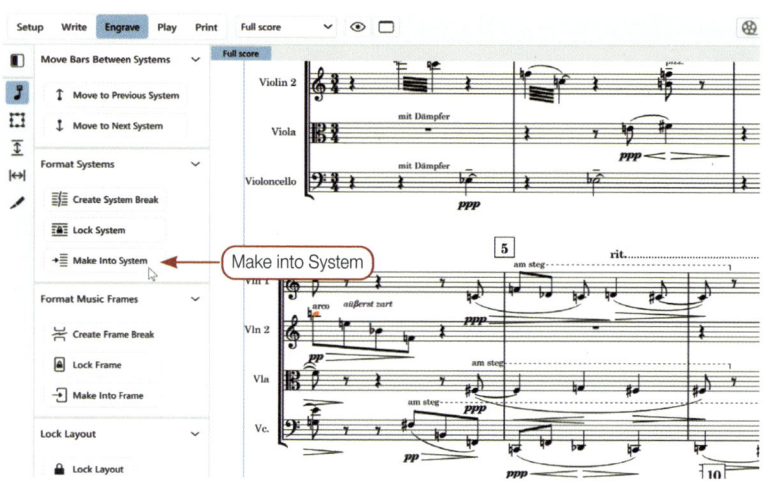

8 — 악보의 첫 음을 선택한 후, Ctrl 키를 누른 상태로 마지막 음을 클릭합니다. 그런 다음 Make into Frame 버튼을 클릭하면, 선택된 범위를 한 페이지에 정렬할 수 있습니다.

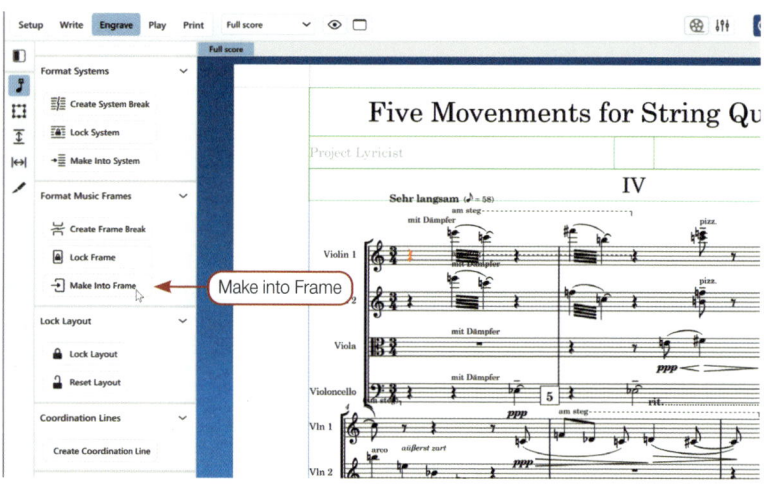

9 — Page Templates에서 마스터 페이지를 더블 클릭하여 엽니다. 하단에 표시되는 저작권 표시 프레임을 선택한 후 삭제하고, 뮤직 프레임 핸들을 드래그하여 하단 영역까지 확장합니다.

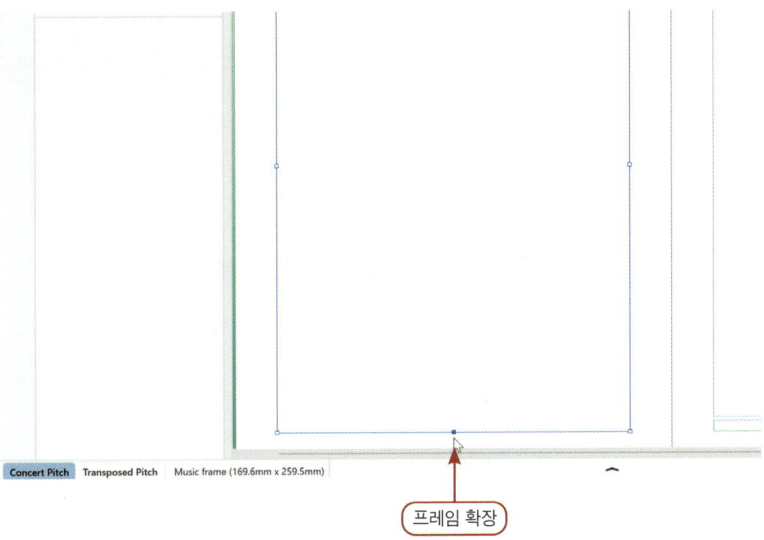

10 — 프레임 도구를 클릭하여 음악 프레임을 선택합니다. Tab 키를 누르면 프레임의 모서리 핸들이 활성화되며, 오른쪽 방향키를 누르면 가운데 핸들로 포커스가 이동합니다. 이 상태에서 Shift+Alt 키를 누른 채 위쪽 방향키를 누르면 프레임을 위쪽으로 이동할 수 있습니다.

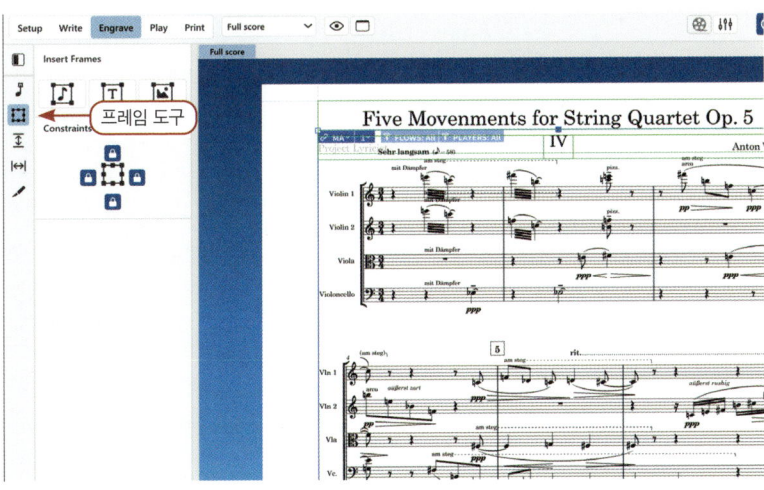

10 타이포그래피

1 — 악보 내 텍스트 스타일은 두 가지로 조정할 수 있습니다. Font Style은 연주 기법이나 음악 기호 등 음악적 표현에 사용되는 텍스트를, Paragraph Style은 주석이나 설명과 같은 일반 텍스트를 조정하는 데 사용됩니다. Library 메뉴의 Font Styles을 선택합니다.

2 — Font Styles 옵션에서는 연주 기법, 다이내믹 등과 같은 텍스트의 크기나 스타일을 조정할 수 있습니다. Playing Techniques 항목에서 Size 값을 높이면, 악보 내 모든 연주 지시 문자의 글자가 커집니다.

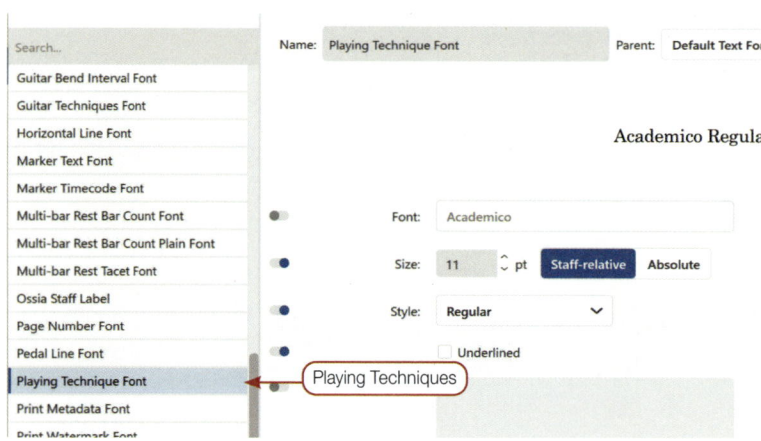

3 — 글꼴 크기는 보표 크기에 따라 상대적으로 조정되는 Staff-relative 방식과, 보표 크기와 무관하게 고정되는 Absolute 방식의 두 가지 옵션을 제공합니다. 대부분의 경우 Staff-relative 로 설정하는 것이 악보의 일관성과 가독성 면에서 자연스럽습니다.

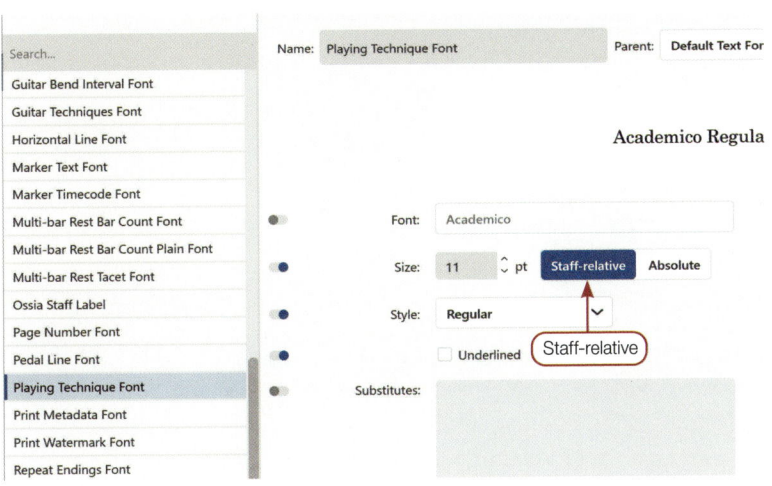

4 — 템포 표시, 제목, 설명 등 일반 텍스트의 스타일을 조정하려면 Library 메뉴에서 Paragraph Styles를 선택해 옵션 창을 엽니다.

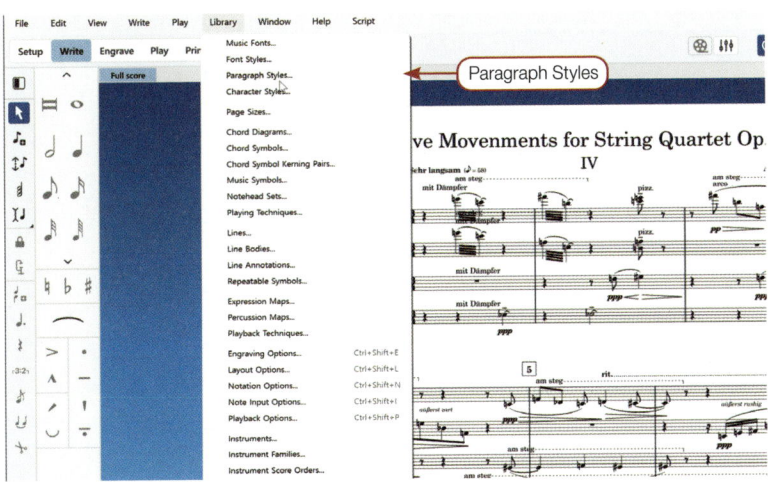

5 — 템포, 제목 등의 스타일은 일괄적으로 조정할 수 있습니다. 다만, 사용자가 입력한 별도의 문자에는 별도의 스타일을 새로 생성해야 적용할 수 있습니다. New 버튼을 클릭해 스타일을 만들고, 구분하기 쉬운 이름을 지정한 뒤 Font, Size, Style 등의 속성을 설정합니다.

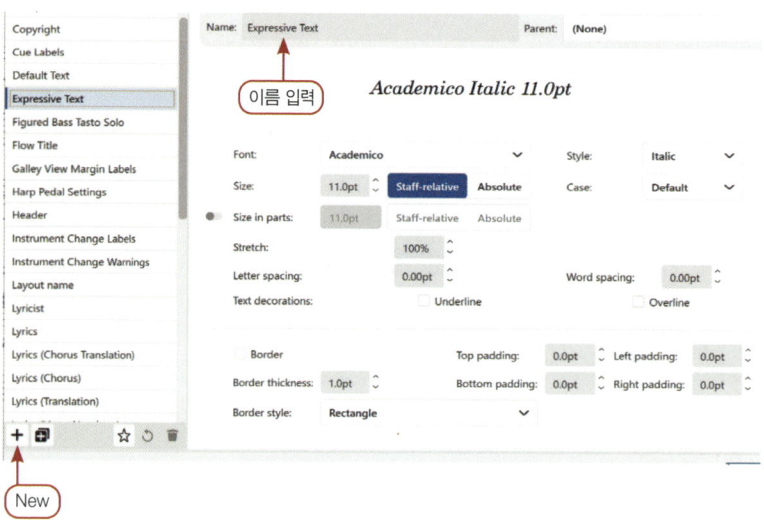

6 — 사용자 문자를 선택한 후 Paragraph Styles에서 새로 만든 스타일을 적용하면, 해당 텍스트에 일관된 디자인을 적용할 수 있고, 나중에 한 번에 수정할 수 있어 작업 효율이 크게 향상됩니다.

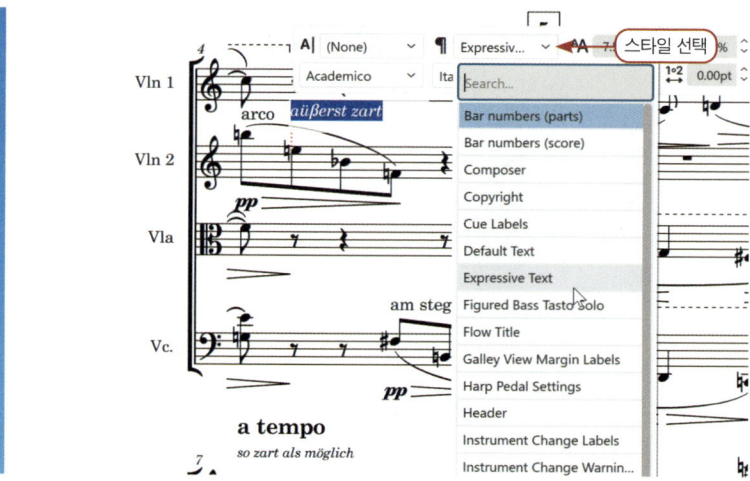

11 악보 정렬하기

1 — Engrave 모드에서 Staff Spacing을 선택하면 보표에 핸들이 표시되며, 이를 드래그하거나 Alt+방향키를 눌러 간격을 조절할 수 있습니다. 악보 내 기호나 문자가 음표와 겹치지 않도록 정렬하고, 전체적인 레이아웃을 다듬는 데 매우 유용합니다.

2 — Graphic Editing을 선택하면 텍스트나 기호 등의 위치를 수동으로 조절할 수 있습니다. 이때 마우스를 사용하는 것보다 Alt+방향키를 활용하면 더욱 정밀하고 일관된 위치 조정이 가능해, 악보의 세부 정리에 유리합니다.

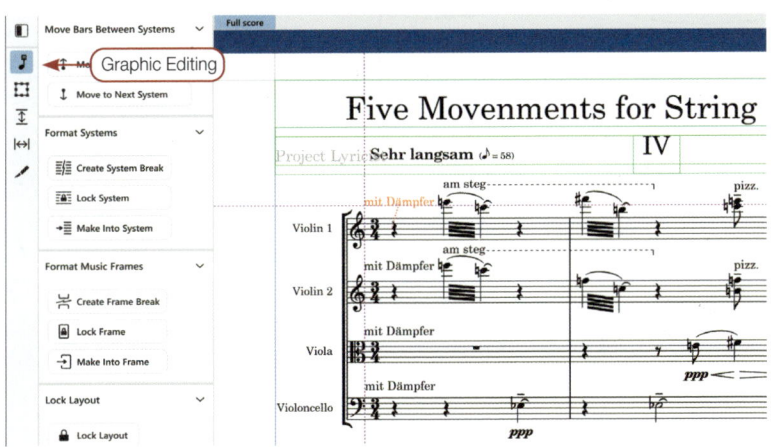

3 — 악보의 텍스트가 보표선이나 마디선과 겹칠 경우, 속성 패널에서 Erase Background 옵션을 활성화하면 텍스트 뒤에 배경이 생성되어 가독성을 높일 수 있습니다. 또한 Erasure Padding 값을 조절하면 텍스트 좌우 여백을 추가하여 더욱 깔끔하고 표시가 가능합니다.

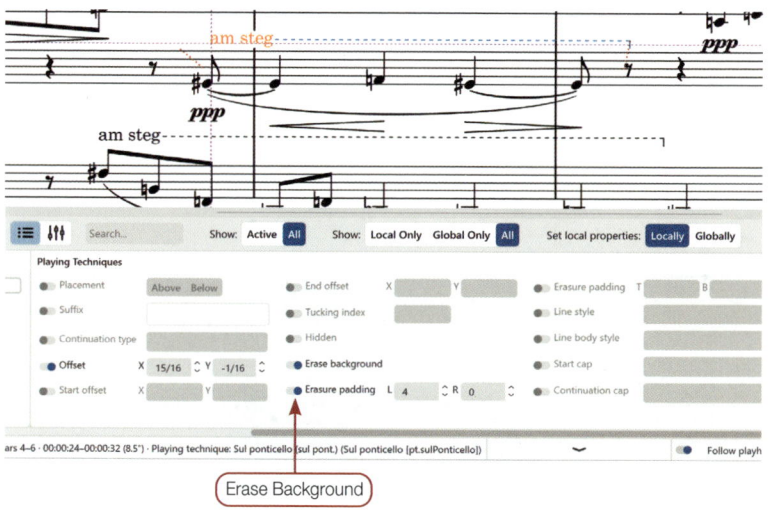

4 — 다이나믹 문자와 헤어핀이 서로 정렬되지 않으면 악보의 인상이 흐트러져 보일 수 있습니다. 이럴 때는 Ctrl 키를 누른 상태로 두 요소를 모두 선택한 뒤, 마우스 오른쪽 버튼을 클릭하면 열리는 단축 메뉴에서 Align Dynamics를 선택하면 깔끔하게 정렬할 수 있습니다.

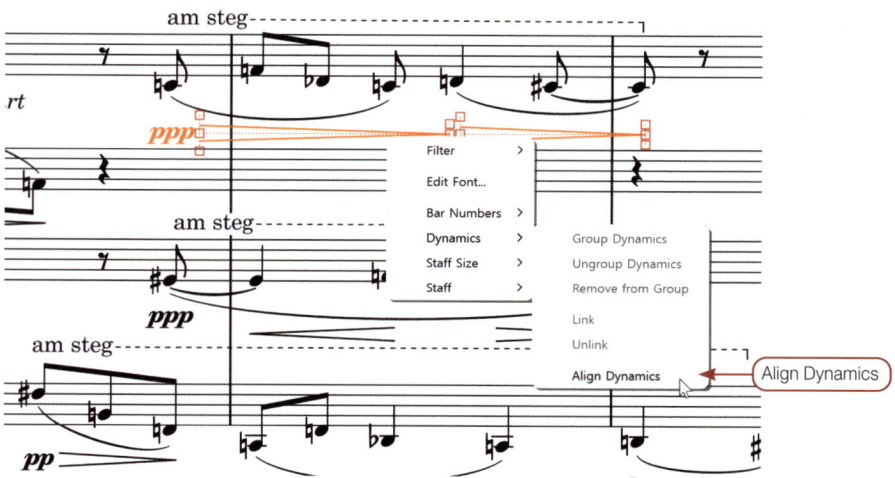

12 파트 출력

1 — 풀 스코어와 각 파트보를 출력할 준비는 완료된 상태입니다. 하지만 경우에 따라, 기본 레이아웃과는 다른 형식으로 출력해야 할 필요가 생기기도 합니다. Violin 1과 Violin 2 파트를 하나의 파트로 통합해 출력하려는 경우가 그렇습니다. 이럴 때는 Setup 모드에서 Add Instrument Part Layout을 클릭하여 새로운 파트 레이아웃을 추가합니다.

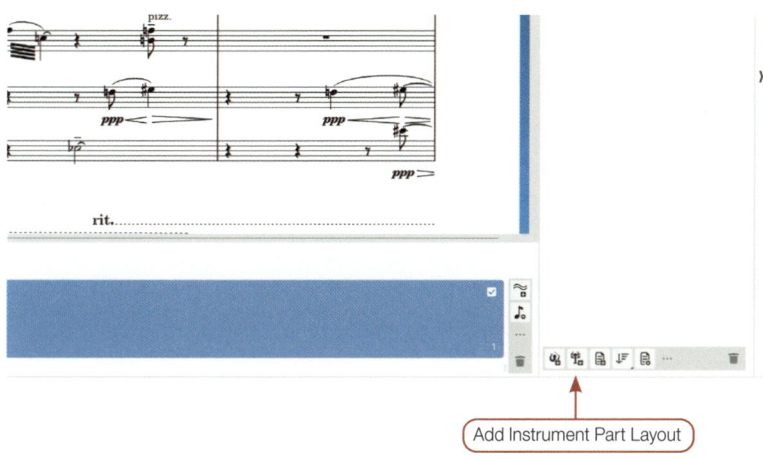

2 — 새로운 빈 레이아웃이 추가되면, 여기에 포함할 보표는 왼쪽의 플레이어 패널에서 선택합니다. Violin 1과 Violin 2를 선택하면, 두 파트가 하나의 레이아웃으로 결합되어 Violin 1 & Violin 2라는 이름으로 생성됩니다.

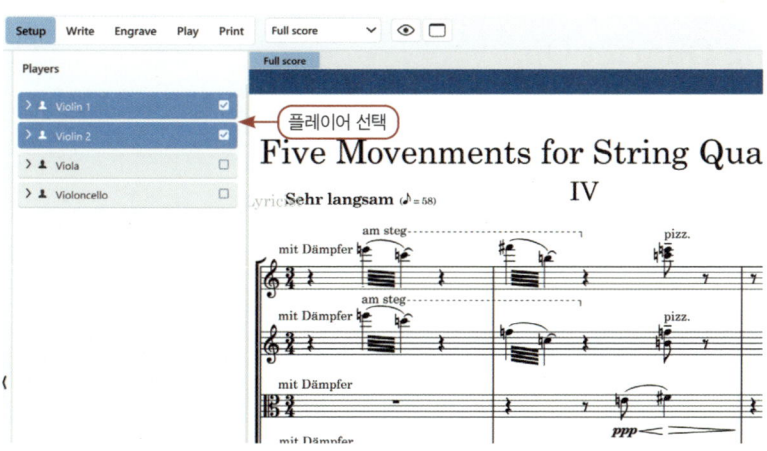

3 — 또 다른 예로, 한 페이지로 축소되어 작아진 풀 스코어를 원래 크기로 복원하여 크게 출력하고자 할 때가 있습니다. 이 경우, 레이아웃 패널에서 Add Full Score Layout을 클릭하여 새로운 풀 스코어 레이아웃을 추가하면 됩니다.

4 — 새롭게 생성된 풀 스코어 레이아웃은 원래 크기인 두 페이지 분량으로 설정됩니다. 기존 레이아웃과 혼동되지 않도록, 이름을 더블 클릭하여 구분하기 쉬운 이름으로 변경합니다.

5 ── 또한, 원래 크기로 복원된 풀 스코어를 태블릿의 가로 모드에 맞추려면, Ctrl+Shift+L 키를 눌러 레이아웃 옵션 창을 열고, Page Size에서 Tabloid를 선택한 뒤, Orientation을 Landscape로 설정합니다.

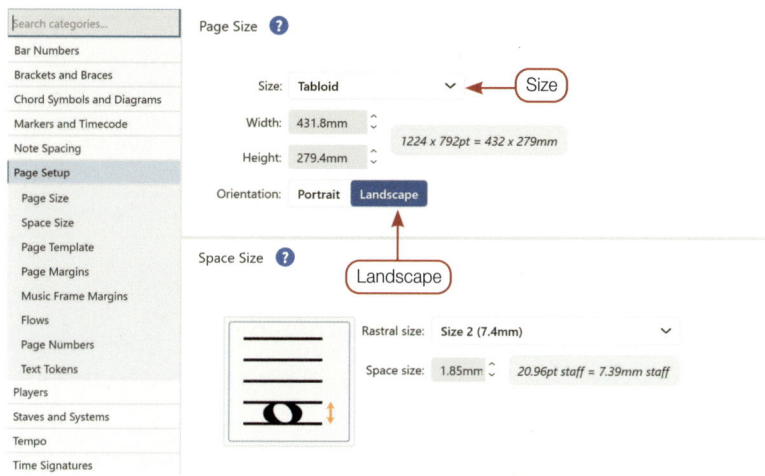

6 ── Ctrl+P 키를 눌러 Print 모드로 전환하면, 새로 추가한 레이아웃을 출력할 수 있습니다. 이처럼 하나의 프로젝트 내에서 기존 편집과 별개로 다양한 레이아웃의 악보를 손쉽게 생성하고 개별적으로 출력할 수 있습니다.

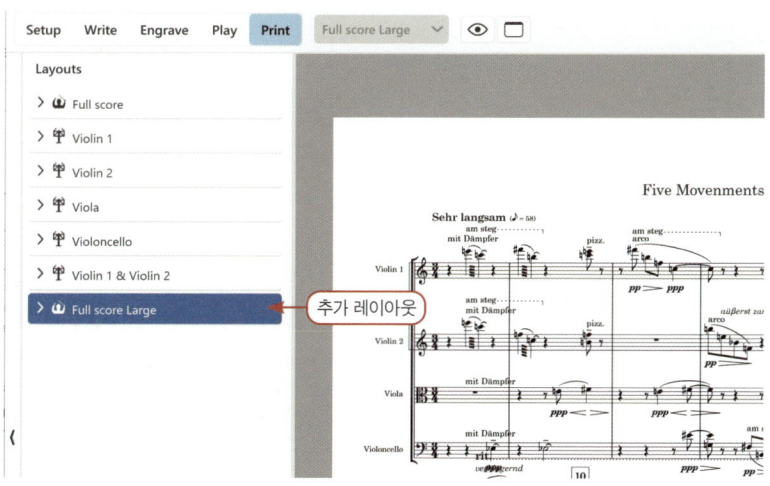

Part 5

악보 재생과 편집

Dorico의 키 에디터를 통해 악보 편집의 새로운 경지를 경험하게 됩니다. 다이내믹, 피치, 템포, CC 데이터의 정교한 조정을 가능케 하는 실전 기술을 심도 있게 탐구합니다.

● 기본 기능: 마우스와 키보드 명령, 점프 바를 자유자재로 활용해 편집기로의 접근성을 극대화하고, 트랙과 악기를 능숙하게 선택하는 법을 익힙니다.

● 편집 도구: Draw와 Select 도구를 활용해 음표를 추가·삭제·다듬는 세밀한 작업과 Drumstick 도구의 창의적 활용법을 소개.

● 고급 기능: MIDI 벨로시티, 피치 벤드, 다이내믹, 템포, CC 데이터를 자유롭게 조작하며, 히스토그램을 통해 MIDI 값의 시각적 분석까지 아우릅니다.

● 효율적 작업 팁: 악기별 맞춤 작업, 레인 관리, 복사와 붙여넣기를 통한 작업 흐름 최적화로 생산성을 극대화하는 노하우를 전합니다.

Section 01　트랙

Play 모드는 단순한 악보 편집을 넘어, 소리로 구현된 음악의 진짜 모습을 조율하는 무대입니다. 이 모드에서는 리듬의 정밀한 타이밍, 가상 악기의 배치, MIDI 데이터의 섬세한 조정까지, 음악을 자유롭게 다듬을 수 있습니다. 작곡가, 편곡가, 제작자는 이곳에서 눈으로 보는 악보를 귀로 듣는 음악으로 바꾸는 경험을 하게 됩니다. 무엇보다 외부 디지털 오디오 워크스테이션(DAW)에 의존하지 않고, 자체적으로 File 메뉴의 Export에서 Audio 또는 MIDI를 선택하여 MP3, FLAC, WAV 등의 오디오 파일과 미디 파일을 제작할 수 있습니다.

❖ Play 모드에서는 다음과 같은 작업을 수행할 수 있습니다

- **가상 악기 또는 사운드 라이브러리 할당** : 각 파트에 원하는 가상 악기나 사운드 라이브러리를 지정하여, 악보에 적힌 음악을 더욱 현실적이고 생동감 있게 구현할 수 있습니다.
- **오디오 믹싱 조정** : 악기별 볼륨, 패닝, 리버브 등 다양한 이펙트를 개별 혹은 전체적으로 제어하며, 보다 섬세한 음향 밸런스를 구축할 수 있습니다.
- **표현력 있는 연주 조정** : 템포의 변화, 루바토 처리, 다이내믹의 뉘앙스 등 실제 연주에 가까운 자연스러운 흐름을 구현하여, 음악의 감정선을 정교하게 다듬습니다.
- **MIDI 데이터 편집** : 각 음의 길이, 위치, 벨로시티 등을 직접 조정함으로써, 기계적인 재생을 넘은 세밀하고 인간적인 터치를 연출할 수 있습니다.
- **오디오 렌더링** : 외부 DAW(디지털 오디오 워크스테이션) 없이도 MP3 등 고품질 오디오 파일로 렌더링할 수 있어, 데모 제작이나 공유용 음원 추출에 즉시 활용할 수 있습니다.

> **1** 트랙 창의 구성

Play 모드 상단에는 악기 파트(트랙)가 나열되어 있는 트랙 리스트를 중심으로 오른쪽에는 해당 트랙에 입력된 음표(이벤트)를 담고 있는 막대 모양의 파트로 음악의 흐름을 시각적으로 보여주고, 왼쪽에는 선택한 트랙의 악기, 볼륨, 팬 등을 조절할 수 있는 인스펙터 창으로 구성되어 있는 트랙 창이 있습니다.

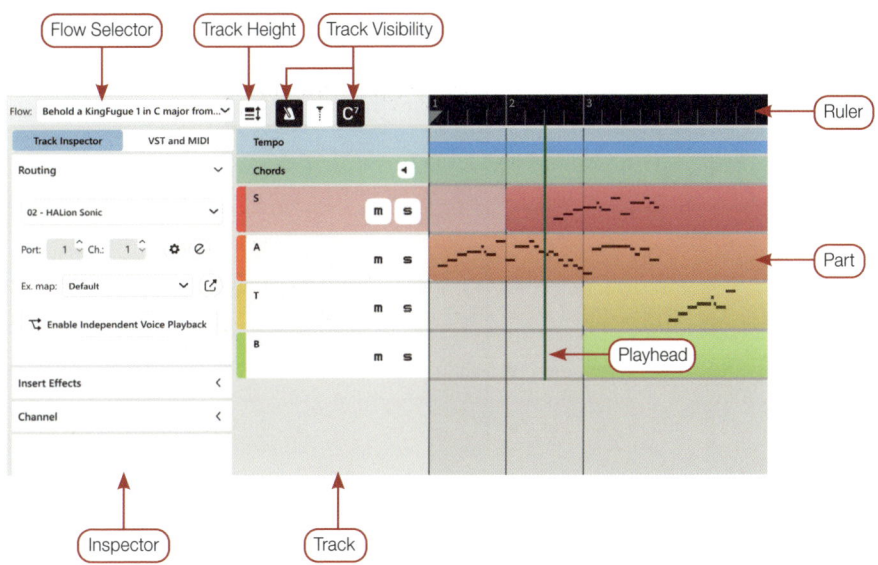

- Flow Selector : 여러 개의 악곡(Flow)이 포함된 프로젝트에서 원하는 Flow를 선택합니다.
- Track Height : 트랙의 높이를 크게, 작게 조정합니다.
- Track Visibility : 템포, 마커, 코드의 3가지 글로벌 트랙을 표시하거나 숨깁니다.
- Ruler : 마디 번호와 박자 위치를 나타내는 눈금자입니다. 이부분을 수직으로 드래그하거나 Ctrl 키를 누른 상태로 마우스 휠을 돌리면 트랙 창을 확대/축소할 수 있습니다.
- Track : 트랙의 이름과 뮤트/솔로 버튼이 표시되는 헤더입니다. 트랙이 작게 설정되면 뮤트와 솔로 버튼은 상단에 표시됩니다.
- Part : 각 트랙에 입력된 이벤트를 막대 형태로 표시하며, 더블 클릭하면 하단에 Key Editor가 열려, 해당 파트의 데이터를 수정할 수 있습니다.
- Playhead : 현재 재생 중이거나 작업 중인 위치를 표시하는 세로선입니다.
- Inspector : 선택한 트랙의 악기, 볼륨, 팬 등을 제어할 수 있습니다.

2 트랙의 종류

트랙은 개별 악기 파트를 연주하는 악기 트랙과 전체 프로젝트에 영향을 미치는 글로벌 트랙으로 나뉩니다. 글로벌 트랙에는 템포, 마커, 코드 트랙이 포함되며, 이들은 Track Visibility 버튼을 통해 표시하거나 숨길 수 있습니다.

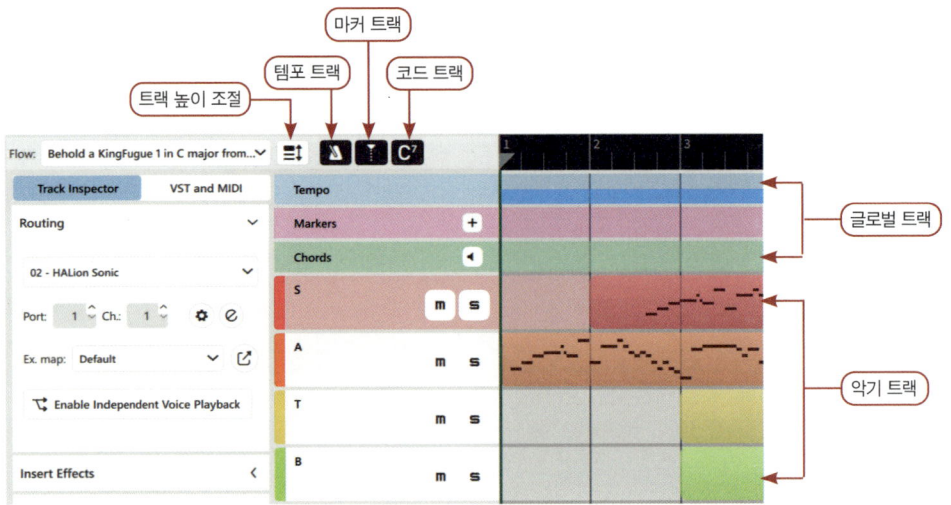

악기 트랙 (Instrument Tracks)

악기 트랙은 실제 연주되는 각 악기의 데이터를 담는 기본 단위입니다.

- **트랙 구성 요소** : 각 트랙은 하나의 악기를 담당하며, 트랙 헤더에는 악기 이름과 함께 Mute(M), Solo(S) 버튼이 포함되어 있습니다. 트랙 높이 조절(Track Height) 버튼으로 트랙의 세로 크기를 축소하면, 개별 트랙 내의 뮤트/솔로 버튼은 숨겨지고, 상단 글로벌 영역(코드 트랙 표시 버튼 오른쪽)에 표시됩니다.
- **성부별 분리 지원** : 한 연주자가 여러 악기를 연주하거나, 하나의 보표에 여러 성부가 존재하는 경우, 각 악기 또는 성부마다 별도의 트랙으로 분리되어 정밀한 편집이 가능합니다.
- **편집 기능** : 트랙을 더블 클릭하면 하단에 키 에디터(Key Editor)가 열립니다. 여기서 음표, 길이, 벨로시티 등 연주 데이터를 시각적으로 편집할 수 있습니다.
- **트랙 인스펙터** : 좌측에 위치한 트랙 인스펙터에서는 연주 악기의 음색, 볼륨, 팬 등 다양한 파라미터를 조정할 수 있습니다.

템포 트랙 (Tempo Track)

곡템포 트랙은 곡의 빠르기를 조정하고, 시간의 흐름을 제어합니다.
- **시각적 표시** : 곡 전체의 템포 변화가 곡선 형태로 표시되며, 곡의 빠르기가 언제 바뀌는지 한 눈에 확인할 수 있습니다.
- **템포 에디터와 연동** : 템포 트랙을 선택하면 하단에 템포 에디터가 열리며, 템포 변화를 입력하거나 수정할 수 있습니다.
- **메트로놈 변경** : 인스펙터에서 메트로놈 소리를 변경할 수 있습니다.

마커 트랙 (Markers Track)

마커 트랙은 곡의 구조를 구분하거나 작업 메모를 남길 때 사용합니다.

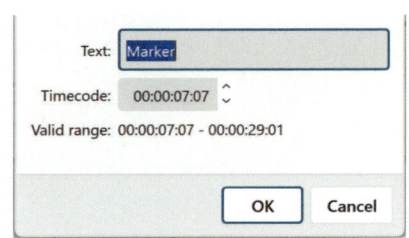

- **마커 생성** : Add(+) 버튼을 클릭하거나 Shift+Alt+M 키를 눌러 플레이헤드 위치에 마커를 삽입할 수 있습니다.
- **마커 편집** : 마커 추가 시 열리는 창에서 마커 이름을 입력할 수 있으며, 입력된 마커 이름은 Write 모드의 속성 패널(Ctrl+8)에서 수정할 수 있습니다.

코드 트랙 (Chords Track)

코드 트랙은 코드 진행을 시각적으로 표시하고, 오디오로 확인할 수 있게 해줍니다.
- **표시 형식** : 코드 기호가 재생 시간에 맞춰 트랙 상에 나열됩니다.
- **코드 사운드 모니터링** : 각 코드 옆의 스피커 아이콘을 클릭하면 해당 코드 사운드를 재생해 들어볼 수 있습니다.
- **응용 기능** : 작곡 과정에서 코드 진행을 시각적으로 검토하거나, 보컬/멜로디 라인을 코드와 비교하여 확인할 때 유용합니다.

※ 템포, 마커, 코드 트랙은 작업 상황에 따라 Track Visibility 버튼을 통해 표시하거나 감출 수 있으며, 이를 통해 화면을 깔끔하게 유지하고, 필요한 정보에만 집중할 수 있습니다.
※ 악기 트랙은 레이아웃 목록에서 특정 악기 파트만 선택하여 표시할 수 있어, 복잡한 프로젝트에서도 편집 효율성을 높이고, 작업 흐름을 간결하게 유지할 수 있습니다.

3 플레이헤드

트랙 창에 보이는 세로 녹색 선은 재생 및 편집 위치를 나타내는 플레이헤드입니다. 마디와 박자 위치를 나타하는 룰러 라인을 클릭하여 이동시킬 수 있으며, 트랜스포트 바의 재생 버튼을 클릭하거나, 스페이스 바 키를 누르면 해당 위치에서 재생/정지됩니다.

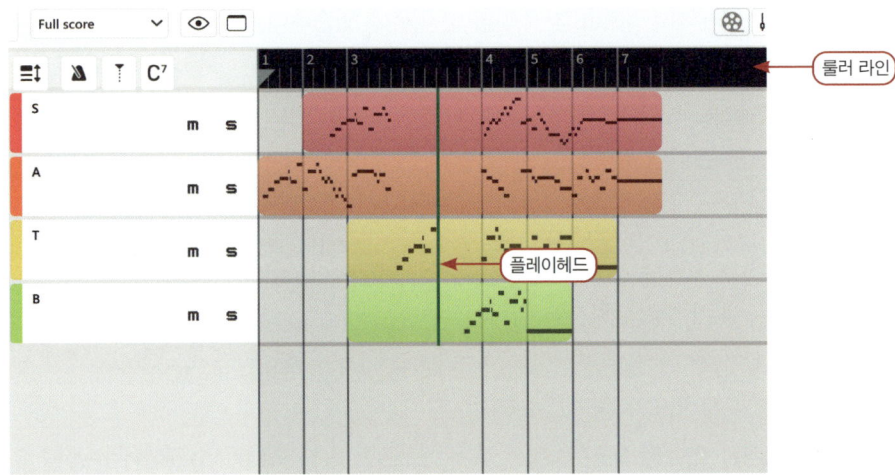

플레이헤드 이동 방법

룰러 라인을 클릭하는 방법 외에도, 플레이헤드를 이동시키는 다양한 단축키를 숙지하는 것은 작업 흐름을 유연하게 유지하는 데 있어 필수적입니다.

동작	단축키	설명
앞으로 이동	숫자열의 (+) 또는 F9	Ctrl 키를 누른 상태에서 프레임 단위로 이동
뒤로 이동	숫자열의 (-) 또는 F7	
시작 위치로 이동	숫자열의 (.)	트랜스포트의 Rewind 버튼
재생 및 정지	P 또는 Space	P 키는 선택된 개체(음표, 리허설 마크 등)에서 재생을 시작합니다.
재생 위치로 점프	Shift+Space	
바로 이동	Ctrl+G	마디 번호를 입력하여 이동.

교정 기능

Proofreading - 자동 교정 기능

악보를 재생하여 오류를 확인하는 것은 유용한 방법이지만, Dorico Pro는 한 걸음 더 나아가, 음악 내 잠재적인 문제를 자동으로 감지해주는 Proofreading(교정) 기능을 제공합니다. 이 기능은 리허설, 연주, 녹음 과정에서 발생할 수 있는 실수를 사전에 식별하여, 보다 정확하고 완성도 높은 악보 작업을 가능하게 합니다.

Proofreading 도구는 Write 모드에서 사용할 수 있으며, 화면 오른쪽 도구 패널의 맨 아래에 위치해 있습니다. 오류가 감지되면 해당 아이콘 옆에 숫자 배지가 표시되어 교정이 필요한 항목이 있음을 알려줍니다. 아이콘을 클릭하면 오류 목록이 열리고, 각 항목을 선택하면 해당 악보 위치가 깜빡이며 강조되어 정확한 위치를 쉽게 확인할 수 있습니다.

목록 상단의 Categories 메뉴를 이용하면, 감지된 오류를 유형별로 필터링하거나, 여러 Flow가 포함된 프로젝트에서는 특정 Flow만 선택해 교정할 수 있습니다. 이를 통해 사용자는 필요한 항목에 집중하여, 복잡한 악보에서도 효율적으로 오류를 관리할 수 있습니다.

악보를 일일이 확인하거나 반복 재생하지 않아도, 자동으로 오류를 감지하고 표시해주는 Proofreading 기능은 작업 시간을 줄이면서 결과물의 품질을 높이는 데 매우 유용한 도구입니다. 특히 초보자에게는 실수를 빠르게 인식하고 수정할 수 있는 강력한 보조 역할을 해줍니다.

4 인스펙터

1 — 트랙 인스펙터는 선택된 악기 트랙에 대한 다양한 오디오 및 MIDI 관련 설정을 조정할 수 있는 기능입니다. Dorico는 기본적으로 HALion Sonic이라는 악기를 제공하며, Edit 버튼을 클릭하여 음색을 변경할 수 있습니다.

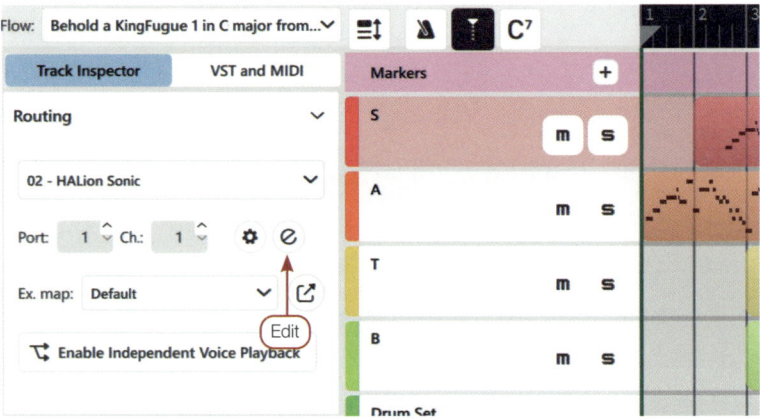

2 — HALion Sonic은 다양한 라이브러리를 제공하며, 이를 효율적으로 탐색할 수 있는 필터 기능을 갖추고 있습니다. All을 선택하면 설치된 모든 음색이 목록에 표시되며, 악기 카테고리에서 원하는 악기군을 선택하면 해당 음색을 가지고 있는 라이브러리만 볼 수 있습니다.

3 — 원하는 음색은 프리셋 목록에서 더블 클릭하여 선택된 채널에 로딩할 수 있습니다. 음색 이름을 알고 있다면, 검색 창에 키워드를 입력하여 빠르게 찾을 수 있으며, 악기군 또는 스타일 별로 카테고리 필터를 활용할 수 있습니다.

4 — HALion Sonic 은 16개의 MIDI 채널을 지원하는 악기로, 하나의 인스턴스에서 최대 16개의 서로 다른 음색을 동시에 불러와 각기 다른 트랙에 할당할 수 있습니다. 각 트랙이 사용하는 채널은 인스펙터 패널에서 확인하거나 변경할 수 있으며, 이를 통해 효과적으로 음색을 관리하고 보다 유연한 악기 편성이 가능합니다.

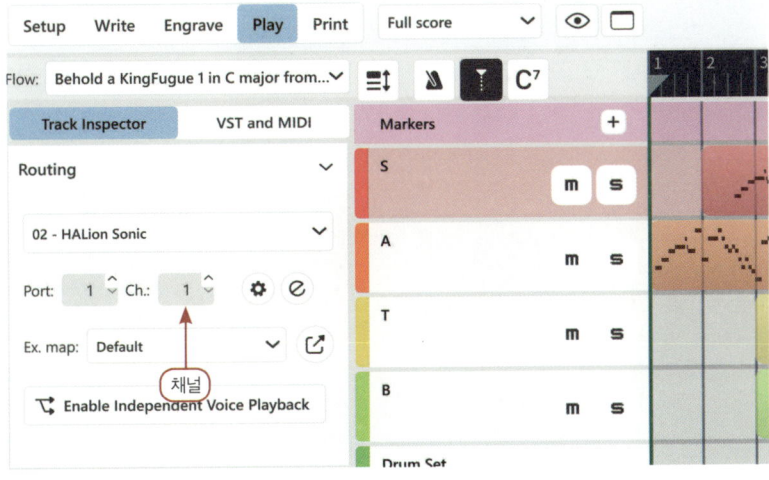

5 — Expression Map(Ex Map)은 각 악기의 주법을 지정하고 제어하는 기능으로, 악기 종류에 따라 차이가 있습니다. 오른쪽의 Edit 버튼을 클릭하면, 악기의 설정된 주법을 확인할 수 있으며, 키 스위치(Key Switch)를 자신의 건반에 맞게 설정할 수 있습니다.

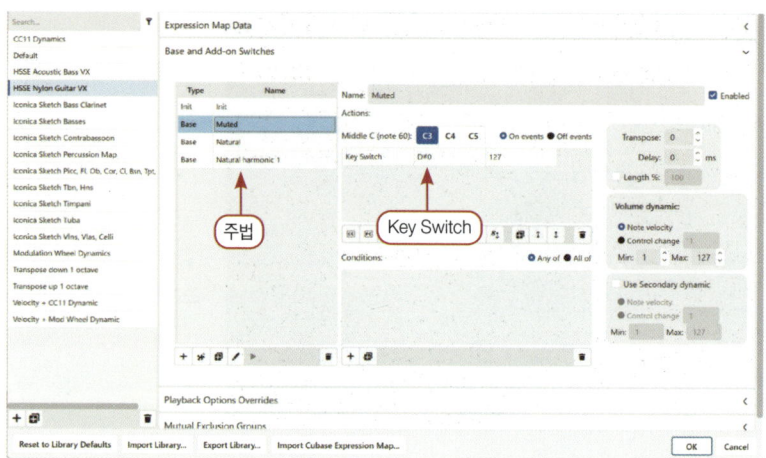

6 — Enable Independent Voice Playback을 활성화하면, 하나의 악기 내에 포함된 각 보이스가 별도의 트랙으로 분리되어 표시되며, 이를 통해 각 성부의 소리를 독립적으로 제어할 수 있습니다. 기능 해제는 Disable Independent Voice Playback 버튼입니다.

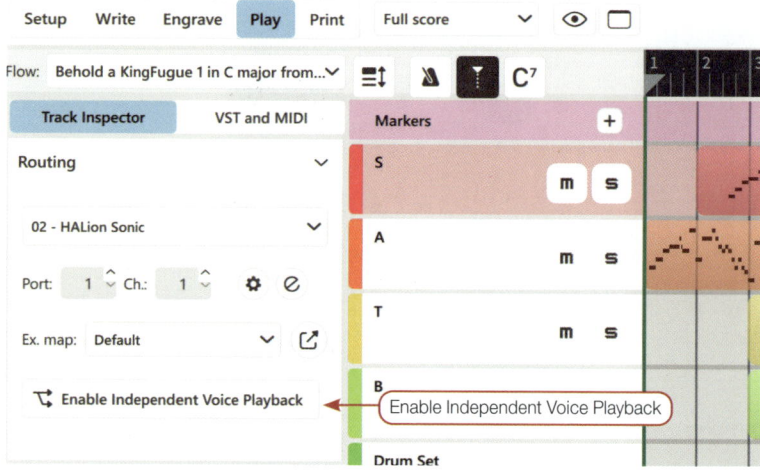

7 — 각 악기 트랙에는 리버브, 컴프레서, EQ 등 다양한 오디오 이펙트를 동시에 최대 4개까지 적용할 수 있는 Insert Effects이 제공됩니다.

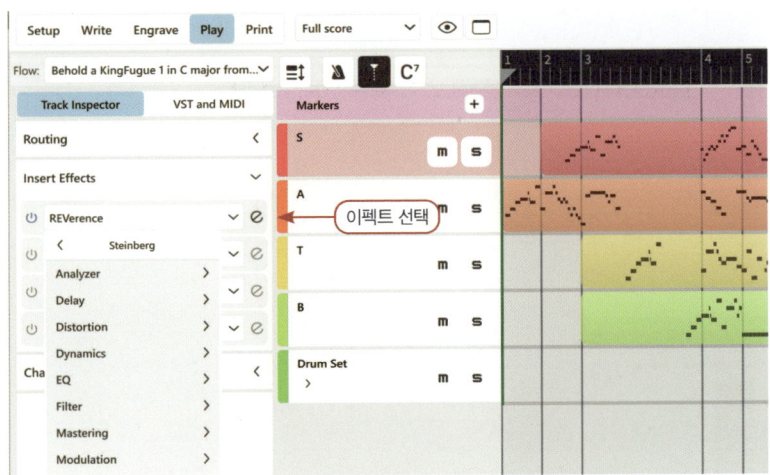

8 — 인서트 슬롯에서 이펙트를 선택하거나, 슬롯 우측의 Edit 버튼을 클릭하면 해당 이펙트의 설정 창이 열려 세부 조정이 가능합니다. 대부분의 이펙트는 다양한 프리셋을 제공하므로, 경험이 적은 사용자도 직관적으로 원하는 사운드를 만들 수 있습니다.

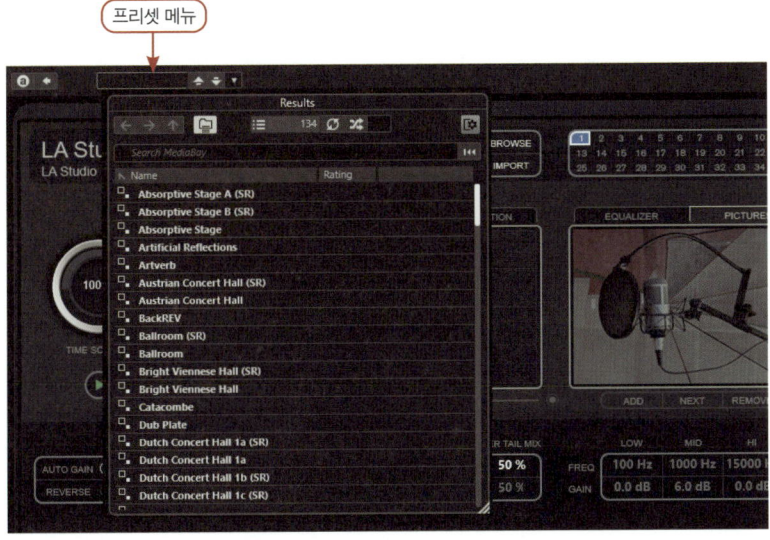

9 — Channel 항목에는 선택한 트랙의 볼륨과 팬 등을 조절할 수 있는 페이더가 제공됩니다. 일반적으로는 하단의 로우 패널에 위치한 믹서 창에서 모든 채널을 동시에 조정하는 방식으로 작업이 이루어집니다.

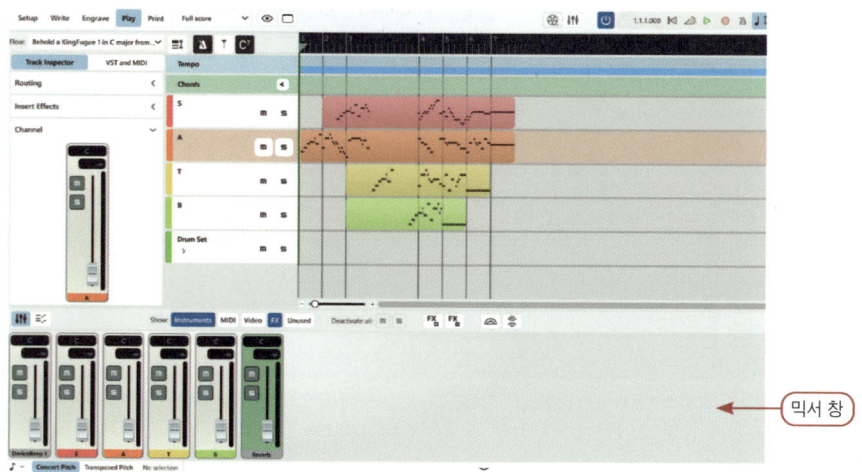

10 — VST 및 MIDI 탭에서는 Dorico에 기본으로 포함된 HALion Sonic 외에도, 사용자가 별도로 설치한 VST Instrument나 디지털 피아노와 같은 하드웨어 악기(MIDI Instrument)를 할당하여 사용할 수 있도록 합니다. 새로운 악기를 추가하려면 + 기호의 Add 버튼을 클릭합니다.

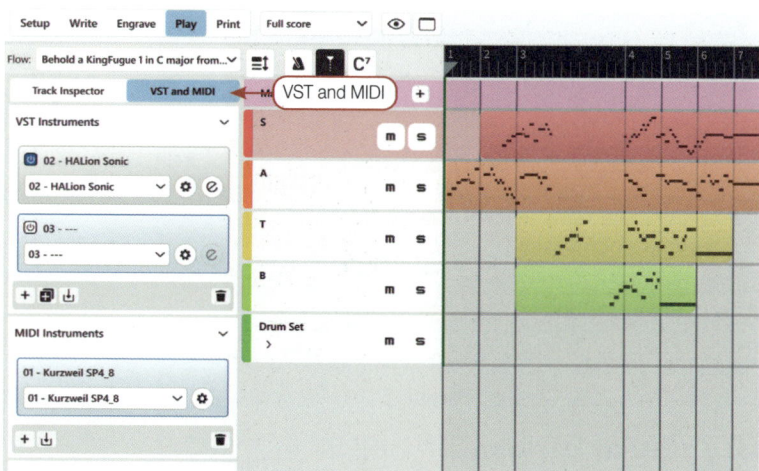

VST Instruments

HALion Sonic & Groove Agent

Dorico Pro는 Steinberg사의 대표 소프트웨어 악기(VST Instruments)인 HALion Sonic과 Groove Agent SE를 기본 번들로 제공합니다.

HALion Sonic은 다양한 악기 사운드를 한 번에 다룰 수 있도록 설계된 샘플 기반 워크스테이션으로 수천 개의 악기 프리셋이 내장되어 있어, 클래식부터 일렉트로닉, 월드뮤직까지 폭넓게 활용할 수 있는 올인원 사운드 모듈입니다.
Dorico Pro는 음원 확장이 가능한 Iconica Sketch, HALion Symphonic Orchestra, Olympus Choir Micro, Marching Percussion Basics, Indian Drum Basics 등 전문 작·편곡에 즉시 활용할 수 있는 고품질 라이브러리가 무료로 제공됩니다.

Groove Agent SE는 드럼 및 퍼커션 전용 가상 악기로 다양한 장르에 맞는 어쿠스틱·일렉트로닉 드럼 키트, 그루브 루프, 퍼커션 사운드를 제공하여 빠르게 비트를 구성할 수 있습니다. 또한, 추가로 제공되는 Jazz Essentials 확장 라이브러리를 통해 보다 깊이 있는 드럼 트랙을 구성할 수 있습니다.

이 모든 악기와 라이브러리를 사용하기 위해서는 Download Assistant에서 Install 버튼을 클릭하여 개별적으로 설치해야 합니다.

Section 02 믹서

각 트랙의 채널 인스펙터에는 볼륨, 팬 등의 값을 조절할 수 있는 페이더가 제공되며, 이러한 모든 채널의 페이더가 하나의 화면에 모여 통합적으로 제어 가능한 형태로 구성된 것이 바로 믹서입니다. 스튜디오나 라이브 공연 현장에서 사용하는 하드웨어 믹서를 소프트웨어로 구현한 것으로, 대형 하드웨어 믹서는 콘솔(Console)로 구분하여 부르기도 하지만, 기본적인 기능과 역할은 동일합니다. 소프트웨어에서는 이를 믹스 콘솔이라고 지칭하는 경우도 있습니다.

∵ 믹서 열기

믹서(Mixer) 창은 Write, Engrave, Play 모드에서 모두 사용할 수 있습니다. Write와 Engrave 모드에서는 상단 도구 바의 믹서 아이콘을 클릭하여 열 수 있으며, Play Mode에서는 기본적으로 활성화되어 있습니다. 또한, 도구 바의 믹서 버튼을 클릭하거나 단축키 F3을 누르면 믹서를 별도의 창으로 띄울 수 있습니다. 이 독립 창에서는 각 채널에 이펙트를 추가하거나 EQ를 조정하는 등, 보다 세부적인 믹싱 작업이 가능합니다.

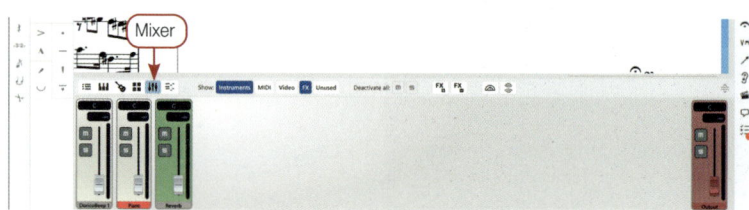

믹서의 주요 구성

믹서에는 기본적으로 악기(Instrument) 및 FX 트랙이 표시되며, 상단의 Show 버튼을 통해 MIDI 트랙과 Video 트랙의 표시 여부를 추가로 설정할 수 있습니다. Unused는 현재 사용되지 않는 모든 트랙이 표시되며, 믹서 패널의 오른쪽에는 전체 출력의 레벨을 조정하는 Output 트랙이 있습니다.

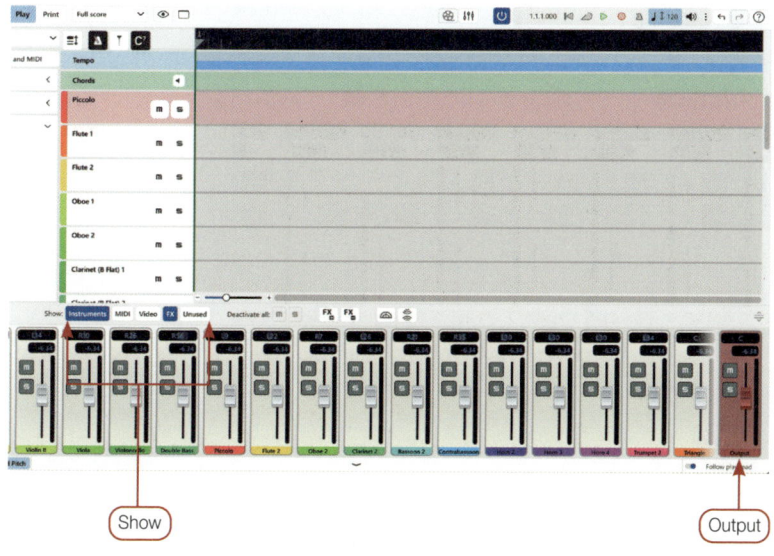

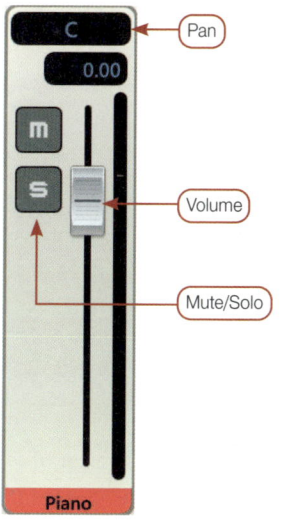

믹서 채널은 각 악기 트랙, MIDI 트랙, 오디오 소스 등 사운드가 출력되는 경로를 개별적으로 제어할 수 있는 구성 요소로, 트랙 인스펙터의 Channel 섹션과 연동되어 작동합니다.

● Pan : 사운드를 스테레오 공간에서 좌/우 어디에 배치할지를 설정합니다.

● Volume : 해당 트랙의 볼륨을 조절할 수 있는 페이더입니다. 상단에 현재 볼륨 수치(dB)가 표시되며, 더블 클릭하여 직접 입력할 수 있습니다.

● Mute/Solo : 해당 채널의 소리를 끄거나(M), 선택한 채널만 단독으로 재생(S)되도록 설정합니다.

악기 수가 많은 프로젝트에서는 모든 트랙을 한 화면에서 확인하기 어려우므로, 일부 트랙에 Mute 또는 Solo 기능이 활성화되어 있는 경우 이를 놓치기 쉽습니다. 이때는 믹서 상단의 Deactivate All 도구를 통해 현재 활성화된 뮤트 및 솔로 상태를 한눈에 확인할 수 있으며, 해당 버튼을 클릭하여 모든 트랙의 Mute 및 Solo 상태를 일괄 해제할 수 있습니다.

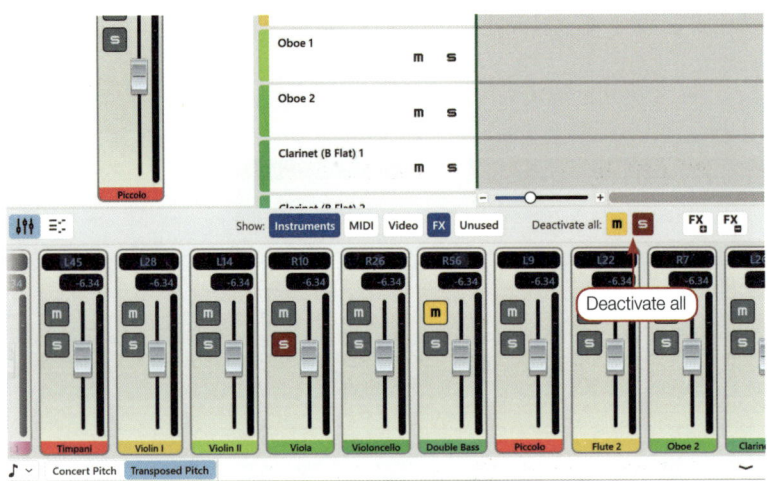

Deactivate All 도구 오른쪽에는 이펙트 채널을 추가하거나 제거할 수 있는 FX Add 버튼과 FX Remove 버튼이 있습니다.

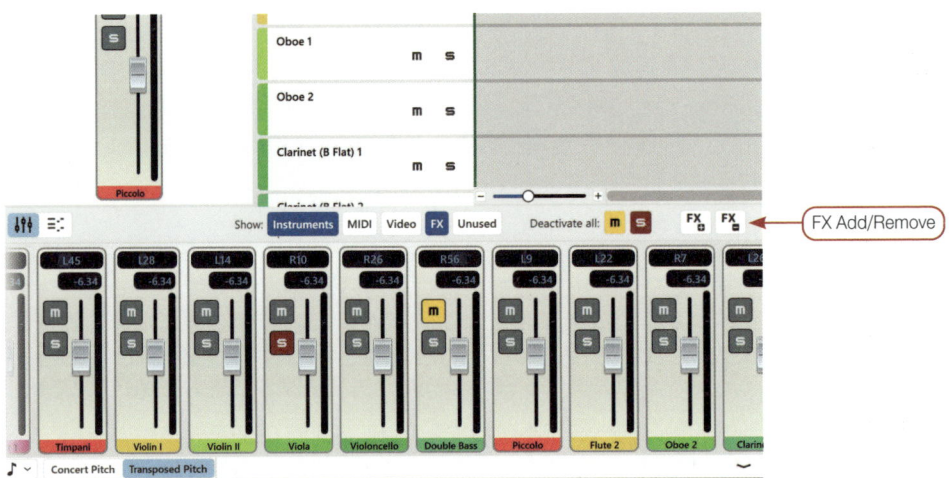

2 무대와 공간 템플릿

1 — 무대 위 악기의 위치를 결정하는 볼륨과 팬 설정은 연주에 입체적인 공간감과 거리감을 부여하는 데 핵심적인 역할을 합니다. Dorico에서는 이러한 공간적 배치를 보다 손쉽게 구현할 수 있도록 자동 설정 템플릿 기능을 제공합니다. Play 메뉴의 Stage Template을 선택합니다.

2 — 무대 구성에 따라 악기를 자동으로 배치할 수 있는 템플릿 목록이 표시됩니다. 예를 들어, Orchestra 템플릿을 선택하면 일반적인 관현악 무대 배치에 맞춰 각 악기의 위치와 팬 설정이 자동으로 적용됩니다.

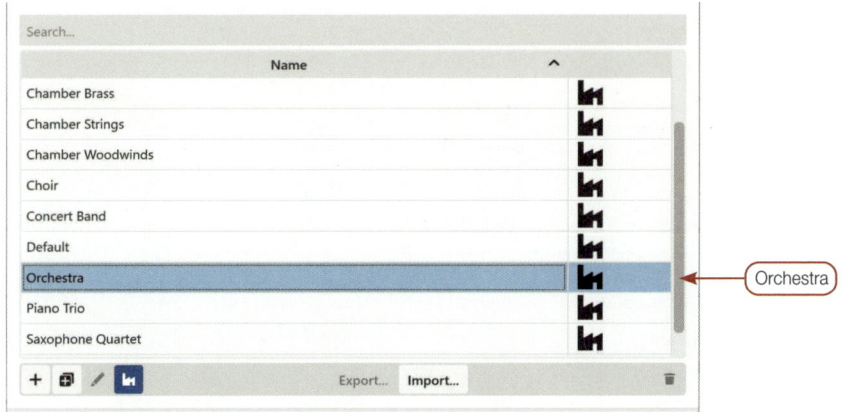

3 — 각 트랙의 팬 값이 무대 배치에 따라 자동으로 설정됩니다. 이러한 설정은 시각적으로 확인하고 수정하려면 Live Stage 버튼을 클릭하여 창을 엽니다.

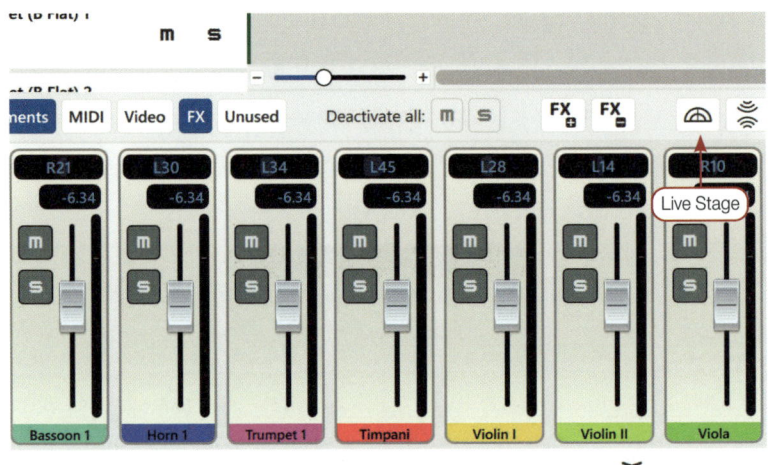

4 — Live Stage 뷰에서는 각 악기의 위치 정보가 무대 형태로 시각화되어 표시됩니다. 사용자는 해당 아이콘을 드래그하여 직접 이동하거나, Expand 및 Contract 버튼을 클릭해 공간의 폭과 악기 간 간격을 조정할 수 있습니다. 이를 통해 실제 무대처럼 악기의 상대적 거리감과 방향성을 자유롭게 설정할 수 있으며, 보다 현실감 있는 공간감을 연출할 수 있습니다.

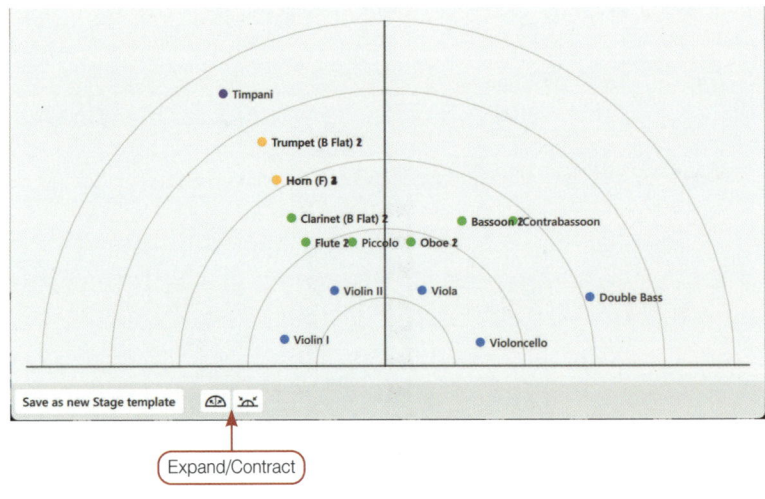

5 — 공간의 크기와 특성을 결정짓는 핵심 요소는 잔향이며, 이를 구현하는 대표적인 오디오 효과가 리버브(Reverb) 입니다. Dorico는 이러한 공간적 잔향을 손쉽게 설정할 수 있도록, 자동 리버브 구성 템플릿 기능을 제공합니다. Play 메뉴의 Space Template을 선택합니다.

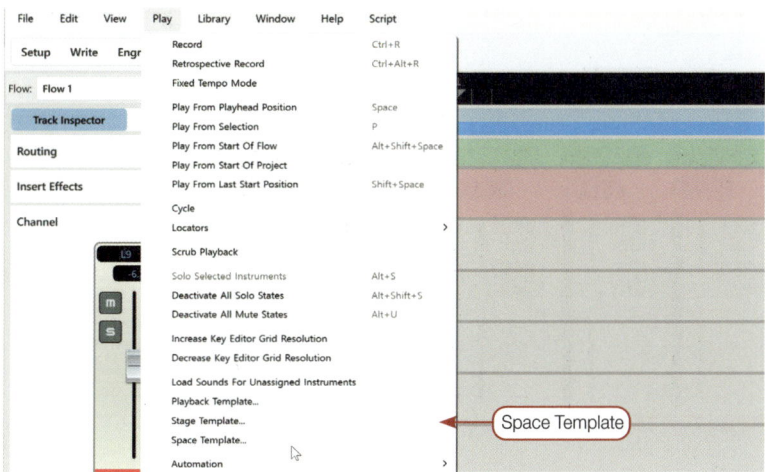

6 — 콘서트홀, 스튜디오, 교회 등 다양한 공간 환경에 기반한 템플릿 목록이 표시됩니다. 각 템플릿은 해당 공간의 음향적 특성을 반영하여 설계되어 있으며, 선택한 환경에 맞는 리버브 양과 설정값이 자동으로 적용됩니다.

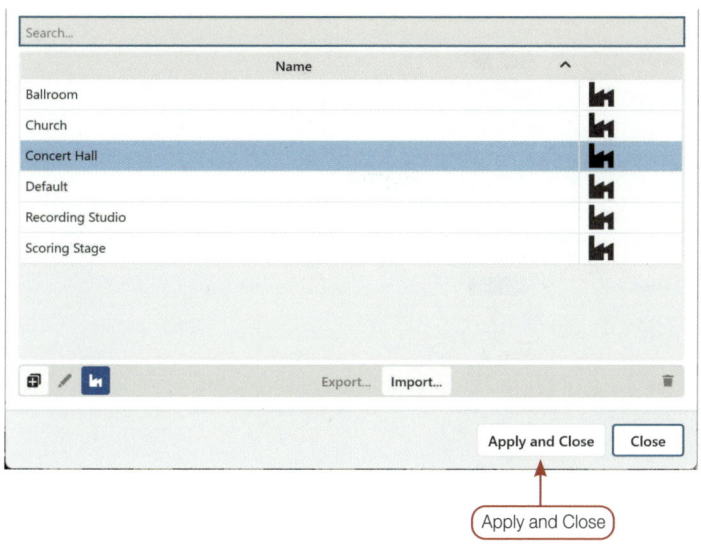

7 — Apply and Close로 템플릿 창을 닫고 재생을 해보면, 사운드의 울림과 공간감이 변경된 것을 확인할 수 있습니다. 만약 공간의 잔향을 사용자 정의로 세밀하게 조정하고 싶다면, Live Stage 버튼을 클릭하여 창을 엽니다.

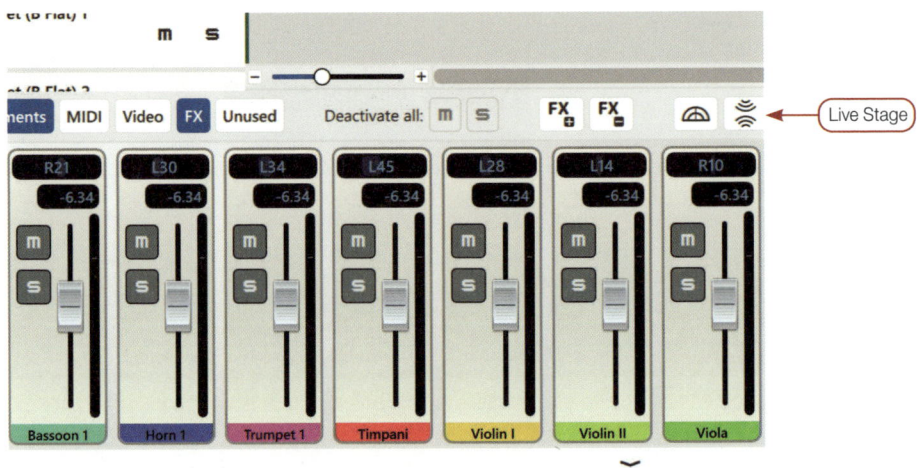

8 — Live Stage에서는 무대 전면과 후면의 울림 차이를 조정할 수 있습니다. 이 기능은 전체 공간의 리버브를 설정하는 것 보다는 청취자의 위치를 시뮬레이션하는 데 초점을 맞춰 조정하는 것이 요령입니다.

3 채널 스트립

1 — 믹서의 각 채널은 개별적인 채널 스트립을 갖추고 있으며, 이를 통해 보다 정밀한 사운드 조정이 가능합니다. 채널 스트립은 믹서를 독립 창으로 열었을 때 확인할 수 있으며, 독립 창은 상단 도구 바의 Show Mixer 버튼을 클릭하거나, F3 키로 열 수 있습니다.

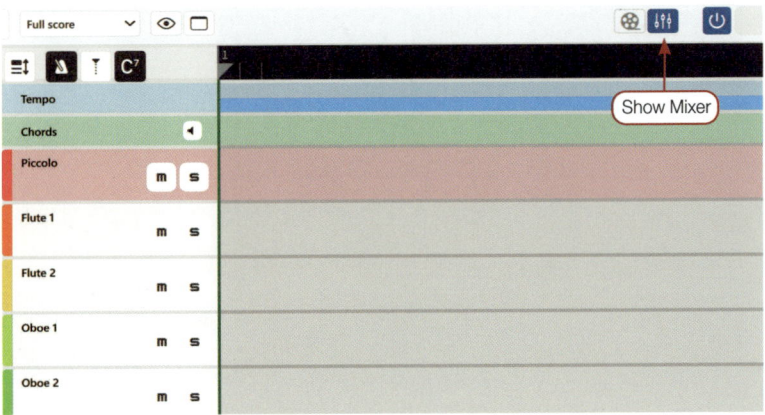

2 — 각 채널 스트립은 정밀한 사운드 조정을 위한 핵심 도구로, 트랙 인스펙터의 Insert Effects와 연동되는 Insert 슬롯, 주파수 대역별로 섬세한 음색 조절이 가능한 EQ, 그리고 리버브나 딜레이와 같은 이펙트 채널로 신호를 분기하는 Sends 슬롯으로 구성되어 있으며, 개별적으로 On/Off 버튼을 통해 신속하게 활성화하거나 비활성화할 수 있습니다.

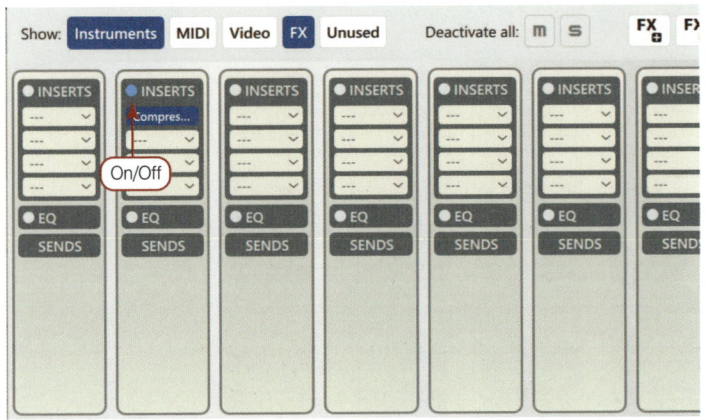

3 — Insert 섹션은 각 오디오 트랙에 음향 효과 플러그인을 직접 삽입할 수 있는 공간으로, 최대 네 개의 이펙트를 순차적으로 적용하여 사운드의 질감을 세밀하게 조형할 수 있습니다. 각 슬롯의 상태는 직관적인 색상 표시로 구분되며, 회색은 비어 있는 슬롯, 파란색은 현재 활성화되어 작동 중인 이펙트, 노란색은 삽입되었지만 일시적으로 비활성화된 상태를 나타냅니다.

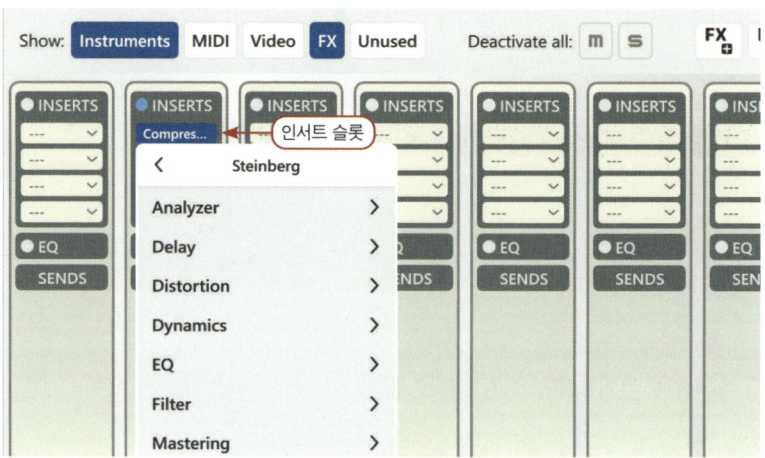

4 — EQ는 총 4개의 밴드로 구성되어 있으며, 각 밴드는 세 가지 핵심 파라미터를 제공합니다. Frequency는 조정할 중심 주파수를 지정하고, Gain은 해당 주파수 대역을 얼마나 증폭 또는 감쇄할지를 결정합니다. 그리고 Q는 조정의 범위를 설정하여, 좁은 범위에 집중하거나 넓은 영역에 걸쳐 영향을 줄 수 있도록 합니다.

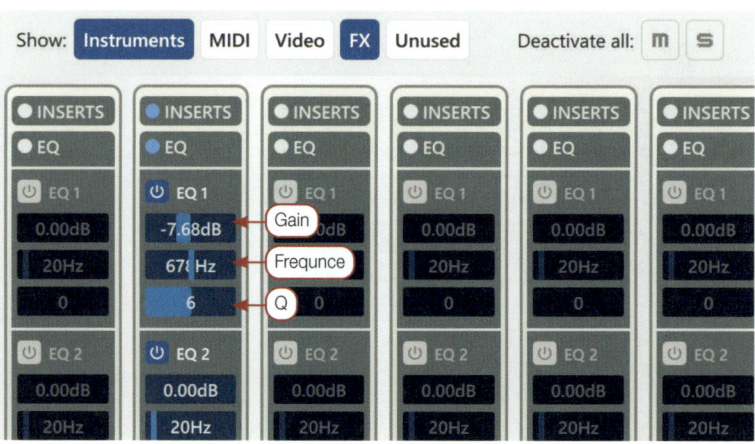

5 —— Sends 슬롯은 각 채널의 오디오 신호를 하나 이상의 이펙트(FX) 채널로 보내는 역할을 하며, 그 전송량을 결정합니다. 이 기능은 리버브나 딜레이처럼 여러 트랙이 함께 사용하는 공간 기반 이펙트에 이상적입니다. 사용자는 먼저 FX 채널의 Insert 슬롯에 원하는 효과를 삽입해야 하며, 기본적으로 리버브가 설정된 Reverb 채널이 제공됩니다.

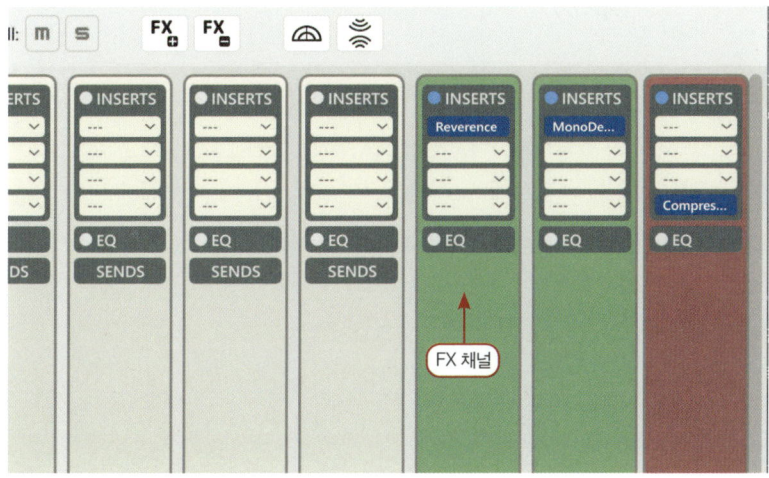

6 —— Sends 슬롯에는 이펙트 채널들이 목록으로 표시되며, 각 슬롯 On/Off 버튼을 통해 해당 이펙트의 활성 여부를 손쉽게 제어할 수 있습니다. 신호를 얼마나 보낼지는 Gain 값을 조절하여 결정하며, 이를 통해 전체 믹스 내에서 이펙트의 존재감을 섬세하게 조율할 수 있습니다.

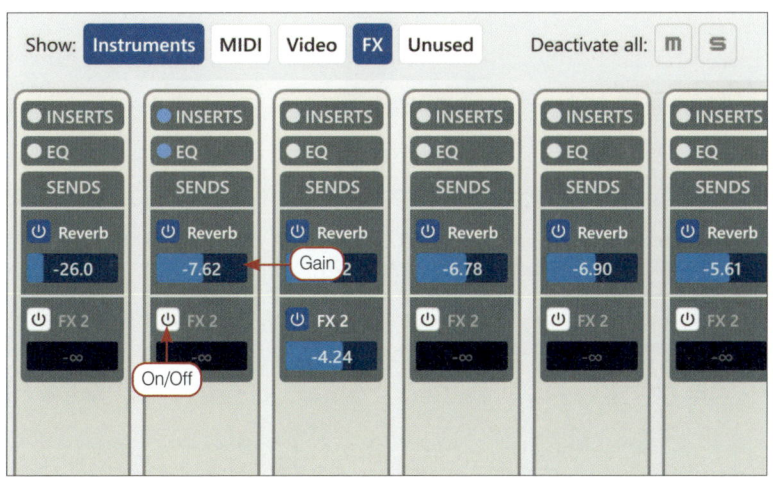

Section 03 키 에디터

Play 모드의 트랙과 키 에디터는 큐베이스와 유사한 인터페이스를 제공하며, 실제 음악을 제작할 수 있는 강력한 기능을 갖추고 있습니다. 악보 출판을 위해 설계된 Dorico가 음악 제작 기능까지 포함하고 있다는 점은 다소 생소하게 느껴질 수 있지만, 이 도구는 단순히 창작을 돕는 기능에 그치지 않고, 악보 작성 중 발생할 수 있는 오류를 즉시 감지하고 수정할 수 있는 유용한 수단이 됩니다. 음악 제작에 관심이 없더라도 이 기능을 마스터하면 작업 효율이 크게 향상될 것입니다.

∴ Play 모드의 유용성

Play 모드의 트랙과 키 에디터는 음악 제작뿐만 아니라 악보 편집에서도 매우 유용하게 활용될 수 있습니다. 이 기능은 다음과 같은 점에서 특히 도움이 됩니다.

- **정확한 악보 작성 및 수정** : 실시간으로 악보를 재생하며 확인하고 수정할 수 있어, 오류를 즉시 바로잡을 수 있습니다.
- **빠른 실수 수정** : 악보 제작 중 발생할 수 있는 실수를 신속하게 수정하여 작업 효율성을 높여줍니다.
- **효율적인 작업 흐름** : 악보 작성을 더 빠르고 원활하게 진행할 수 있어, 전체 작업 흐름을 개선합니다.

1 키 에디터의 구성

1 — 키 에디터는 Write 및 Play 모드의 로우 존에서 키 에디터 버튼을 클릭하여 열 수 있으며, 로우 존은 Ctrl+8 키로 열거나 닫을 수 있습니다.

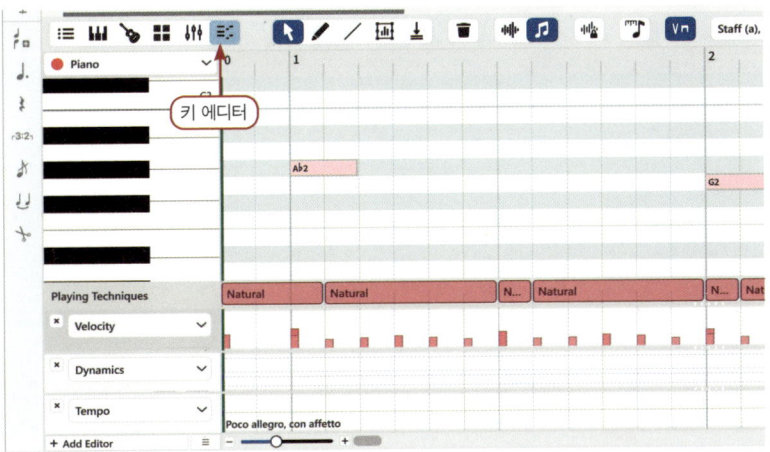

2 — 로우 존의 크기는 중앙의 경계선이나 오른쪽 핸들을 드래그하여 조정할 수 있습니다. 편집 창의 크기는 G/F 키(가로), Ctrl+Shift+G/H 키(세로)로 조정할 수 있으며, 가로/세로 줌 바를 이용하거나 Ctrl 키를 누른 상태에서 마우스 휠을 돌려 확대/축소할 수 있습니다. 이때 휠을 작업 공간에서 돌리면 가로, 왼쪽에 보이는 건반 위치에서 돌리면 세로 방향으로 조정됩니다.

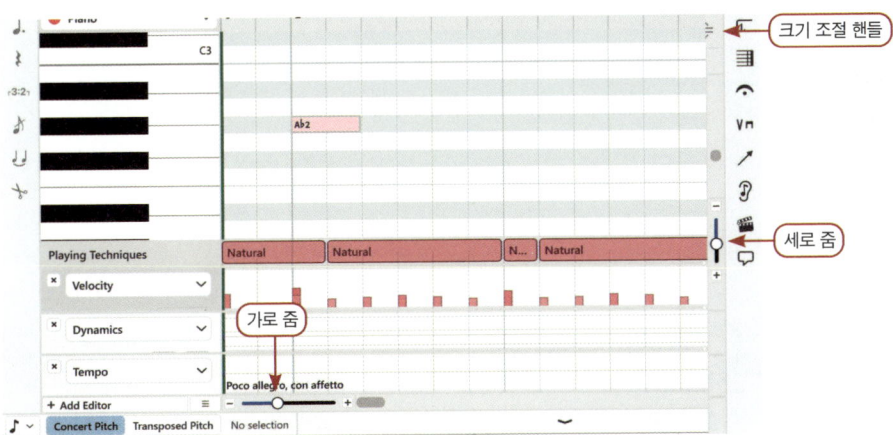

3 — 키 에디터는 사용자가 선택한 보표를 표시합니다. 이는 악보에서 직접 선택하거나 건반 위에 표시된 보표 목록을 통해서도 선택할 수 있습니다. 보표를 고정하고 싶은 경우에는 보표 목록의 잠금 버튼을 On으로 합니다. View multiple instruments 옵션을 체크하면 2개 이상의 보표를 고정시킬 수 있습니다.

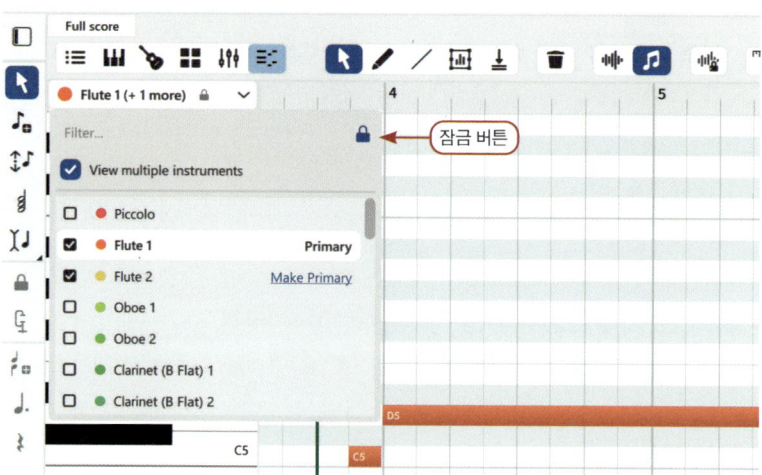

4 — 키 에디터는 음표를 막대 형태로 시각화하여 표시합니다. 편집 창 상단에는 다양한 작업을 수행할 수 있는 도구들이 배치된 도구 바가 있고, 하단에는 벨로시티를 비롯한 미디 정보를 정밀하게 조정할 수 있는 컨트롤 창이 있습니다.

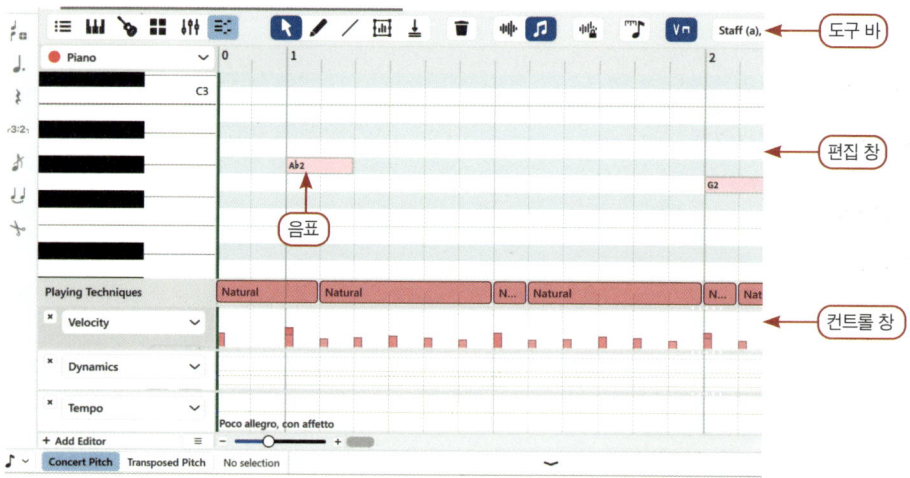

5 — 피치를 시각적으로 표시하는 건반 영역은 드럼과 같은 타악기를 선택할 경우 해당 악기 이름으로 표시됩니다. 이를 통해 사용자는 타악기 관련 악보 작업을 보다 직관적이고 효율적으로 진행할 수 있습니다.

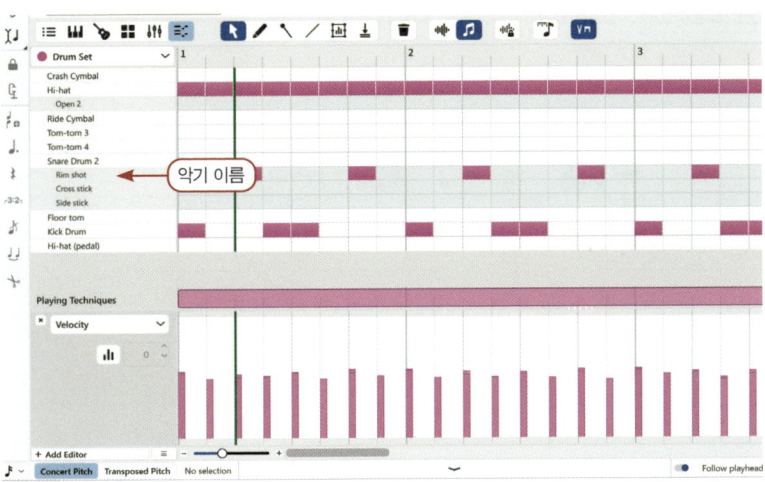

6 — Window 메뉴의 New Window를 선택하거나 Ctrl+Shift+T 키를 누르면 키 에디터를 별도의 창으로 열 수 있습니다. 두 대의 모니터를 사용하는 경우, 작업 공간을 더욱 효율적으로 관리할 수 있으며, 모니터가 하나일 경우에도 Ctrl+8 키를 사용해 로우 존을 열고 닫을 수 있어 불편함 없이 작업할 수 있습니다.

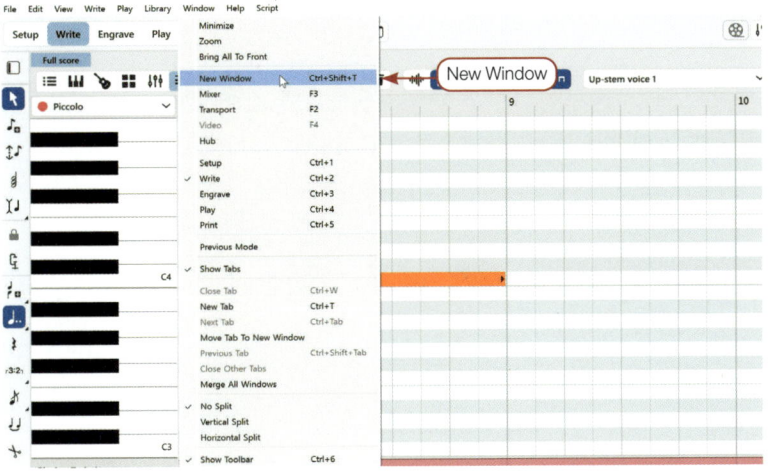

2 도구의 역할

키 에디터는 음표를 막대 형태로 표시하며, 편집 창 상단에는 이를 세밀하게 조작할 수 있는 다양한 도구들이 배치되어 있습니다.

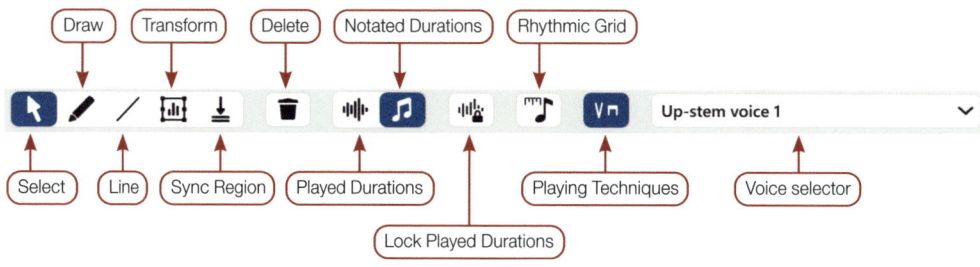

▶ — Select

키 에디터는 음표를 노트 이벤트라 불리는 막대 형태로 표시하며, Select 도구로 드래그하여 위치와 음정을 조정할 수 있습니다.

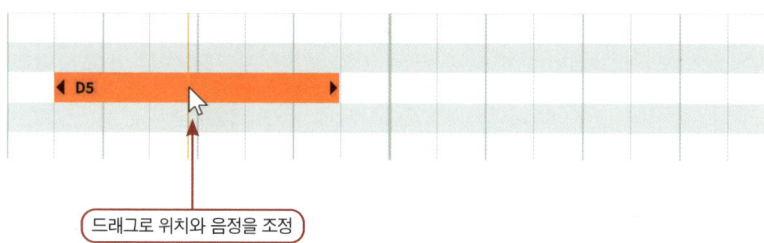

이벤트의 시작점은 건반을 누른 시점, 이벤트의 끝점은 건반을 놓은 시점이며, 각각의 위치를 드래그하여 길이를 조절할 수 있습니다.

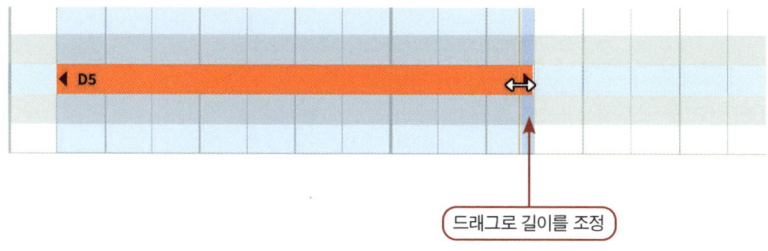

마우스를 드래그하여 여러 이벤트를 선택할 수 있으며, Alt 키를 누른 상태로 드래그하여 복사할 수 있습니다. 또한, Ctrl+C(복사), Ctrl+X(잘라내기), Ctrl+V(붙여넣기)와 같은 일반적인 단축키도 사용할 수 있습니다. 이벤트가 이동하거나 복사되는 위치는 플레이 헤드의 위치에 따라 결정되며, 플레이 헤드는 키보드 숫자열의 +/- 키 또는 룰러 라인을 클릭하여 위치시킬 수 있습니다.

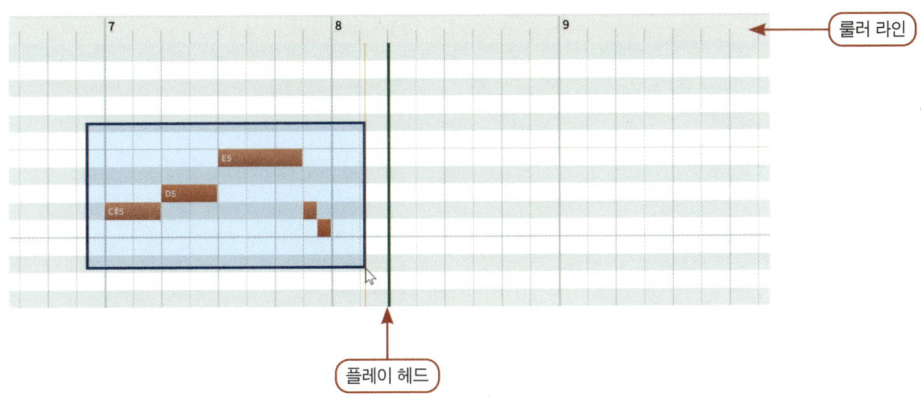

✏️ — Draw

이벤트를 입력하거나 편집합니다. 마우스 클릭으로 이벤트를 입력하고 누른 상태로 드래그하여 길이를 조정할 수 있습니다. 그 외, Select 도구와 동일한 편집 기능을 수행할 수 있습니다.

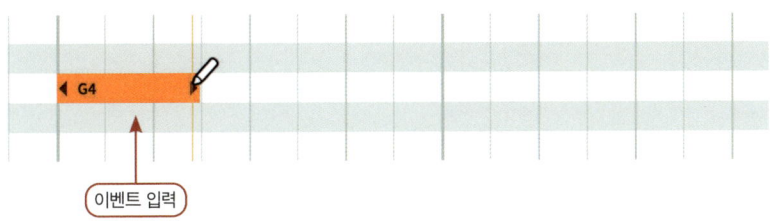

🥢 — Drum Stick

드럼 보표를 선택한 경우, 이벤트 입력하거나 삭제할 수 있습니다. 마우스로 클릭하여 이벤트를 입력하거나, 드래그하여 그리드 단위로 입력할 수 있어 드럼 보표를 만들 때 매우 유용합니다.

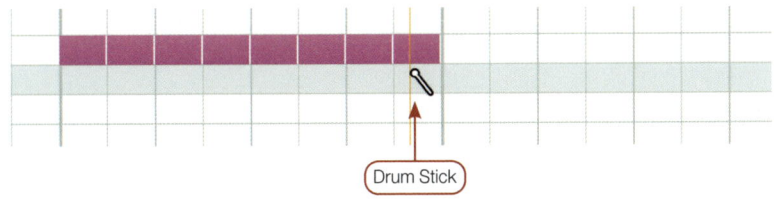

✏️ — Line

이벤트 편집 창 아래쪽에 있는 컨트롤 편집 창에서 미디 연주 정보를 라인 형식으로 입력할 수 있습니다. 일반적으로 모듈레이션이나 피치 밴드와 같은 연속적인 변화가 필요한 정보를 입력할 때 사용됩니다.

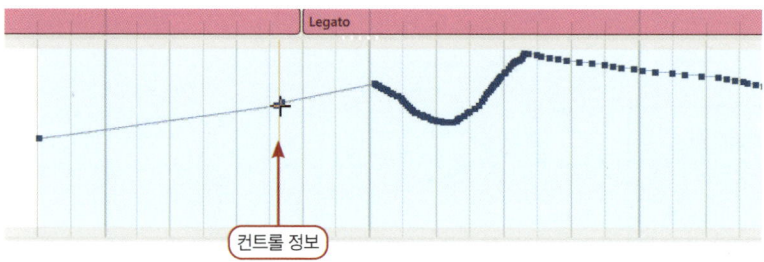

📊 — Transform

컨트롤 정보를 선택하면, 값을 일률적으로 조정할 수 있는 핸들이 표시됩니다.

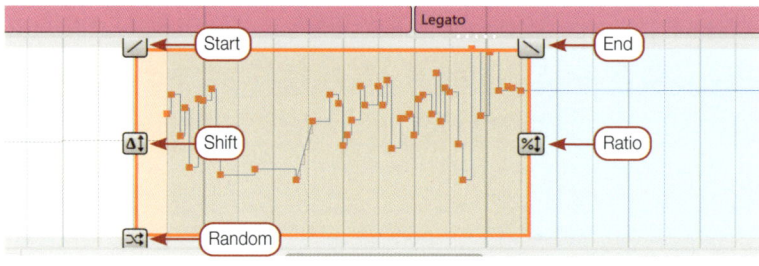

- Start : 시작 지점에서 값을 설정하여 점차적으로 증감되도록 할 수 있습니다. 피치 밴드나 모듈레이션 등의 변조 시작 지점을 설정할 때 유용합니다.
- End : 끝 지점에서 값을 설정하여 점차적으로 값이 증감되게 할 수 있습니다. 이 역시 변조 작업에서 끝부분의 변화를 조정할 때 유용합니다.
- Shift : 선택한 범위의 값을 증감합니다. 범위 내의 값을 일관되게 증감시킬 때 사용됩니다.
- Ratio : 선택된 범위의 값을 비율에 맞게 증감니다. 값을 일정한 비율로 증가하거나 감소하도록 할 때 사용됩니다.
- Ramdom : 선택한 범위의 값을 무작위로 변화시킵니다. 벨로시티를 무작위로 변경하여 휴머니즘을 연출하고자 할 때 유용합니다.

⬇ — Sync Region

여러 보표를 열었을 때, 보조 트랙의 컨트롤 값을 기본 트랙에 맞추는 역할을 하며, 편집의 일관성을 유지하는데 유용합니다. 보표 목록에서 잠금 버튼을 클릭하고, View multiple instruments 옵션을 활성화하면 여러 트랙을 동시에 열 수 있으며, Make Primary를 선택하여 기본 트랙을 결정할 수 있습니다.

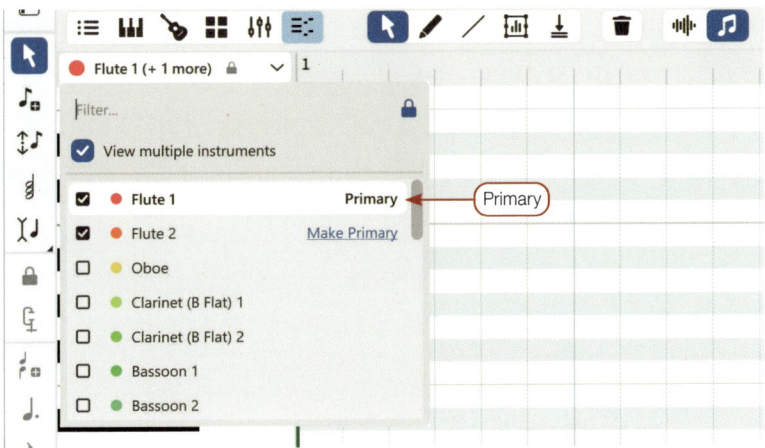

Sync Region 도구를 이용하여 범위를 선택하면 다이내믹이나 미디 컨트롤 정보를 기본 트랙에 입력되어 있는 값과 일치시킵니다. 스트링이나 브라스 등의 섹션이 일관되게 연주되도록 미디 컨트롤 값을 맞추는데 유용합니다.

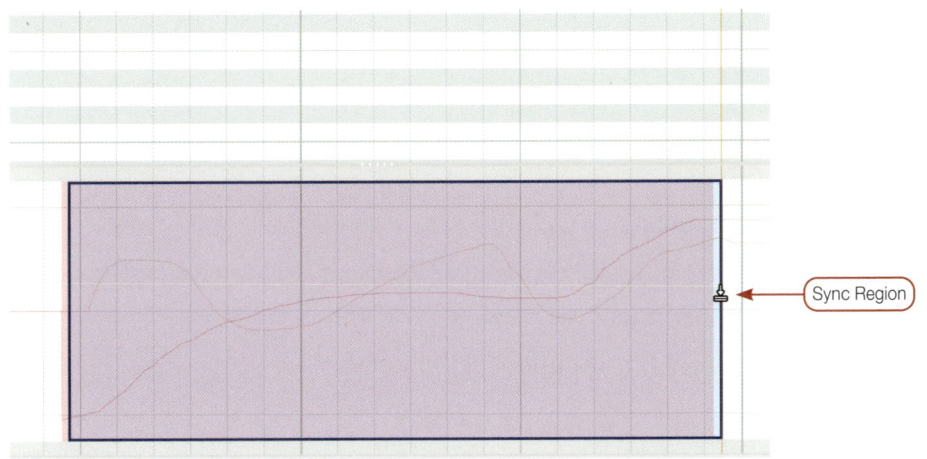

🗑 — Delete

선택한 이벤트 및 컨트롤 정보를 삭제합니다. Delete 키를 사용하여 삭제할 수 있기 때문에 실제로는 이 도구를 사용하는 경우는 거의 없습니다.

🎵 — Played Durations

악보와 실제 연주는 항상 일치하지 않을 수 있습니다. Played Durations 도구를 활성화하면 음표의 실제 연주 길이를 시각적으로 확인할 수 있어, 악보와는 다른 연주를 표현할 수 있습니다. 실제 연주되는 음표의 지속 시간은 직사각형 형태로 표시되며, 그 아래에는 표기된 지속 시간을 나타내는 얇은 선이 있습니다. 이 도구를 통해 실제 연주되는 이벤트의 위치와 길이를 조정하여 악보와는 상관없이 원하는 연주를 표현할 수 있습니다.

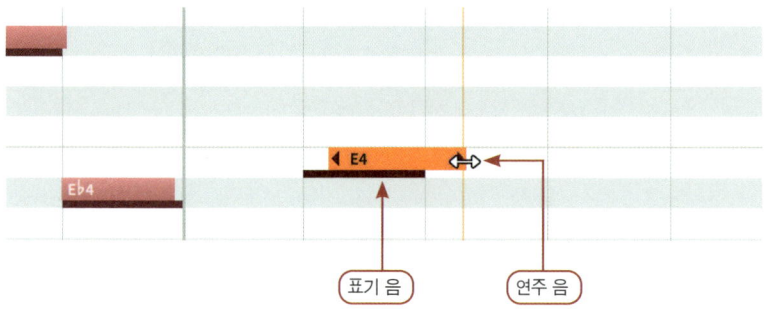

🎵 — Notated Durations

Played Durations와 Notated Durations은 편집 창에서 이벤트를 어떻게 표시할지를 결정하는 타입 버튼입니다. 즉, 편집 창에서 음표의 실제 연주 길이를 기준으로 표시할지, 아니면 악보에 표기된 길이를 기준으로 표시할지를 선택할 수 있습니다.

🎵 — Lock Played Durations

Notated Durations에서 실제 연주되는 지속 시간(Played Durations)이 어떻게 영향을 받는지 제어할 수 있게 해줍니다. 버튼을 켜면 실제 연주되는 지속 시간은 원래의 위치와 길이를 유지합니다. 즉, 음표의 표기된 위치나 길이가 변경되더라도 실제 연주되는 길이는 변하지 않습니다.

🎵 — Rhythmic Grid

노트를 입력하거나 편집할 때 영향을 주는 그리드 라인의 간격과 길이를 조정할 수 있는 서브 도구를 제공합니다. 그리드 라인의 간격은 음표 입력 시 최소 단위를 결정하며, 길이는 각 그리드 라인이 얼마나 긴지 설정합니다. 음표 입력이나 편집을 위해 그리드의 간격을 좁히거나 넓혀 작업의 정밀도를 조정할 수 있습니다.

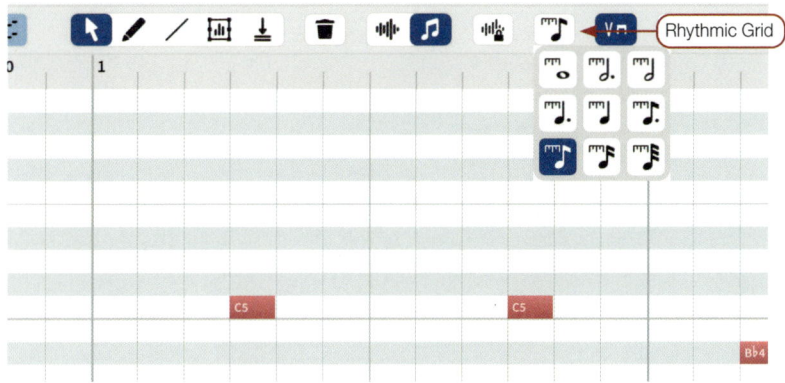

Vᴨ — Playing Techniques

Playing Techniques Editor를 숨기거나 표시합니다. Playing Techniques Editor는 악기 연주 기법(예: 피치 벤드, 비브라토 등)을 입력하고 편집할 수 있는 창으로, 이 도구를 사용하면 편집 창을 깔끔하게 정리하거나 필요할 때 다시 활성화하여 연주 기법을 수정할 수 있습니다.

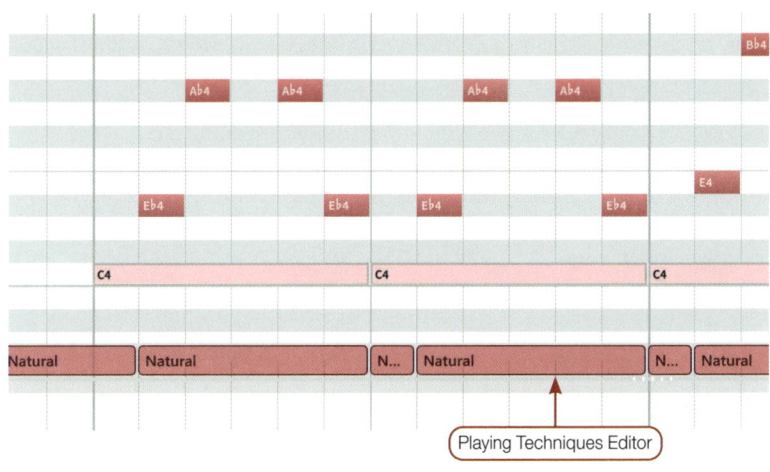

— Voice selector

Voice Selector는 다중 보이스 악보에서 선택한 보이스를 표시하거나 편집할 보이스를 선택하는 도구입니다. 여러 악기가 표시된 상태에서는 기본 악기의 보이스만 선택할 수 있으며, 다른 악기의 보이스는 선택할 수 없습니다. 즉, 여러 악기가 있을 경우 선택 가능한 보이스는 현재 활성화된 기본 악기의 보이스로 제한됩니다.

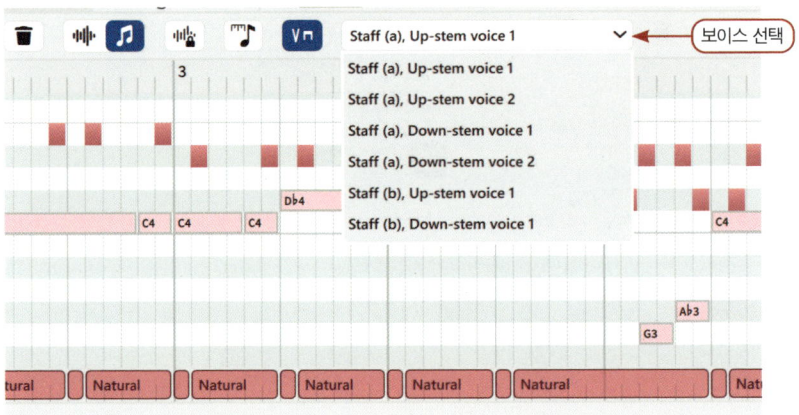

— Resize Lower Zone

도구 바 오른쪽 끝에 있는 Resize Lower Zone 버튼은 로우 존의 높이를 조정하는 기능을 합니다. 경계선을 드래그해서 높이를 조정할 수도 있지만, 터치를 지원하는 아이패드를 사용할 경우 Resize Lower Zone 버튼을 사용하는 것이 편리합니다.

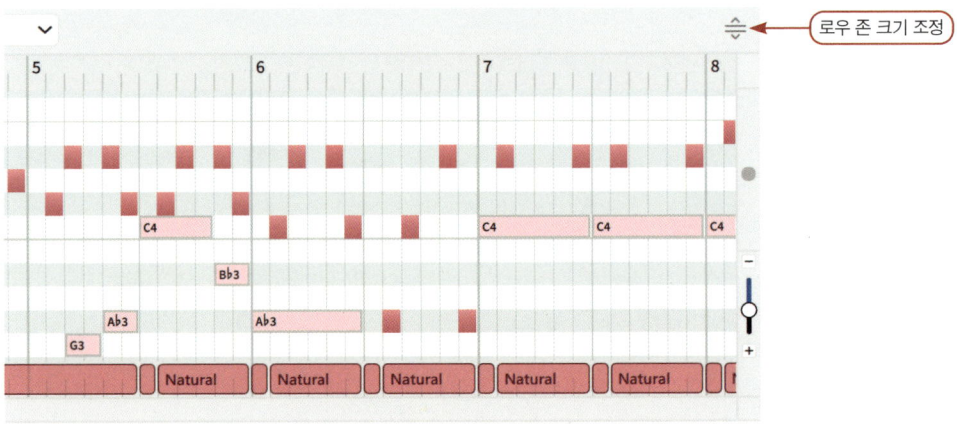

• 스크롤 및 확대/축소 •

작업을 하다 보면 작업 공간을 스크롤하거나 확대/축소하는 일이 자주 발생합니다. 키 에디터에서 작업 공간을 확대/축소하는 방법은 여러 가지가 있으며, 사용자는 상황에 맞는 방법을 선택해 작업을 보다 효율적으로 진행할 수 있어야 합니다.

1. 세로 축 스크롤링
화면의 오른쪽 끝에 있는 스크롤 바를 드래그하여 위아래로 이동할 수 있습니다. 왼쪽의 피아노 롤 위에서도 드래그하여 세로로 스크롤할 수 있습니다. 또는 피아노 롤이나 작업 공간에서 마우스 휠을 사용하여 위아래로 스크롤할 수도 있습니다.

2. 확대/축소
화면 오른쪽 끝에 있는 줌 슬라이더를 이용해 세로 축으로 확대/축소할 수 있습니다. 왼쪽 아래에 있는 줌 슬라이더는 가로 축으로 확대/축소하는데 사용됩니다. 또한, Ctrl 키를 누른 상태에서 피아노 롤 위에서 마우스 휠을 돌리면 세로 축으로 확대/축소되며, 작업 공간에서는 가로 축으로 확대/축소됩니다.

3. 단축키를 이용한 확대/축소
G 키를 누르면 가로 방향으로 축소되고, H 키를 누르면 가로 방향으로 확대됩니다. Ctrl+Shift 키를 누른 상태에서 G는 세로 방향으로 축소하고, H는 세로 방향으로 확대합니다. 또한, 위/아래 방향키를 이용해 세로 축을 확대/축소할 수도 있습니다.

4. 가로 축 스크롤링
가로 축도 스크롤 바나 슬라이더를 이용해 이동할 수 있습니다. 또한, Shift 키를 누른 상태에서 마우스 휠을 돌리면 가로로 스크롤할 수 있습니다.

5. 룰러 라인에서 확대/축소
룰러 라인을 클릭한 상태에서 가로로 드래그하면 화면을 스크롤할 수 있으며, 세로로 드래그하면 화면을 확대하거나 축소할 수 있습니다.

Section 04 노트 입력과 편집

Dorico의 키 에디터는 음표를 가로 막대 형태로 표시하고, 다이내믹이나 아티큘레이션을 컨트롤 정보로 나타냅니다. 큐베이스와 같은 툴을 사용한 경험이 있다면 쉽게 사용할 수 있을 정도로 익숙할 것입니다. 하지만 미디 작업을 해본 적이 없는 연주자에게는 다소 낯설게 느껴질 수 있습니다. 다행히 이 기능은 익히는 데 그리 오랜 시간이 걸리지 않으므로, 꼭 익혀두시길 권장합니다. 음악 활동의 영역을 크게 확장하는 데 매우 유용한 도구가 될 것입니다.

노트 길이

작업 공간에 표시되는 그리드 라인(세로줄)은 Rhythmic Grid 버튼에서 선택한 값으로 표시됩니다. 그림은 16분 음표를 선택한 경우로, 1칸이 16분 음표 길이를 나타냅니다. 즉, 2칸이면 8분 음표, 4칸이면 4분 음표, 8칸이면 2분 음표, 16 칸이면 온 음표 길이가 되는 것입니다.

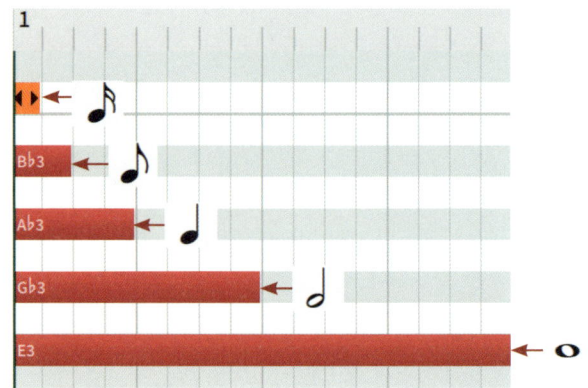

1 노트 입력하기

1 — 키 에디터에서 노트를 입력할 때는 Draw 도구를 이용합니다. 도구 바에서 직접 선택하거나 마우스 오른쪽 버튼을 클릭하여 선택할 수 있습니다.

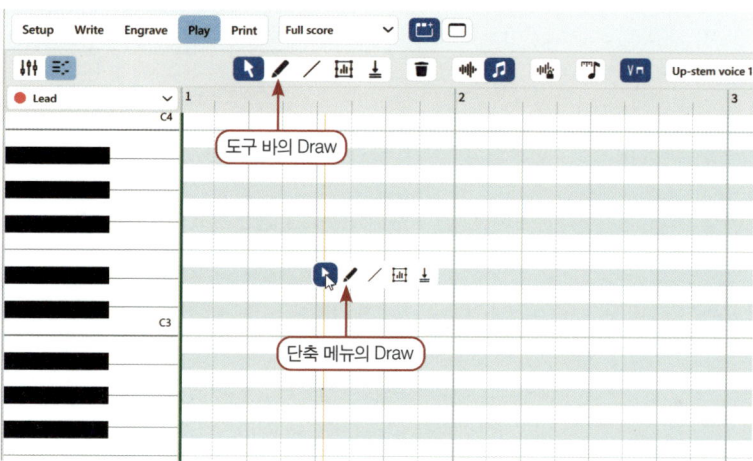

2 — 노트는 마우스 클릭으로 입력하고, 드래그하여 길이를 조절할 수 있습니다. 노트의 피치는 왼쪽 피아노 건반을 통해 확인할 수 있으며, 위치는 그리드 라인에 맞춰 표시됩니다. 입력된 노트의 피치는 작업 공간 크기에 따라 막대에 표시됩니다.

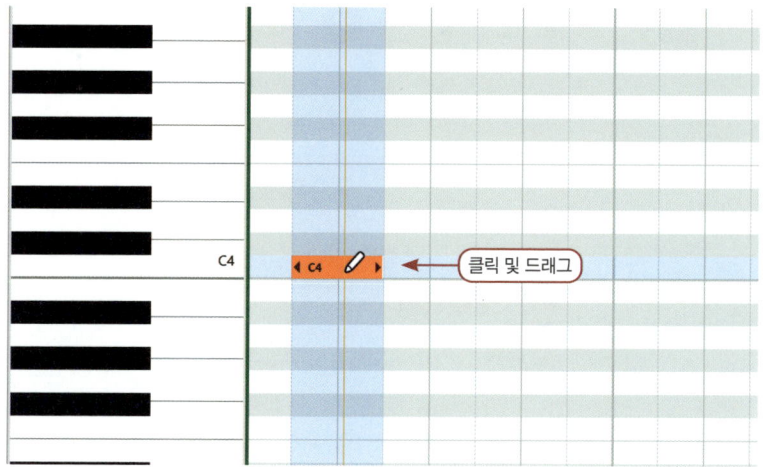

2 노트 편집하기

1 — 노트를 입력한 후, 시작과 끝 위치를 드래그하여 길이를 수정하거나 중간 부분을 드래그하여 위치와 피치를 수정할 수 있습니다. 또한, Alt 키를 누른 채 드래그하면 선택한 노트를 복사할 수 있습니다.

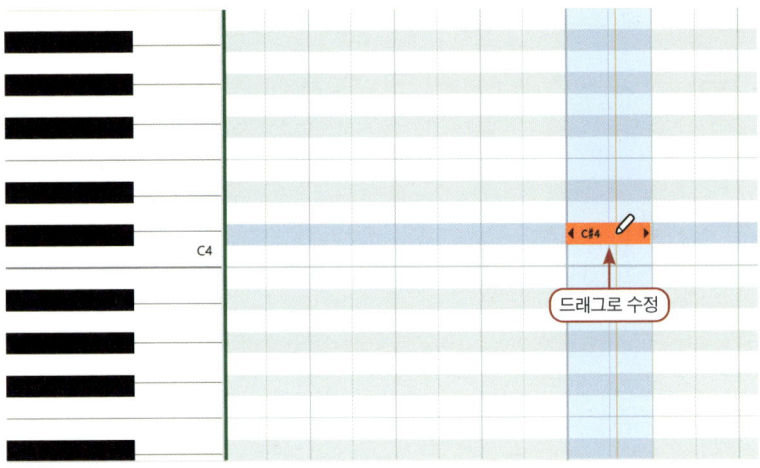

2 — 여러 노트를 선택하여 이동과 복사 등의 편집 작업이 필요한 경우에는 도구 바 또는 마우스 오른쪽 버튼을 클릭하여 Select 도구를 선택합니다.

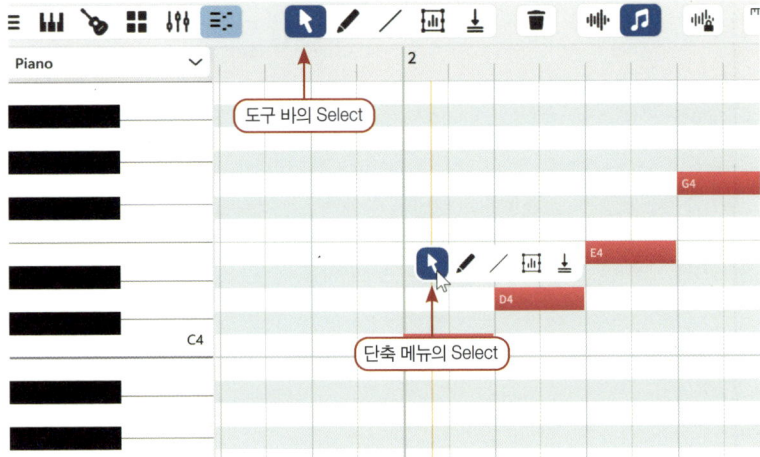

3 — 마우스로 드래그하거나 첫 번째 노트를 선택한 후 Shift 키를 누른 채 마지막 노트를 클릭하면 연속된 노트를 선택할 수 있습니다. Ctrl 키를 누른 상태에서 클릭하면 노트를 비연속적으로 선택하거나 해제할 수 있습니다.

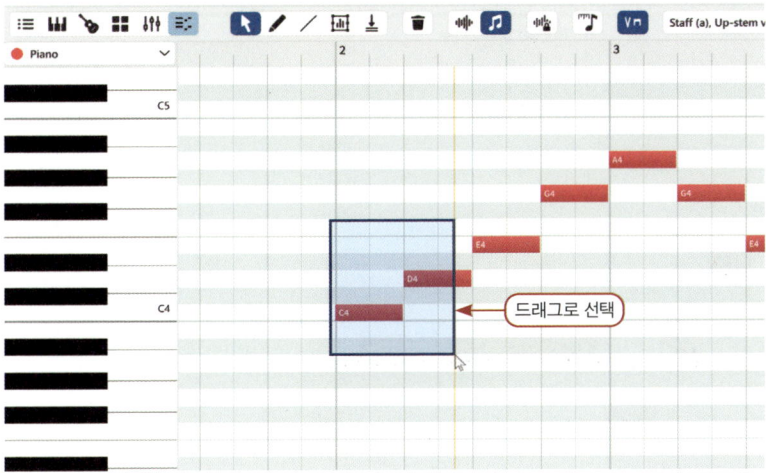

4 — 선택한 노트는 Ctrl+C 키로 복사하거나 Ctrl+X 키로 잘라낸 후, 재생 라인이 있는 위치에 Ctrl+V 키로 붙여 넣을 수 있습니다. 재생라인은 룰러 라인을 클릭하거나 Ctrl+G 키를 눌러 창을 열고, 마디 번호를 입력하여 이동시킬 수 있습니다.

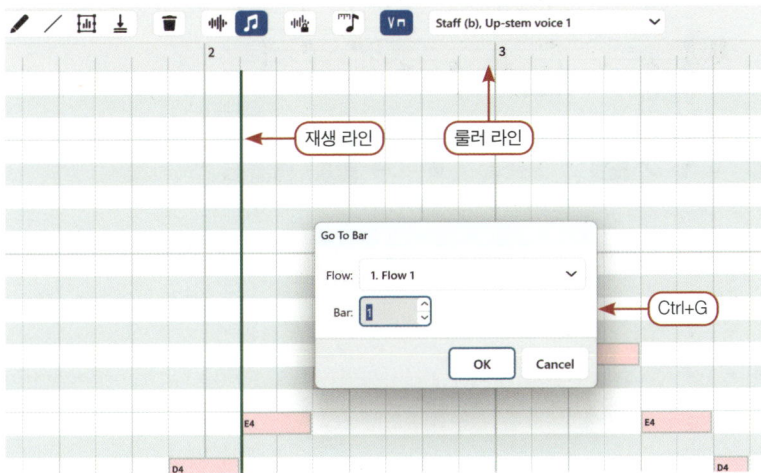

5 — 도구 바에서 Played Durations을 선택하면 악보의 노트 길이와 연주 위치는 그대로 유지하면서, 실제 연주 길이와 위치를 수정하여 보다 자연스러운 휴머니즘을 연출할 수 있습니다.

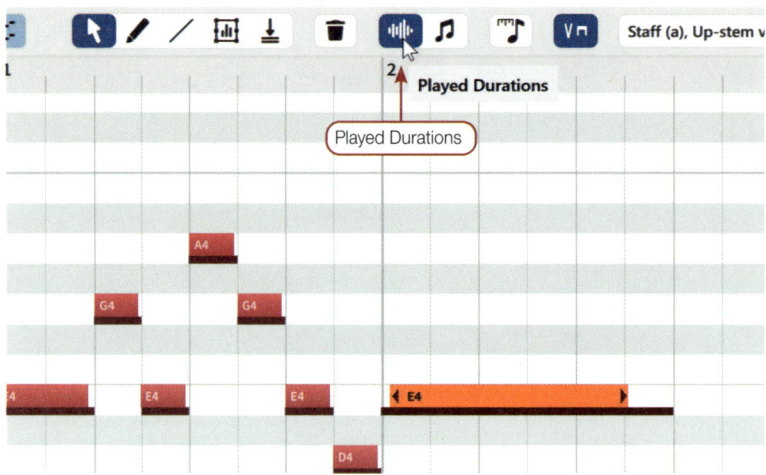

6 — 드럼 및 타악기 악보에서는 각 노트마다 개별적인 그리드 라인을 설정할 수 있으며, 드럼 스틱 도구를 사용해 마우스로 드래그하여 그리드 단위에 맞춰 연속적인 노트를 입력할 수 있어 매우 편리합니다.

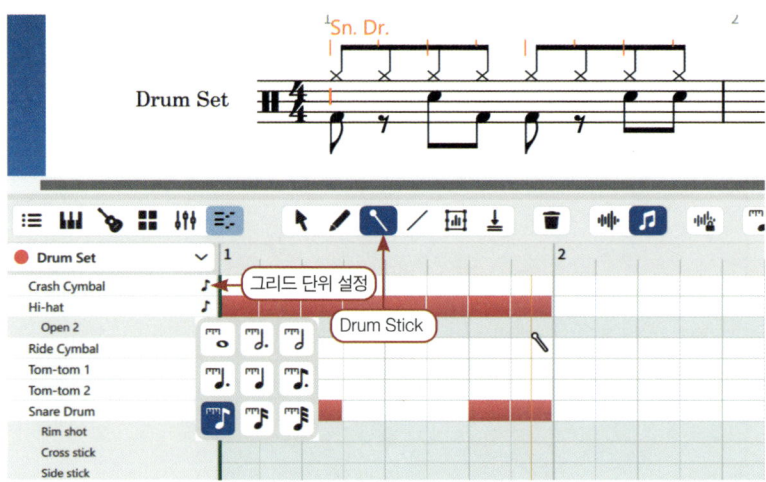

Section 05

컨트롤 정보 편집

Dorico의 키 에디터 아래에는 컨트롤 레인이라는 영역이 있습니다. 이곳에서는 음의 세기(벨로시티), 시간에 따른 피치 변화, 템포 변화 등, 연주에 영향을 주는 다양한 요소를 조절할 수 있습니다. 이러한 기능들은 출판용 악보 제작과는 직접적인 관련은 없지만, 실제 연주처럼 자연스럽고 감정이 살아 있는 음악을 만드는 데 중요한 역할을 합니다. 이 기능들에 익숙해지면, Dorico에서도 전문 음악 제작 소프트웨어 못지않은 수준의 표현력 있는 음악을 완성할 수 있습니다.

∴ MIDI 컨트롤 정보란?

MIDI 컨트롤 정보는 음의 높이, 시작 위치, 길이를 결정하는 노트 정보 외에 어떻게 연주할 것인가를 결정하는 데이터입니다. 즉, 노트는 '무엇을 연주할지', 컨트롤 정보는 '어떻게 표현할지'를 담당합니다.

주요 MIDI 컨트롤 요소

1. Velocity (벨로시티)
- 건반을 누르는 힘(음의 세기)
- 숫자가 클수록 더 강하고 날카로운 소리, 작을수록 부드러운 소리.

2. CC (Control Change) 메시지

- 연주 중 다양한 표현을 실시간으로 제어하는 명령어.
- 자주 사용되는 CC 번호는 다음과 같습니다:

CC 번호	이름	설명
1	Modulation Wheel	현악기의 비브라토 등 흔들림 표현
2	Breath Control	관악기 숨의 세기 조절
7	Volume	트랙 볼륨 조절
10	Pan	스테레오 위치 (왼쪽~오른쪽) 조절
11	Expression	상대 볼륨 조절 (CC7 기준)
64	Sustain Pedal	피아노 페달 on/off
65	Portamento	음과 음 사이를 연결하는 슬라이드 효과
91	Reverb Level	잔향(리버브)의 양 조절

3. Pitch Bend (피치 벤드)

- 음을 위아래로 부드럽게 휘게 하는 역할.
- 전자 기타의 벤딩, 현악기의 슬라이드 효과.

4. Aftertouch (애프터터치)

- 키를 누르고 있는 동안의 압력으로 음색 변화나 효과 제어
- 악기에 따라 지원 여부 다름.

MIDI 컨트롤 정보의 활용 예

CC1 (Modulation Wheel) : 현악기에서 자연스러운 비브라토 표현

CC2 (Breath Control) : 관악기나 보컬에서 숨의 세기 또는 강약 조절

CC7 (Main Volume) : 트랙 전체의 볼륨 (기초 볼륨 설정용)

CC11 (Expression) : 연주 중 볼륨을 점점 키우거나 줄일 때 (예: 크레센도, 디크레센도)

CC64 (Sustain Pedal) : 피아노 연주 시 페달을 밟는 효과

CC91 (Reverb) : 공간감을 부여할 때. 예: 오케스트라를 콘서트홀에서 연주하는 듯한 잔향

1 에디터 레인의 구성

1 — 노트 편집 창의 아래쪽에는 연주 표현을 정교하게 다듬을 수 있는 컨트롤 레인이 있습니다. 기본적으로는 벨로시티(Velocity)가 표시되며, 좌측 하단의 Add Editor 버튼을 클릭하면 MIDI Pitch Bend, Dynamics, 템포(Tempo) 등을 추가할 수 있습니다.

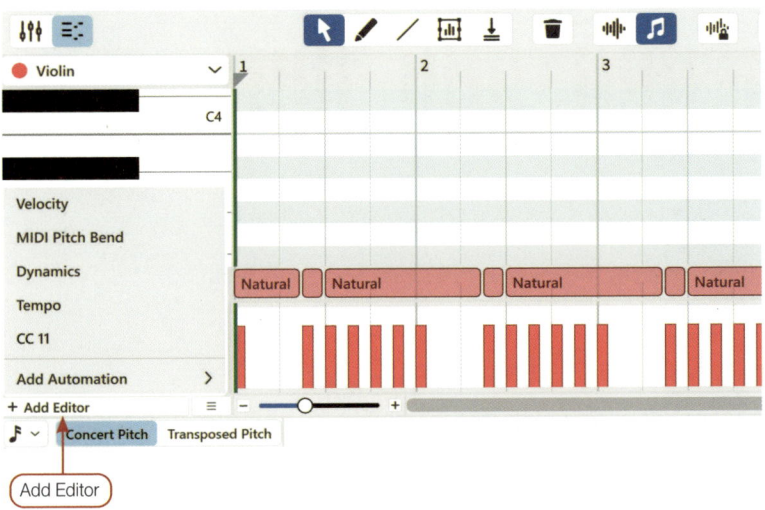

2 — CC 값을 직접 추가하고자 할 경우, Add Automation 메뉴에서 원하는 번호를 선택할 수 있습니다. 각 레인은 경계선을 드래그하여 작업 공간의 크기를 조절할 수 있으며, 레인 이름 왼쪽에 있는 X 버튼을 클릭하면 해당 레인을 닫을 수 있습니다.

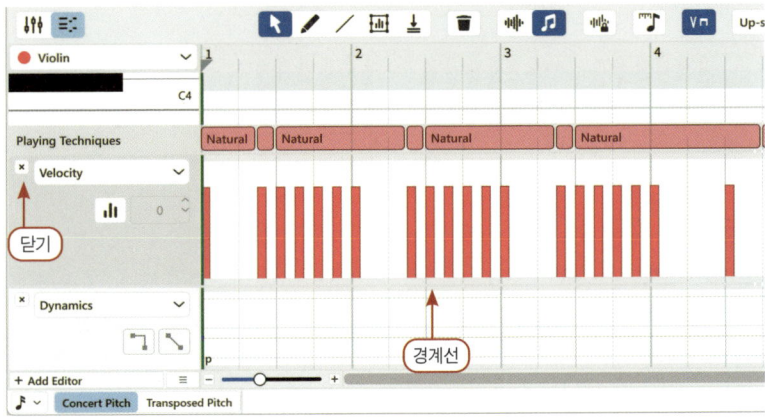

3 — 자주 사용하는 구성은 Add Editor 오른쪽의 버튼을 클릭하면 열리는 메뉴에서 Save configuration을 선택하여 사용자 프리셋으로 저장할 수 있습니다.

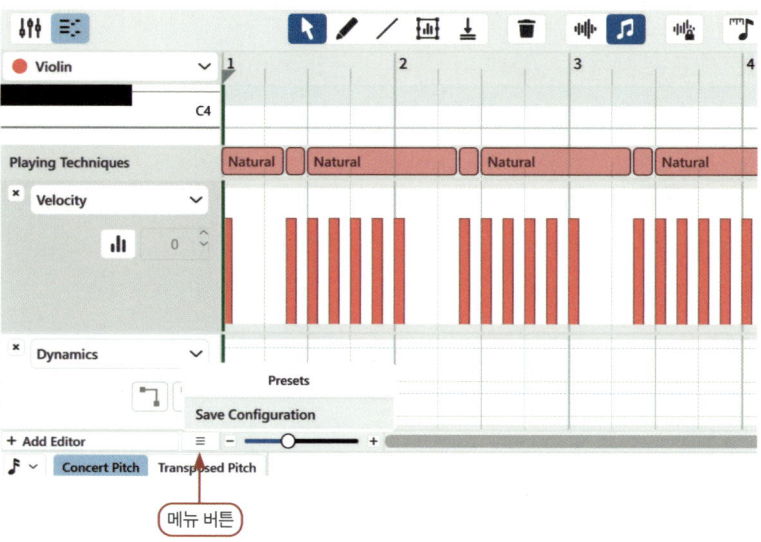

메뉴 버튼

4 — 사용자 프리셋은 다른 프로젝트에서도 불러와 활용할 수 있으며, 구성을 변경한 경우 Replace Configuration을 통해 업데이트할 수 있습니다. 다만, 프리셋 이름은 변경할 수 없기 때문에 Delete로 삭제한 뒤 Save로 다시 저장하는 것이 효과적일 수 있습니다.

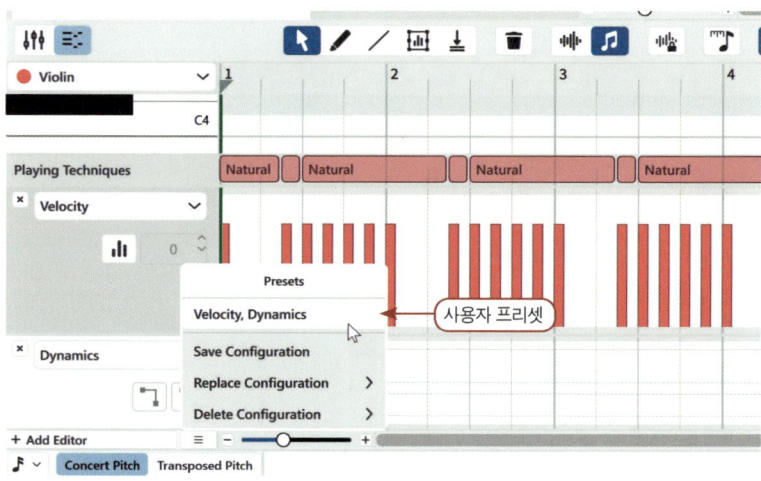

사용자 프리셋

2 벨로시티

1 — 컨트롤 레인에는 기본적으로 노트를 얼마나 세게 연주할 것인지를 제어할 수 있는 벨로시티(Velocity) 항목이 열려 있습니다. 마우스나 키보드를 이용하여 노트를 입력한 경우, 기본 값은 100이며, 0에서 127까지의 범위로 조정할 수 있습니다.

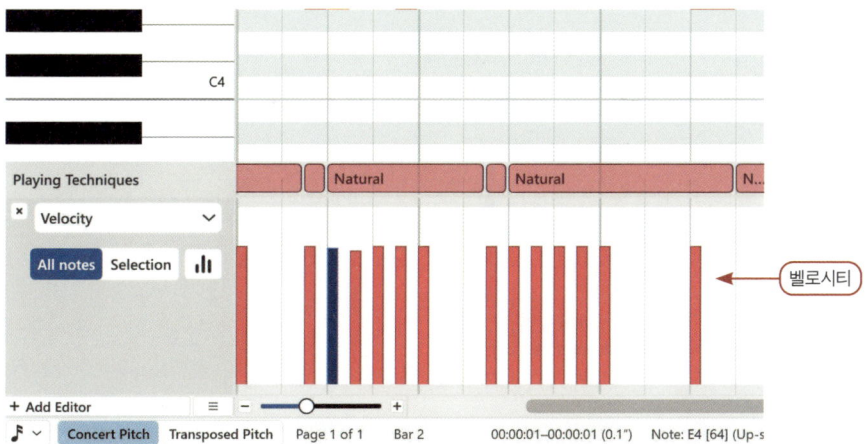

2 — 벨로시티 값은 Select 툴이나 Draw 툴을 사용해 조정할 수 있으며, 이 도구들은 툴 바 또는 마우스 오른쪽 버튼을 클릭해 접근할 수 있습니다. Select 툴을 이용하면 여러 노트를 한 번에 선택하여 일괄적으로 조정하는 것도 가능합니다.

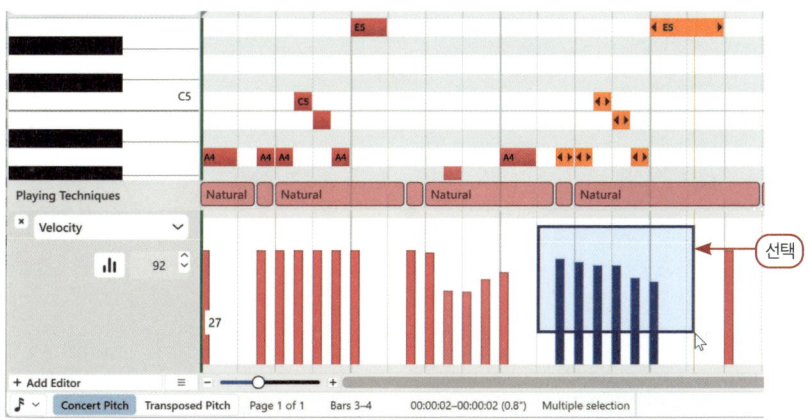

3 — 코드는 벨로시티 값이 겹쳐 표시되기 때문에 개별 노트를 직접 선택하여 편집하는 것이 어렵습니다. 이럴 경우, 노트 편집 창 또는 악보에서 원하는 노트를 선택한 뒤 컨트롤 레인에서 해당 노트의 벨로시티 값을 조정하는 방식으로 접근합니다.

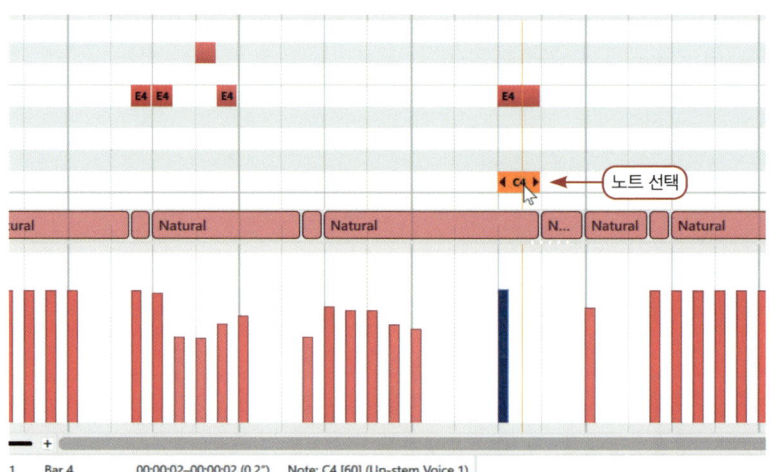

4 — Line 툴을 사용하면 마치 그림을 그리듯이 드래그하여 벨로시티 값을 점진적으로 변화시킬 수 있어, 점점 세게(crescendo) 또는 점점 여리게(decrescendo)와 같은 표현을 직관적으로 구현할 수 있습니다.

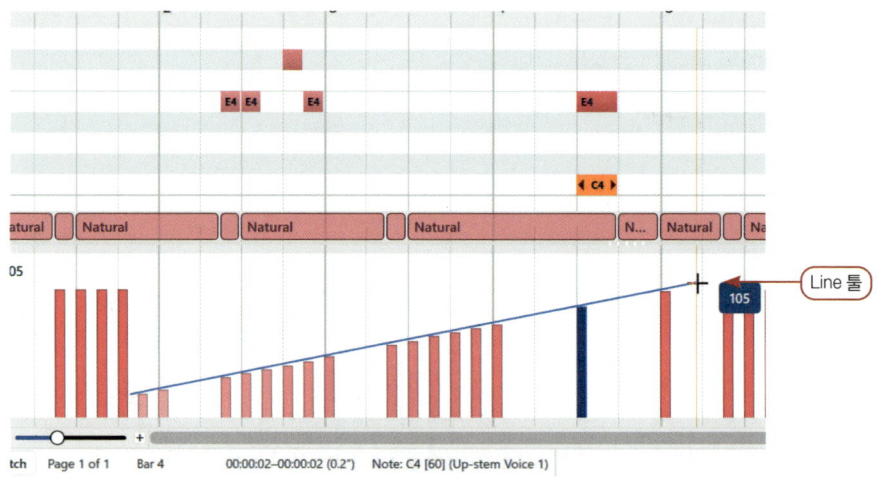

5 ── 다성 악보를 편집할 때 특정 보이스에만 영향을 주고 싶다면, 컨트롤 레인 왼쪽 패널에서 Selection 옵션을 선택합니다. 선택한 노트에만 벨로시티 조정이 적용되어, 원하는 보이싱만 편집할 수 있습니다.

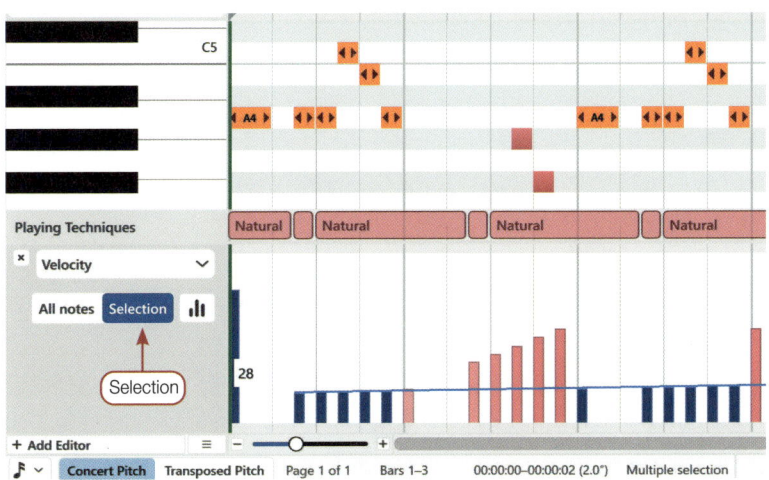

6 ── Transform 툴로 범위를 선택하면, 가장자리에 다섯 개의 조정 핸들이 표시됩니다.

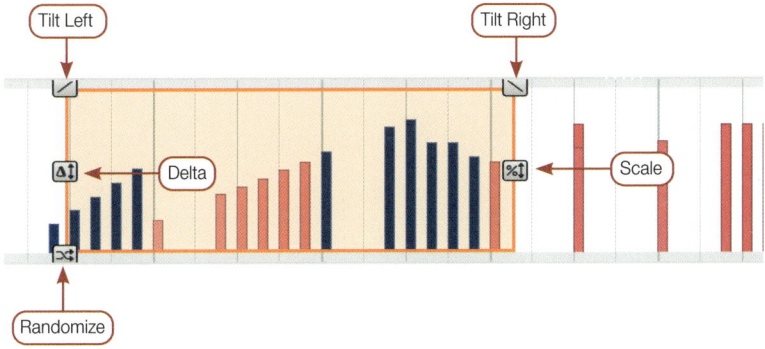

- Tilt Left/Right : 값을 점진적으로 증가하거나 감소시켜 점차적인 변화 흐름을 만들어냅니다.
- Delta : 전체 값을 균일하게 올리거나 낮추어 전체 볼륨감을 조절합니다.
- Scale : 값을 백분율로 비례 조정하여 상대적 차이는 유지하면서 전체 범위를 조정합니다.
- Randomize : 값을 무작위로 조정하여 자연스러운 터치를 구현할 수 있습니다.

3 피치 벤드

1 — 피치 벤드(Pitch Bend)는 음을 올리거나 내리는 MIDI 명령으로 현악기의 슬라이드나 관악기의 벤딩과 같은 주법을 구현할 수 있습니다. Dorico에서는 피치 벤드 값을 -100에서 +100 범위로 시각화하여 음의 위아래 움직임을 직관적으로 조절할 수 있습니다.

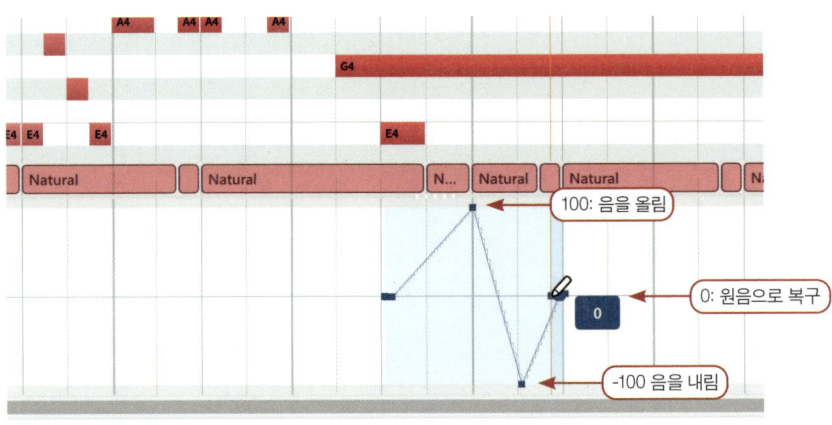

2 — 피치 벤드는 Draw 툴을 사용해 정밀한 음정 변화를 만들 수 있지만, 특별한 경우가 아니라면 필요한 지점에 포인트만 찍어 조절하는 것이 바람직합니다. 또한 피치 벤드를 사용하여 음정을 변경한 뒤에는 반드시 값을 0으로 되돌려야 한다는 것에 주의하기 바랍니다.

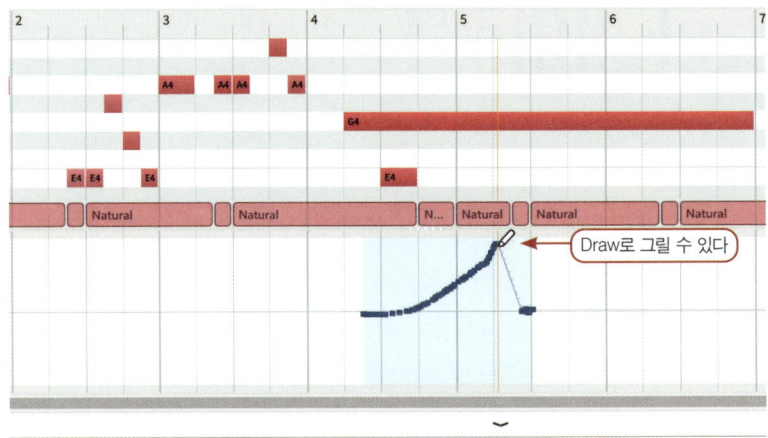

3 — 피치 벤드 옵션 버튼을 사용하면, 두 포인트 사이의 변화를 곡선 형태(Constant Point) 또는 직선 형태(Linear Point)로 전환할 수 있습니다.

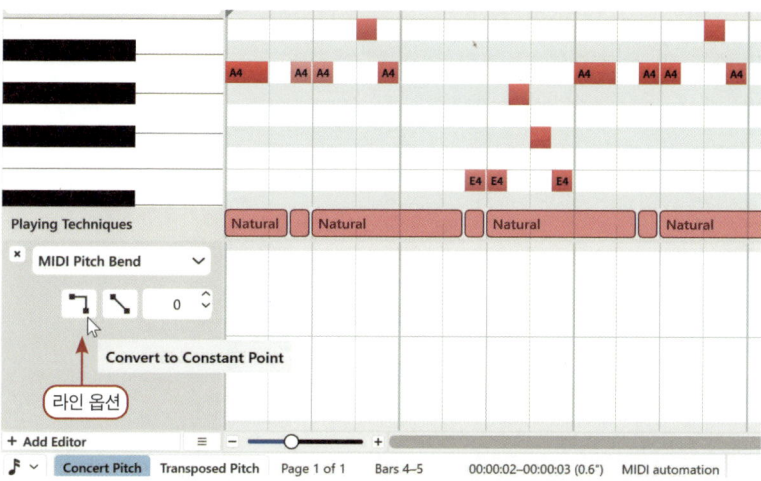

4 — 피치 벤드 데이터는 Select 툴로 범위를 선택한 뒤 Delete 키를 눌러 간단히 삭제할 수 있으며, Play 메뉴의 Automation에서 Delete All Automation For Instruments in Selection을 선택하여 모든 컨트롤 데이터를 삭제할 수 있습니다. Delete All Automation For Selection은 선택한 데이터, Delete All Automation은 프로젝트 전체의 컨트롤 데이터를 삭제합니다.

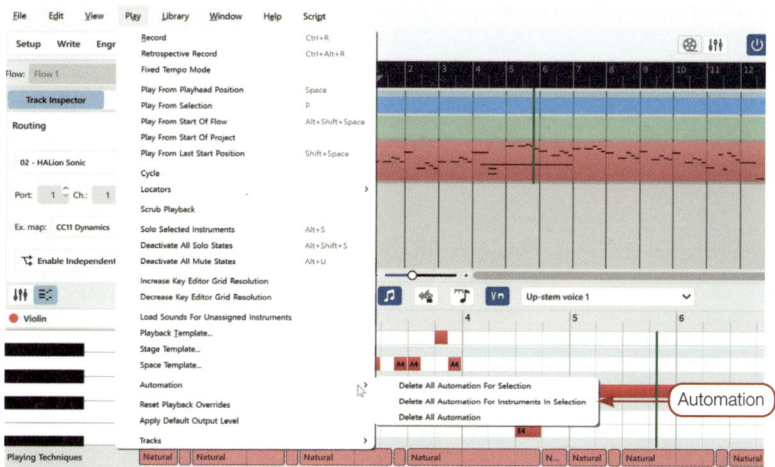

4 다이내믹

1 — 컨트롤 레인에서 Dynamics 항목을 선택하면, 악보에 입력된 피아노(p), 포르테(f), 크레셴도(〈) 등의 다이내믹 기호들이 시간 축을 따라 시각적으로 표시됩니다. 사용자는 이 다이내믹 지점을 직접 드래그하여 재생 음량을 섬세하게 조절할 수 있으며, 이를 통해 실제 연주와 유사한 뉘앙스를 정밀하게 구현할 수 있습니다.

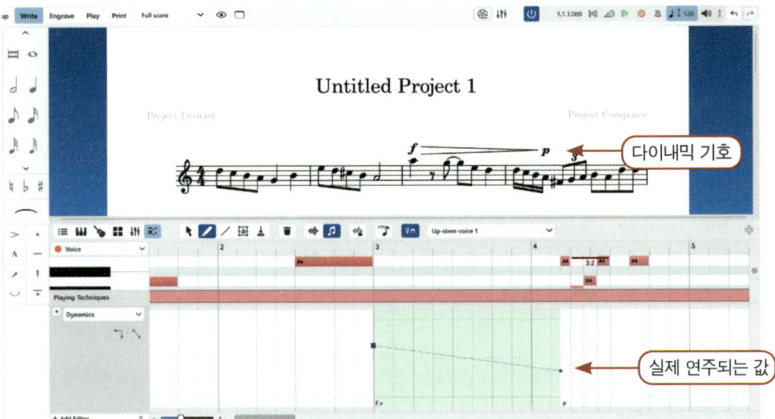

2 — Draw 또는 Line 툴을 활용해 다이내믹 곡선을 직접 그려 넣을 수 있으며, 이렇게 생성된 사용자 다이내믹은 파란색 배경으로 표시되고, 악보에 기입된 기존 다이내믹 기호보다 우선적으로 재생에 반영됩니다.

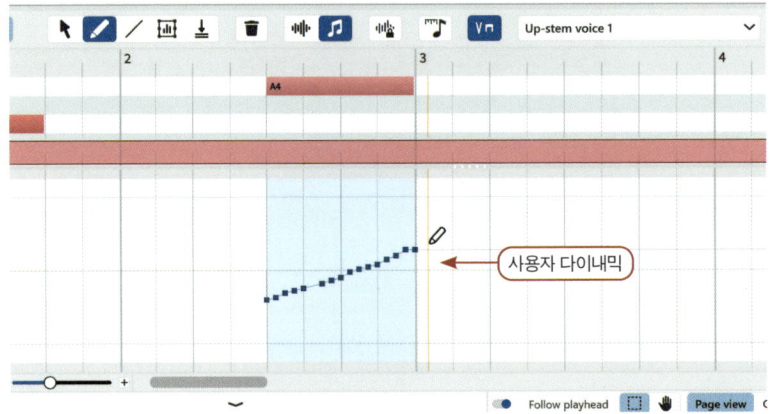

3 — Dorico는 내부적으로 다이내믹 정보를 MIDI 제어 값인 CC1으로 변환하여 사용합니다. 사용자는 CC1을 선택해 직접 컨트롤할 수 있으며, 이를 통해 0부터 127까지의 범위로 정밀한 다이내믹 변화를 만들 수 있습니다.

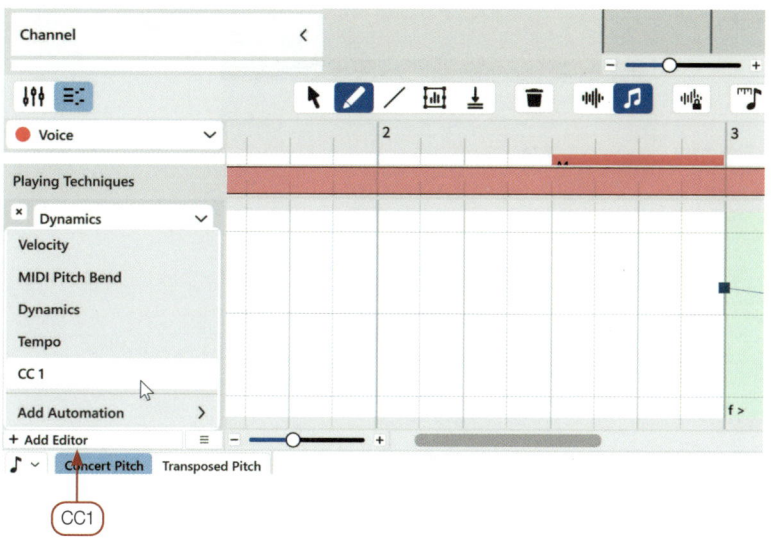

4 — 다이내믹 커브를 입력하면 CC1 레인에 그대로 반영되는 것을 확인할 수 있습니다. 하지만, CC1 정보는 다이내믹 자체에는 반영되지 않으며, 다이내믹과 CC1 정보가 겹칠 경우, CC1 값이 우선 적용됩니다.

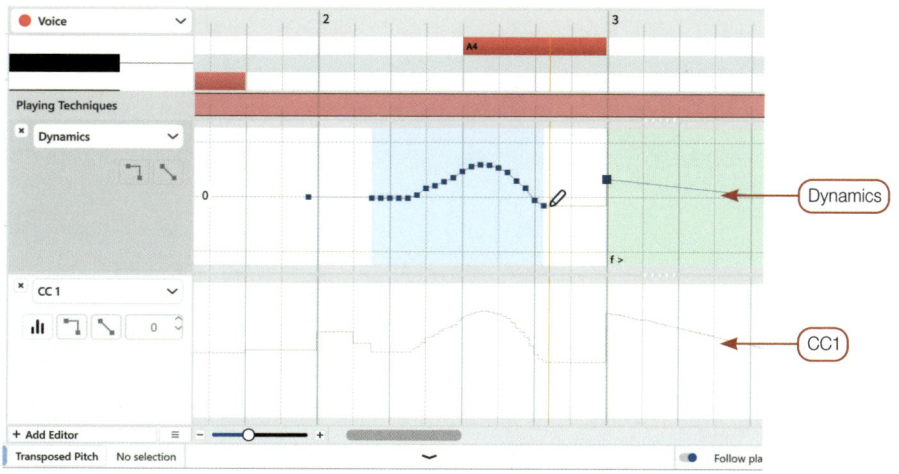

5 — 모듈레이션(CC1) 정보는 일반적으로 비브라토에 사용되기 때문에, Dorico에서 작업할 때 혼동이 될 수 있습니다. 이를 해결하고 싶다면, Library 메뉴에서 Expression Maps를 선택하여 창을 엽니다.

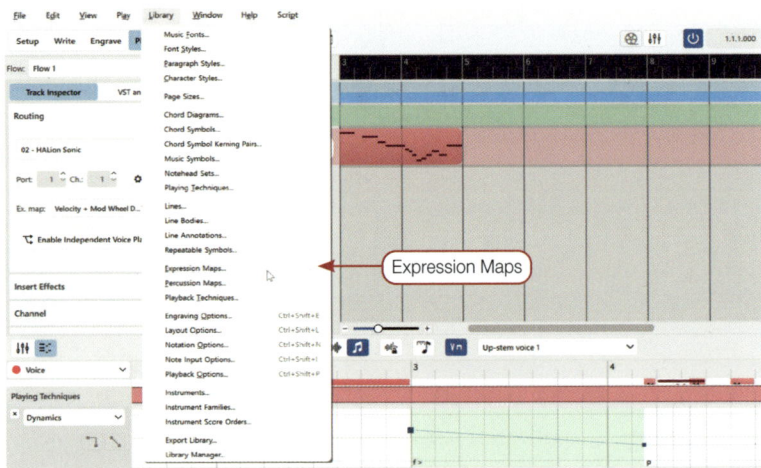

6 — Modulation Wheel Dynamics 항목을 보면, Volume Dynamic이 Control Change 1(CC1)으로 설정되어 있는 것을 확인할 수 있습니다. 이는 기본적으로 모듈레이션 휠을 사용하여 다이내믹을 제어하는 방식입니다. 이를 Note Velocity로 변경하여 원래의 비브라토 효과를 사용하거나, 원하는 컨트롤 번호로 수정하여 사용할 수 있습니다.

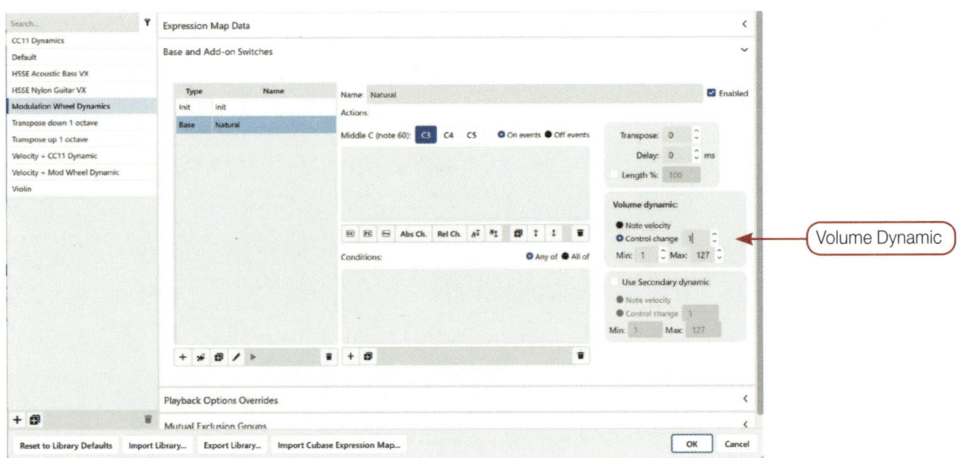

5 템포

1 — Tempo 레인은 곡의 속도 변화를 시각적으로 조절할 수 있는 편집 공간입니다. 악보에 템포 마커나 리타르단도(rit.)와 같은 템포 기호를 클릭하면, 템포 레인을 단독으로 열 수 있으며, 악보를 선택하여 닫을 수 있습니다.

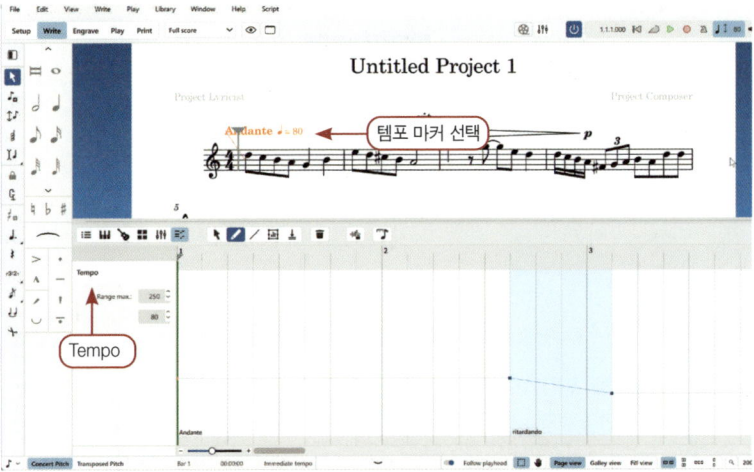

2 — Draw 또는 Line 툴을 사용해 새로운 템포 변화를 직접 그릴 수 있으며, 이미 입력된 템포 값은 포인트를 드래그하거나, 왼쪽에 표시되는 값으로 수정할 수 있습니다. Range Max는 템포 레인에서 표시되는 최대 템포 범위를 설정합니다.

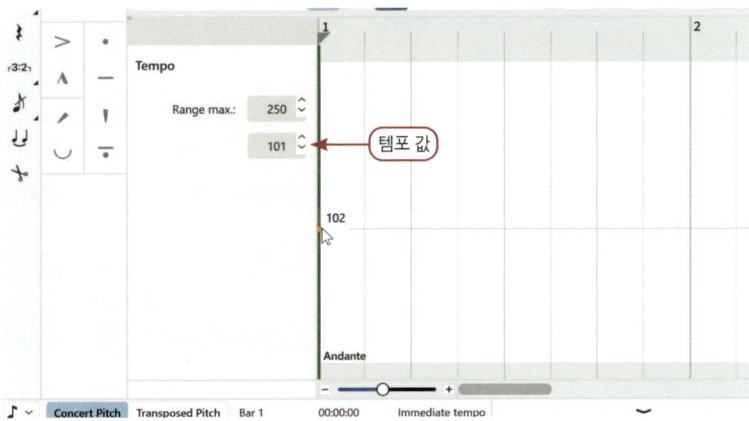

3 — 직접 입력한 템포 변화를 악보에서 확인하려면, View 메뉴에서 Signposts의 Hide Signposts 옵션이 해제되어 있어야 합니다. 사용자 템포 변화 값은 원래 템포의 비율(%)로 표시됩니다.

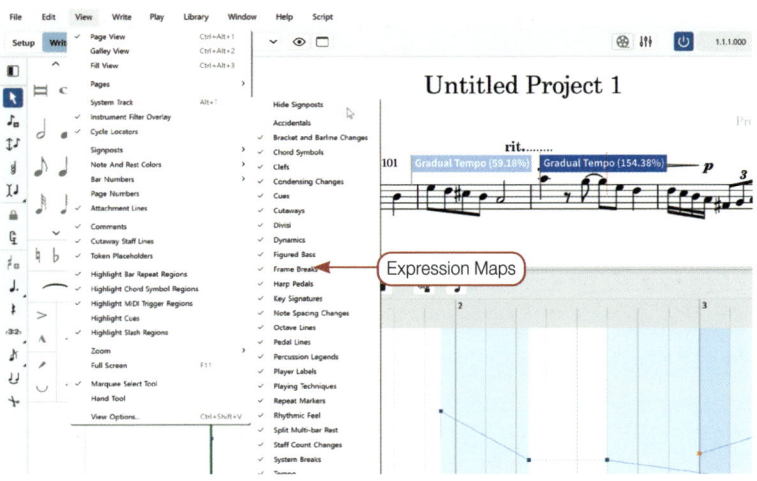

4 — Play 모드의 상단에는 각 보표의 연주 악기로 구성된 트랙 창이 있으며, 별도로 Tempo 트랙도 제공됩니다. Tempo 트랙을 클릭하면 템포 레인에 바로 접근할 수 있으며, 키 에디터로 전환하려면 편집할 악기 트랙을 선택하면 됩니다.

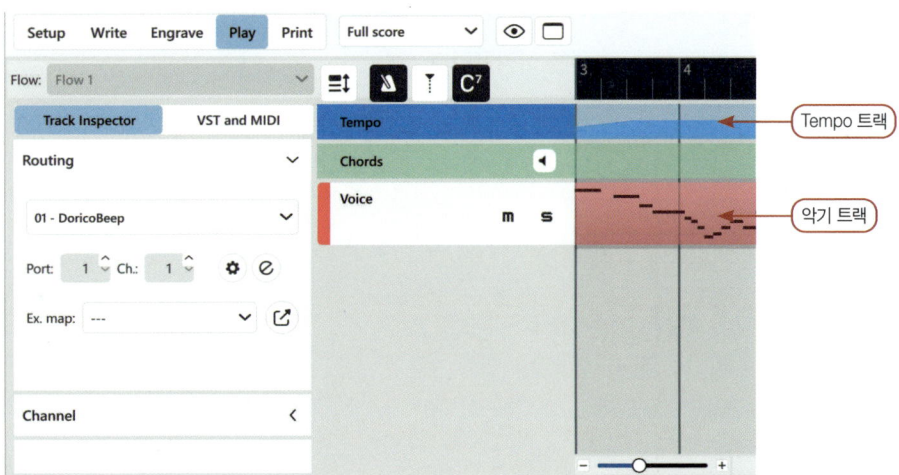

6 오토메이션

1 — Dorico는 Pitch Bend, Dynamics, Tempo뿐만 아니라 모든 MIDI 컨트롤 체인지(CC) 정보를 제어할 수 있습니다. 볼륨 제어에 많이 사용되는 CC 11을 제어하고자 할 경우, Add Automation에서 CC 11을 선택하면 됩니다.

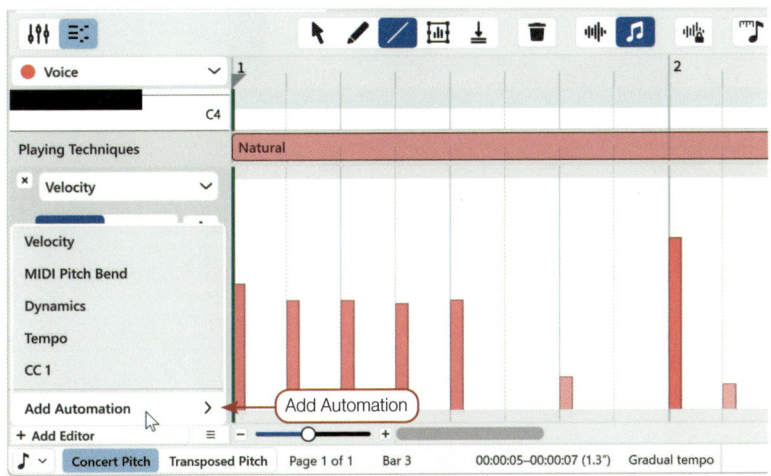

2 — 컨트롤 레인에 CC 11이 추가되며 자유롭게 볼륨을 제어할 수 있습니다. 미디 건반에서 자주 사용되는 볼륨 페달은 CC 11을 제어하는 컨트롤러입니다.

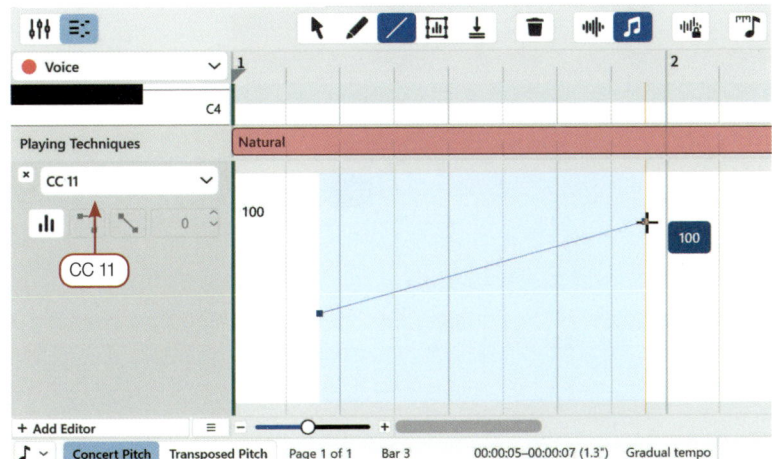

3 — 키 에디터에서 노트를 Alt 키를 누른 상태로 드래그하거나 Ctrl+C, Ctrl+V로 복사할 때 주의해야 할 사항은 컨트롤 레인 정보가 복사가 되지 않는다는 것입니다. 미디 CC, 피치 벤드, 다이내믹 등을 포함하려면 반드시 악보에서 복사해야 합니다.

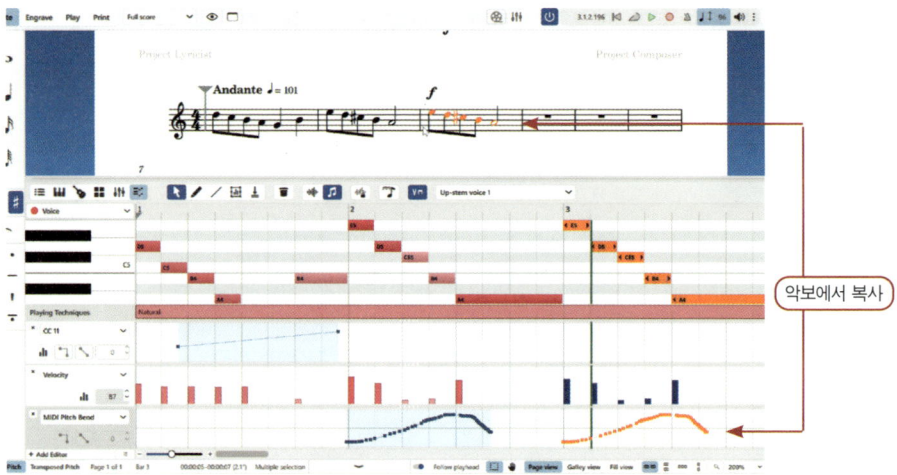

4 — 템포는 별도의 트랙으로 관리되기 때문에 복사 명령에 포함되지 않습니다. 따라서 템포 데이터를 복사해야 할 경우에는 컨트롤 레인에서 Alt 키를 누른 채 드래그하여 복사해야 합니다.

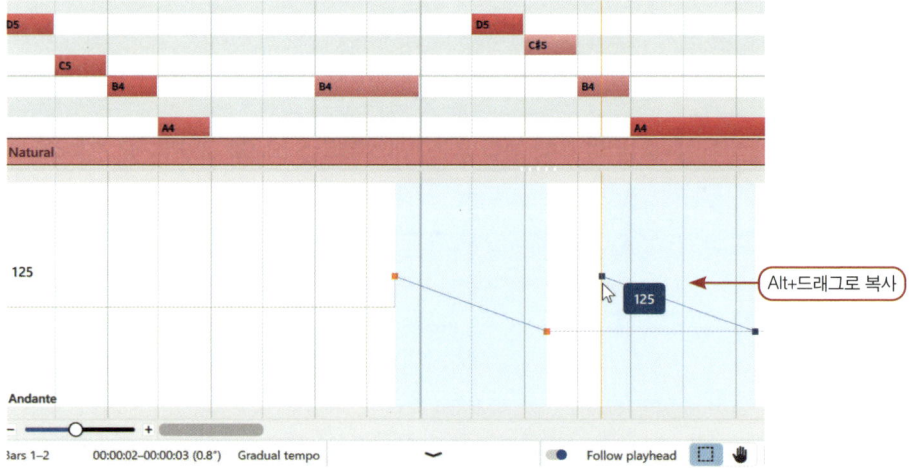

7 히스토그램

1 — CC와 노트 벨로시티는 입력된 데이터를 시각적으로 조정하고 편집할 수 있는 히스토그램 기능을 제공합니다. 버튼 클릭하여 열 수 있으며, 데이터를 막대그래프 형태로 표시하여 분포를 한눈에 파악하고 섬세하게 조정할 수 있습니다.

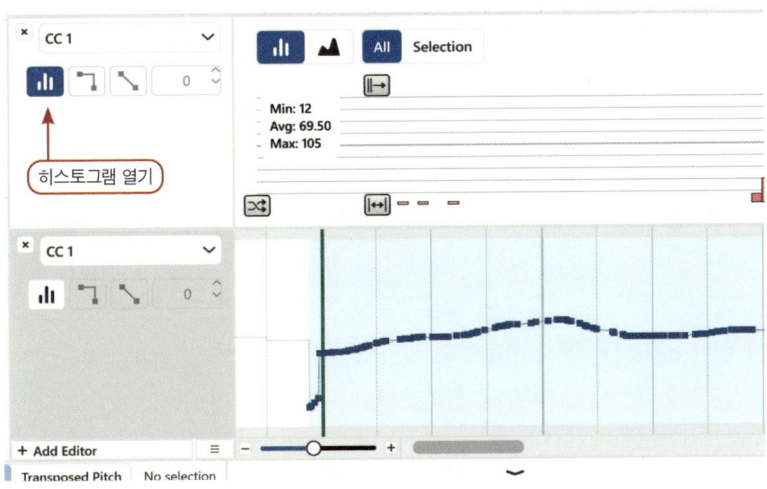

2 — 히스토그램은 왼쪽이 최소(Min)값, 오른쪽이 최대(Max)값을 나타내며, 세로 축은 해당 값을 가진 데이터의 빈도를 나타냅니다. 그래프 타입은 Bar, Area 중에서 선택할 수 있습니다.

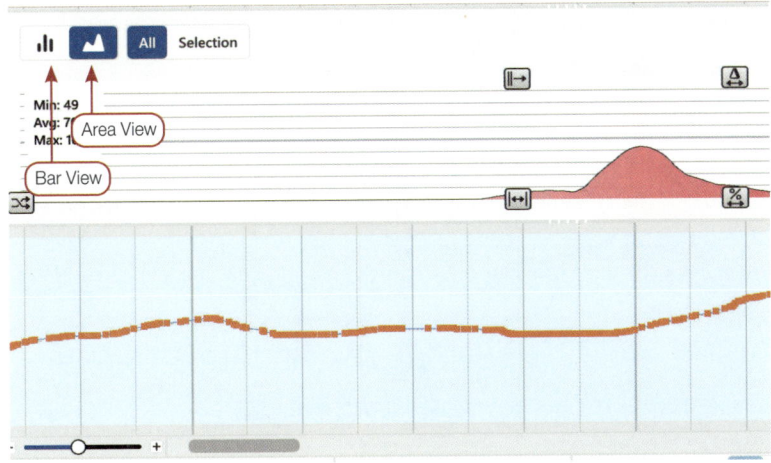

3 — 히스토그램 도구를 사용하면 개별 노트부터 전체 트랙에 이르기까지, 벨로시티와 MIDI CC 값을 대규모로 정밀하게 조정할 수 있습니다.

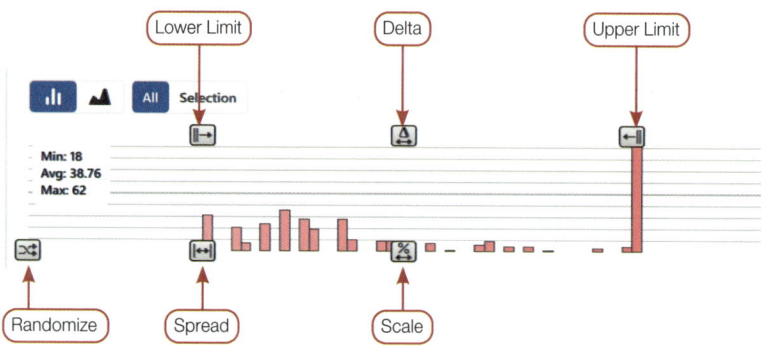

- Lower/Upper Limit : 최소/최대값의 기준선을 조정하여 전체 값을 단계적으로 변경합니다.
- Delta : 전체 값을 일정한 수치만큼 일괄적으로 올리거나 낮추며, 곡선의 형태는 유지됩니다.
- Randomize : 선택한 값에 임의성을 부여하여 보다 자연스러운 뉘앙스를 만들어냅니다.
- Spread : 중심값을 기준으로 데이터의 분포 폭을 확장하거나 축소합니다.
- Scale : 전체 값을 비율에 따라 확대/축소하며, 값들 사이의 상대적 관계는 유지됩니다.

4 — 다성 악보에서는 Voice 탭을 통해 특정 보이스만을 선택적으로 조정할 수 있습니다. 특히 다양한 음이 동시에 연주되는 드럼과 같은 타악기 파트에서 유용하게 쓰입니다. Selection은 선택한 노트에만 적용되므로, 세밀한 편집이 필요한 상황에서 효과적입니다.

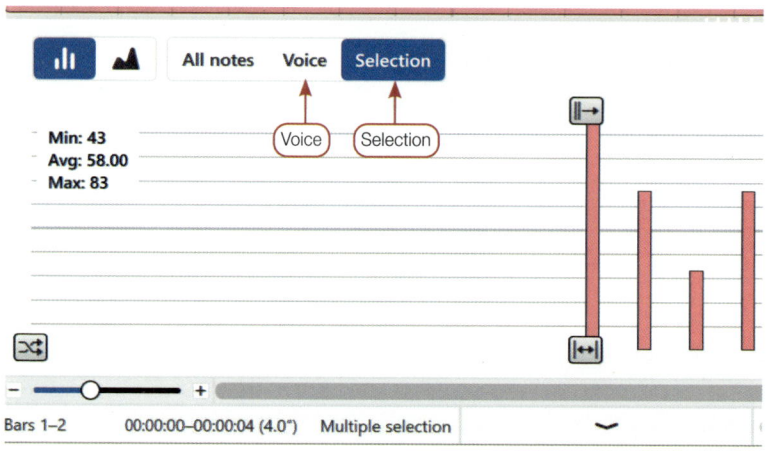

Multiple Tracks

키 에디터에서 Lock Track Selector 기능을 활성화하면 여러 악기의 데이터를 동시에 효율적으로 편집할 수 있습니다. 이때 하나의 악기를 기본(Primary) 악기로 설정하고, 선택한 나머지 악기들은 보조(Secondary) 악기로 함께 편집 영역에 포함됩니다.

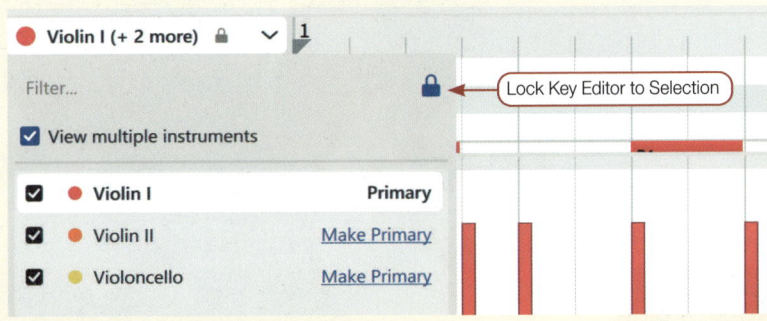

1. 설정 방법
Key Editor에서 원하는 악기를 선택한 후 Lock Key Editor to Selection을 활성화하고, View Multiple Instruments 옵션을 체크하면 해당 악기가 기본 악기로 지정됩니다. 이후 체크하여 추가하는 악기들은 보조 악기로 포함되어 여러 악기의 데이터를 동시에 편집할 수 있습니다.

2. 벨로시티 및 CC 데이터 편집
기본 악기에서 복사한 노트는 항상 해당 악기의 선택된 보이스로 자동 삽입되며, 기존 노트와 병합됩니다. 이 방식은 멀티 보이스 악기 파트 편집 시 유용하며, 동일 시간 위치에 여러 노트가 있을 때는 선택된 노트의 벨로시티 바만 표시되어 정밀한 제어가 가능합니다.

3. CC 오토메이션 적용
CC11, 벨로시티 등과 같은 컨트롤 데이터는 기본 악기에서 편집한 곡선을 보조 악기들에 복사할 수 있습니다. 이를 위해 다음 두 가지 도구를 사용할 수 있습니다:
- Sync Region Tool: 선택한 구간만 보조 악기에 복사합니다.
- Sync Track Button: 기본 악기의 전체 트랙 데이터를 보조 악기에 복사합니다.

최이진 실용음악학원
EJ Studio

Music STUDIO

최이진 실용음악학원

보컬, 작/편곡
피아노, 기타, 베이스
컴퓨터음악, 방송음향

EJ Studio

레코딩/믹싱/마스터링
음원 제작 및 유통

※ 상업용 음원 제작만 가능합니다.

CONTACT US

02) 887-8883
서울대입구역(2호선)
hyuneum.com
YouTube 무료 강좌